LG그룹

온라인 인적성검사

통합기본서

시대에듀

2026 최신판 시대에듀 All-New
LG그룹 온라인 인적성검사 통합기본서

Always **with you**

사람의 인연은 길에서 우연하게 만나거나 함께 살아가는 것만을 의미하지는 않습니다.
책을 펴내는 출판사와 그 책을 읽는 독자의 만남도 소중한 인연입니다.
시대에듀는 항상 독자의 마음을 헤아리기 위해 노력하고 있습니다. 늘 독자와 함께하겠습니다.

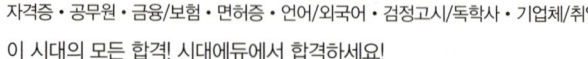

머리말 PREFACE

LG그룹은 1947년 첫걸음을 내디딘 이래 수많은 '국내 최초'를 만들어 내며 우리 생활의 발전과 경영 패러다임의 변화를 주도해 왔으며, 1995년 이름을 LG로 바꾸고 여러 계열사를 거느린 글로벌 기업으로 '제2의 도약'을 이루어냈다. 이제 LG그룹은 우리나라를 대표하는 기업으로 성장하여 내일을 향한 뜨거운 열정으로 1등 LG라는 목표를 달성하기 위해 '제3의 도약'을 시작하고 있다.

현재 LG그룹은 공채를 폐지하고 수시채용을 확대하여 계열사별로 필요에 따라 채용을 진행하고 있으며, 지원자가 업무에 필요한 역량을 갖추고 있는지를 평가하기 위해 인적성검사를 실시하여 회사와 직무에 적합한 맞춤인재를 선발하고 있다. 인적성검사는 LG임직원의 사고 및 행동 방식의 기본 틀인 LG Way에 적합한 인재를 선별하기 위한 LG만의 평가방식이다. 이는 모든 신입 · 인턴 지원자에게 공통으로 실시되는 시험으로, 신입사원으로 입사하기 위한 필수 단계이며 인성검사와 적성검사로 구성되어 있다.

이에 시대에듀에서는 수험생들이 LG그룹 온라인 인적성검사를 준비하는 데 부족함이 없도록 다음과 같은 특징을 지닌 본서를 출간하였다.

도서의 특징

❶ 2025년 하반기에 시행된 LG그룹 기출복원문제로 최근 출제경향을 파악하도록 하였다.

❷ 영역별 대표기출유형과 기출응용문제를 수록하여 체계적인 학습이 가능하도록 하였다.

❸ 최종점검 모의고사 3회 및 온라인 모의고사 2회와 함께 도서 동형 온라인 실전연습 서비스를 제공하여 실전과 같은 연습이 가능하도록 하였다.

❹ LG그룹 인성검사인 LG Way Fit Test 모의 연습과 실제 면접 기출 질문을 통해 한 권으로 채용 전반을 준비하도록 하였다.

끝으로 본서가 LG그룹 채용을 준비하는 여러분 모두에게 합격의 기쁨을 전달하기를 진심으로 기원한다.

SDC(Sidae Data Center) 씀

LG그룹 기업분석

◈ 비전

일등LG는 LG의 궁극적인 지향점으로
시장에서 인정받으며 시장을 리드하는 선도기업이 되는 것을 의미한다.

고객들이 신뢰하는 LG	탁월한 품질과 브랜드 가치로 고객을 감동시켜 고객 스스로 LG가 최고라고 인정하게 만드는 것
투자자들에게 가장 매력적인 LG	높은 투자수익률로 투자자들에게 가장 매력적인 가치를 지닌 회사로 인정받는 것
인재들이 선망하는 LG	최고의 인재가 모여 주인의식을 가지고 신명나게 일할 수 있는 최고의 직장이 되는 것
경쟁사들이 두려워하면서도 배우고 싶어하는 LG	일등 경영을 통해 탁월한 성과를 창출함으로써 경쟁사들이 두려워하면서도 배우고 싶어하는 기업이 되는 것

◈ 행동방식

정도경영은 윤리경영을 기반으로
꾸준히 실력을 배양해 정정당당하게 승부하는 LG만의 행동방식이다.

정직	원칙과 기준에 따라 투명하게 일한다.
공정한 대우	모든 거래관계에서 공평하게 기회를 제공하고 공정하게 대우한다.
실력을 통한 정당한 경쟁	정정당당하게 경쟁하여 이길 수 있는 실력을 키운다.

◇ 경영이념

고객을 위한 가치창조	고객중시	• 경영의 출발점이 되는 고객을 최우선으로 생각한다. • 항상 최종 소비자 관점을 중시하여 판단하고 평가한다.
	실질적 가치 제공	• 고객의 잠재적 요구까지도 한발 앞서 찾아낸다. • 고객의 기대를 뛰어넘는 최고의 제품과 서비스를 제공한다.
	혁신을 통한 창조	• 기존의 틀을 깨는 차별화된 아이디어를 창출한다. • 끊임없이 더 나은 방식을 찾아 실행한다.

인간 존중의 경영	창의 · 자율	• 고정관념에서 탈피하여 새로운 생각과 시도를 추구한다. • 자기 책임과 권한에 따라 주인의식을 가지고 일한다.
	인간중시	• 개개인의 인격과 다양성을 존중한다. • 고객가치 창출의 원천인 구성원을 가장 중요한 자산으로 여긴다.
	능력 개발 및 발휘 극대화	• 스스로 세계 최고가 되겠다는 신념으로 일하고 능력을 개발한다. • 개개인의 잠재력이 최대한 발휘될 수 있도록 기회를 제공한다.
	성과주의	• 도전적인 목표를 세우고 지속적인 성과 창출에 노력한다. • 능력과 장 · 단기 성과에 따라 공정하게 평가하고 보상한다.

◇ CI

심벌마크의 의미

세계, 미래, 젊음, 인간, 기술의 다섯 가지 개념과 정서를 형상화하였다. L과 G를 둥근 원 속에 형상화하여 인간이 그룹 경영의 중심에 있음을 상징하고, 세계 어디서나 고객과 친밀한 유대 관계로 고객 만족을 위해 최선을 다하는 LG인의 결의를 나타내고 있다.

2025년 하반기 기출분석 ANALYSIS

총평

2025년 하반기 LG그룹 온라인 적성검사는 이전 시험과 같이 영역별 20문항/20분으로 진행되었다. 평이한 수준으로 출제되었다는 후기가 지배적이었고, 언어이해의 경우 주제 찾기나 빈칸 추론 등 통상적인 유형의 문제에서 풀이 시간을 절약하는 것이 중요했다. 길이가 긴 지문에 대한 문제도 출제되었기에, 그에 따른 적절한 시간 안배가 필요했으리라 본다. 언어추리와 자료해석은 어렵지 않은 수준으로 출제되었으나, 문항 수 대비 짧은 제한시간이 체감 난도를 올렸다. 창의수리는 수열 유형에서 지난 시험 대비 고난도의 신유형이 출제되었고, 낯선 유형에 대한 긴장감이 수험생들을 곤란하게 했다. 신유형의 풀이에 대해서는 주어진 수열의 규칙을 빠르게 찾아내어 새로운 수열에 실수 없이 적용하는 응용력이 관건이었다.

◇ 핵심전략

어려운 문제를 푸는 것보다 빠르게 정답을 짚어내는 것이 중요한 시험이다. 80분을 주고 영역을 왔다 갔다 하며 문제를 푸는 시험이 아니라 한 영역당 20분의 시간이 네 번 주어지므로 놓친 문제는 다시 확인할 수 없다.

따라서 영역별로 접근하는 것이 필요하다. 먼저 영역별로 자주 출제되는 문제 유형을 익히고, 가장 자신 있는 유형과 자신 없는 유형을 먼저 풀고 약한 유형에 나머지 시간을 투자하는 연습을 한다. 또한 LG그룹은 적성검사만큼 인성검사의 반영 비율이 높다. 적성검사를 먼저 풀고 인성검사를 풀게 되므로 많은 문항 수에 지치지 않도록 체력 안배를 해두는 것이 좋다.

◇ 시험진행

구분	영역/내용	문항 수	시간
적성검사	언어이해	20문항	20분
	언어추리	20문항	20분
	자료해석	20문항	20분
	창의수리	20문항	20분
인성검사	LG Way에 맞는 개인별 역량 또는 직업 성격적인 적합도 확인	300문항	40분

◇ **영역별 출제비중**

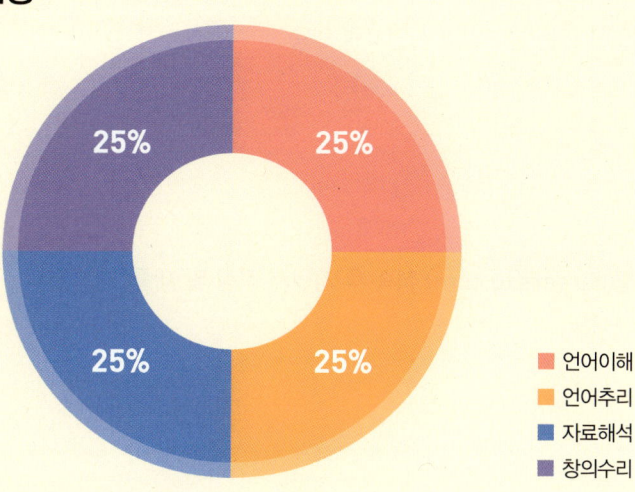

- 🟥 언어이해
- 🟧 언어추리
- 🟦 자료해석
- 🟪 창의수리

◇ **영역별 출제특징**

구분	영역	출제특징
적성검사	언어이해	• 제시된 지문을 읽고 글의 주제를 고르는 문제 • 제시된 지문의 내용과 일치하는 것을 고르는 문제
	언어추리	• 제시된 명제를 읽고 결론을 추론하는 문제 • 제시된 조건에 따라 등수를 추론하는 문제
	자료해석	• 제시된 자료에 대한 설명으로 옳은 것을 고르는 문제
	창의수리	• 주어진 수열의 규칙을 찾아 새로운 수열에 적용하는 문제 • 도형 안의 수열 규칙을 찾아 빈칸을 채우는 문제 • 정해진 기간 내에 수행할 수 있는 일의 양을 구하여 일률을 계산하는 문제

신입사원 채용 안내 INFORMATION

◇ **모집시기**

수시채용으로 계열사 또는 본부별로 신입사원 채용

◇ **지원방법**

LG그룹 채용 포털(careers.lg.com) 접속 후 지원서 작성 및 제출

◇ **채용절차**

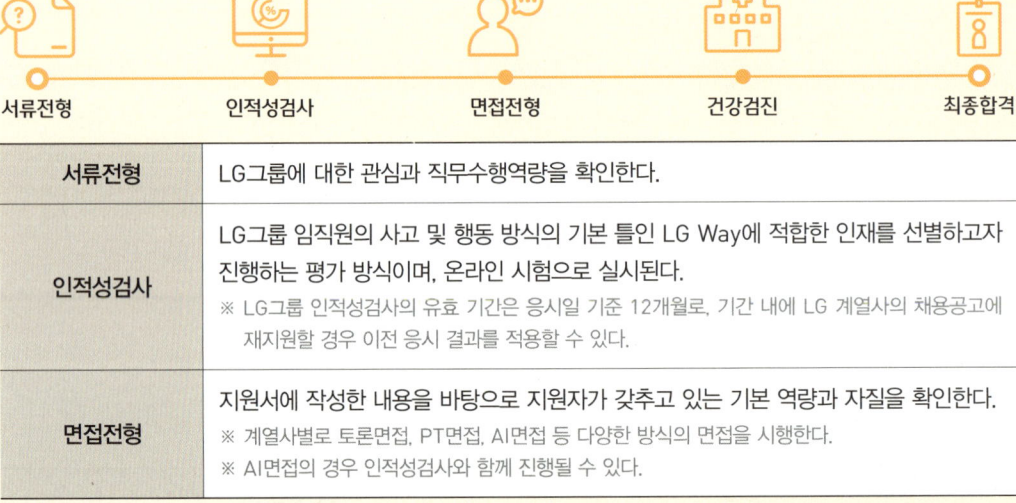

| 서류전형 | 인적성검사 | 면접전형 | 건강검진 | 최종합격 |

서류전형	LG그룹에 대한 관심과 직무수행역량을 확인한다.
인적성검사	LG그룹 임직원의 사고 및 행동 방식의 기본 틀인 LG Way에 적합한 인재를 선별하고자 진행하는 평가 방식이며, 온라인 시험으로 실시된다. ※ LG그룹 인적성검사의 유효 기간은 응시일 기준 12개월로, 기간 내에 LG 계열사의 채용공고에 재지원할 경우 이전 응시 결과를 적용할 수 있다.
면접전형	지원서에 작성한 내용을 바탕으로 지원자가 갖추고 있는 기본 역량과 자질을 확인한다. ※ 계열사별로 토론면접, PT면접, AI면접 등 다양한 방식의 면접을 시행한다. ※ AI면접의 경우 인적성검사와 함께 진행될 수 있다.

◇ **유의사항**

❶ 각 계열사에 따라 채용 프로세스가 달라질 수 있으며, 상황에 따라 유동적으로 운영될 수 있다.

❷ 지원서 작성 내용이 사실과 다르거나 증빙할 수 없는 경우, 합격 취소 또는 전형상의 불이익을 받을 수 있다.

❖ 채용절차는 채용유형·직무·시기 등에 따라 변동될 수 있으니 반드시 LG그룹 계열사에서 발표하는 채용공고를 확인하기 바랍니다.

온라인 시험 Tip

◇ 필수 준비물

❶ 타인과 접촉이 없으며 원활한 네트워크 환경이 조성된 응시 장소
❷ 권장 사양에 적합한 PC, 스마트폰 및 주변 기기(웹캠, 마이크, 스피커, 키보드, 마우스)
❸ 신분증(주민등록증, 운전면허증, 여권, 외국인등록증 중 택 1)

◇ 온라인 인적성검사 프로세스

❶ 전형 안내사항 확인
❷ 응시자 매뉴얼 숙지/검사 프로그램 다운로드 및 설치
❸ 지정 기한 내 사전점검 진행(해당 계열사 한정)
❹ 본 검사 응시

◇ 유의사항

❶ 사전검사는 절대 잊지 않도록 미리미리 일정을 확인한다.
❷ 난이도가 쉬워도 방심하지 말고 끝까지 집중력을 잃지 않도록 한다.
❸ 빠르게 풀어서 시간이 남더라도 감독관이 확인하고 있으므로 의심받을 만한 행동은 삼간다.
❹ 책, 연습장, 필기구 등이 책상 위에 올라와 있거나, 사용하면 부정행위로 간주된다.
❺ 인적성검사의 문제가 선명하게 보이도록 해상도를 1,920×1,080으로 설정하고 프로그램에 접속한다.

◇ 알아두면 좋은 Tip

❶ 20분/20문제로 시간이 제한되므로 짧은 시간 내에 실수 없이 많은 문제를 푸는 연습을 해야 한다.
❷ 평소에도 문제를 풀 때 눈으로 확인하고 메모장 및 계산기 프로그램을 이용해 봐야 실전에서 당황하지 않을 수 있다. 이때 영역별로 20분씩 시간을 재면서 학습하면 더욱 도움이 된다.
❸ 실제 시험에서는 문제마다 계산기와 메모장을 제공하고, 개인적으로 연필이나 펜, 연습장 등을 사용할 수 없도록 감독관이 1:1로 확인한다.
❹ 시험 전에 LG그룹에서 제공하는 인적성검사 프로그램을 다운로드하고, 사전검사를 한다(사전검사 미응시 시 인적성검사 응시 불가).
❺ 영역이 넘어갈 때마다 연습용으로 해당 영역의 예시 문제와 함께 1~3분의 준비 시간이 주어진다.

주요 대기업 적중 문제 TEST CHECK

LG

언어이해 ▶ 사실적 독해

10 다음 글의 내용으로 가장 적절한 것은?

> 1896년 『독립신문』 창간을 계기로 여러 가지의 애국가 가사가 신문에 게재되기 시작했는데, 어떤 곡조에 따라 이 가사들을 노래로 불렀는지는 명확하지 않다. 다만 대한제국이 서구식 군악대를 조직해 1902년 '대한제국 애국가'라는 이름의 국가(國歌)를 만들어 나라의 주요 행사에 사용했다는 기록은 남아 있다. 오늘날 우리가 부르는 애국가의 노랫말은 외세의 침략으로 나라가 위기에 처해있던 1907년을 전후하여 조국애와 충성심을 북돋우기 위하여 만들어졌다.
>
> 1935년 해외에서 활동 중이던 안익태는 오늘날 우리가 부르고 있는 국가를 작곡하였다. 대한민국 임시정부는 이 곡을 애국가로 채택해 사용했으나 이는 해외에서만 퍼져나갔을 뿐, 국내에서는 광복 이후 정부수립 무렵까지 애국가 노랫말을 스코틀랜드 민요에 맞춰 부르고 있었다. 그러다가 1948년 대한민국 정부가 수립된 이후 현재의 노랫말과 함께 안익태가 작곡한 곡조의 애국가가 정부의 공식 행사에 사용되고 각급 학교 교과서에도 실리면서 전국적으로 애창되기 시작하였다.
>
> 애국가가 국가로 공식화되면서 1950년대에는 대한뉴스 등을 통해 적극적으로 홍보가 이루어졌다. 그리고 「국기게양 및 애국가 제창 시의 예의에 관한 지시(1966)」 등에 의해 점차 국가의례의 하나로 간주되었다.
>
> 1970년대 초에는 공연장에서 본공연 전에 애국가가 상영되기 시작하였다. 이후 1980년대 중반까지

언어추리 ▶ 배열하기 · 묶기 · 연결하기

16 기말고사를 치르고 난 후 A ~ E 5명이 다음과 같이 성적에 대해 이야기를 나누었다. 이들 중 1명이 거짓을 말한다고 할 때, 항상 참인 것은?(단, 동점은 없으며 모든 사람은 진실 또는 거짓만 말한다)

> - A : E는 1등이고, D는 C보다 성적이 높아.
> - B : B는 E보다 성적이 낮고, C는 A보다 성적이 높아.
> - C : A는 B보다 성적이 낮아.
> - D : B는 C보다 성적이 높아.
> - E : D는 B보다, A는 C보다 성적이 높아.

① B가 1등이다.   ② A가 2등이다.
③ E가 2등이다.   ④ B는 3등이다.
⑤ D가 3등이다.

창의수리 ▶ 수열

05 일정한 규칙으로 수를 나열할 때, 빈칸에 들어갈 수로 알맞은 것은?

174	172	169	168	166	163	162	160	( )	156

① 157   ② 158
③ 159   ④ 160
⑤ 161

삼성

수리 ▶ 경우의 수

01 남자 5명과 여자 4명이 함께 있는 모임이 있다. 모임에서 성별마다 대표, 부대표를 한 명씩 선출하려고 할 때, 선출 가능한 경우의 수는 총 몇 가지인가?

① 240가지
② 120가지
③ 80가지
④ 40가지
⑤ 20가지

수리 ▶ 자료계산

18 매년 8월 S전자상가의 에어컨 판매 수량이 다음과 같이 일정한 규칙으로 증가할 때 2025년 8월의 에어컨 판매량은?

〈연도별 8월 에어컨 판매량〉

(단위 : 대)

구분	2018년 8월	2019년 8월	2020년 8월	2021년 8월	2022년 8월
판매량	2	11	20	29	38

① 95대
② 86대
③ 74대
④ 65대
⑤ 56대

추리 ▶ 벤 다이어그램

03

전제1. 환율이 오르면 어떤 사람은 X주식을 매도한다.
전제2. X주식을 매도한 모든 사람은 Y주식을 매수한다.
결론. _____

① 환율이 오르면 모든 사람은 Y주식을 매수한다.
② 환율이 오르면 어떤 사람은 Y주식을 매수한다.
③ 모든 사람이 X주식을 매도하면 환율이 오른다.
④ 모든 사람이 Y주식을 매수하면 환율이 오른다.
⑤ Y주식을 매도한 모든 사람은 X주식을 매수한다.

주요 대기업 적중 문제 TEST CHECK

언어이해 ▶ 나열하기

※ 다음 제시된 문장 또는 문단을 논리적 순서대로 바르게 나열한 것을 고르시오. [16~17]

16

(가) 르네상스와 종교개혁을 거치면서 성립된 근대 계몽주의는 중세를 지배했던 신(神) 중심의 사고에서 벗어나 합리적 사유에 근거한 인간 해방을 추구하였다.
(나) 하지만 이 같은 문명의 이면에는 환경 파괴와 물질만능주의, 인간소외와 같은 근대화의 병폐가 숨어 있었다.
(다) 또한 계몽주의의 합리적 사고는 자연과학의 성립으로 이어졌으며, 우주와 자연에서 신비로운 요소를 걷어낸 과학 기술의 발전은 인류에게 그 어느 때보다 풍요로운 물질적 부를 가져왔다.
(라) 인간의 무지로부터 비롯된 자연에 대한 공포가 종교적 세계관을 낳았지만, 계몽주의는 이성과 합리성을 통해 이를 극복하였다.

① (가) – (나) – (다) – (라) ② (가) – (다) – (나) – (라)
③ (라) – (가) – (다) – (나) ④ (라) – (나) – (다) – (가)
⑤ (라) – (다) – (가) – (나)

창의수리 ▶ 거리 · 속력 · 시간

03 누리와 수연이는 같이 운동을 하기로 했다. 누리는 걸어서, 수연이는 자전거를 타고 운동을 했으며, 운동을 시작한 위치는 같았다. 누리가 15km를 먼저 이동했고, 수연이는 자전거를 이용해서 누리보다 10km/h 빠르게 움직인다. 수연이가 자전거를 타고 40km를 이동해서 누리를 만났다면, 두 사람이 함께 운동한 시간은?

① 1시간 ② 1시간 30분
③ 2시간 ④ 2시간 30분
⑤ 3시간

수열추리 ▶ 수열

10

| 84 | 80 | 42 | 20 | 21 | ( ) | 10.5 | 1.25 |

① 3 ② 4
③ 5 ④ 6
⑤ 7

CJ

언어이해 ▶ 주제 · 제목 찾기

15 다음 글의 제목으로 가장 적절한 것은?

> 주어진 개념에 포섭시킬 수 없는 대상(의 표상)을 만난 경우, 상상력은 처음에는 기지의 보편에 포섭시킬 수 있도록 다양한 직관을 종합할 것이다. 말하자면 뉴턴의 절대 공간, 역학의 법칙 등의 개념(보편)과 자신이 가지고 있는 특수(빛의 휘어짐)가 일치하는가, 조화로운가를 비교할 것이다. 하지만 일치하는 것이 없으므로, 상상력은 또다시 여행을 떠난다. 즉 새로운 형태의 다양한 종합 활동을 수행해 볼 것이다. 이것은 미지의 세계로 향한 여행이다. 그리고 이 여행에는 주어진 목적지가 없기 때문에 자유롭다.
>
> 이런 자유로운 여행을 통해 예들 들어 상대 공간, 상대 시간, 공간의 만곡, 상대성 이론이라는 새로운 개념들을 가능하게 하는 새로운 도식들을 산출한다면, 그 여행은 종결될 것이다. 여기서 우리는 왜 칸트가 상상력의 자유로운 유희라는 표현을 사용하는지 이해할 수 있게 된다. '상상력의 자유로운 유희'란 이렇게 정해진 개념이나 목적이 없는 상황에서 상상력이 그 개념이나 목적을 찾는 과정을 의미한다고 볼 수 있다. 이는 게임이다. 그리고 그 게임에 있어서 반드시 성취해야 할 그 어떤 것이 없다면, 순수한 놀이(유희)가 성립할 수 있을 것이다.
>
> – 칸트, 『판단력비판』

자료해석 ▶ 자료해석

15 다음은 C기업의 신입사원 채용 현황에 대한 자료이다. 이에 대한 설명으로 옳지 않은 것은?

〈신입사원 채용 현황〉

(단위 : 명)

구분	입사지원자 수	합격자 수
남성	680	120
여성	320	80

① 남성 합격자 수는 여성 합격자 수의 1.5배이다.
② 총입사지원자 중 합격률은 20%이다.
③ 여성 입사지원자의 합격률은 25%이다.
④ 합격자 중 남성의 비율은 70% 이상이다.
⑤ 총입사지원자 중 여성 입사지원자의 비율은 30% 이상이다.

창의수리 ▶ 농도

17 농도가 다른 두 소금물 A와 B를 각각 100g씩 섞으면 농도 10%의 소금물이 되고, 소금물 A를 100g, 소금물 B를 300g 섞으면 농도 9%의 소금물이 된다. 소금물 A의 농도는?

① 10%
② 12%
③ 14%
④ 16%
⑤ 18%

도서 200% 활용하기

1 기출복원문제로 출제경향 파악

2025 | 하반기
기출복원문제

※ 정답 및 해설은 기출복원문제 바로 뒤 p.014에 있습니다.

01 언어이해

01 다음 글을 읽고 '한국인의 수면 시간'과 관련된 글을 쓴다고 할 때, 글의 주제로 가장 적절하지 않은 것은?

인간은 평생 3분의 1 정도를 잠으로 보낸다.
중요한 과정이다. 하지만 한국인은 잠이 부족
으며, 2021년 기준 경제협력개발기구(OECD
전 국민의 17% 정도가 주 3회 이상 불면 증상
이에 따라 불면증, 기면증, 수면무호흡증 등
8,819명으로 4년 새 28.5%나 증가했다. 수면
관계질환 등이 발생할 수 있다. 불면증은 수
불면증은 면역기능 저하, 인지감퇴뿐만 아니
장애 등을 유발할 수 있다.
코를 골며 자다가 몇 초에서 몇 분 동안 호흡을
와 심혈관계질환 등 합병증을 일으킨다. 특히
이 되기도 한다.
최근 고령 인구 증가로 뇌 퇴행성 질환인 렘수
도 늘고 있다. 이 병은 잠자는 동안 악몽을 꾸
침대에서 뛰어내리는 등 난폭한 행동을 한다.
다. 또한 잠들기 전에 다리에 이상 감각이나
는 병이나. 낮 동안 졸리는 기면증(嗜眠症)
한 정신건강의학과 교수는 "수면 문제는 결국
우울증, 졸음운전의 원인이 되므로 전문적인

① 한국인의 부족한 수면 시간
② 수면 마취제의 부작용
③ 수면장애의 종류
④ 수면장애의 심각성
⑤ 전문 치료가 필요한 수면장애

2 · LG그룹 온라인 인적성검사

2025 | 하반기
기출복원문제 정답 및 해설

01 언어이해

01	02	03	04	05
②	③	④	④	④

01 　　　　　　　　　　　정답 ②

제시문에서는 OECD 회원국 가운데 꼴찌를 차지한 한국인의 부족한 수면 시간에 대해 언급하며, 이로 인해 수면장애 환자가 늘어나고 있음을 설명하고 있다. 또한 불면증, 수면무호흡증, 렘수면 행동장애 등 다양한 수면장애를 설명하며, 이러한 수면장애들이 심혈관계질환, 치매, 우울증 등의 원인이 될 수 있다는 점을 통해 심각성을 이야기한다. 마지막으로 이러한 수면장애를 방치해서는 안 되며, 전문적인 치료가 필요하다고 제시하고 있다. 따라서 이 글을 바탕으로 '한국인의 수면 시간'과 관련된 글을 쓴다고 할 때, 글의 주제로 가장 적절하지 않은 것은 수면 마취제와 관련된 내용인 ②이다.

02 　　　　　　　　　　　정답 ③

B2B 거래는 대량 구매 및 장기 공급 계약의 형태로 이루어지고, 거래 금액이 매우 크기 때문에 의사결정과정과 거래 절차가 복잡하다. 따라서 B2B 마케팅의 핵심요소는 기업 간의 신뢰 구축과 관계 유지이다.
B2C 거래는 소량을 구매하고 일회성 거래의 형태로 이루어지므로, 거래 금액과 소비자의 취향이 구매 결정에 큰 영향을 미친다. 따라서 B2C 마케팅의 핵심요소는 소비욕구 자극, 가격 및 편의성, 브랜드 인지도로 볼 수 있다.

03 　　　　　　　　　　　정답 ④

ㄴ. OLED 디스플레이는 픽셀 1개에 들어있는 서브픽셀 3개의 조합으로 색을 만들기 때문에 픽셀마다 독립적으로 색을 조절할 수 있다.
ㄹ. 서브픽셀은 전류가 흐를 때 발광하는 것이므로 TFT에 의해 전류가 차단된다면 픽셀은 검은색이 된다.

[오답분석]
ㄱ. TFT는 각각의 서브픽셀에 1개씩 연결되어 있고, 1개의 픽셀 안에는 서브픽셀 3개가 있으므로 1개의 픽셀 안에는 TFT가 3개 존재한다.
ㄷ. OLED는 전기가 흐를 때 자체적으로 빛을 발하는 유기화합물 발광체이며, RGB 서브픽셀 3개를 조합하여 색을 내는 가산 혼합 방식을 이용한다.

04 　　　　　　　　　　　정답 ④

먼저 '빅뱅 이전에는 아무것도 없었다.'는 '영겁의 시간 동안 우주는 단지 진공이었을 것이다.'를 의미한다는 (라) 문단이 오는 것이 적절하며, 다음으로 '이런 식으로 사고하려면', 즉 우주가 단지 진공이었다면 왜 우주가 탄생하게 되었는지를 설명할 수 없다는 (다) 문단이 오는 것이 적절하다. 그 뒤를 이어 우주 탄생 원인을 설명할 수 없는 이유를 이야기하는 (나) 문단과 이와 달리 이에 대해 다른 방식으로 해석하는 (가) 문단이 차례로 오는 것이 적절하다.

05 　　　　　　　　　　　정답 ④

제시문의 2문단에서 전기자동차 산업이 확충되고 있음을 언급하면서 구리가 전기자동차의 배터리를 만드는 데 핵심 재료임을 언급하고 있기 때문에 ④가 정답이다.

[오답분석]
①·⑤ 제시문에 언급하고 있는 내용이 아니기에 핵심 내용으로 보기는 어렵다.
② 제시문에서 '그린 열풍'을 언급하고 있으나 그 이유는 제시되어 있지 않다.
③ 제시문에서 산업금속 공급난이 우려된다고 하나, 그로 인한 문제가 제시되어 있지는 않다.

14 · LG그룹 온라인 인적성검사

▶ 2025년 하반기 기출복원문제를 수록하여 최근 출제경향을 파악할 수 있도록 하였다.
▶ 기출복원문제를 바탕으로 학습을 시작하기 전에 자신의 실력을 판단할 수 있도록 하였다.

2 이론점검, 대표기출유형, 기출응용문제로 영역별 학습

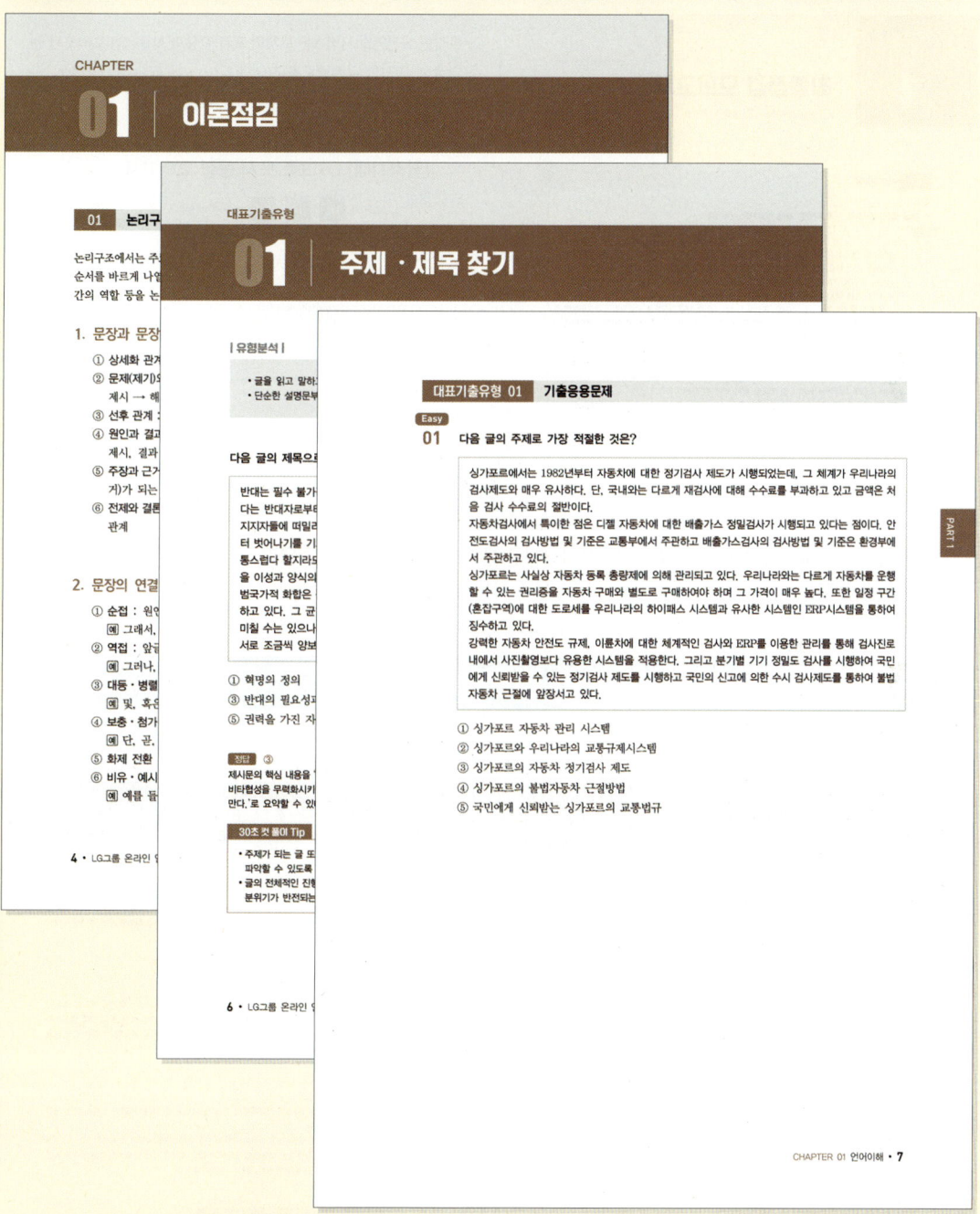

▶ 출제되는 영역에 대한 이론점검, 대표기출유형과 기출응용문제를 수록하였다.

▶ 최근 출제되는 유형을 체계적으로 학습하고 점검할 수 있도록 하였다.

도서 200% 활용하기 STRUCTURES

3 최종점검 모의고사 + 도서 동형 온라인 실전연습 서비스로 반복 학습

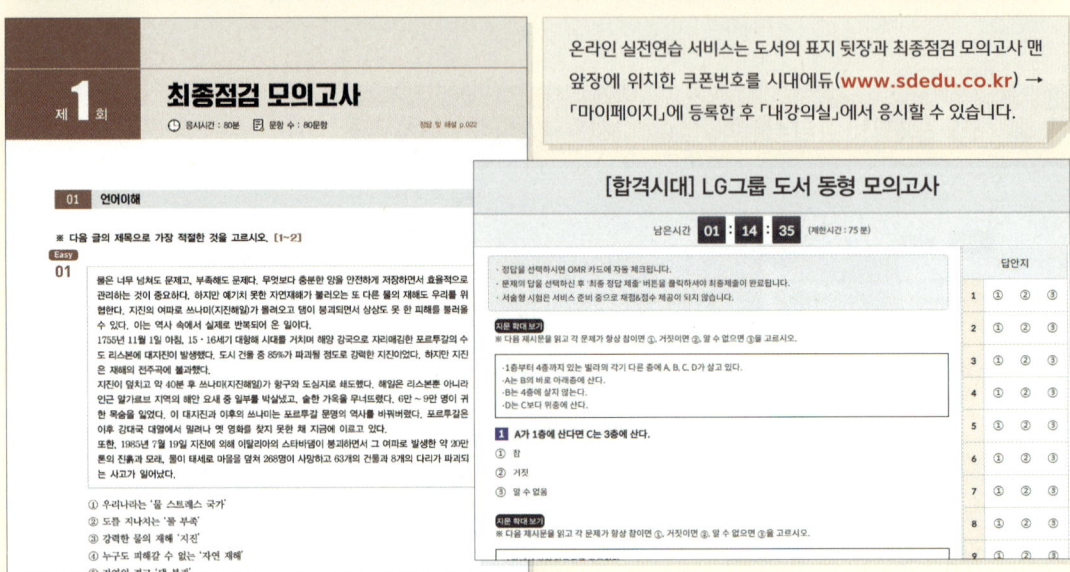

> ▶ 실제 시험과 유사하게 구성된 최종점검 모의고사 3회를 통해 마무리를 하도록 하였다.
> ▶ 이와 동일하게 구성된 온라인 실전연습 서비스로 실제 시험처럼 연습하도록 하였다.

4 인성검사부터 면접까지 한 권으로 대비하기

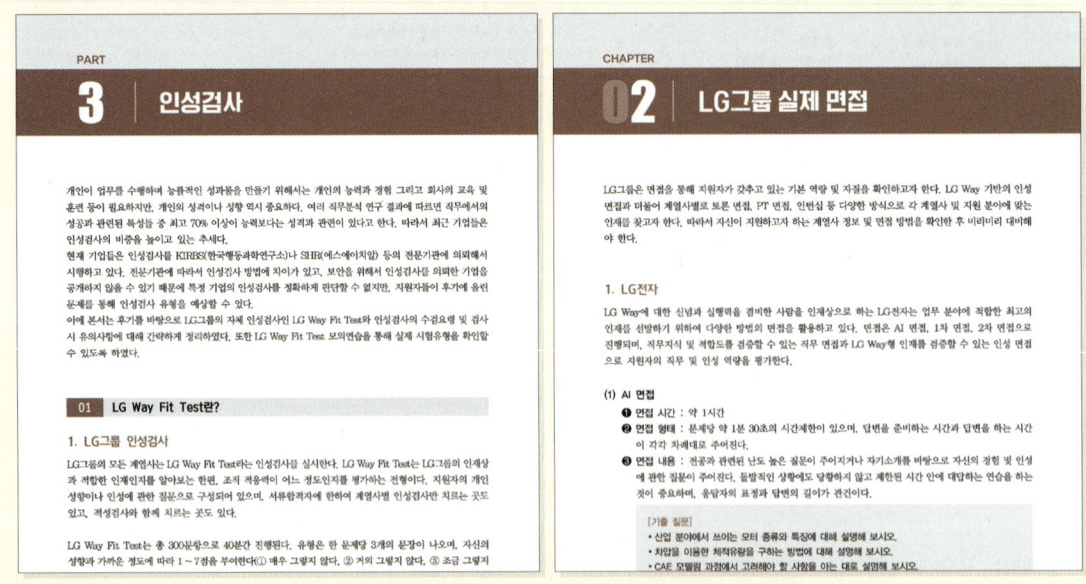

> ▶ 인성검사 모의연습을 통해 LG그룹의 인재상에 부합하는지 판별할 수 있도록 하였다.
> ▶ 면접 기출 질문을 통해 실제 면접에서 나오는 질문에 미리 대비할 수 있도록 하였다.

5 Easy&Hard로 난이도별 시간 분배 연습

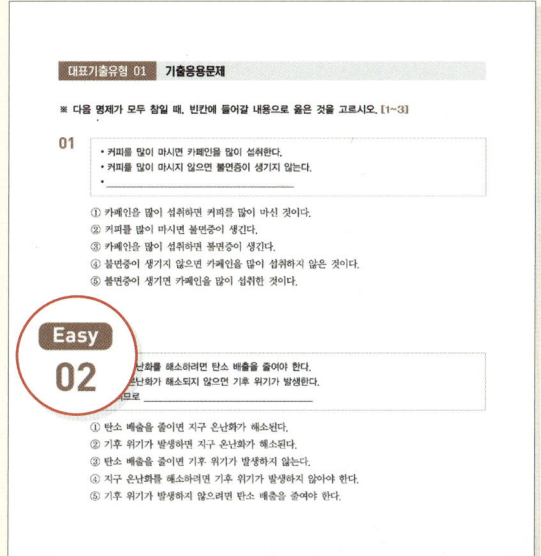

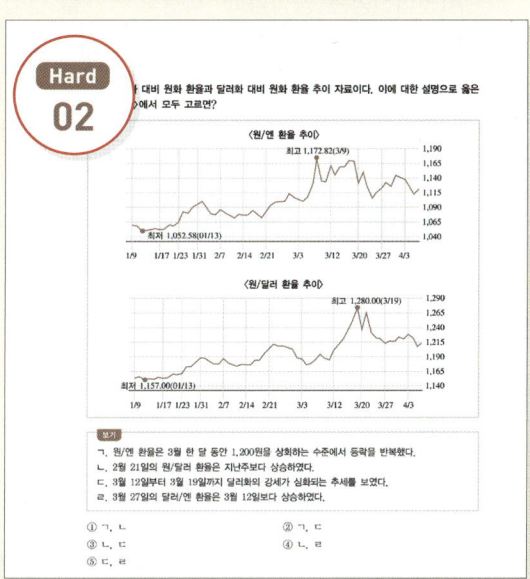

▶ Easy&Hard 표시로 문제별 난이도에 따라 시간을 적절하게 분배하여 풀이하는 연습이 가능하도록 하였다.

6 정답 및 오답분석으로 풀이까지 완벽 마무리

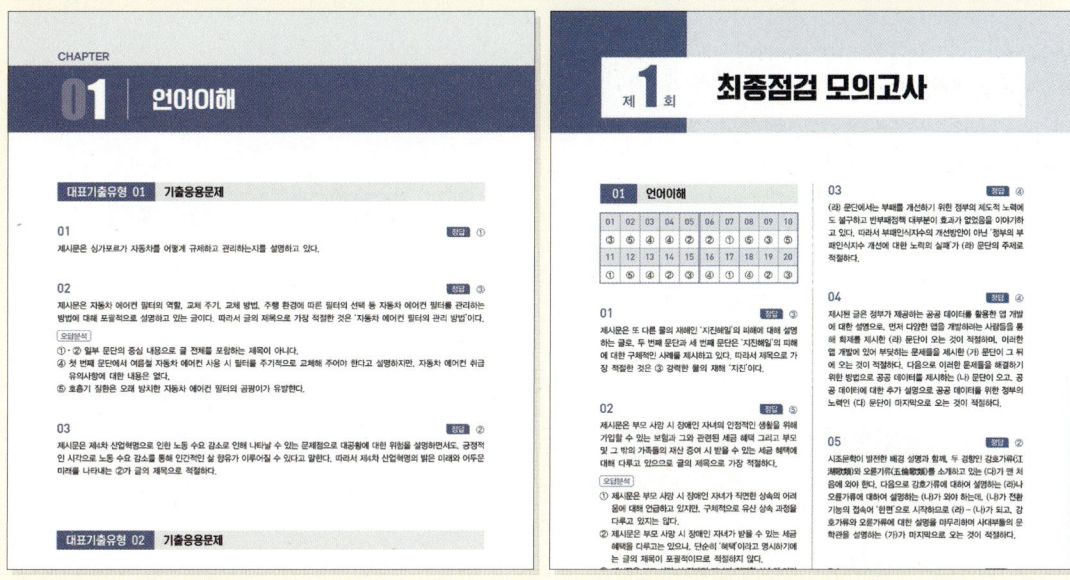

▶ 정답에 대한 상세한 해설과 오답분석을 통해 혼자서도 체계적인 학습이 가능하도록 하였다.

AI면접 소개

◇ 소개

▶ AI면접전형은 '공정성'과 '객관적 평가'를 면접과정에 도입하기 위한 수단으로, 최근 채용 과정에 AI 면접을 도입하는 기업들이 급속도로 증가하고 있다.

▶ AI기반의 평가는 서류전형 또는 면접전형에서 활용된다. 서류전형에서는 AI가 모든 지원자의 자기 소개서를 1차적으로 스크리닝한 후, 통과된 자기소개서를 인사담당자가 다시 평가하는 방식으로 활용 되고 있다. 또한 면접전형에서는 서류전형과 함께, 또는 면접 절차를 대신하여 AI면접의 활용을 통해 지원자의 전반적인 능력을 종합적으로 판단하여 채용에 도움을 준다.

◇ AI면접 프로세스

서류전형 ▸ 필기전형 ▸ 1차 면접 (AI면접 포함) ▸ 2차 면접 ▸ 입사

※ AI면접의 경우 필기전형과 함께 진행될 수 있다.

◇ AI면접 분석 종류

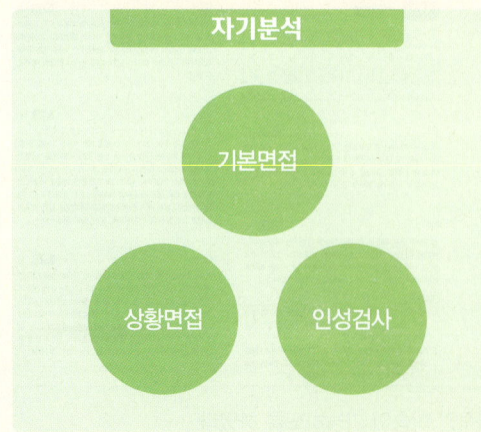

자기분석

기본면접 / 상황면접 / 인성검사

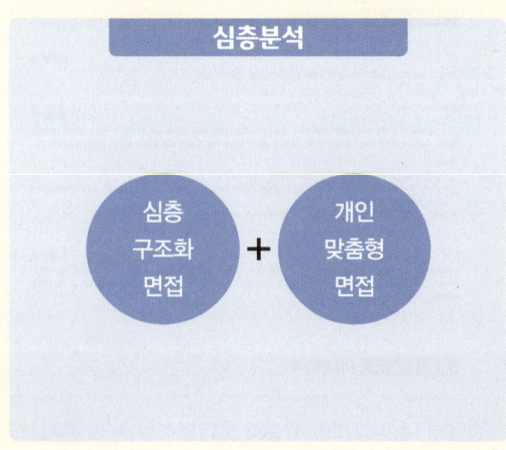

심층분석

심층 구조화 면접 + 개인 맞춤형 면접

◇ **AI면접 정의**

뇌신경과학 기반의 인공지능 면접

◇ **소요시간**

기업 또는 계열사별로 상이함

◇ **진행순서**

① 웹캠/음성체크 ② 안면 등록
③ 기본 질문 ④ 상황 질문
⑤ 탐색 질문 ⑥ 심층/구조화 질문
⑦ 종합 평가 ⑧ 면접 종료

▶ 기본 질문, 상황 질문, 탐색 질문을 통해 지원자의 강점, 약점을 분석하여 심층/구조화 질문 제시

| 기본적인 질문 및 상황 질문 | 지원자의 특성을 분석하기 위한 질문 | 지원자의 강점 / 약점 실시간 분석 | 심층 / 구조화 질문 |

◇ **평가요소**

종합 코멘트, 주요 및 세부 역량 점수, 응답신뢰 가능성 등을 분석하여 종합 평가 점수 도출

❶ 성과능력지수	스스로 성과를 내고 지속적으로 성장하기 위해 갖춰야 하는 성과 지향적 태도 및 실행력
❷ 조직적합지수	조직에 적응하고 구성원들과 시너지를 내기 위해 갖춰야 하는 심리적 안정성
❸ 관계역량지수	타인과의 관계를 좋게 유지하기 위해 갖춰야 하는 고객지향적 태도 및 감정 파악 능력
❹ 호감지수	대면 상황에서 자신의 감정과 의사를 적절하게 전달할 수 있는 소통 능력

AI면접 준비 AI INTERVIEW

◈ 면접 환경 점검

Windows 7 이상 OS에 최적화되어 있다. 웹카메라와 헤드셋(또는 이어폰과 마이크)은 필수 준비물이며, 크롬 브라우저도 미리 설치해 놓는 것이 좋다. 또한 주변 정리정돈과 복장을 깔끔하게 해야 한다.

◈ 이미지

AI면접은 동영상으로 녹화되므로 지원자의 표정이나 자세, 태도 등에서 나오는 전체적인 이미지가 중요하다. 특히 '상황 제시형 질문'에서는 실제로 대화하듯이 답변해야 하므로 표정과 제스처의 중요성은 더더욱 커진다. 그러므로 자연스럽고 부드러운 표정과 정확한 발음은 기본이자 필수 요소이다.

▶ **시선 처리** : 눈동자가 위나 아래로 향하는 것은 피해야 한다. 대면면접의 경우 아이컨택(Eye Contact)이 가능하기 때문에 대화의 흐름상 눈동자가 자연스럽게 움직일 수 있지만, AI면접에서는 카메라를 보고 답변하기 때문에 다른 곳을 응시하거나 시선이 분산되는 경우에는 불안감으로 눈빛이 흔들린다고 평가될 수 있다. 따라서 카메라 렌즈 혹은 모니터를 바라보면서 대화를 하듯이 면접을 진행하는 것이 가장 좋다. 시선 처리는 연습하는 과정에서 동영상 촬영을 하며 확인하는 것이 좋다.

▶ **입 모양** : 좋은 인상을 주기 위해서는 입꼬리가 올라가도록 미소를 짓는 것이 좋으며, 이때 입꼬리는 양쪽 꼬리가 동일하게 올라가야 한다. 그러나 입만 움직이게 되면 거짓된 웃음으로 보일 수 있기에 눈과 함께 미소 짓는 연습을 해야 한다. 자연스러운 미소 짓기는 쉽지 않기 때문에 매일 재미있는 사진이나 동영상, 아니면 최근 재미있었던 일 등을 떠올리면서 자연스러운 미소를 지을 수 있는 연습을 해야 한다.

▶ **발성 · 발음** : 답변을 할 때, 말을 더듬는다거나 '음…', '아…' 하는 소리를 내는 것은 마이너스 요인이다. 질문마다 답변을 생각할 시간을 함께 주지만, 지원자의 의견을 체계적으로 정리하지 못한 채 답변을 시작한다면 발생할 수 있는 상황이다. 생각할 시간이 주어진다는 것은 답변에 대한 기대치가 올라간다는 것을 의미하므로 주어진 시간 동안에 빠르게 답변구조를 구성하는

연습을 진행해야 하고, 말끝을 흐리는 습관이나 조사를 흐리는 습관을 교정해야 한다. 이때 연습 과정을 녹음하여 체크하는 것이 효과가 좋고, 답변에 관한 부분 또한 명료하고 체계적으로 답변할 수 있도록 연습해야 한다.

◇ 답변방식

AI면접 후기를 보다 보면, 대부분 비슷한 유형의 질문패턴이 진행되는 것을 알 수 있다. 따라서 대면면접 준비 방식과 동일하게 질문 리스트를 만들고 연습하는 과정이 필요하다. 특히, AI면접은 질문이 광범위하기 때문에 출제 유형 위주의 연습이 이루어져야 한다.

▶ 유형별 답변방식 습득

- **기본 필수 질문** : 지원자들에게 필수로 질문하는 유형으로, 지원자만의 답변이 확실하게 구성되어 있어야 한다.
- **상황 제시형 질문** : AI면접에서 주어지는 상황은 크게 8가지 유형으로 분류된다. 유형별로 효과적인 답변 구성 방식을 연습해야 한다.
- **심층/구조화 질문(개인 맞춤형 질문)** : 가치관에 따라 선택을 해야 하는 질문이 대다수를 이루는 유형으로, 여러 예시를 통해 유형을 익히고 그에 맞는 답변을 연습해야 한다.

▶ 유성(有聲) 답변 연습
AI면접을 연습할 때에는 같은 유형의 예시를 연습한다고 해도, 실제 면접에서의 세부 소재는 거의 다르다고 할 수 있다. 따라서 새로운 상황이 주어졌을 때 유형을 빠르게 파악하고 답변의 구조를 구성하는 반복연습이 필요하며, 항상 목소리를 내어 답변하는 연습을 하는 것이 좋다.

▶ 면접에 필요한 연기
면접은 연기가 반이라고 할 수 있다. 가식적이고 거짓된 모습을 보이라는 것이 아닌, 상황에 맞는 적절한 행동과 답변의 인상을 극대화시킬 수 있는 연기를 해야 한다는 것이다. 면접이 무난하게 흘러가면 무난하게 탈락할 확률이 높다. 이 때문에 하나의 답변에도 깊은 인상을 전달해 주어야 하고, 이때 필요한 것이 연기이다. 특히 AI면접에서는 답변 내용에 따른 표정변화가 필요하고, 답변에 연기를 더할 수 있는 부분까지 연습이 되어 있다면 면접 준비가 완벽히 되어 있다고 말할 수 있다.

지원자의 외면적 요소 V4를 활용한 정서 및 성향, 거짓말 파악

Vision Analysis	미세 표정(Micro Expression)
Voice Analysis	보디 랭귀지(Body Language)
Verbal Analysis	진술 분석 기법(Scientific Contents Analysis)
Vital Analysis	자기 최면 기법(Auto Hypnosis)

AI면접의 V4를 대비하는 방법으로 미세 표정, 보디 랭귀지, 진술 분석 기법, 자기 최면 기법을 활용

AI면접 구성 AI INTERVIEW

기본 필수 질문

모든 지원자가 공통으로 받게 되는 질문으로, 기본적인 자기소개, 지원동기, 성격의 장·단점 등을 질문하는 구성으로 되어 있다. 이는 대면면접에서도 높은 확률로 받게 되는 질문 유형이므로, AI면접에서 답변한 내용을 대면면접에서도 다르지 않게 답변해야 한다.

탐색 질문 (인성검사)

인적성 시험의 인성검사와 일치하는 유형으로, 정해진 시간 내에 해당 문장과 지원자의 가치관이 일치하는 정도를 빠르게 체크해야 하는 단계이다.

상황 제시형 질문

특정한 상황을 제시하여, 제시된 상황 속에서 어떻게 대응할지에 대한 답변을 묻는 유형이다. 기존의 대면면접에서는 이러한 질문에 대하여 지원자가 어떻게 행동할지에 대한 '설명'에 초점이 맞춰져 있었다면, AI면접에서는 실제로 '행동'하며, 상대방에게 이야기하듯 답변이 이루어져야 한다.

심층 / 구조화 질문 (개인 맞춤형 질문)

인성검사 과정 중 지원자가 선택한 항목들에 기반한 질문에 답변을 해야 하는 유형이다. 그렇기 때문에 인성검사 과정에서 인위적으로 접근하지 않는 것이 중요하고, 주로 가치관에 대한 질문이 많이 출제되는 편이다.

본서에 수록된 전 영역을 단기간에 끝낼 수 있도록 구성한 학습플랜이다. 한 번에 전 영역을 공부하지 않고, 한 영역을 집중적으로 공부할 수 있도록 하였다. 필기시험에 대한 기초 학습은 되어 있으나, 학습 계획 세우기에 자신이 없는 수험생 혹은 미리 시험에 대비하지 못해 단시간에 많은 분량을 봐야 하는 수험생에게 추천한다.

TWO WEEKS STUDY PLAN

Start!	1일 차 ☐ ____월____일	2일 차 ☐ ____월____일	3일 차 ☐ ____월____일
4일 차 ☐ ____월____일	5일 차 ☐ ____월____일	6일 차 ☐ ____월____일	7일 차 ☐ ____월____일
8일 차 ☐ ____월____일	9일 차 ☐ ____월____일	10일 차 ☐ ____월____일	11일 차 ☐ ____월____일
12일 차 ☐ ____월____일	13일 차 ☐ ____월____일	14일 차 ☐ ____월____일	*Finish*

이 책의 차례 CONTENTS

Add+

2025년 하반기
기출복원문제

※ 정답 및 해설은 기출복원문제 바로 뒤 p.014에 있습니다.

01 　언어이해

01 다음 기사를 읽고 '한국인의 수면 시간'과 관련된 글을 쓴다고 할 때, 글의 주제로 적절하지 않은 것은?

> 인간은 평생 3분의 1 정도를 잠으로 보낸다. 잠은 낮에 사용한 에너지를 보충하고, 피로를 회복하는 중요한 과정이다. 하지만 한국인은 잠이 부족하다. 한국인의 수면 시간은 7시간 41분밖에 되지 않으며, 2021년 기준 경제협력개발기구(OECD) 회원국 가운데 꼴찌를 차지했다. 한 조사에 따르면, 전 국민의 17% 정도가 주 3회 이상 불면 증상을 갖고 있으며, 이는 연령이 높아짐에 따라 늘어났다. 이에 따라 불면증, 기면증, 수면무호흡증 등 수면장애로 병원을 찾는 사람은 2022년 기준 109만 8,819명으로 4년 새 28.5%나 증가했다. 수면장애를 방치하면 삶의 질 저하는 물론 만성 두통, 심혈관계질환 등이 발생할 수 있다. 불면증은 수면 질환의 대명사로, 가장 흔하고 복합적인 질환이다. 불면증은 면역기능 저하, 인지감퇴뿐만 아니라 일상생활에 장애를 초래할 수 있으며, 우울증, 인지장애 등을 유발할 수 있다.
> 코를 골며 자다가 몇 초에서 몇 분 동안 호흡을 멈추는 수면무호흡증도 있다. 이 역시 인지기능 저하와 심혈관계질환 등 합병증을 일으킨다. 특히 수면무호흡증은 비만과 관계가 깊고, 졸음운전의 원인이 되기도 한다.
> 최근 고령 인구 증가로 뇌 퇴행성 질환인 렘수면 행동장애(RBD; Rem Sleep Behavior Disorder)도 늘고 있다. 이 병은 잠자는 동안 악몽을 꾸면서 소리를 지르고, 팔다리를 움직이고, 벽을 치고, 침대에서 뛰어내리는 등 난폭한 행동을 한다. 이 병을 앓는 상당수는 파킨슨병, 치매 환자로 이어진다. 또한 잠들기 전에 다리에 이상 감각이나 통증이 생기는 하지불안증후군도 수면의 질을 떨어뜨리는 병이다. 낮 동안 졸리는 기면증(嗜眠症) 역시 일상생활에 심각한 장애를 초래한다.
> 한 정신건강의학과 교수는 "수면 문제는 결국 심혈관계질환, 치매와 파킨슨병 등의 퇴행성 질환, 우울증, 졸음운전의 원인이 되므로 전문적인 치료를 받아야 한다."고 했다.

① 한국인의 부족한 수면 시간　　　　② 수면 마취제의 부작용
③ 수면장애의 종류　　　　　　　　　④ 수면장애의 심각성
⑤ 전문 치료가 필요한 수면장애

02 다음 〈보기〉에서 빈칸 (가) ~ (나)에 들어갈 마케팅 핵심요소로 적절한 것을 찾아 바르게 짝지은 것은?

신발 한 켤레를 구매하기 위해서는 신발 가게에서 단순히 마음에 드는 신발을 고르고 구매하면 된다. 그런데 그 신발이 소비자에게 판매되기 전까지 어떤 일들이 일어날까? 신발 가게는 신발 제조업체로부터 해당 제품을 다량으로 구매하여 가게에 진열해야 한다. 신발 가게에서 소비자에게 신발을 판매하는 것과 신발 제조업체에서 신발 가게에 물건을 납품하는 것 모두 '판매'이지만, 거래의 대상과 방식은 전혀 다르다. 이러한 차이를 구분하는 개념이 바로 'B2B'와 'B2C'이다.

B2B는 'Business to Business'의 약자로, 기업이 다른 기업에게 제품이나 서비스를 판매하는 기업 간 거래를 의미한다. 기업이 다른 기업과 거래하는 주요 목적은 제품의 생산이나 재판매이므로 일반적으로 대량 구매 및 장기 공급 계약의 형태로 이루어진다. 거래 금액이 매우 커서 의사결정과정 및 거래 절차가 복잡하고, 장기적·지속적 관계가 필요하다. 따라서 B2B 마케팅의 핵심요소는 기업 간 ____(가)____ 이다.

B2C는 'Business to Consumer'의 약자로, 기업이 개인 소비자에게 직접 제품이나 서비스를 판매하는 기업과 소비자 간의 거래를 의미한다. 소비자가 기업과 거래를 하는 주요 목적은 개인적 욕구 및 편의 충족이므로, 대개 소량을 구매하고 일회성 거래의 형태로 이루어진다. 거래 금액이 적은 편이고 소비자의 취향이나 감정이 구매 결정에 큰 영향을 미친다. 따라서 B2C 마케팅의 핵심요소는 소비자의 ____(나)____ 이다.

B2B와 B2C는 모두 기업의 판매 활동이지만 거래의 대상과 목적 그리고 마케팅 전략에서 뚜렷한 차이를 보인다. 그렇기 때문에 기업은 주요 거래 대상을 파악하고, 어떤 거래 형태를 중심으로 하느냐에 따라 제품 기획부터 홍보 방식까지 다른 전략을 세워야 한다. 이처럼 B2B와 B2C의 특성을 정확히 이해하는 것은 효율적인 마케팅의 출발점이자, 변화하는 시장 환경에 능동적으로 대응하기 위한 기본이 된다.

보기

ㄱ. 신뢰 구축   ㄴ. 소비욕구 자극
ㄷ. 가격 및 편의성   ㄹ. 브랜드 인지도
ㅁ. 관계 유지

	(가)	(나)
①	ㄴ	ㄱ, ㄷ, ㄹ, ㅁ
②	ㄱ, ㄷ	ㄴ, ㄹ, ㅁ
③	ㄱ, ㅁ	ㄴ, ㄷ, ㄹ
④	ㄱ, ㄷ, ㅁ	ㄴ, ㄹ
⑤	ㄴ, ㄹ, ㅁ	ㄱ, ㄷ

03 다음 글을 읽고 이해한 내용으로 가장 적절한 것을 〈보기〉에서 모두 고르면?

스마트폰, 스마트 워치 등 최근의 스마트기기에 사용되는 디스플레이는 십중팔구 OLED 디스플레이이다. OLED는 'Organic Light-Emitting Diode'의 약자로, 유기 발광 다이오드를 의미한다. OLED 디스플레이 안에는 색을 내는 픽셀이 수백에서 수천만 개가 있는데, 픽셀 하나하나는 전기가 흐를 때 자체적으로 빛을 발하는 유기화합물 발광체로 이루어져 있다.

OLED 디스플레이에서 픽셀이 색을 낼 수 있는 이유는 3개의 서브픽셀과 박막 트랜지스터(TFT; Thin-Film Transistor) 덕분이다. 1개의 픽셀 안에는 3개의 서브픽셀이 있는데, 빨간색(R), 초록색(G), 파란색(B)의 OLED로 구성되어 있다. 만약 픽셀이 빨간색의 빛을 내려면 빨간색의 OLED는 켜고, 나머지 OLED는 꺼야 한다.

그런데 이런 방식으로 픽셀이 색을 내기 위해서는 각각의 OLED의 밝기를 조절하는 스위치가 필요하다. 여기서 등장하는 것이 바로 박막 트랜지스터(TFT)이다. TFT를 이해하기 위해서는 트랜지스터에 대해 알 필요가 있다. 반도체 소자인 트랜지스터는 상황에 따라 전기가 흐르게 할 수 있고(도체), 전기가 흐르지 않게 할 수 있다(부도체).

일반적인 트랜지스터는 컬렉터, 베이스, 이미터로 구성되어 있다. 컬렉터와 이미터는 주 회로에 연결되어 전류가 흐르는데, 베이스가 이 흐름을 제어하는 역할을 한다. 이때 베이스에 가해지는 전류의 크기에 따라 컬렉터에서 이미터로 이어지는 전류의 양이 달라진다. 방식은 다르지만 TFT는 이와 비슷한 트랜지스터가 눈에 보이지 않을 정도로 작고 얇게 만들어진 것으로 각각의 서브픽셀마다 1개씩 연결되어 전류량을 조절하고, 조절된 전류량에 따라 연결된 OLED의 밝기를 조절한다.

이처럼 OLED 디스플레이에서 색을 내는 방법은 각각의 서브픽셀에 흐르는 전류를 TFT가 제어하여 색깔별 다이오드의 밝기를 조절하고, 조절된 빛의 3원색이 혼합되어 색을 내는 가산 혼합 방식이다.

이와 같이 OLED 디스플레이는 TFT에 의해 조절되는 OLED가 스스로 발광하기 때문에 기존의 LCD 디스플레이와 같이 백라이트가 필요하지 않으며, 액정층 같은 장치가 필요하지 않고, 매우 얇고 가볍게 제작할 수 있다. 특히 TFT에 의해 픽셀 단위에서 OLED의 밝기를 조절하기 때문에 응답 속도가 빠르고, 고해상도의 화면을 정밀하게 구현할 수 있다는 강점이 있다.

보기

ㄱ. 1개의 픽셀 안에는 박막 트랜지스터가 1개씩 포함되어 있겠어.
ㄴ. OLED 디스플레이는 픽셀마다 독립적으로 색을 조절할 수 있겠네.
ㄷ. OLED 디스플레이는 색을 내기 위해 필터를 통과한 백색광을 사용하는구나.
ㄹ. 검은색 픽셀을 만들려면 3가지 서브픽셀에 흐르는 전류를 모두 차단해야겠네.

① ㄱ, ㄴ   ② ㄱ, ㄷ
③ ㄴ, ㄷ   ④ ㄴ, ㄹ
⑤ ㄷ, ㄹ

04 다음 문단을 논리적 순서대로 바르게 연결한 것은?

(가) '빅뱅 이전에 아무 일도 없었다.'는 말을 달리 해석하는 방법도 있다. 그것은 바로 빅뱅 이전에는 시간도 없었다고 해석하는 것이다. 그 경우 '빅뱅 이전'이라는 개념 자체가 성립하지 않으므로 그 이전에 아무 일도 없었던 것은 당연하다. 그렇게 해석한다면 빅뱅이 일어난 이유도 설명할 수 있게 된다. 즉 빅뱅은 '0년'을 나타내는 것이다. 시간의 시작은 빅뱅의 시작으로 정의되기 때문에 우주가 그 이전이든 이후이든 왜 탄생했느냐고 묻는 것은 이치에 닿지 않는다.

(나) 단지 지금 설명할 수 없다는 뜻이 아니라 설명 자체가 있을 수 없다는 뜻이다. 어떻게 설명이 가능하겠는가? 수도관이 터진 이유는 그전에 닥쳐온 추위로 설명할 수 있다. 공룡이 멸종한 이유는 그 전에 지구와 운석이 충돌했을 가능성으로 설명하면 된다. 바꿔 말해서, 우리는 한 사건을 설명하기 위해 그 사건 이전에 일어났던 사건에서 원인을 찾는다. 그러나 빅뱅의 경우에는 그 이전에 아무것도 없었으므로 어떠한 설명도 찾을 수 없는 것이다.

(다) 하지만 이렇게 생각하려면, 아무 일도 일어나지 않고 시간만 존재하는 것을 상상할 수 있어야 한다. 그것은 곧 시간을 일종의 그릇처럼 상상하고 그 그릇 안에 담긴 것과 무관하게 여긴다는 뜻이다. 시간을 이렇게 본다면 변화는 일어날 수 없다. 여기서 변화는 시간의 경과가 아니라 사물의 변화를 가리킨다. 이런 전제하에서 우리가 마주하는 문제는 이것이다. 어떤 변화가 생겨나기도 전에 영겁의 시간이 있었다면, 왜 우주가 탄생하게 되었는지를 설명할 수 없다.

(라) 우주론자들에 따르면 우주는 '빅뱅'으로부터 시작되었다고 한다. 빅뱅이란 엄청난 에너지를 가진 아주 작은 우주가 폭발하듯 갑자기 생겨난 사건을 말한다. 그게 사실이라면 빅뱅 이전에는 무엇이 있었느냐는 질문이 나오는 게 당연하다. 아마 아무것도 없었을 것이다. 하지만 빅뱅 이전에 아무것도 없었다는 말은 무슨 뜻일까? 영겁의 시간 동안 단지 진공이었다는 뜻이다. 움직이는 것도, 변화하는 것도 없었다는 것이다.

① (라) – (가) – (나) – (다)
② (라) – (나) – (가) – (다)
③ (라) – (나) – (다) – (가)
④ (라) – (다) – (가) – (나)
⑤ (라) – (다) – (나) – (가)

05 다음 글의 주제로 가장 적절한 것은?

BMO 금속 및 광업 관련 리서치 보고서에 따르면 최근 가격 강세를 지속해 온 알루미늄, 구리, 니켈 등 산업금속들이 4분기 중 공급부족 심화와 가격 상승세가 전망된다. 산업금속은 산업에 필수적으로 사용되는 금속들을 말하는데, 앞서 제시한 알루미늄, 구리, 니켈뿐만 아니라 비교적 단단한 금속에 속하는 은이나 금 등도 모두 산업에 많이 사용될 수 있는 금속이므로 산업금속의 카테고리에 속한다고 할 수 있다. 이러한 산업금속은 물품을 생산하는 기계의 부품으로서 필요하기도 하고, 전자제품 등의 소재로 쓰이기도 하기 때문에 특정 분야의 산업이 활성화되면 특정 금속의 가격이 뛰거나 심각한 공급난을 겪기도 한다.

지난 4일 금융투자업계에 따르면 최근 전세계적인 경제 회복 조짐과 함께 탈 탄소 트렌드, 즉 '그린 열풍'에 따른 수요 증가로 산업금속 가격이 초강세이다. 런던금속거래소에서 발표한 자료에 따르면 올해 들어 지난달까지 알루미늄은 20.7%, 구리가 47.8%, 니켈은 15.9% 각각 가격이 상승했다. 자료에서도 알 수 있듯이 구리 수요를 필두로 알루미늄, 니켈 등 전반적인 산업금속 섹터의 수요량이 증가하였다.

이는 전기자동차 산업의 확충과 관련이 있다. 전기자동차의 핵심적인 부품인 배터리를 만드는 데에 구리와 니켈이 사용되기 때문이다. 이때, 배터리 소재 중 니켈의 비중을 높이면 배터리의 용량을 키울 수 있으나 배터리의 안정성이 저하된다. 기존의 전기자동차 배터리는 니켈의 사용량이 높았기 때문에 더욱 안정성 문제가 제기되어 왔다. 그래서 연구 끝에 적정량의 구리를 배합하는 것이 배터리 성능과 안정성을 모두 향상시키기 위해서 중요하다는 것을 밝혀내었다. 구리가 전기자동차 산업의 핵심 금속인 셈이다.

이처럼 전기자동차와 배터리 등 친환경 산업에 필수적인 금속들의 수요는 증가하는 반면 세계 각국의 환경 규제 강화로 인해 금속의 생산은 오히려 감소하고 있기 때문에 산업금속에 대한 공급난과 가격 인상이 우려되고 있다.

① 전기자동차의 배터리 성능을 향상하는 기술
② 세계적인 '그린 열풍' 현상 발생의 원인
③ 필수적인 산업금속 공급난으로 인한 문제
④ 전기자동차 확충에 따른 구리 수요 증가 상황
⑤ 탈 탄소 산업의 대표 주자인 전기자동차산업

01 다음 명제가 참일 때, 항상 옳은 것은?

> • 짬뽕을 좋아하는 사람은 군만두도 좋아한다.
> • 자장면을 좋아하는 사람은 짬뽕도 좋아한다.
> • 탕수육을 좋아하지 않는 사람은 군만두를 좋아하지 않는다.

① 군만두를 좋아하는 사람은 짬뽕도 좋아한다.
② 탕수육을 좋아하는 사람은 군만두도 좋아한다.
③ 짬뽕을 좋아하지 않는 사람은 군만두를 좋아하지 않는다.
④ 탕수육을 좋아하지 않는 사람은 짬뽕를 좋아하지 않는다.
⑤ 군만두를 좋아하지 않는 사람은 탕수육을 좋아하지 않는다.

02 다음 명제가 모두 참일 때, 빈칸에 들어갈 명제로 옳은 것은?

> • 저축을 하지 않으면 이자가 생기지 않는다.
> • _____
> • 소비를 줄이지 않으면 저축을 하지 않는다.
> • 그러므로 소비를 줄이지 않았다는 것은 용돈을 합리적으로 쓰지 않은 것이다.

① 용돈을 합리적으로 쓰지 않으면 이자가 생기지 않는다.
② 이자가 생기면 저축을 하지 않는다.
③ 저축을 하지 않으면 소비를 줄이지 않는다.
④ 용돈을 합리적으로 쓰면 이자가 생긴다.
⑤ 용돈을 합리적으로 써도 소비를 줄이지 않는다.

03 A ~ G 7명은 주말 여행지를 고르기 위해 다음 〈조건〉과 같이 투표를 진행하였다. 7명 중 투표를 하지 않은 2명을 고르면?

> **조건**
> • D나 G 중 적어도 한 명이 투표하지 않으면, F는 투표한다.
> • F가 투표하면, E는 투표하지 않는다.
> • B나 E 중 적어도 한 명이 투표하지 않으면, A는 투표하지 않는다.
> • A를 포함하여 투표한 사람은 모두 5명이다.

① B, E   ② B, F
③ C, D   ④ C, F
⑤ F, G

04 L기숙사에서 간밤에 도난사건이 발생하였다. 물건을 훔친 사람은 1명이며, 이 사건에 대해 기숙사생 A ~ D는 다음과 같이 진술하였다. 4명 중 1명만이 진실을 말했을 때, 다음 중 물건을 훔친 범인은 누구인가?(단, L기숙사에는 A ~ D 4명만 거주 중이며, 이들 중 반드시 범인이 있다)

> • A : 어제 B가 훔치는 것을 봤다.
> • B : C와 D는 계속 같이 있었으므로 2명은 범인이 아니다.
> • C : 나와 B는 어제 하루 종일 자기 방에만 있었으므로 둘 다 범인이 아니다.
> • D : C와 나는 계속 같이 있었으니, A와 B 중에 범인이 있다.

① A   ② B
③ C   ④ D
⑤ 알 수 없음

05 왼쪽부터 순서대로 빨간색, 갈색, 검은색, 노란색, 파란색 5개의 컵이 일렬로 놓여 있다. 그중 4개의 컵에는 각각 물, 주스, 맥주, 포도주가 들어 있고, 하나의 컵은 비어 있다. 다음 내용이 항상 참일 때, 각 컵에 들어 있는 내용물이 바르게 연결된 것은?

- 물은 항상 포도주가 들어 있는 컵의 바로 오른쪽 컵에 들어 있다.
- 주스는 항상 비어 있는 컵의 바로 왼쪽 컵에 들어 있다.
- 맥주는 빨간색 또는 검은색 컵에 들어 있다.
- 맥주가 빨간색 컵에 들어 있지 않으면 파란색 컵에는 물이 들어 있지 않다.
- 포도주는 빨간색, 검은색, 파란색 컵 중에 들어 있다.

① 빨간색 컵 – 물
② 갈색 컵 – 포도주
③ 검은색 컵 – 맥주
④ 노란색 컵 – 포도주
⑤ 파란색 컵 – 주스

01 다음은 우표 발행 현황에 대한 자료이다. 이에 대한 설명으로 옳은 것은?

<우표 발행 현황>

(단위 : 십만 장)

구분	2020년	2021년	2022년	2023년	2024년
보통우표	1,670	1,640	770	1,100	1,050
기념우표	430	560	400	350	360
나만의 우표	50	40	30	20	10
합계	2,150	2,240	1,200	1,470	1,420

① 2020년부터 2024년까지 보통우표와 기념우표 발행 수의 증감 추이는 같다.

② 기념우표와 나만의 우표 모두 발행 수가 가장 적은 해는 2023년이다.

③ 보통우표와 기념우표 발행 수가 가장 큰 차이를 보이는 해는 2020년이다.

④ 2022년 전체 발행 수에서 나만의 우표가 차지하고 있는 비율은 3% 이상이다.

⑤ 2020년 대비 2024년 나만의 우표 발행 수의 감소율은 70%이다.

02 다음은 철도 화물의 품목별 수송량 구성비에 대한 자료이다. 이에 대한 설명으로 옳지 않은 것은?

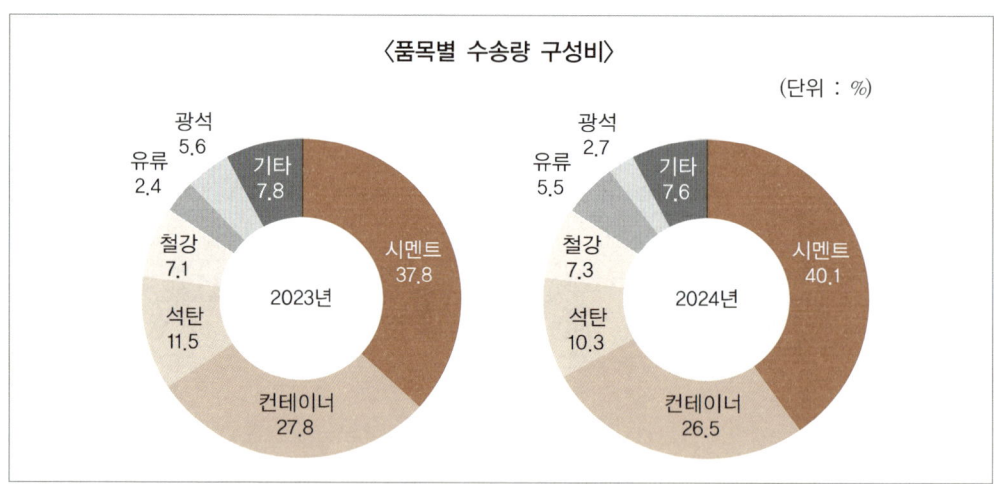

① 2023년 대비 2024년에 구성비가 증가한 품목은 3개이다.

② 컨테이너 수송량은 2023년에 비해 2024년에 감소하였다.

③ 구성비가 가장 크게 변화한 품목은 유류이다.

④ 2023년과 2024년에 가장 큰 비율을 차지하는 품목은 같다.

⑤ 2023년엔 유류가, 2024년엔 광석이 단일 품목 중 가장 작은 비율을 차지한다.

03 A씨는 올해 취업을 준비하면서 총 6번의 영어 시험을 치렀다. 영어 성적 분포가 다음과 같을 때, 전체 평균점수보다 높았던 적은 몇 번인가?

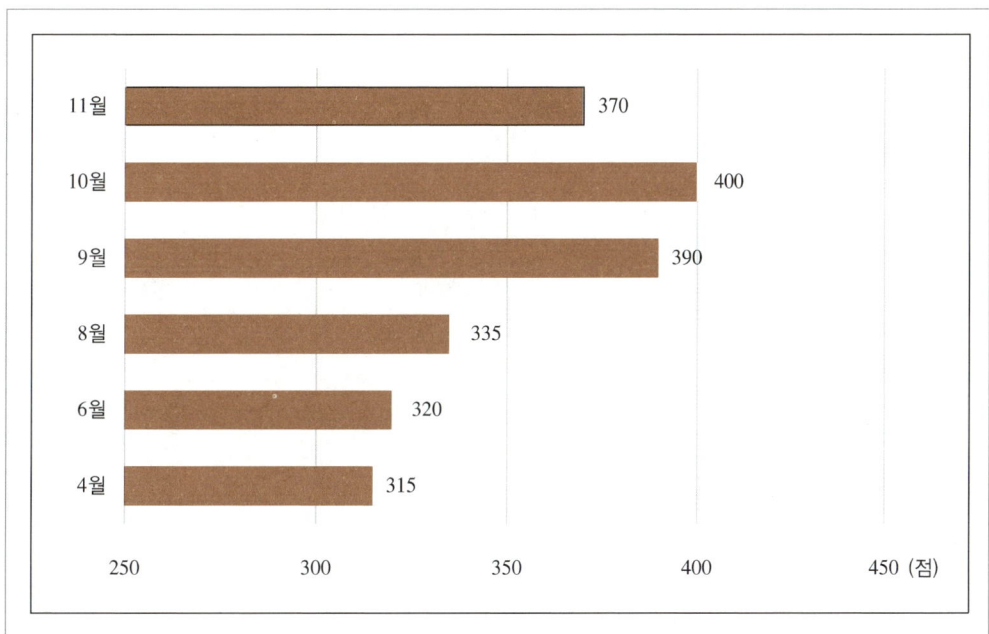

① 2번   ② 3번

③ 4번   ④ 5번

⑤ 6번

※ 일정한 규칙으로 수를 나열할 때, 빈칸에 들어갈 알맞은 수를 고르시오. **[1~2]**

01

84	21	38	9.5	15	3.75	( )

① 3.5　　　　　　　　　　② 4.5

③ 5.5　　　　　　　　　　④ 6.5

⑤ 7.5

02

−4	9	7	7
17	−9	22	8
9		−8	9
4	9	16	−3

① 16　　　　　　　　　　② 17

③ 18　　　　　　　　　　④ 19

⑤ 20

03 제시된 수열이 모두 같은 규칙일 때, 두 번째 수열의 5번째 항에 해당하는 수는?

3	7	12	18	25	33
	6	10	⋯		

① 25　　　　　　　　　　② 28

③ 45　　　　　　　　　　④ 57

⑤ 63

04 A와 B는 이번 분기 동안 각자 개인 업무 1개씩과 A와 B가 함께 처리해야 하는 협력업무 1개를 완료해야 한다. A는 자신의 개인 업무를 완료하는 데 24일이 걸리고, B는 자신의 개인 업무를 완료하는 데 39일이 걸린다. A와 B의 협력업무의 경우, A가 혼자 하면 56일이 걸리고, B가 혼자 하면 64일이 걸린다. 이들이 동시에 개인 업무를 시작하여, 협력업무까지 연달아 완료하는 데에는 최소 며칠이 소요되겠는가?

① 46   ② 51

③ 56   ④ 61

⑤ 66

05 세희네 가족의 올해의 여름휴가 비용은 작년 대비 교통비는 15%, 숙박비는 24% 증가하여 전체 휴가비용이 20% 증가하였다. 작년 전체 휴가비용이 36만 원일 때, 올해 숙박비는?(전체 휴가비는 교통비와 숙박비의 합이다)

① 160,000원   ② 184,000원

③ 200,000원   ④ 248,000원

⑤ 268,000원

01 언어이해

01	02	03	04	05
②	③	④	⑤	④

01 정답 ②

제시문에서는 OECD 회원국 가운데 꼴찌를 차지한 한국인의 부족한 수면 시간에 대해 언급하며, 이로 인해 수면장애 환자가 늘어나고 있음을 설명하고 있다. 또한 불면증, 수면무호흡증, 렘수면 행동장애 등 다양한 수면장애를 설명하며, 이러한 수면장애들이 심혈관계질환, 치매, 우울증 등의 원인이 될 수 있다는 점을 통해 심각성을 이야기한다. 마지막으로 이러한 수면장애를 방치해서는 안 되며, 전문적인 치료가 필요하다고 제시하고 있다. 따라서 제시문을 바탕으로 '한국인의 수면 시간'과 관련된 글을 쓴다고 할 때, 글의 주제로 적절하지 않은 것은 수면 마취제와 관련된 내용인 ②이다.

02 정답 ③

B2B 거래는 대량 구매 및 장기 공급 계약의 형태로 이루어지고, 거래 금액이 매우 크기 때문에 의사결정과정과 거래 절차가 복잡하다. 따라서 B2B 마케팅의 핵심요소는 기업 간의 신뢰 구축과 관계 유지이다.
B2C 거래는 소량을 구매하고 일회성 거래의 형태로 이루어지므로, 거래 금액과 소비자의 취향이 구매 결정에 큰 영향을 미친다. 따라서 B2C 마케팅의 핵심요소는 소비욕구 자극, 가격 및 편의성, 브랜드 인지도로 볼 수 있다.

03 정답 ④

ㄴ. OLED 디스플레이는 픽셀 1개에 들어있는 서브픽셀 3개의 조합으로 색을 만들기 때문에 픽셀마다 독립적으로 색을 조절할 수 있다.
ㄹ. 서브픽셀은 전류가 흐를 때 발광하는 것이므로 TFT에 의해 전류가 차단된다면 픽셀은 검은색이 된다.

오답분석
ㄱ. TFT는 각각의 서브픽셀에 1개씩 연결되어 있고, 1개의 픽셀 안에는 서브픽셀 3개가 있으므로 1개의 픽셀 안에는 TFT가 3개 존재한다.
ㄷ. OLED는 전기가 흐를 때 자체적으로 빛을 발하는 유기화합물 발광체이며, RGB 서브픽셀 3개를 조합하여 색을 내는 가산 혼합 방식을 이용한다.

04 정답 ⑤

제시문은 빅뱅 이전에는 무엇이 있었는지에 대한 글이므로 빅뱅의 정의와 빅뱅 이전에 대한 질문을 제기하는 (라) 문단이 글의 도입 문단으로 적절하다. 다음으로 '이런 식으로 사고하려면', 즉 우주가 단지 진공이었다면 왜 우주가 탄생하게 되었는지를 설명할 수 없다는 (다) 문단이 오는 것이 자연스럽다. 그 뒤를 이어 우주 탄생 원인을 설명할 수 없는 이유를 이야기하는 (나) 문단과 이와 달리 아예 다른 방식으로 해석하는 (가) 문단이 차례로 오는 것이 적절하다.

05 정답 ④

세 번째 문단에서 전기자동차 산업이 확충되고 있음을 언급하면서 구리가 전기자동차의 배터리를 만드는 데 핵심 재료임을 언급하고 있기 때문에 ④가 정답이다.

오답분석
① · ⑤ 제시문에서 언급하고 있는 내용이 아니기에 핵심 내용으로 보기는 어렵다.
② 제시문에서 '그린 열풍'을 언급하고 있으나 그 이유는 제시되어 있지 않다.
③ 제시문에서 산업금속 공급난이 우려된다고 하나, 그로 인한 문제가 제시되어 있지는 않다.

01	02	03	04	05
④	④	④	④	③

01

정답 ④

첫 번째 명제의 대우와 세 번째 명제를 이용하면 탕수육을 좋아하지 않는 사람은 군만두도 좋아하지 않고, 군만두를 좋아하지 않는 사람은 짬뽕도 좋아하지 않는다. 따라서 '탕수육을 좋아하지 않는 사람은 짬뽕도 좋아하지 않는다.'는 항상 참이 된다.

오답분석

① 첫 번째 명제의 역으로, 역은 항상 참인지 알 수 없다.
② 세 번째 명제의 이로, 이는 항상 참인지 알 수 없다.
③ 첫 번째 명제의 이로, 이는 항상 참인지 알 수 없다.
⑤ 세 번째 명제의 역으로, 역은 항상 참인지 알 수 없다.

02

정답 ④

'용돈을 합리적으로 쓴다.'를 A, '이자가 생긴다.'를 B, '저축을 한다.'를 C, '소비를 줄인다.'를 D로 놓고 보면 첫 번째 명제는 $\sim C \rightarrow \sim B$, 세 번째 명제는 $\sim D \rightarrow \sim C$, 네 번째 명제는 $\sim D \rightarrow \sim A$이므로 네 번째 명제가 도출되기 위해서는 $\sim B \rightarrow \sim A$가 필요하다. 따라서 대우인 ④가 답이 된다.

03

정답 ④

네 번째를 제외한 모든 조건과 그 대우를 논리 기호화하면 다음과 같다.
• $\sim(D \vee G) \rightarrow F$ / $\sim F \rightarrow (D \wedge G)$
• $F \rightarrow \sim E$ / $E \rightarrow \sim F$
• $\sim(B \vee E) \rightarrow \sim A$ / $A \rightarrow (B \wedge E)$

네 번째 조건에 따라 A가 투표를 하였으므로 세 번째 조건의 대우에 의해 B와 E 모두 투표를 하였다. 또한 E가 투표를 하였으므로 두 번째 조건의 대우에 따라 F는 투표하지 않았다. F가 투표하지 않았으므로 첫 번째 조건의 대우에 따라 D와 G는 모두 투표하였다. A, B, D, E, G 5명이 모두 투표하였으므로 네 번째 조건에 따라 C는 투표하지 않았다. 따라서 투표하지 않은 사람은 C와 F이다.

04

정답 ④

A의 진술과 C의 진술이 서로 모순되므로 둘 중 한명은 진실을 말하고 있다.
• A가 참일 경우
  범인은 B가 된다. 그러나 이 경우 B, C, D 모두 거짓을 말하는 것이나, D의 진술이 거짓일 경우 A와 B는 범인이 아니므로 모순이다.

• C가 참일 경우
  B와 C는 범인이 아니며 A, B, D의 진술은 모두 거짓이다. A의 진술이 거짓이므로 B는 범인이 아니고, B의 진술이 거짓이므로 C와 D 2명 중 범인이 있다. 마지막으로 D의 진술도 거짓이므로 A와 B는 범인이 아니다. 따라서 물건을 훔친 범인은 D이다.

05

정답 ③

첫 번째 조건에 의해 포도주의 오른쪽에는 물이 들어 있어야 하므로 파란색 컵에는 포도주가 들어 있을 수 없다. 마찬가지로 두 번째 조건에 의해 주스 또한 파란색 컵에 들어 있을 수 없고, 세 번째 조건에 의해 맥주도 파란색 컵에 들어 있을 수 없다. 즉, 파란색 컵에 물이 들어 있거나 빈 컵인 경우 2개로 좁혀진다.
• 파란색 컵에 물이 들어 있을 경우
  첫 번째 조건에 의해 물이 들어 있는 파란색 컵 왼쪽의 노란색 컵에는 포도주가 들어 있어야 하는데, 이는 다섯 번째 조건에 위배되므로 모순이다.
• 파란색 컵이 비었을 경우
  두 번째 조건에 의해 노란색 컵에 주스가 들어 있다. 포도주의 경우 다섯 번째 조건에 따라 빨간색 컵이나 검은색 컵에 들어 있을 수 있는데, 만약 검은색 컵에 들어 있다면 오른쪽 컵인 노란색 컵에 물이 들어 있을 수 없으므로 포도주는 빨간색 컵에 들어 있고, 물은 갈색 컵에 담겨 있다. 마지막으로 세 번째 조건에 의해 맥주는 검은색 컵에 들어 있다.
따라서 컵과 내용물이 바르게 연결된 것은 ③이다.

01	02	03		
③	②	②		

01

정답 ③

2020년의 차이는 1,670−430=1,240십만 장으로 가장 크다.

오답분석

① 2020년부터 2024년까지 우표 발행 수의 증감 추이는 보통우표가 '감소 − 감소 − 증가 − 감소'이고, 기념우표가 '증가 − 감소 − 감소 − 증가'로 같지 않다.
② 기념우표는 2023년에, 나만의 우표는 2024년에 발행 수가 가장 적다.
④ 2022년 전체 발행 수에서 나만의 우표가 차지하고 있는 비율은 $\frac{30}{1,200} \times 100 = 2.5\%$로 3% 미만이다.

⑤ 2020년 대비 2024년 나만의 우표 발행 수의 감소율은 $\dfrac{50-10}{50}\times100=80\%$이다.

02

제시된 그래프는 구성비에 해당하므로 2024년에 전체 수송량이 증가하였다면 2024년 구성비가 감소하였어도 수송량은 증가할 수 있다. 구성비로 수송량 자체를 비교해서는 안 된다는 점에 유의해야 한다.

03

정답 ②

A씨의 전체 영어 평균점수는
$\dfrac{315+320+335+390+400+370}{6}=\dfrac{2,130}{6}=355$점이다.
따라서 355점보다 높았던 달은 9월, 10월, 11월에 봤던 시험으로 총 3번이다.

04 창의수리

01	02	03	04	05
①	②	②	④	④

01

정답 ①

앞의 항에 $\times\dfrac{1}{4}$와 $\times2-4$를 번갈아 가며 적용하는 수열이다.
따라서 ( )$=3.75\times2-4=3.5$이다.

02

정답 ②

굵은 선으로 이루어진 도형 안의 숫자의 합이 22로 같다. 빈칸의 수를 x라고 하면, 빈칸에 알맞은 수는 $22-22+9+8=x$이므로 17이다.

03

정답 ②

첫 번째 수열은 앞의 항에 $+4$, $+5$, $+6$, …을 하는 수열이다. 이를 두 번째 수열에 적용하면 다음과 같다.

6	→	10	→	15	→	21	→	28
	$+4$	→	$+5$	→	$+6$	→	$+7$	→

따라서 두 번째 수열의 5번째 항에 해당하는 수는 28이다.

04

정답 ④

각 개인 업무와 협력업무의 양이 1이라고 하자.
A와 B가 동시에 협력업무를 한다고 하면 하루에 $\dfrac{1}{56}+\dfrac{1}{64}$
$=\dfrac{15}{448}$만큼 일을 할 수 있다.
A가 자기 일을 24일에 끝낸다고 할 때, B는 15일 더 개인 일을 해야 하므로, A가 먼저 일한 협력업무의 양은 $\dfrac{1}{56}\times15$
이고, 남은 협력업무량은 $1-\dfrac{15}{56}=\dfrac{41}{56}$이다.
다음으로 A와 B가 동시에 협력업무를 진행할 수 있는 때는 B가 일을 마친 39일 이후이다. 함께 협력업무를 진행할 기간을 구하면, 남은 협력업무÷동시에 일할 수 있는 협력업무 양이므로, $\dfrac{41}{56}\div\dfrac{15}{448}=\dfrac{328}{448}\times\dfrac{448}{15}=21.866\cdots$이다.
따라서 일을 끝마치는 데 필요한 최소 기간은 $39+22=61$일이다.

05

정답 ④

작년 교통비를 x원, 숙박비를 y원이라 하자.
• $1.15x+1.24y=1.2(x+y)$ … ㉠
• $x+y=36$ … ㉡
㉠과 ㉡을 연립하면 $x=16$, $y=20$이다.
따라서 올해 숙박비는 $20\times1.24=24.8$만 원이다.

PART **1**

대표기출유형

CHAPTER 01

언어이해

합격 Cheat Key

언어이해는 총 20문제가 출제되며, 20분의 시간이 주어진다. 글의 중심 내용을 파악하거나 구조를 파악하는 능력을 알아보기 위한 사실적 사고 검사와 개별 진술문 간의 관계 및 구조를 파악하여 논리적인 판단을 내리는 능력을 알아보기 위한 추론적 사고 검사로 구성되어 있다.

1 독해

글에 대한 이해력과 분석력을 평가하는 유형으로 제시문과의 내용 일치 여부나 주제 / 제목, 추론 등의 문제가 출제되며, 글의 흐름 및 내용을 파악하고 제시되지 않은 부분을 추론하는 능력 등을 평가한다.

┤ 학습 포인트 ├

- 경제 · 경영 · 철학 · 역사 · 예술 · 과학 등 다양한 분야와 관련된 글이 제시된다.
- 독해의 경우 단기간의 공부로 성적을 올릴 수 있는 부분이 아니므로 평소에 꾸준히 연습해야 한다.
- 추론하기의 경우 제시문을 바탕으로 정확한 근거를 판단하여 풀이하면 오답을 피할 수 있다.

2 나열하기

나열하기에는 주어진 문장을 논리적 순서에 맞게 나열하는 문제, 〈보기〉에 주어진 문장을 제시문에서 적절한 자리에 배치하는 문제 유형 등이 있다.

| 학습 포인트 |

- 인적성검사 언어 영역에서 꾸준히 출제되고 있는 유형이다.
- 문장과 문장을 연결하는 접속어의 쓰임에 대해 알고 있으면 빠른 시간 내에 문제를 풀 수 있다.
- 문장 속에 나타나는 지시어는 해당 문장의 앞에 어떤 내용이 오는지에 대한 힌트가 되므로 이에 집중한다.

3 빈칸추론

빈칸추론은 주로 문맥의 흐름에 맞는 적절한 문장을 찾는 유형이다. 앞뒤 문장으로 추론하거나 글의 전체적인 맥락을 알지 못하면 풀 수 없는 등 문제별로 난이도가 다른 유형이므로 글의 중심 내용을 빠르게 이해해야 한다.

| 학습 포인트 |

- 제시문을 처음부터 끝까지 다 읽지 않고도 빈칸의 앞뒤 문장만으로 그 사이에 들어갈 내용을 유추하는 연습을 해야 한다.
- 선택지를 읽으며 빈칸에 들어갈 답을 고른 후 해설과 비교한다. 확실하게 정답을 선택한 경우를 제외하고, 왜 틀렸는지 파악하고 놓친 부분을 반드시 체크하는 습관을 들인다.

CHAPTER

01 | 이론점검

01 논리구조

논리구조에서는 주로 단락과 문장 간의 관계나 글 전체의 논리적 구조를 정확히 파악했는지를 묻는다. 글의 순서를 바르게 나열하는 유형이 출제되고 있다. 제시문의 전체적인 흐름을 바탕으로 각 문단의 특징, 단락 간의 역할 등을 논리적으로 구조화할 수 있는 능력을 길러야 한다.

1. 문장과 문장 간의 관계

① **상세화 관계** : 주지 → 구체적 설명(비교, 대조, 유추, 분류, 분석, 인용, 예시, 비유, 부연, 상술 등)
② **문제(제기)와 해결 관계** : 한 문장이 문제를 제기하고, 다른 문장이 그 해결책을 제시하는 관계(과제 제시 → 해결 방안, 문제 제기 → 해답 제시)
③ **선후 관계** : 한 문장이 먼저 발생한 내용을 담고, 다음 문장이 나중에 발생한 내용을 담고 있는 관계
④ **원인과 결과 관계** : 한 문장이 원인이 되고, 다른 문장이 그 결과가 되는 관계(원인 제시 → 결과 제시, 결과 제시 → 원인 제시)
⑤ **주장과 근거 관계** : 한 문장이 필자가 말하고자 하는 바(주지)가 되고, 다른 문장이 그 문장의 증거(근거)가 되는 관계(주장 제시 → 근거 제시, 의견 제안 → 의견 설명)
⑥ **전제와 결론 관계** : 앞 문장에서 조건이나 가정을 제시하고, 뒤 문장에서 이에 따른 결론을 제시하는 관계

2. 문장의 연결 방식

① **순접** : 원인과 결과, 부연 설명 등의 문장 연결에 쓰임
  예 그래서, 그리고, 그러므로 등
② **역접** : 앞글의 내용을 전면적 또는 부분적으로 부정
  예 그러나, 그렇지만, 그래도, 하지만 등
③ **대등·병렬** : 앞뒤 문장의 대비와 반복에 의한 접속
  예 및, 혹은, 또는, 이에 반하여 등
④ **보충·첨가** : 앞글의 내용을 보다 강조하거나 부족한 부분을 보충하기 위해 다른 말을 덧붙이는 문맥
  예 단, 곧, 즉, 더욱이, 게다가, 왜냐하면 등
⑤ **화제 전환** : 앞글과는 다른 새로운 내용을 이야기하기 위한 문맥
⑥ **비유·예시** : 앞글에 대해 비유적으로 다시 말하거나 구체적인 예를 보임
  예 예를 들면, 예컨대, 마치 등

3. 원리 접근법

앞뒤 문장의 중심 의미 파악	→	앞뒤 문장의 중심 내용이 어떤 관계인지 파악	→	문장 간의 접속어, 지시어의 의미와 기능	→	문장의 의미와 관계성 파악
각 문장의 의미를 어떤 관계로 연결해서 글을 전개하는지 파악해야 한다.		지문 안의 모든 문장은 서로 논리적 관계성이 있다.		접속어와 지시어를 음미하는 것은 독해의 길잡이 역할을 한다.		문단의 중심 내용을 알기 위한 기본 분석 과정이다.

02 논리적 이해

1. 전제의 추론

전제의 추론은 원칙적으로 주어진 내용의 이면에 내포되어 있는 이미 옳다고 인정된 사실을 유추하는 유형이다.
① 먼저 주장이 무엇인지 명확하게 파악해야 한다.
② 주장이 성립하기 위해서 논리적으로 필요한 요건이 무엇인지 생각해 본다.
③ 선택지 중 주장과 논리적으로 인과관계를 형성할 수 있는 조건을 찾아낸다.

2. 결론의 추론

주어진 내용을 명확히 이해한 다음, 이를 근거로 끌어낼 수 있는 올바른 결론이나 관련 사항을 논리적인 관점에서 찾는 문제 유형이다. 이와 같은 문제는 평상시 비판적이고 논리적인 관점으로 글을 읽는 연습을 충분히 해두어야 유리하다고 볼 수 있다.

3. 주제의 추론

주제와 관련된 추론 문제는 적성검사에서 자주 출제되는 유형으로서, 글의 표제, 부제, 주제, 주장, 의도를 파악하는 형태의 문제와 같은 유형이다. 이러한 유형의 문제는 주제를 글의 첫 문단이나 마지막 문단을 통해서 찾을 수 있으며 그렇지 않더라도 문단의 병렬·대등 관계를 파악하면 쉽게 찾을 수 있다. 여러 문단에서 공통된 주제를 추론할 때는 각각의 제시문을 먼저 요약한 뒤, 핵심 키워드를 찾은 다음 이를 토대로 주제문을 가려내어 하나의 주제를 유추하면 된다. 따라서 평소에 제시문을 읽고 핵심 키워드를 찾아 문장을 구성하는 연습을 많이 해두어야 한다. 또한 겉으로 드러난 주제나 정보를 찾는 데 그치지 않고 글 속에 숨겨진 의도나 정보를 찾기 위해 꼼꼼히 관찰하는 태도가 필요하다.

01 | 주제·제목 찾기

| 유형분석 |

• 글을 읽고 말하고자 하는 주제를 파악할 수 있는지를 평가하는 유형이다.
• 단순한 설명문부터 주장, 반박문까지 다양한 성격의 지문이 제시되므로 글의 성격별 특징을 알아두는 것이 좋다.

다음 글의 제목으로 가장 적절한 것은?

반대는 필수 불가결한 것이다. 지각 있는 대부분의 사람이 그러하듯 훌륭한 정치가는 항상 열렬한 지지자보다는 반대자로부터 더 많은 것을 배운다. 만약 반대자들이 위험이 있는 곳을 지적해 주지 않는다면, 그는 지지자들에 떠밀려 파멸의 길을 걷게 될 수 있기 때문이다. 따라서 현명한 정치가라면 그는 종종 친구들로부터 벗어나기를 기도할 것이다. 친구들이 자신을 파멸시킬 수도 있다는 것을 알기 때문이다. 그리고 비록 고통스럽다 할지라도 결코 반대자 없이 홀로 남겨지는 일이 일어나지 않기를 기도할 것이다. 반대자들이 자신을 이성과 양식의 길에서 멀리 벗어나지 않도록 해준다는 사실을 알기 때문이다. 자유의지를 가진 국민의 범국가적 화합은 정부의 독단과 반대당의 혁명적 비타협성을 무력화시키는 정치권력의 충분한 균형에 의존하고 있다. 그 균형이 어떤 상황 때문에 강제로 타협하게 되지 않는 한, 모든 시민이 어떤 정책에 영향을 미칠 수는 있으나 누구도 혼자 정책을 지배할 수 없다는 것을 느끼게 되지 않는 한, 습관과 필요에 의해서 서로 조금씩 양보하지 않는 한, 자유는 유지될 수 없기 때문이다.

① 혁명의 정의
② 민주주의와 사회주의
③ 반대의 필요성과 민주주의
④ 민주주의와 일방적인 의사소통
⑤ 권력을 가진 자와 혁명을 꿈꾸는 집단

정답 ③

제시문의 핵심 내용을 '반대는 필수 불가결한 것이다.', '자유의지를 가진 국민의 범국가적 화합은 정부의 독단과 반대당의 혁명적 비타협성을 무력화시키는 정치권력의 충분한 균형에 의존하고 있다.', '그 균형이 더 이상 존재하지 않는다면 민주주의는 사라지고 만다.'로 요약할 수 있다. 따라서 이 내용을 토대로 글의 제목을 찾는다면 '반대의 필요성과 민주주의'가 가장 적절하다.

30초 컷 풀이 Tip

• 주제가 되는 글 또는 문단의 앞과 뒤에 핵심어가 오는 경우가 있으므로 먼저 글을 읽어 핵심어를 잡아낸 뒤 중심 내용을 파악할 수 있도록 한다. 또한 선택지 중 세부적인 내용을 다루고 있는 것은 정답에서 제외시킨다.
• 글의 전체적인 진행 중에 반전이 되는 내용이나 접속어가 나온다면 그 다음 내용이 중심 내용인 경우가 많다. 따라서 글의 분위기가 반전되는 경우 이에 집중하여 독해한다.

대표기출유형 01 기출응용문제

Easy

01 다음 글의 주제로 가장 적절한 것은?

> 싱가포르에서는 1982년부터 자동차에 대한 정기검사 제도가 시행되었는데, 그 체계가 우리나라의 검사제도와 매우 유사하다. 단, 국내와는 다르게 재검사에 대해 수수료를 부과하고 있고 금액은 처음 검사 수수료의 절반이다.
>
> 자동차검사에서 특이한 점은 디젤 자동차에 대한 배출가스 정밀검사가 시행되고 있다는 점이다. 안전도검사의 검사방법 및 기준은 교통부에서 주관하고 배출가스검사의 검사방법 및 기준은 환경부에서 주관하고 있다.
>
> 싱가포르는 사실상 자동차 등록 총량제에 의해 관리되고 있다. 우리나라와는 다르게 자동차를 운행할 수 있는 권리증을 자동차 구매와 별도로 구매하여야 하며 그 가격이 매우 높다. 또한 일정 구간(혼잡구역)에 대한 도로세를 우리나라의 하이패스 시스템과 유사한 시스템인 ERP시스템을 통하여 징수하고 있다.
>
> 강력한 자동차 안전도 규제, 이륜차에 대한 체계적인 검사와 ERP를 이용한 관리를 통해 검사진로 내에서 사진촬영보다 유용한 시스템을 적용한다. 그리고 분기별 기기 정밀도 검사를 시행하여 국민에게 신뢰받을 수 있는 정기검사 제도를 시행하고 국민의 신고에 의한 수시 검사제도를 통하여 불법 자동차 근절에 앞장서고 있다.

① 싱가포르의 자동차 관리 시스템
② 싱가포르와 우리나라의 교통규제시스템
③ 싱가포르의 자동차 정기검사 제도
④ 싱가포르의 불법자동차 근절방법
⑤ 국민에게 신뢰받는 싱가포르의 교통법규

02

기온이 높아지는 여름이 되면 운전자들은 자동차 에어컨을 켜기 시작한다. 그러나 겨우내 사용하지 않았던 에어컨에서는 바람이 시원하지 않거나 퀴퀴한 냄새가 나는 경우가 간혹 있다. 이러한 증상이 나타난다면 에어컨 필터를 점검해 봐야 한다.

자동차에서 에어컨을 켜게 되면 외부의 공기가 냉각기를 거쳐 차량 내부로 들어오게 되는데 이때 에어컨 필터는 외부의 미세먼지, 매연, 세균 등의 오염물질을 걸러주는 역할을 한다. 이 과정에서 필터 표면에 먼지가 쌓이는데 필터를 교체하지 않고 오랫동안 방치하면 먼지에 들러붙은 습기로 인해 곰팡이가 생겨 퀴퀴한 냄새의 원인이 된다. 이를 방치하여 에어컨 바람을 타고 곰팡이의 포자가 차량 내부에 유입되면 알레르기나 각종 호흡기 질환의 원인이 된다.

그러므로 자동차 에어컨 필터는 주기적으로 교체해 주어야 한다. 일반적인 교체 주기는 봄·가을처럼 6개월마다 교체하거나 주행거리 10,000km마다 하는 것이 적당하다. 최근에는 심한 미세먼지로 인해 3개월 주기로 교체하기도 하며, 운전자가 비포장 도로 등의 먼지가 많은 곳을 자주 주행한다면 5,000km에 한 번씩 교체해야 한다.

자동차 에어컨 필터 교체는 정비소에 가서 교체하거나, 운전자 스스로 교체할 수 있다. 운전자가 셀프로 교체하는 경우 다양한 필터를 자신의 드라이빙 환경에 맞춰 선택할 수 있고, 교체비용도 1만 원 안팎으로 저렴하다. 제품 설명서나 교체 동영상 등을 참고하면 혼자서도 쉽게 에어컨 필터를 교체할 수 있다.

에어컨 필터는 필터의 종류에 따라 크게 순정 필터, 헤파(HEPA; High Efficiency Particulate Air) 필터, 활성탄 필터로 구분된다. 순정 필터는 자동차 출고 시 장착되는 오리지널 필터로 호환성이 좋고 일정한 품질이 보장되는 장점이 있다. 미세먼지 포집력이 뛰어난 헤파 필터는 일반적으로 공기 중의 0.3 이상의 먼지를 99.97% 걸러주는 고성능 필터로서 거를 수 있는 크기에 따라 울파, 헤파, 세미헤파 등급으로 구분된다. 마지막으로 활성탄 필터는 숯처럼 정화 능력이 좋은 탄소질이 포함된 필터로 오염물질 흡착력이 뛰어나고 공기 중의 불쾌한 냄새나 포름알데히드 등의 화학물질을 걸러주는 필터이다. 이와 같이 에어컨 필터는 다양한 종류가 있으며 평소 운전자의 주행 환경과 가격을 고려하여 교체하는 것이 가장 바람직하다.

① 자동차 에어컨 필터의 종류
② 자동차 에어컨 필터의 교체 시기
③ 자동차 에어컨 필터의 관리 방법
④ 여름철 자동차 에어컨의 취급 유의사항
⑤ 호흡기 질환을 유발하는 자동차 에어컨 필터

제4차 산업혁명은 인공지능이 기존의 자동화 시스템과 연결되어 효율이 극대화되는 산업 환경의 변화를 의미한다. 2016년 세계경제포럼에서 언급되어 유행처럼 번지는 용어가 되었다. 학자에 따라 바라보는 견해는 다르지만 대체로 기계학습과 인공지능의 발달이 그 수단으로 꼽힌다.

2010년대 중반부터 드러나기 시작한 제4차 산업혁명은 현재진행형이며 그 여파는 사회 곳곳에서 드러나고 있다. 현재도 사람을 기계와 인공지능이 대체하고 있으며, 현재 일자리의 80 ~ 99%까지 대체될 것이라고 보는 견해도 있다.

만약 우리가 현재의 경제 구조를 유지한 채로 이와 같은 극단적인 노동 수요 감소를 맞게 된다면 전후 미국의 대공황 등과는 차원이 다른 끔찍한 대공황이 발생할 것이다. 계속해서 일자리가 줄어들수록 중·하위 계층은 사회에서 밀려날 수밖에 없는데, 자본주의 사회의 특성상 많은 비용을 수반하는 과학기술의 연구는 자본에 종속될 수밖에 없기 때문이다. 물론 지금도 이러한 현상이 없는 것은 아니지만 아직까지는 단순노동이 필요하기 때문에 노동력을 제공하는 중·하위층들도 불합리한 부분들에 파업과 같은 실력행사를 할 수 있었다. 그러나 앞으로 자동화가 더욱 진행되어 노동의 필요성이 사라진다면 그들을 배려해야 할 당위성은 법과 제도가 아닌 도덕이나 인권과 같은 윤리적인 영역에만 남게 되는 것이다.

반면 이를 긍정적으로 생각한다면 이처럼 일자리가 없어졌을 때 극소수에 해당하는 경우를 제외한 나머지 사람들은 노동에서 완전히 해방되어 인공지능이 제공하는 무제한적인 자원을 마음껏 향유할 수도 있을 것이다. 하지만 이러한 미래는 지금의 자본주의보다는 사회주의 경제 체제에 가깝다. 이 때문에 많은 경제학자와 미래학자들은 제4차 산업혁명 이후의 미래를 장밋빛으로 바꿔나가기 위해 기본소득제 도입 등의 시도와 같은 고민들을 이어가고 있다.

① 제4차 산업혁명의 의의
② 제4차 산업혁명의 빛과 그늘
③ 제4차 산업혁명의 위험성
④ 제4차 산업혁명에 대한 준비
⑤ 제4차 산업혁명의 시작

02 | 나열하기

| 유형분석 |

- 글의 내용과 흐름을 잘 파악하고 있는지를 평가하는 유형이다.
- 나열하기에서 가장 중요한 것은 지시어와 접속어이므로, 접속어의 쓰임에 대해 정확히 알고 있어야 하며 지시어가 가리키는 것이 무엇인지 잘 파악해야 한다.

다음 문단을 논리적 순서대로 바르게 나열한 것은?

(가) 인간의 도덕적 자각과 사회적 실천을 강조한 개인 윤리로 '충서(忠恕)'가 있다. 충서란 공자의 모든 사상을 꿰뚫고 있는 도리로서, 인간 개인의 자아 확립과 이를 통한 만물일체의 실현을 위한 것이다.

(나) 또한 '서(恕)'란 '여심'이다. '내 마음과 같이 한다.'는 말이다. '공자는 내가 하고자 하지 않는 것을 남에게 베풀지 말라 내가 서고자 하면 남도 서게 하고 내가 이루고자 하면 남도 이루게 하라.'고 하였다.

(다) 이때, '충(忠)'이란 '중심'이다. 주희는 충을 '자기의 마음을 다하는 것'이라고 설명하였다. 이것은 자신의 내면에 대한 충실을 의미한다. 이는 자아의 확립이며 본성에 대한 깨달음이다.

(라) 즉, 역지사지(易地思之)의 마음을 지닌 상태가 '서'의 상태인 것이며 인간의 자연스러운 마음이라는 것이다.

① (가) – (나) – (다) – (라)　　② (가) – (나) – (라) – (다)
③ (가) – (다) – (나) – (라)　　④ (가) – (다) – (라) – (나)
⑤ (가) – (라) – (다) – (나)

정답 ③

제시문은 인간의 도덕적 자각과 사회적 실천을 강조하는 개인 윤리인 '충'과 '서'가 있음을 알리고, 각각의 의미를 설명하고 있다. 따라서 (가) 인간의 도덕적 자각과 사회적 실천을 강조하는 개인 윤리인 '충서' – (다) '충'의 의미 – (나) '서'의 의미 – (라) '서'가 의미하는 역지사지의 상태 순으로 나열하는 것이 가장 적절하다.

30초 컷 풀이 Tip

먼저 각 문단에 자리한 지시어와 접속어를 살펴본다. 문두에 접속어가 오거나 문단 중간에 지시어가 나오는 경우 글의 첫 번째 문단이 될 수 없다. 따라서 이러한 문단들을 하나씩 소거해 나가다 보면 첫 문단이 될 수 있는 것을 찾을 수 있다. 또한, 선택지를 참고하여 문단의 순서를 생각해 보는 것도 시간을 단축하는 좋은 방법이 될 수 있다.

※ 다음 문단을 논리적 순서대로 바르게 나열한 것을 고르시오. [1~2]

Easy
01

(가) 이때 보험금에 대한 기댓값은 사고가 발생할 확률에 사고 발생 시 수령할 보험금을 곱한 값이다. 보험금에 대한 보험료의 비율(보험료/보험)을 보험료율이라 하는데, 보험료율이 사고 발생 확률보다 높으면 구성원 전체의 보험료 총액이 보험금 총액보다 더 많고, 그 반대의 경우에는 구성원 전체의 보험료 총액이 보험금 총액보다 더 적게 된다. 따라서 공정한 보험에서는 보험료율과 사고 발생 확률이 같아야 한다.

(나) 위험 공동체의 구성원이 납부하는 보험료와 지급받는 보험금은 그 위험 공동체의 사고 발생 확률을 근거로 산정된다. 특정 사고가 발생할 확률은 정확히 알 수 없지만, 그동안 발생된 사고를 바탕으로 그 확률을 예측한다면 관찰 대상이 많아짐에 따라 실제 사고 발생 확률에 근접하게 된다.

(다) 본래 보험 가입의 목적은 금전적 이득을 취하는 데 있는 것이 아니라 장래의 경제적 손실을 보상받는 데 있으므로, 위험 공동체의 구성원은 자신이 속한 위험 공동체의 위험에 상응하는 보험료를 납부하는 것이 공정할 것이다.

(라) 따라서 공정한 보험에서는 구성원 각자가 납부하는 보험료와 그가 지급받을 보험금에 대한 기댓값이 일치해야 하며 구성원 전체의 보험료 총액과 보험금 총액이 일치해야 한다.

① (가) – (라) – (나) – (다)
② (가) – (나) – (다) – (라)
③ (나) – (다) – (가) – (라)
④ (나) – (다) – (라) – (가)
⑤ (나) – (라) – (다) – (가)

02

(가) 다음으로 온건한 도덕주의는 오직 일부 예술작품만이 도덕적 판단의 대상이 된다고 보는 입장이다. 따라서 일부의 예술작품들에 대해서만 긍정적인 또는 부정적인 도덕적 가치판단이 가능하다고 본다.

(나) 또한 도덕적 가치는 미적 가치를 비롯한 다른 가치들보다 우선한다. 이러한 도덕주의 입장을 대표하는 사람이 바로 톨스토이이다. 그는 인간의 형제애에 관한 정서를 전달함으로써 인류의 심정적 통합을 이루는 것이 예술의 핵심적 가치라고 보았다.

(다) 그 관계에 대한 입장들로는 '극단적 도덕주의', '온건한 도덕주의', '자율성주의'가 있다. 이 입장들은 예술작품이 도덕적 가치판단의 대상이 될 수 있느냐는 물음에 각기 다른 대답을 한다.

(라) 마지막으로 자율성주의는 어떠한 예술작품도 도덕적 가치판단의 대상이 될 수 없다고 보는 입장이다. 이 입장에 따르면, 도덕적 가치와 미적 가치는 서로 자율성을 유지한다.

(마) 예술과 도덕의 관계, 더 구체적으로는 예술작품의 미적 가치와 도덕적 가치의 관계는 동서양을 막론하고 사상사의 중요한 주제들 중 하나이다.

(바) 온건한 도덕주의 입장에 따르면, 도덕적 판단의 대상이 되는 예술작품의 도덕적 가치와 미적 가치는 서로 독립적으로 성립하는 것이 아니다. 그것들은 서로 내적으로 연결되어 있기 때문에 어떤 예술작품이 가지는 도덕적 장점이 그 예술작품의 미적 장점이 된다.

(사) 즉, 도덕적 가치와 미적 가치는 각각 독립적인 영역에서 구현되고 서로 다른 기준에 의해 평가된다는 것이다. 결국 자율성 주의는 예술작품에 대한 도덕적 가치판단을 범주착오에 해당하는 것으로 본다.

(아) 극단적 도덕주의 입장은 모든 예술작품을 도덕적 가치판단의 대상으로 본다. 이 입장은 도덕적 가치를 가장 우선적인 가치이자 가장 포괄적인 가치로 본다. 따라서 모든 예술 작품은 도덕적 가치에 의해서 긍정적으로 또는 부정적으로 평가된다.

① (가) – (라) – (다) – (아) – (나) – (사) – (마) – (바)
② (다) – (라) – (아) – (가) – (마) – (나) – (바) – (사)
③ (마) – (다) – (아) – (나) – (가) – (바) – (라) – (사)
④ (마) – (아) – (가) – (나) – (다) – (사) – (라) – (바)
⑤ (바) – (나) – (아) – (가) – (마) – (사) – (다) – (라)

03 다음 글 뒤에 이어질 문단을 논리적 순서대로 바르게 나열한 것은?

> 먼저 고전학파에서는 시장에서 임금이나 물가 등의 가격 변수가 완전히 탄력적으로 작용하기 때문에 경기적 실업을 자연스럽게 해소될 수 있는 일시적 현상으로 본다.

(가) 이렇게 실질임금이 상승하게 되면 경기적 실업으로 인해 실업 상태에 있던 노동자들은 노동 시장에서 일자리를 적극적으로 찾으려고 하고, 이로 인해 노동의 초과공급이 발생하게 된다. 그래서 노동자들은 노동 시장에서 경쟁하게 되고 이러한 경쟁으로 인해 명목임금은 탄력적으로 하락하게 된다. 명목임금의 하락은 실질임금의 하락으로 이어지게 되고 실질임금은 경기가 침체되기 이전과 동일한 수준으로 돌아간다.

(나) 이들에 의하면 노동자들이 받는 화폐의 액수를 의미하는 명목임금이 변하지 않은 상태에서 경기 침체로 인해 물가가 하락하게 되면 명목임금을 물가로 나눈 값, 즉 임금의 실제 가치를 의미하는 실질임금은 상승하게 된다. 예를 들어 물가가 10% 정도 하락하게 되면 명목임금으로 구매할 수 있는 재화의 양이 10% 정도 늘어날 수 있고, 이는 물가가 하락하기 전보다 실질임금이 10% 정도 상승했다는 의미이다.

(다) 결국 기업에서는 명목임금이 하락한 만큼 노동의 수요량을 늘릴 수 있게 되므로 노동의 초과공급은 사라지고 실업이 자연스럽게 해소된다. 따라서 고전학파에서는 인위적 개입을 통해 경기적 실업을 감소시키려는 정부의 역할에 반대한다.

① (가) – (나) – (다)
② (가) – (다) – (나)
③ (나) – (가) – (다)
④ (나) – (다) – (가)
⑤ (다) – (나) – (가)

03 | 사실적 독해

| 유형분석 |

- 글의 세부적인 내용을 이해할 수 있는지를 평가하는 유형이다.
- 경제·경영·철학·역사·예술·과학 등 다양한 분야의 지문이 제시되므로 평소 폭넓은 지식을 쌓아두면 좋다.

다음 글의 내용으로 적절하지 않은 것은?

낭만주의의 초석이라 할 수 있는 칸트는 인간 정신에 여러 범주들이 내재하기 때문에 이것들이 우리가 세계를 지각하는 방식을 선험적으로 결정한다고 주장한 바 있다. 이 범주들은 공간, 시간, 원인, 결과 등의 개념들이다. 우리는 이 개념들을 '배워서' 아는 것이 아니다. 즉, 경험에 앞서 이미 아는 것이다. 경험에 앞서는 범주를 제시했다는 점에서 혁명적 개념이었고, 경험을 강조한 베이컨 주의에 대한 강력한 반동인 셈이다.

칸트 스스로도 이것을 철학에 있어 '코페르니쿠스적 전환'이라고 보았다. "따라서 우리는 자신의 인식에 부분적으로 책임이 있고, 자기 존재의 부분적 창조자다." 인간이라는 존재는 백지에 쓴 경험의 총합체가 아니며 그만큼 우리는 권리와 의무를 가진 주체적인 결정권자라는 선언이었다. 세상은 결정론적이지 않고 인간은 사회의 기계적 부품 같은 존재가 아님을 강력히 암시하고 있다.

칸트가 건설한 철학적 관념론은 우리 외부에서 지각되는 대상이 사실 우리 정신의 내용과 연관된 관념일 뿐이라는 것을 명백히 했다. 현실적인 것은 근본적으로 심리적이라는 것이라는 신념으로서, 객관적이고 물질적인 것에서 근본을 찾는 유물론과는 분명한 대척점에 있는 관점이다.

그 밖에도 "공간과 시간은 경험적으로 실재적이지만 초월적으로는 관념적이다.", "만일 우리가 주관을 제거해버리면 공간과 시간도 사라질 것이다. 현상으로서 공간과 시간은 그 자체로서 존재할 수 없고 단지 우리 안에서만 존재할 수 있다." 처럼 시간과 공간의 실재성에도 의문을 품었던 칸트의 생각들은 독일 철학의 흐름 속에 이어지다가 후일 아인슈타인에게도 결정적 힌트가 되었다. 그리고 결국 아인슈타인은 상대성이론으로 뉴턴의 세계를 무너뜨린다.

① 칸트의 철학적 관념론은 주관적인 것에 가깝다.

② 칸트와 아인슈타인의 견해는 같다고 볼 수 있다.

③ 낭만주의와 베이컨 주의는 상반된 견해를 가지고 있다.

④ 칸트에 의하면 현실의 공간과 시간은 인간에 의해 존재한다.

⑤ 칸트에 의하면 공간, 시간 등의 개념들은 태어나면서부터 아는 것이다.

마지막 문단의 '칸트의 생각들은 독일 철학의 흐름 속에 이어지다가 후일 아인슈타인에게도 결정적 힌트가 되었다.'는 내용에서 칸트의 견해가 아인슈타인에게 영향을 끼친 것은 알 수 있지만, 두 사람의 견해가 같다는 것은 확인할 수 없다.

오답분석

① 세 번째 문단의 '칸트가 건설한 철학적 관념론은 … 객관적이고 물질적인 것에서 근본을 찾는 유물론과는 분명한 대척점에 있는 관점이다.'라는 내용을 통해 객관적이기보다는 주관적인 것에 가깝다는 것을 유추할 수 있다.

③ 첫 번째 문단의 '경험에 앞서는 범주를 제시했다는 점에서 혁명적 개념이었고, 경험을 강조한 베이컨 주의에 대한 강력한 반동인 셈이다.'라는 내용을 통해 낭만주의와 베이컨 주의가 상반된 내용을 다룬다는 것을 짐작할 수 있다.

④ 마지막 문단의 '현상으로서 공간과 시간은 그 자체로서 존재할 수 없고 단지 우리 안에서만 존재할 수 있다.'는 내용을 통해 알 수 있다.

⑤ 첫 번째 문단의 '우리는 이 개념들을 배워서 아는 것이 아니다. 즉, 경험에 앞서 이미 아는 것이다.'에서 공간, 시간 등의 개념은 태어날 때부터 가진 것임을 알 수 있다.

30초 컷 풀이 Tip

지문을 읽기 전에 선택지를 먼저 읽는 습관을 들여야 한다. 이를 통해 지문 속에서 알아내야 할 정보가 무엇인지를 먼저 파악한 후 지문을 읽어야 문제 푸는 시간을 단축할 수 있다. 대부분의 대기업 적성검사는 짧은 시간 내에 많은 문제를 풀어야 하므로, 한 지문을 두세 번 읽으면 그만큼 다른 문제의 풀이 시간에 손해가 생긴다.

온라인 풀이 Tip

따라서 선택지를 읽고 전체적인 내용을 대략적으로 이해한 후 제시문을 읽는 습관을 들이자. LG그룹의 온라인 인적성검사는 짧은 시간 내에 많은 문제를 풀어야 하므로, 2 ~ 3번을 읽으면 그만큼 다른 문제의 풀이 시간에 손해가 생긴다.

※ 다음 글의 내용으로 가장 적절한 것을 고르시오. [1~2]

Easy

01

연료전지는 전해질의 종류에 따라 구분한다. 먼저 알칼리형 연료전지가 있다. 대표적인 강염기인 수산화칼륨을 전해질로 이용하는데, 85% 이상의 진한 농도는 고온용에, 35~50%의 묽은 농도는 저온용에 사용한다. 촉매로는 은, 금속 화합물, 귀금속 등 다양한 고가의 물질을 쓰지만, 가장 많이 사용하는 것은 니켈이다. 전지가 연료나 촉매에서 발생하는 이산화탄소를 잘 버티지 못한다는 단점이 있는데, 이 때문에 1960년대부터 우주선에 주로 사용해 왔다.

인산형 연료전지는 진한 인산을 전해질로, 백금을 촉매로 사용한다. 인산은 안정도가 높아 연료전지를 장기간 사용할 수 있게 하는데, 원래 효율은 40% 정도나 열병합발전 시 최대 85%까지 상승하고, 출력 조정이 가능하다. 천연가스 외에도 다양한 에너지를 대체 연료로 사용하는 것도 가능하며 현재 분산형 발전 컨테이너 패키지나 교통수단 부품으로 세계에 많이 보급되어 있다.

세 번째 용융 탄산염형 연료전지는 수소와 일산화탄소를 연료로 쓰고, 리튬·나트륨·칼륨으로 이뤄진 전해질을 사용하며 고온에서 작동한다. 일반적으로 연료전지는 백금이나 귀금속 등의 촉매제가 필요한데, 고온에서는 이런 고가의 촉매제가 필요치 않고, 열병합에도 용이한 덕분에 발전 사업용으로 활용할 수 있다.

다음은 용융 탄산염형과 공통점이 많은 고체 산화물형 연료전지이다. 일단 수소와 함께 일산화탄소를 연료로 이용한다는 점이 같고, 전해질은 용융 탄산염형과 다르게 고체 세라믹을 주로 이용하는데, 대체로 산소에 의한 이온 전도가 일어나는 800~1,000℃에서 작동한다. 이렇게 고온에서 작동하다 보니, 발전 사업용으로 활용할 수 있다는 공통점도 있다. 원래부터 기존의 발전 시설보다 장점이 있는 연료전지인데, 연료전지의 특징이자 한계인, 전해질 투입과 전지 부식 문제를 보완해서 한 단계 더 나아간 형태라고 볼 수 있다. 이러한 장점들 때문에 소형기기부터 대용량 시설까지 다방면으로 개발하고 있다.

다섯 번째로 고분자 전해질형 연료전지이다. 주로 탄소를 운반체로 사용한 백금을 촉매로 사용하지만, 연료인 수소에 일산화탄소가 조금이라도 들어갈 경우 백금과 루테늄의 합금을 사용한다. 고체 산화물형과 더불어 가정용으로 주로 개발되고 있고, 자동차, 소형 분산 발전 등 휴대성과 이동성이 필요한 장치에 유용하다.

① 알칼리형 연료전지는 이산화탄소를 잘 버텨내기 때문에 우주선에 주로 사용해 왔다.

② 안정도가 높은 인산형 연료전지는 진한 인산을 촉매로, 백금을 전해질로 사용한다.

③ 발전용으로 적절한 연료전지는 용융 탄산염형 연료전지와 고체 산화물형 연료전지이다.

④ 고체 산화물형 연료전지는 전해질을 투입하지 않아 전지 부식 문제를 보완한 형태이다.

⑤ 고분자 전해질형 연료전지는 수소에 일산화탄소가 조금이라도 들어갈 경우 백금을 촉매로 사용한다.

02

'청렴(淸廉)'은 현대 사회에서 좁게는 반부패와 동의어로 사용되며 넓게는 투명성과 책임성 등을 포괄하는 통합적 개념으로 사용되고 있다. 유학자들은 청렴을 효제와 같은 인륜의 덕목보다는 하위에 두었지만 군자라면 마땅히 지켜야 할 일상의 덕목으로 중시하였다. 조선의 대표적 유학자였던 이황과 이이는 청렴을 사회 규율이자 개인 처세의 지침으로 강조하였다. 특히 공적 업무에 종사하는 사람이라면 사회 규율로서의 청렴이 개인의 처세와 직결된다는 점에 유념해야 한다고 보았다.

청렴에 대한 논의는 정약용의 『목민심서』에서 본격적으로 나타난다. 정약용은 청렴이야말로 목민관이 지켜야 할 근본적인 덕목이며 목민관의 직무는 청렴이 없이는 불가능하다고 강조하였다. 정약용은 청렴을 당위의 차원에서 주장하는 기존의 학자들과 달리 행위자 자신에게 실질적 이익이 된다는 점을 들어 설득하고자 한다. 그는 청렴은 큰 이득이 남는 장사라고 말하면서, 지혜롭고 욕심이 큰 사람은 청렴을 택하지만 지혜가 짧고 욕심이 작은 사람은 탐욕을 택한다고 설명한다. 정약용은 "지자(知者)는 인(仁)을 이롭게 여긴다."라는 공자의 말을 빌려 "지혜로운 자는 청렴함을 이롭게 여긴다."라고 하였다. 비록 재물을 얻는 데 뜻이 있더라도 청렴함을 택하는 것이 결과적으로는 지혜로운 선택이라고 정약용은 말한다. 목민관의 작은 탐욕은 단기적으로 보면 눈 앞의 재물을 취하여 이익을 얻을 수 있겠지만 궁극에는 개인의 몰락과 가문의 불명예를 가져올 수 있기 때문이다.

정약용은 청렴을 지키는 것은 두 가지 효과가 있다고 보았다. 첫째, 청렴은 다른 사람에게 긍정적 효과를 미친다. 목민관이 청렴할 경우 백성을 비롯한 공동체 구성원에게 좋은 혜택이 돌아갈 것이다. 둘째, 청렴한 행위를 하는 것은 목민관 자신에게도 좋은 결과를 가져다준다. 청렴은 그 자신의 덕을 높이는 것일 뿐 아니라 자신의 가문에 빛나는 명성과 영광을 가져다줄 것이다.

① 정약용은 청렴이 목민관이 반드시 지켜야 할 덕목임을 당위론 차원에서 정당화하였다.
② 정약용은 탐욕을 택하는 것보다 청렴을 택하는 것이 이롭다는 공자의 뜻을 계승하였다.
③ 정약용은 청렴한 사람은 욕심이 작기 때문에 재물에 대한 탐욕에 빠지지 않는다고 보았다.
④ 정약용은 청렴이 백성에게 이로움을 줄 뿐 아니라 목민관 자신에게도 이로운 행위라고 보았다.
⑤ 이황과 이이는 청렴을 개인의 처세에 있어 주요 지침으로 여겼으나 사회 규율로는 보지 않았다.

03 다음 글을 통해 알 수 있는 내용으로 적절하지 않은 것은?

인간의 사유는 특정한 기준을 바탕으로 다른 것과의 차이를 인식하는 것이라 할 수 있다. 이때의 기준을 이루는 근간(根幹)은 당연히 현실 세계의 경험과 인식이다. 하지만 인간은 현실적 경험으로 인식되지 않는 대상을 사유하기도 하는데, 그중 하나가 신화적 사유이며 이는 상상력의 산물이다. 상상력은 통념(通念)상 현실과 대립되는 위치에 속한다. 또한 현대 문명에서 상상력은 과학적·합리적 사고와 반대되는 사유 체계로 간주되기도 한다. 그러나 신화적 사유를 떠받치고 있는 상상력은 '현실적 – 비현실적', '논리적 – 비논리적', '합리적 – 비합리적' 등과 같은 단순한 양항 체계 속으로 환원될 수 없다.

초기 인류학에서는 근대 문명과 대비시켜 신화적 사유를 미개한 존재들의 미숙한 단계의 사고로 간주했었다. 이러한 입장을 대표하는 레비브륄에 따르면 미개인은 논리 이전의 사고방식과 비현실적 감각을 가진 존재이다. 그러나 신화 연구에 적지 않은 영향을 끼쳤고 오늘날에도 여전히 유효한 레비스트로스의 논의에 따르면 미개인과 문명인의 사고방식은 사물을 분류하는 방식과 주된 관심 영역 등이 다를 뿐 어느 것이 더 합리적이거나 논리적이라고 할 수는 없다. 또한 그것은 세계를 이해하는 두 가지의 서로 다른 방식 혹은 태도일 뿐이다. 신화적 사유를 비롯한 이른바 미개인의 사고방식을 가리키는 레비스트로스가 말하는 '야생의 사고'는 이러한 사고방식이 근대인 혹은 문명인 못지않게 질서와 체계에 민감하고 그 나름의 현실적, 논리적, 합리적 기반을 갖추고 있음을 함축하고 있는 개념이다.

레비스트로스의 야생의 사고는 신화시대와 신화적 사유를 근대적 문명에 입각한 발전론적 시각이 아닌 상대주의적 시각으로 바라보았다는 점에서 의미가 크다. 그러나 그가 신화 자체의 사유 방식이나 특성을 특정 시대의 것으로 한정(限定)하는 오류를 범하고 있다는 점에 유의해야 한다. 과거 신화시대에 생겨난 신화적 사유는 신화가 재현되고 재생되는 한 여전히 시간과 공간을 뛰어넘어 현재화되고 있기 때문이다.

이상에서 보듯이 신화적 사유는 현실적·경험적 차원의 '진실'이나 '비진실'로 구분될 수 없다. 신화는 허구적이거나 진실한 것 모두를 '재료'로 사용할 수 있으며 이러한 재료들은 신화적 사유 고유의 규칙과 체계에 따라 배열된다. 그러므로 신화 텍스트에서 이러한 재료들의 구성 원리를 밝히는 것은 그 신화에 반영된 신화적 사유 체계를 밝히는 것이라 할 수 있다. 또한 이는 신화를 공유하고 전승(傳承)해 왔던 집단의 원형적 사유 체계에 접근하는 작업이라고도 할 수 있다.

① 신화는 그 고유의 규칙과 체계를 갖고 있다.
② 신화적 사유는 상상력의 산물이라 할 수 있다.
③ 신화적 사유는 특정 시대의 사유 특성에 한정된다.
④ 신화적 상상력은 상상력에 대한 통념적 인식과 차이가 있다.
⑤ 신화적 사유에 대한 레비스트로스의 논의는 의의와 한계가 있다.

04 다음 글을 읽고 이해한 내용으로 적절하지 않은 것은?

리더는 자신이 가진 권위로 인해 쉽게 힘에 의존하는 경우가 있는데 이런 리더를 권위적이라 부른다. 대화나 공감보다는 힘을 앞세워 문제를 해결하려 하거나, 구성원들과 인간적인 측면의 교류보다는 권력을 가진 상위자로서 대접받고 싶어 한다는 말이다. 이는 개인의 성향과도 밀접한 관련이 있지만 그렇지 않은 사람도 분위기에 휩쓸리다 보면 자신도 모르는 사이에 권위주의적으로 바뀔 수 있다. 리더십은 개인의 스타일 외에 조직문화에 의해서도 영향 받기 때문이다

종종 신문 지상을 장식하는 기업들처럼 시키면 시키는 대로 하는 조직문화에서 리더의 명령은 절대적인 힘을 가질 수밖에 없다. 구성원들이 리더의 요구사항에 적절하게 대응하지 못하는 경우 리더는 권위에 대한 유혹을 느낀다. 이러한 과정에서 구성원들에게 욕설이나 협박, 인간적인 모욕감을 안겨주는 일이 일어날 수 있다. 그러다 보면 해야 할 말이 있어도 입을 꼭 다물고 말을 하지 않는 '침묵효과'나 무엇을 해도 소용이 없을 것이라 여겨 저항 없이 시킨 일만 하는 '학습된 무기력'의 증상이 구성원들에게 나타날 수 있다.

조직에서 성과를 끌어내기 위한 가장 좋은 방법은 구성원들 스스로 목표를 인식하고 자발적으로 맡은 일에 전념함으로써 성과를 창출해 내도록 만드는 것이다. 리더가 구성원들의 머리와 가슴을 사로잡아 스스로 업무에 헌신하도록 만들어야 하는데 그렇다면 리더는 덕(德)을 베풀 줄 알아야 한다. 한비자는 '덕(德)은 득(得)이다.'라고 말했다. 이는 덕이 단순히 도덕적인 품성을 갖추는 것뿐만 아니라 덕을 갖추면 얻는 것이 있다는 것을 나타낸다. 여기에서 얻을 수 있는 것이란 무엇일까? 다름 아닌 '사람'이다. 리더가 덕을 베풀면 구성원들은 마음을 열고 리더의 편이 된다. 구성원들이 리더의 편이 되면 강압적인 지시나 욕설이 아니어도 스스로 해야 할 일을 찾아 가치를 창출할 수 있게 된다.

권위는 자신도 모르는 사이에 외부로 드러날 수 있지만 분명한 한계를 가질 수밖에 없다. 처음에는 구성원들의 복종을 가져올 수 있겠지만 그것에 익숙해지면 더욱 강력한 권위 없이는 그들을 통제할 수 없게 된다. 반발을 불러일으키고 일정 수준이 넘어서게 되면 더 이상 리더가 가진 권위는 통하지 않게 된다. 그렇게 되면 리더는 더욱 강력한 권위에 의지하고 싶은 욕망이 생기게 되고 그것이 욕설이나 인격적인 모욕 등의 형태로 표출될 수밖에 없다. 이러한 것이 조직의 문화로 굳어지게 되면 그 조직은 권위 없이 움직일 수 없는 비효율적인 집단이 되고 만다. 아이오와 대학의 연구에 따르면 권위적인 리더가 이끄는 조직의 생산성은 높은 편이지만 리더가 자리를 비우게 되면 생산성은 급격히 떨어진다고 한다. 그러므로 리더는 구성원을 다루는 데 있어 권위를 제한적으로 사용하지 않으면 안 된다.

① 덕으로 조직을 이끌면 구성원들로부터 긍정적인 감정을 얻게 된다.
② 권위적인 행동은 구성원들의 생산성을 떨어뜨리므로 하지 않아야 한다.
③ 리더가 덕을 바탕으로 행동하면 이는 리더에 대한 충성으로 이어지게 된다.
④ 지속적으로 권위적인 행동을 하는 것은 구성원의 긴장을 야기하므로 좋지 않다.
⑤ 리더의 강압적인 행동이나 욕설은 구성원들의 침묵과 학습된 무기력을 초래할 수 있다.

04 | 추론적 독해

| 유형분석 |

- 글에 드러나지 않은 부분을 추론하여 답을 도출해야 하는 유형이다.
- 자신의 주관적인 판단보다는 글의 세부적 내용에 대한 이해를 기반으로 문제를 풀어야 한다.

다음 글을 읽고 추론한 내용으로 가장 적절한 것은?

사람들은 단순히 공복을 채우기 위해서가 아니라 다른 많은 이유로 '먹는다.'는 행위를 행한다. 먹는다는 것에 대한 비생리학적인 동기에 관해서 연구하고 있는 과학자들에 따르면 비만인 사람들과 표준체중인 사람들은 식사 패턴에서 꽤 차이를 보이는 것을 알 수 있다고 한다. 한 연구에서 비만인 사람들에게 식사 전, 그 식사에 대한 상세한 설명을 하면 하지 않은 경우보다 식사량이 늘었지만 표준체중인 사람들에게서는 그런 현상이 보이지 않았다. 또한 표준체중인 사람들은 밝은 색 접시에 담긴 견과류와 어두운 색 접시에 담긴 견과류를 먹은 개수의 차가 거의 없는 것에 비해, 비만인 사람들은 밝은 색 접시에 담긴 견과류를 어두운 색 접시에 담긴 견과류보다 2배 더 많이 먹었다는 연구도 있다.

① 비만인 사람들은 표준체중인 사람들보다 감각이 예민하다.
② 표준체중인 사람들은 음식에 대한 욕구를 절제할 수 있다.
③ 표준체중인 사람들은 비만체중인 사람들에 비해 식사량이 적다.
④ 비만인 사람들은 표준체중인 사람들에 비해 외부 자극에 의해 식습관에 영향을 받기 쉽다.
⑤ 비만인 사람들은 생리학적인 필요성이라기보다 감정적 또는 심리적인 필요성에 쫓겨서 식사를 하고 있다.

정답 ④

식사에 대한 상세한 설명이 주어지거나, 요리가 담긴 접시 색이 밝을 때 비만인 사람들의 식사량이 증가했다는 내용을 통해 비만인 사람들이 외부로부터의 자극에 의해 식습관에 영향을 받기 쉽다는 것을 추론할 수 있다.

30초 컷 풀이 Tip

문제에서 제시하는 추론유형이 어떤 형태인지 파악한다.
- 글쓴이의 주장 / 의도를 추론하는 유형 : 글에 나타난 주장, 근거, 논증 방식을 파악하는 유형으로 주장의 타당성을 평가하여 글쓴이의 관점을 이해하며 읽는다.
- 세부적인 내용을 추론하는 유형 : 주어진 선택지를 먼저 읽고 지문을 읽으면서 답이 아닌 선택지를 지워나가는 방법이 효율적이다.

Easy

01 다음 글을 읽고 추론한 내용으로 적절하지 않은 것은?

> 1인 가구가 급속히 증가하는 이 같은 상황에 대응하기 위하여 한국전력은 전력데이터를 활용, 국민이 체감할 수 있는 사회안전망 서비스를 제공하고 사회적 가치를 구현하고자 '1인 가구 안부 살핌 서비스'를 개발하여 지자체에 제공하고 있다. '1인 가구 안부 살핌 서비스'는 전력 빅데이터와 통신데이터를 분석하여 1인 가구의 안부 이상 여부를 확인한 후 이를 사회복지 공무원 등에게 SMS로 알려주어 고독사를 예방하는 인공지능 서비스이다.
>
> 이 서비스의 핵심인 돌봄 대상자의 안부 이상 여부를 판단하는 인공지능 모델은 딥러닝 기법을 활용하는 오토 인코더(Auto Encoder)를 기반으로 설계하였다. 이 모델은 정상적인 전력 사용 패턴을 학습하여 생성되고 난 후, 평소와 다른 비정상적인 사용패턴이 모델에 입력되면 돌봄 대상의 안부에 이상이 있다고 판단하고 지자체 담당 공무원에게 경보 SMS를 발송하는 알고리즘을 가지고 있다. 경보 SMS에는 전력 사용 패턴 이상 여부 이외에 돌봄 대상자의 전화 수ㆍ발신, 문자 발신, 데이터 사용량 등 통신사용량 정보도 추가로 제공되고 있다. 향후 전력 및 통신데이터 이외에 수도나 가스 등 다양한 이종 데이터도 융합하여 서비스 알람 신뢰도를 더욱 향상시킬 수 있을 것으로 기대하고 있다.
>
> '1인 가구 안부 살핌 서비스'는 2019년에 에스케이텔레콤(SKT)과 사회안전망 서비스를 개발하기 위한 협약의 체결로 시작되었다. 이후 양사는 아이디어 공유를 위한 실무회의 등을 거쳐 서비스를 개발하였고 서비스의 효과를 검증하기 위하여 광주광역시 광산구 우산동과 협약을 체결하여 실증사업을 시행하였다. 실증사업 기간 동안 우산동 복지담당자들은 서비스에 커다란 만족감을 나타내었다.
>
> 우산동 복지담당 공무원이었던 A씨는 관내 돌봄 대상자가 자택에서 어지러움으로 쓰러진 후 지인의 도움으로 병원에 내진한 사실을 서비스 알람을 받아 빠르게 파악할 수 있었다. A씨는 이 사례를 예로 들며 "관리 지역은 나이가 많고 혼자 사는 분들이 많아 고독사가 발생할 가능성이 큰데, 매일 건강 상태를 확인할 수도 없어 평소에 이를 예방하기란 쉽지가 않다."면서 "한국전력의 1인 가구 안부 살핌 서비스가 큰 도움이 되었고 많은 기대가 된다."고 밝혔다.

① 한국전력은 고독사를 예방하기 위해 데이터 기술을 적용한 서비스를 만들었다.

② 오토 인코더 모델은 비정상적인 패턴을 감지하면 알람이 가도록 설계되었다.

③ 앞으로 '1인 가구 알림 살핌 서비스'에는 전력 데이터가 추가로 수집될 수 있다.

④ 광주광역시 광산구 우산동 지역 사람들이 처음으로 이 서비스를 사용하였다.

⑤ 우산동에서 이 서비스의 주요 대상은 고령의 1인 가구이다.

02 다음 글을 읽고 추론한 내용으로 가장 적절한 것은?

> 모필은 붓을 말한다. 이 붓은 종이, 먹과 함께 문인들이 인격화해 불렀던 문방사우(文房四友)에 속하는데 문인들은 이것을 품성과 진리를 탐구하는 데에 없어서는 안 되는 중요한 벗으로 여기고 이것들로 글씨를 쓰거나 그림을 그렸다. 이렇게 그려진 그림을 동양에서는 문인화(文人畵)라 불렀으며 이 방면에 뛰어난 면모를 보인 이들을 '문인화가'라고 지칭했다. 그리고 문인들은 화공(畵工)과는 달리 그림을, 심성을 기르고 심의(心意)와 감흥을 표현하는 교양적 매체로 보고, 전문적이고 정교한 기법이나 기교에 바탕을 둔 장식적인 채색풍을 의식적으로 멀리했다. 또한 시나 서예와의 관계를 중시하여 시서화일치(詩書畵一致)의 경지를 지향하고 대상물의 정신과 고매한 인품을 지닌 작가의 내면을 구현하는 것이 그림이라고 보았다. 이런 의미에서 모필로 대표되는 지·필·묵(紙·筆·墨, 종이·붓·먹)은 문인들이 자신의 세계를 표현하는 데 알맞은 매체가 되면서 동양의 문화현상으로 자리 잡게 되었던 것이다.
>
> 중국 명나라 말기의 대표적 문인인 동기창(董其昌)은 정통적인 화공들의 그림보다 문인사대부들이 그린 그림을 더 높이 평가했다. 동양에서 전문적인 화공의 그림과 문인사대부들의 그림이 대립되는 양상을 형성한 것은 이에서 비롯되는데, 이처럼 두 개의 회화적 전통이 성립된 곳은 오로지 극동 문화권뿐이다. 전문 화가들의 그림보다 아마추어격인 문인사대부들의 그림을 더 높이 사는 이러한 풍조야말로 동양 특유의 문화 현상에서만 나타나는 것이다.
>
> 동양에서 지·필·묵은 단순한 그림의 매체라는 좁은 영역에 머무는 것이 아니라 동양의 문화를 대표한다는 보다 포괄적인 의미를 지닌다. 지·필·묵이 단순한 도구나 재료의 의미를 벗어나 그것을 통해 파생되는 모든 문화적 현상 자체를 대표하는 것이다. 나아가 수학(修學)의 도구로 사용되었던 지·필·묵이 점차 자신의 생각과 예술을 담아내는 매체로 발전하면서 이미 그것은 단순한 도구가 아니라 하나의 사유 매체로서 기능을 하게 되었다. 말하자면 종이와 붓과 먹을 통해 사유하게 되었다는 것이다.

① 정통적인 화공(畵工)들은 주로 문인화(文人畵)를 그렸을 것이다.
② 동양 문화와 같이 서양 문화에도 두 개의 회화적 전통이 성립되어 있었을 것이다.
③ 서양 문화에서는 문인사대부들보다 전문 화가들의 그림을 더 높게 평가할 것이다.
④ 동기창(董其昌)은 정교한 기법이나 기교에 바탕을 둔 그림을 높이 평가했을 것이다.
⑤ 지·필·묵은 동서양의 문화적 차이를 극복하고 사유 매체로서의 기능을 담당하였을 것이다.

03 다음 글을 읽고 ㉠과 같은 현상이 나타나게 된 이유로 적절하지 않은 것은?

> 고려와 조선은 국가적으로 금속화폐의 통용을 추진한 적이 있다. 화폐 주조권을 장악하여 세금을 효과적으로 징수하고 효율적으로 저장하려는 것이 그 목적이었다. 그러나 물품화폐에 익숙한 농민들은 금속화폐를 불편하게 여겼으므로 금속화폐의 유통 범위는 한정되고 끝내는 삼베를 비롯한 물품화폐에 압도당하고 말았다. ㉠조선 태종 때와 세종 때에도 동전의 유통을 시도하였지만 실패하였다. 조선 전기 은화(銀貨)는 서울을 중심으로 유통되었는데 주로 왕실과 관청, 지배층과 상인, 역관(譯官) 등이 이용한 '돈'이었다. 그러나 은화(銀貨)는 고액 화폐였다. 그 때문에 서민의 경제생활에서는 여전히 무명 옷감이 화폐의 기능을 담당하였다.
> 그러한 가운데서도 농업생산력의 발전과 인구의 증가, 17세기 이후 지방시장의 성장은 금속화폐 통용을 위한 여건이 마련되었음을 뜻하였다. 17세기 전반 이미 개성에서는 모든 거래가 동전으로 이루어지고 있었다. 이러한 여건 아래에서 1678년(숙종 4년)부터 강력한 통용책이 추진되면서 금속화폐가 널리 보급될 수 있었다. 동전인 상평통보 1개는 1푼(分)이었다. 10푼이 1전(錢), 10전이 1냥(兩), 10냥이 1관(貫)이다. 대원군이 집권할 때 주조된 당백전(當百錢)과 1883년 주조된 당오전(當五錢)은 1개가 각각 100푼과 5푼의 가치를 가지는 동전이었다. 동전 주조가 늘면서 그 유통 범위가 경기, 충청지방으로부터 점차 확산되어 18세기 초에는 전국에 미칠 정도였다. 동전을 시전(市廛)에 무이자로 대출하고, 관리의 녹봉을 동전으로 지급하고, 일부 세금을 동전으로 거두어들이는 등의 국가 정책도 동전의 통용을 촉진하였다. 화폐경제의 성장은 상업적 동기를 촉진시키고 경제생활 나아가 사회생활에 변화를 주었다.
> 이러한 가운데 일부 위정자들은 화폐경제로 인한 부작용을 우려했는데 특히 농촌 고리대금업(高利貸金業)의 성행을 가장 심각한 문제로 생각했다. 그래서 동전의 폐지를 주장하는 이도 있었다. 1724년 등극한 영조는 이 주장을 받아들여 동전 주조를 정지하였다. 그런데 당시에 동전은 이미 일상생활로 퍼졌기 때문에 동전의 수요에 비해 공급이 부족한 현상이 일어나 동전주조의 정지는 화폐 유통질서와 상품경제에 타격을 가하였다. 돈이 매우 귀하여 농민과 상인의 교역에 불편을 가져다 준 것이다. 또한 소수의 부유한 상인이 동전을 집중적으로 소유하여 고리대금업(高利貸金業) 활동을 강화함에 따라서 오히려 농민 몰락이 조장되었다. 결국 영조 7년 이후 동전은 다시 주조되기 시작했다.

① 화폐가 통용될 시장이 발달하지 않았군.
② 화폐가 주로 일부계층 위주로 통용되었군.
③ 백성들이 화폐보다 물품화폐를 선호하였군.
④ 화폐가 필요할 만큼 농업생산력이 발전하지 못했군.
⑤ 국가가 화폐수요량에 맞추어 원활하게 공급하지 못했군.

05 | 비판적 독해

| 유형분석 |

- 글을 읽고 비판적 의견이나 반박을 생각할 수 있는지를 평가하는 유형이다.
- 제시문의 '주장'에 대한 반박을 찾는 것이므로, '근거'에 대한 반박이나 논점에서 벗어난 것을 찾지 않도록 주의해야 한다.

다음 글의 주장에 대한 반박으로 가장 적절한 것은?

> 비타민D 결핍은 우리 몸에 심각한 건강 문제를 일으킬 수 있다. 비타민D는 칼슘이 체내에 흡수되어 뼈와 치아에 축적되는 것을 돕고 가슴뼈 뒤쪽에 위치한 흉선에서 면역세포를 생산하는 작용에 관여하는데, 비타민D가 부족할 경우 칼슘과 인의 흡수량이 줄어들고 면역력이 약해져 뼈가 약해지거나 신체 불균형이 일어날 수 있다.
>
> 비타민D는 주로 피부가 중파장 자외선에 노출될 때 형성된다. 중파장 자외선은 피부와 혈류에 포함된 7-디하이드로콜레스테롤을 비타민D로 전환시키는데 이렇게 전환된 비타민D는 간과 신장을 통해 칼시트리올(Calcitriol)이라는 호르몬으로 활성화된다. 바로 이 칼시트리올을 통해 우리는 혈액과 뼈에 흡수될 칼슘과 인의 흡수를 조절하는 것이다.
>
> 이러한 기능을 담당하는 비타민D를 함유하고 있는 식품은 자연에서 매우 적기 때문에 우리의 몸은 충분한 비타민D를 생성하기 위해 주기적으로 태양 빛에 노출될 필요가 있다.

① 비타민D 보충제만으로는 체내에 필요한 비타민D를 얻을 수 없다.

② 태양 빛에 노출될 경우 피부암 등의 질환이 발생하여 도리어 건강이 더 악화될 수 있다.

③ 비타민D 결핍으로 인해 생기는 부작용은 주기적인 칼슘과 인의 섭취를 통해 해결할 수 있다.

④ 선크림 등 자외선 차단제를 사용하더라도 비타민D 생성에 충분한 중파장 자외선에 노출될 수 있다.

⑤ 태양 빛에 직접 노출되지 않거나 자외선 차단제를 사용했음에도 체내 비타민D 수치가 정상을 유지한다는 연구 결과가 있다.

⑤

제시문에서는 비타민D의 결핍으로 인해 발생하는 건강 문제를 근거로 신체를 태양 빛에 노출하여 건강을 유지해야 한다고 주장하고 있다. 따라서 태양 빛에 노출되지 않고도 충분한 비타민D 생성이 가능하다는 근거가 있다면 글의 주장에 대한 반박이 된다.

[오답분석]

① 제시문에서는 비타민D 보충제에 대해 언급하고 있지 않다. 따라서 비타민D 보충제가 태양빛 노출을 대체할 수 있을지 판단하기 어렵다.

② 태양빛에 노출될 경우 피부암 등의 질환이 발생하는 것은 사실이나, 이것이 비타민D의 결핍을 해결하는 또 다른 방법을 제시하거 나 제시문에서 주장하는 내용을 반박하고 있지는 않다.

③ 비타민D는 칼슘과 인의 흡수 외에도 흉선에서 면역세포를 생산하는 작용에 관여하고 있다. 따라서 칼슘과 인의 주기적인 섭취만 으로는 문제를 해결할 수 없으며, 제시문에 대한 반박이 되지 못한다.

④ 제시문에서는 자외선 차단제를 사용했을 때 중파장 자외선이 어떻게 작용하는지 언급하고 있지 않다. 또한 자외선 차단제를 사용한다는 사실이 태양빛에 노출되어야 한다는 제시문의 주장을 반박한다고는 보기 어렵다.

30초 컷 풀이 Tip

• 주장, 관점, 의도, 근거 등 문제를 풀기 위한 글의 핵심을 파악한다. 이후 글의 주장 및 근거의 어색한 부분을 찾아 반박할 주장과 근거를 생각해 본다.

• 제시된 지문이 지나치게 길 경우 먼저 선택지부터 파악하여 홀로 상반된 의견을 제시하거나 글의 내용이 어색한 선택지는 없는지 확인하는 것도 답을 찾는 방법이다.

온라인 풀이 Tip

비판적 독해는 결국 주제 찾기와 추론적 독해가 결합된 유형이다. 반박하는 내용으로 제시되는 선택지는 추론적 독해처럼 세세하게 지문을 파악하지 않아도 풀이가 가능하다. 그러므로 너무 긴장하지 말고 문제에 접근하도록 한다.

01 다음 글이 비판의 대상으로 삼는 주장으로 가장 적절한 것은?

> 경제 문제는 대개 해결이 가능하다. 대부분의 경제 문제에는 몇 개의 해결책이 있다. 그러나 모든 해결책은 누군가가 상당한 손실을 반드시 감수해야 한다는 특징을 갖고 있다. 하지만 누구도 이 손실을 자발적으로 감수하고자 하지 않으며, 우리의 정치제도는 누구에게도 이 짐을 짊어지라고 강요할 수 없다. 우리의 정치적 · 경제적 구조로는 실질적으로 제로섬(Zero-sum)적인 요소를 지니는 경제 문제에 전혀 대처할 수 없기 때문이다.
>
> 대개의 경제적 해결책은 대규모의 제로섬적인 요소를 갖기 때문에 큰 손실을 수반한다. 모든 제로섬 게임에는 승자가 있다면 반드시 패자가 있으며, 패자가 존재해야만 승자가 존재할 수 있다. 경제적 이득이 경제적 손실을 초과할 수도 있지만, 손실의 주체에게 손실의 의미란 상당한 크기의 경제적 이득을 부정할 수 있을 만큼 매우 중요하다. 어떤 해결책으로 인해 평균적으로 사회는 더 잘살게 될 수도 있지만, 이 평균이 훨씬 더 잘살게 된 수많은 사람과 훨씬 더 못살게 된 수많은 사람을 감춘다. 만약 당신이 더 못살게 된 사람 중 하나라면 내 수입이 줄어든 것보다 다른 누군가의 수입이 더 많이 늘었다고 해서 위안을 얻지는 않을 것이다. 결국 우리는 우리 자신의 수입을 보호하기 위해 경제적 변화가 일어나는 것을 막거나 혹은 사회가 우리에게 손해를 입히는 공공정책이 강제로 시행되는 것을 막기 위해 싸울 것이다.

① 빈부격차를 해소하는 것만큼 중요한 정책은 없다.
② 사회의 총생산량이 많아지게 하는 정책이 좋은 정책이다.
③ 경제문제에서 모두가 만족하는 해결책은 존재하지 않는다.
④ 경제적 변화에 대응하는 정치제도의 기능에는 한계가 존재한다.
⑤ 경제정책의 효율성을 높이는 방법은 일관성을 유지하는 것이다.

02 다음 글의 주장에 대한 비판으로 가장 적절한 것은?

> 저작권은 저자의 권익을 보호함으로써 활발한 저작 활동을 촉진하여 인류의 문화 발전에 기여하기 위한 것이다. 그러나 이렇게 공적 이익을 추구하기 위한 저작권이 현실에서는 일반적으로 지나치게 사적 재산권을 행사하는 도구로 인식되고 있다. 저작물 이용자들의 권리를 보호하기 위해 마련한 공익적 성격의 법조항도 법적 분쟁에서는 항상 사적 재산권의 논리에 밀려 왔다.
> 저작권 소유자 중심의 저작권 논리는 실제로 저작권이 담당해야 할 사회적 공유를 통한 문화 발전을 방해한다. 몇 해 전의 '애국가 저작권'에 대한 논란은 이러한 문제를 단적으로 보여준다. 저자 사후 50년 동안 적용되는 국내 저작권법에 따라, 애국가 포함된 「한국 환상곡」의 저작권이 작곡가 안익태의 유족들에게 2015년까지 주어진다는 사실이 언론을 통해 알려진 것이다. 누구나 자유롭게 이용할 수 있는 국가(國歌)마저 공공재가 아닌 개인 소유라는 사실에 많은 사람들이 놀랐다.
> 창작은 백지 상태에서 완전히 새로운 것을 만드는 것이 아니라 저작자와 인류가 쌓은 지식 간의 상호 작용을 통해 이루어진다. "내가 남들보다 조금 더 멀리 보고 있다면, 이는 내가 거인의 어깨 위에 올라서 있는 난쟁이이기 때문"이라는 뉴턴의 겸손은 바로 이를 말한다. 이렇듯 창작자의 저작물은 인류의 지적 자원에서 영감을 얻은 결과이다. 그러한 저작물을 다시 인류에게 되돌려주는 데 저작권의 의의가 있다. 이러한 생각은 이미 1960년대 프랑스 철학자들에 의해 형성되었다. 예컨대 기호학자인 바르트는 '저자의 죽음'을 거론하면서 저자가 만들어 내는 텍스트는 단지 인용의 조합일 뿐 어디에도 '오리지널'은 존재하지 않는다고 단언한다.
> 전자 복제 기술의 발전과 디지털 혁명은 정보나 자료의 공유가 지니는 의의를 잘 보여주고 있다. 인터넷과 같은 매체 환경의 변화는 원본을 무한히 복제하고 자유롭게 이용함으로써 누구나 창작의 주체로서 새로운 문화 창조에 기여할 수 있도록 돕는다. 인터넷 환경에서 이용자는 저작물을 자유롭게 교환할 뿐 아니라 수많은 사람들과 생각을 나눔으로써 새로운 창작물을 생산하고 있다. 이러한 상황은 저작권을 사적 재산권의 측면에서보다는 공익적 측면에서 바라볼 필요가 있음을 보여준다.

① 저작권의 사회적 공유에 대해 일관성 없는 주장을 하고 있다.
② 저작물이 개인의 지적·정신적 창조물임을 과소평가하고 있다.
③ 저작권의 사적 보호가 초래한 사회적 문제의 사례가 적절하지 않다.
④ 인터넷이 저작권의 사회적 공유에 미치는 영향을 드러내지 못하고 있다.
⑤ 객관적인 사실을 제시하지 않고 추측에 근거하여 논리를 전개하고 있다.

03 다음 글에 나타난 '와이츠 예술론'의 의의와 한계를 이해 · 비판한 것으로 적절하지 않은 것은?

예술이 무엇이냐는 질문에 우리는 레오나르도 다빈치의 「모나리자」나 베토벤의 교향곡이나 발레 「백조의 호수」 같은 것이라고 대답할지 모른다. 물론 이 대답은 틀리지 않았다. 하지만 질문이 이것들 모두를 예술 작품으로 특징짓는 속성, 곧 예술의 본질이 과연 무엇인지를 묻는 것이라면 그 대답은 무엇이 될까?

비트겐슈타인에 따르면 게임은 본질이 있어서가 아니라 게임이라 불리는 것들 사이의 유사성에 의해 성립되는 개념이다. 이러한 경우 발견되는 유사성을 '가족 유사성'이라 부르기로 해보자. 가족의 구성원으로서 어머니와 나와 동생의 외양은 이런저런 면에서 서로 닮았다. 하지만 그렇다고 해서 셋이 공통적으로 닮은 한 가지 특징이 있다는 말은 아니다. 비슷한 예로 실을 꼬아 만든 밧줄은 그 밧줄의 처음부터 끝까지를 관통하는 하나의 실이 있어서 만들어지는 것이 아니라 짧은 실들의 연속된 연계를 통해 구성된다. 그렇게 되면 심지어 전혀 만나지 않는 실들도 같은 밧줄 속의 실일 수 있다.

미학자 와이츠는 예술이라는 개념도 이와 마찬가지라고 주장한다. 그에게 예술은 가족 유사성만을 갖는 '열린 개념'이다. 열린 개념이란 주어진 대상이 이미 그 개념을 이루고 있는 구성원 일부와 닮았다면, 그 점을 근거로 하여 얼마든지 그 개념의 새로운 구성원이 될 수 있을 만큼 테두리가 열려 있는 개념을 말한다. 따라서 전통적인 예술론인 표현론이나 형식론은 있지도 않은 본질을 찾고 있는 오류를 범하고 있는 것이 된다. 와이츠는 표현이니 형식이니 하는 것은 예술의 본질이 아니라 차라리 좋은 예술의 기준으로 이해되어야 한다고 한다. 그는 열린 개념으로 예술을 보는 것이야말로 무한한 창조성이 보장되어야 하는 예술에 대한 가장 적절한 대접이라고 주장한다.

① 와이츠의 이론에 따르면 예술 개념은 아무런 근거 없이 확장되는 것이다. 결과적으로 예술이라는 개념 자체가 없어진다는 것을 주장하는 셈이다.

② 와이츠는 예술의 본질은 없다고 본다. 예술이 가족 유사성만 있는 열린 개념이라면 어떤 두 대상이 둘 다 예술일 때, 서로 닮지 않을 수도 있다는 뜻이다.

③ 와이츠는 '무엇이 예술인가'와 '무엇이 좋은 예술인가'는 분리해서 생각해야 한다고 본다. 열린 개념이라고 해서 예술의 가치를 평가하는 기준까지도 포기한 것은 아니다.

④ 현대 예술은 독창성을 중시하고 예술의 한계에 도전함으로써 과거와는 달리 예술의 영역을 크게 넓힐 수 있게 되었다. 와이츠 이론은 이러한 상황에 잘 부합하는 예술론이다.

⑤ 영화나 컴퓨터가 그랬던 것처럼, 새로운 매체가 등장하면 새로운 창작 활동이 가능해진다. 미래의 예술이 그런 것들도 포괄하게 될 때, 와이츠 이론은 유용한 설명이 될 수 있다.

04 다음 글을 토대로 〈보기〉의 밑줄 친 주장에 대해 반박하려고 할 때, 그 논거로 적절하지 않은 것은?

> 기자 : 교수님, 영국에서 탄생한 복제 양과 우리의 복제 송아지의 차이점은 무엇이라고 생각하시는 지요.
>
> 교수 : 두 가지 차원에서 이야기할 수 있습니다. 지금까지는 생명을 복제하기 위해서 반드시 생식 세포를 이용해야 한다는 것이 정설이었습니다. 그런데 복제 양은 생식 세포가 아닌 일반 체세포, 그중에서도 젖샘 세포를 이용했습니다. 이는 노화 등의 이유로 생식 세포가 죽은 개체들로 체세포를 통해 복제가 가능하다는 얘기가 됩니다. 체세포를 통한 복제는 기존 생물학적 개념을 완전히 바꾼 것입니다. 반면 산업적 측면에서는 문제가 있습니다. 동물 복제는 순수 발생학적 관심 못지않게 경제적으로도 중요합니다. 생산력이 뛰어난 가축을 적은 비용으로 복제 생산해야 한다는 것입니다. 이 점에서는 체세포를 통한 복제는 아직 한계가 있습니다. 경제적인 측면에서는 생식 세포를 이용한 복제가 훨씬 효과적입니다.
>
> 기자 : 이런 복제 기술들이 인간에게도 적용이 가능한가요?
>
> 교수 : 기술적으로는 그렇습니다. 그러나 인간에게 적용했을 때는 기존 인간관계의 근간을 파괴하는 사회 문제를 발생시킬 것입니다. 또 생명체 복제 기술의 적용 영역을 확대하다 보면, 자의로 또는 적용 과정에서 우연히 인체에 치명적이거나 통제 불능한 생물체가 만들어질 가능성도 있습니다. 이것을 생물 재해라고 합니다. 생명공학에 종사하는 학자들은 이 두 가지 문제들을 늘 염두에 두어야 합니다. 물론 아직까지는 이런 문제들이 발생하지 않았지만 어느 국가 또는 특정 집단이 복제 기술을 악용할 위험성을 배제할 수는 없습니다.

보기

미국 위스콘신 생명 윤리 연구 센터의 아서더스 박사는 '인간에게 동물 복제 기술을 적용하면 왜 안 되는지에 대한 논리적 이유가 없다.'고 하면서, 인간 복제를 규제한다 하더라도 대단한 재력가나 권력가는 이를 충분히 피해갈 것이라고 말했다.

① 범죄 집단에 악용될 위험이 있다.
② 사람들 사이의 신뢰가 무너질 수 있다.
③ 인구가 폭발적으로 증가할 염려가 있다.
④ 통제 불능한 인간을 만들어 낼 수 있다.
⑤ 치료법이 없는 바이러스가 만들어질 수도 있다.

CHAPTER 02

언어추리

합격 Cheat Key

언어추리는 총 20문제가 출제되며, 20분의 시간이 주어진다. 주어진 정보를 종합하고, 진술문 간의 관계 구조를 파악하여 새로운 내용을 추론해 내는 능력을 알아보기 위한 검사이다.

1 명제추리

최근 벤다이어그램 등을 이용해야 풀이할 수 있는 문제도 출제되고 있으므로 다양한 유형의 문제를 접해보는 것이 중요하다.

┤ 학습 포인트 ├
- 명제의 기본적인 개념(역·이·대우)에 대해 정확히 알고 기호화시킬 수 있어야 한다.
- 전제나 결론을 찾는 문제가 출제되기도 하므로 삼단논법에 대한 정확한 개념을 알아야 한다.

2 조건추리

언어추리에서 고득점을 얻기 위해 반드시 빠르고 정확하게 풀이하는 연습을 해야 한다.

┤ **학습 포인트** ├

- 제시된 조건을 간단하게 도식화시켜서 풀이할 수 있는 연습을 해야 한다.
- LG그룹의 언어추리는 참 / 거짓을 활용하여 풀이하는 문제를 높은 비중으로 출제하는 경향이 있으므로 해당 유형을 충분히 연습한다.

02 | 이론점검

1. 연역 추론

이미 알고 있는 판단(전제)을 근거로 새로운 판단(결론)을 유도하는 추론이다. 연역 추론은 진리일 가능성을 따지는 귀납 추론과는 달리, 명제 간의 관계와 논리적 타당성을 따진다. 즉, 연역 추론은 전제들로부터 절대적인 필연성을 가진 결론을 끌어내는 추론이다.

(1) 직접 추론 : 한 개의 전제로부터 중간적 매개 없이 새로운 결론을 끌어내는 추론이며, 대우 명제가 그 대표적인 예이다.

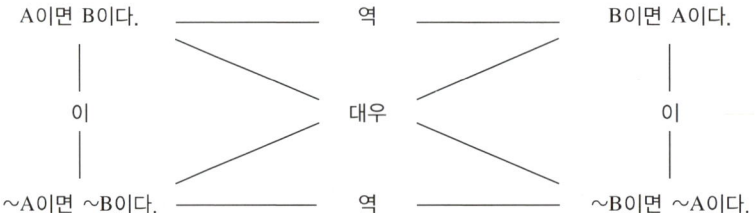

• 한국인은 모두 황인종이다.	(전제)
• 그러므로 황인종이 아닌 사람은 모두 한국인이 아니다.	(결론 1)
• 그러므로 황인종 중에는 한국인이 아닌 사람도 있다.	(결론 2)

(2) 간접 추론 : 둘 이상의 전제로부터 새로운 결론을 끌어내는 추론이다. 삼단논법이 가장 대표적인 예이다.

① **정언 삼단논법** : 세 개의 정언명제로 구성된 간접 추론 방식이다. 세 개의 명제 가운데 두 개의 명제는 전제이고, 나머지 한 개의 명제는 결론이다. 세 명제의 주어와 술어는 세 개의 서로 다른 개념을 표현한다(P는 대개념, S는 소개념, M은 매개념이다).

• 모든 곤충은 다리가 여섯이다.	M은 P이다(대전제).
• 모든 개미는 곤충이다.	S는 M이다(소전제).
• 그러므로 모든 개미는 다리가 여섯이다.	S는 P이다(결론).

② **가언 삼단논법** : 가언명제로 이루어진 삼단논법을 말한다. 가언명제란 두 개의 정언명제가 '만일 ~ 이라면'이라는 접속사에 의해 결합된 복합명제이다. 여기서 '만일'에 의해 이끌리는 명제를 전건이라 하고, 그 뒤의 명제를 후건이라 한다. 가언 삼단논법의 종류로는 혼합가언 삼단논법과 순수가언 삼단논법이 있다.

　㉠ 혼합가언 삼단논법 : 대전제만 가언명제로 구성된 삼단논법이다. 긍정식과 부정식 두 가지가 있으며, 긍정식은 'A면 B다. A다. 그러므로 B다.'이고, 부정식은 'A면 B다. B가 아니다. 그러므로 A가 아니다.'이다.

> - 만약 A라면 B다.
> - B가 아니다.
> - 그러므로 A가 아니다.

　㉡ 순수가언 삼단논법 : 대전제와 소전제 및 결론까지 모두 가언명제들로 구성된 삼단논법이다.

> - 만약 A라면 B다.
> - 만약 B라면 C다.
> - 그러므로 만약 A라면 C다.

③ **선언 삼단논법** : '~이거나 ~이다.'의 형식으로 표현되며 전제 속에 선언명제를 포함하고 있는 삼단논법이다.

> - 내일은 비가 오거나 눈이 온다. A 또는 B이다.　　　　　　　　A 또는 B이다.
> - 내일은 비가 오지 않는다. A가 아니다.　　　　　　　　　　　A가 아니다.
> - 그러므로 내일은 눈이 온다.　　　　　　　　　　　　　　　그러므로 B다.

④ **딜레마 논법** : 대전제는 두 개의 가언명제로, 소전제는 하나의 선언명제로 이루어진 삼단논법으로, 양도 추론이라고도 한다.

> - 만일 네가 거짓말을 하면, 신이 미워할 것이다.　　　　　　　　　(대전제)
> - 만일 네가 거짓말을 하지 않으면, 사람들이 미워할 것이다.　　　　(대전제)
> - 너는 거짓말을 하거나, 거짓말을 하지 않을 것이다.　　　　　　　(소전제)
> - 그러므로 너는 미움을 받게 될 것이다.　　　　　　　　　　　　　(결론)

2. 귀납 추론

특수한 또는 개별적인 사실로부터 일반적인 결론을 끌어내는 추론을 말한다. 귀납 추론은 구체적 사실들을 기반으로 하여 결론을 끌어내기 때문에 필연성을 따지기보다는 개연성과 유관성, 표본성 등을 중시하게 된다. 여기서 개연성이란 관찰된 어떤 사실이 같은 조건하에서 앞으로도 관찰될 수 있는가 하는 가능성을 말하고, 유관성은 추론에 사용된 자료가 관찰하려는 사실과 관련되어야 하는 것을 일컬으며, 표본성은 추론을 위한 자료의 표본추출이 공정하게 이루어져야 하는 것을 가리킨다. 이러한 귀납 추론은 일상생활 속에서 많이 사용하고, 우리가 알고 있는 과학적 사실도 이와 같은 방법으로 밝혀졌다.

> • 히틀러도 사람이고 죽었다.
> • 스탈린도 사람이고 죽었다.
> • 그러므로 모든 사람은 죽는다.

그러나 전제들이 참이어도 결론이 항상 참인 것은 아니다. 단 하나의 예외로 인하여 결론이 거짓이 될 수 있다.

> • 성냥불은 뜨겁다.
> • 연탄불도 뜨겁다.
> • 그러므로 모든 불은 뜨겁다.

위 예문에서 '성냥불이나 연탄불이 뜨거우므로 모든 불은 뜨겁다.'라는 결론이 나왔는데, 반딧불은 뜨겁지 않으므로 '모든 불이 뜨겁다.'라는 결론은 거짓이 된다.

(1) **완전 귀납 추론** : 관찰하고자 하는 집합의 전체를 다 검증함으로써 대상의 공통 특질을 밝혀내는 방법이다. 이는 예외 없는 진실을 발견할 수 있다는 장점은 있으나, 집합의 규모가 크고 속성의 변화가 다양할 경우에는 적용하기 어려운 단점이 있다.
　　예 1부터 10까지의 수를 다 더하여 그 합이 55임을 밝혀내는 방법

(2) **통계적 귀납 추론** : 통계적 귀납 추론은 관찰하고자 하는 집합의 일부에서 발견한 몇 가지 사실을 열거함으로써 그 공통점을 결론으로 끌어내려는 방식을 가리킨다. 관찰하려는 집합의 규모가 클 때 그 일부를 표본으로 추출하여 조사하는 방식이 이에 해당하며, 표본추출의 기준이 얼마나 적합하고 공정한가에 따라 그 결과에 대한 신뢰도가 달라진다는 단점이 있다.
　　예 여론조사에서 일부의 국민에 대한 설문 내용을 바탕으로, 이를 전체 국민의 여론으로 제시하는 것

(3) **인과적 귀납 추론** : 관찰하고자 하는 집합의 일부 원소들이 지닌 인과관계를 인식하여 그 원인이나 결과를 끌어내려는 방식을 말한다.
　　① **일치법** : 공통적인 현상을 지닌 몇 가지 사실 중에서 각기 지닌 요소 중 어느 한 가지만 일치한다면 이 요소가 공통 현상의 원인이라고 판단
　　　예 마을 잔칫집에서 돼지고기를 먹은 사람들이 집단 식중독을 일으켰다.
　　　　따라서 식중독의 원인은 상한 돼지고기가 아닌가 생각한다.

② **차이법** : 어떤 현상이 나타나는 경우와 나타나지 않은 경우를 놓고 보았을 때, 각 경우의 여러 조건 중 단 하나만이 차이를 보인다면 그 차이를 보이는 조건이 원인이 된다고 판단

　例 현수와 승재는 둘 다 지능이나 학습 시간, 학습환경 등이 비슷한데 공부하는 태도에는 약간의 차이가 있다.

　따라서 둘의 성적이 차이를 보이는 것은 학습 태도의 차이 때문으로 생각된다.

③ **일치·차이 병용법** : 몇 개의 공통 현상이 나타나는 경우와 몇 개의 그렇지 않은 경우를 놓고 일치법과 차이법을 병용하여 적용함으로써 그 원인을 판단

　例 학업능력 정도가 비슷한 두 아동 집단에 대해 처음에는 같은 분량의 과제를 부여하고 나중에는 각기 다른 분량의 과제를 부여한 결과, 많이 부여한 집단의 성적이 훨씬 높게 나타났다. 이로 보아, 과제를 많이 부여하는 것이 적게 부여하는 것보다 학생의 학업성적 향상에 도움이 된다고 판단할 수 있다.

④ **공변법** : 관찰하는 어떤 사실의 변화에 따라 현상의 변화가 일어날 때 그 변화의 원인이 무엇인지 판단

　例 담배를 피우는 양이 각기 다른 사람들의 집단을 조사한 결과, 담배를 많이 피울수록 폐암에 걸릴 확률이 높다는 사실이 발견되었다.

⑤ **잉여법** : 앞의 몇 가지 현상이 뒤의 몇 가지 현상의 원인이며, 선행 현상의 일부분이 후행 현상의 일부분이라면, 선행 현상의 나머지 부분이 후행 현상의 나머지 부분의 원인임을 판단

　例 어젯밤 일어난 사건의 혐의자는 정은이와 규민이 두 사람인데, 정은이는 알리바이가 성립되어 혐의사실이 없는 것으로 밝혀졌다.

　따라서 그 사건의 범인은 규민이일 가능성이 높다.

3. 유비 추론

두 개의 대상 사이에 일련의 속성이 동일하다는 사실에 근거하여 그것들의 나머지 속성도 동일하리라는 결론을 끌어내는 추론, 즉 이미 알고 있는 것에서 다른 유사한 점을 찾아내는 추론을 말한다. 그렇기 때문에 유비 추론은 잣대(기준)가 되는 사물이나 현상이 있어야 한다. 유비 추론은 가설을 세우는 데 유용하다. 이미 알고 있는 사례로부터 아직 알지 못하는 것을 생각해 봄으로써 쉽게 가설을 세울 수 있다. 이때 유의할 점은 이미 알고 있는 사례와 이제 알고자 하는 사례가 매우 유사하다는 확신과 증거가 있어야 한다. 그렇지 않은 상태에서 유비 추론에 의해 결론을 끌어내면, 그것은 개연성이 거의 없고 잘못된 결론이 될 수도 있다.

- 지구에는 공기, 물, 흙, 햇빛이 있다(A는 a, b, c, d의 속성을 가지고 있다).
- 화성에는 공기, 물, 흙, 햇빛이 있다(B는 a, b, c, d의 속성을 가지고 있다).
- 지구에 생물이 살고 있다(A는 e의 속성을 가지고 있다).
- 그러므로 화성에도 생물이 살고 있을 것이다(그러므로 B도 e의 속성을 가지고 있을 것이다).

01 | 삼단논법

| 유형분석 |

- 주어진 전제와 결론을 통해, 필요한 전제를 추가하거나 결론을 도출해 내는 유형이다.

다음 명제를 통해 얻을 수 있는 결론으로 옳은 것은?

- 비가 오면 큰아들의 나막신이 잘 팔릴 것이므로 좋다.
- 비가 오지 않으면 작은아들의 짚신이 잘 팔릴 것이므로 좋다.
- 비가 오거나 오지 않거나 둘 중의 하나일 것이다.
- 그러므로 _____

① 비가 왔으면 좋겠다.
② 비가 오지 않았으면 좋겠다.
③ 비가 오거나 오지 않거나 좋다.
④ 비가 오거나 오지 않거나 걱정이다.
⑤ 비가 오거나 오지 않거나 상관없다.

정답 ③

비가 오면 큰아들의 장사가 잘 돼서 좋고, 비가 오지 않으면 작은아들의 장사가 잘 돼서 좋다.
따라서 비가 오거나 오지 않거나 반드시 둘 중의 하나이므로 '항상 좋다.'라는 내용이 결론에 들어가야 한다.

30초 컷 풀이 Tip

- 주어진 명제를 도식화하여 학습한다.
  - 도식화의 방법에는 집합 부호 사용, 벤다이어그램 활용 등 여러 가지 방법이 있으므로 문제를 풀 때 자신에게 맞는 방법을 선택하여 학습하며, 많은 연습을 통해 실전에서는 객관적인 문제해결이 가능하도록 한다.
- 전제를 추가하는 유형인지, 결론을 도출하는 유형인지 먼저 파악한 후, 유형에 따라 접근법을 다르게 한다.
  - 전제를 추가하는 유형일 경우 : 결론과 주어진 전제의 연결고리를 찾는다.
  - 결론을 도출하는 유형일 경우 : 두 가지 전제로 도출할 수 있는 결론들을 정리한다.

※ 다음 명제가 모두 참일 때, 빈칸에 들어갈 내용으로 옳은 것을 고르시오. [1~3]

01

- 커피를 많이 마시면 카페인을 많이 섭취한다.
- 커피를 많이 마시지 않으면 불면증이 생기지 않는다.
- _____

① 카페인을 많이 섭취하면 커피를 많이 마신 것이다.
② 커피를 많이 마시면 불면증이 생긴다.
③ 카페인을 많이 섭취하면 불면증이 생긴다.
④ 불면증이 생기지 않으면 카페인을 많이 섭취하지 않은 것이다.
⑤ 불면증이 생기면 카페인을 많이 섭취한 것이다.

Easy

02

- 지구 온난화를 해소하려면 탄소 배출을 줄여야 한다.
- 지구 온난화가 해소되지 않으면 기후 위기가 발생한다.
- 그러므로 _____

① 탄소 배출을 줄이면 지구 온난화가 해소된다.
② 기후 위기가 발생하면 지구 온난화가 해소된다.
③ 탄소 배출을 줄이면 기후 위기가 발생하지 않는다.
④ 지구 온난화를 해소하려면 기후 위기가 발생하지 않아야 한다.
⑤ 기후 위기가 발생하지 않으려면 탄소 배출을 줄여야 한다.

03

- 무거운 물건을 들기 위해서는 근력이 좋아야 한다.
- _____
- 그러므로 근육을 키우지 않으면 무거운 물건을 들 수 없다.

① 무거운 물건을 들기 위해서는 근육을 키워야 한다.
② 근력이 좋으려면 근육을 키워야 한다.
③ 근육을 키우면 무거운 물건을 들 수 없다.
④ 근육을 키우면 무거운 물건을 들 수 있다.
⑤ 근력이 좋기 위해서는 무거운 물건을 들 수 있어야 한다.

02 | 명제

| 유형분석 |

- 제시된 명제의 역·이·대우를 활용하여 푸는 유형이다.
- 조건명제와 대우명제를 이용하여 출제되는 경우가 많다. 따라서 명제의 기본이론을 익히며 명제를 도식화하는 습관을 갖는다.

다음 명제가 모두 참일 때, 반드시 참인 것은?

- 테니스를 좋아하는 사람은 가족여행을 싫어한다.
- 가족여행을 좋아하는 사람은 독서를 좋아한다.
- 독서를 좋아하는 사람은 쇼핑을 싫어한다.
- 쇼핑을 좋아하는 사람은 그림 그리기를 좋아한다.
- 그림 그리기를 좋아하는 사람은 테니스를 좋아한다.

① 그림 그리기를 좋아하는 사람은 가족여행을 좋아한다.

② 쇼핑을 싫어하는 사람은 그림 그리기를 좋아한다.

③ 테니스를 좋아하는 사람은 독서를 좋아한다.

④ 쇼핑을 좋아하는 사람은 가족여행을 싫어한다.

⑤ 쇼핑을 싫어하는 사람은 테니스를 좋아한다.

정답 ④

제시된 명제를 정리하면 다음과 같다.

• 테니스 ○ → 가족 여행 ✕
• 가족 여행 ○ → 독서 ○
• 독서 ○ → 쇼핑 ✕
• 쇼핑 ○ → 그림 그리기 ○
• 그림 그리기 ○ → 테니스 ○

위 조건을 정리하면 '쇼핑 ○ → 그림 그리기 ○ → 테니스 ○ → 가족 여행 ✕'이므로 ④는 반드시 참이다.

30초 컷 풀이 Tip

• 참인 명제는 대우명제도 반드시 참이므로, 명제의 대우를 우선적으로 구한다.
  쉬운 난이도의 문제는 대우명제가 답인 경우도 있다. 따라서 대우명제를 통해 확실하게 참인 명제와 그렇지 않은 명제를 구별한다.
• 하나의 명제를 기준으로 잡고 주어진 명제 및 대우명제들을 연결한다.
  'A → B, B → C이면 A → C이다.'와 'A → B가 참이면 ~B → ~A가 참이다.'의 성질을 이용하여 전제와 결론 사이에 연결고리를 찾는다.

온라인 풀이 Tip

LG그룹의 온라인 인적성검사에 출제되는 언어추리는 난이도가 높지 않다. 때문에 가능하면 메모장을 사용하지 않고 문제를 풀이하는 연습을 한다. 그러나 만약 평소에 이 유형에서 자신의 오답률이 높다면 처음부터 메모장을 활용하며 연습하는 것도 좋은 방법이다. 또한 자신이 알아볼 수 있는 단어나 기호로 표시하면서 메모장만 봐도 문제 풀이가 가능하도록 풀이 과정을 쓰는 것도 도움이 될 수 있다.

※ 다음 제시된 명제가 모두 참일 때, 반드시 참인 것을 고르시오. [1~2]

Easy

01

> • 어떤 학생은 공부를 잘한다.
> • 체력이 좋으면 공부를 잘한다.
> • 모든 체육부원은 체력이 좋다.
> • 모든 체육부원은 학생이다.

① 체력이 좋으면 체육부원이다.
② 공부를 잘하면 체력이 좋다.
③ 어떤 체육부원은 공부를 잘한다.
④ 모든 학생은 체력이 좋다.
⑤ 모든 학생은 공부를 잘한다.

02

> • A ~ E 5명은 찬성과 반대 둘 중 하나의 의견을 제시하였다.
> • A 또는 D 둘 중 적어도 하나가 반대하면 C는 찬성하고 E는 반대한다.
> • B가 반대하면 A는 찬성하고 D는 반대한다.
> • D가 반대하면 C도 반대한다.
> • E가 반대하면 B도 반대한다.
> • 적어도 한 사람은 반대한다.

① A는 찬성하고 B는 반대한다.
② A는 찬성하고 E는 반대한다.
③ B와 D는 반대한다.
④ C는 반대하고 D는 찬성한다.
⑤ C와 E는 찬성한다.

03 4일간 태국으로 여행을 간 현수는 하루에 한 번씩 매일 발 마사지를 받았는데, 현수가 간 마사지 숍에는 30분, 1시간, 1시간 30분, 2시간의 발 마사지 코스가 있었다. 다음 조건이 모두 참일 때, 항상 참인 것은?

> • 첫째 날에는 2시간이 소요되는 코스를 선택하였다.
> • 둘째 날에는 셋째 날보다 1시간이 더 소요되는 코스를 선택하였다.
> • 넷째 날에 받은 코스의 소요 시간은 첫째 날의 코스보다 짧고 셋째 날의 코스보다 길었다.

① 현수는 4일간 총 5시간의 발 마사지를 받았다.
② 첫째 날에 받은 마사지 코스가 둘째 날에 받은 마사지 코스보다 길다.
③ 첫째 날에 받은 마사지 코스는 넷째 날에 받은 마사지 코스보다 1시간 이상 더 길다.
④ 셋째 날에 가장 짧은 마사지 코스를 선택하였다.
⑤ 넷째 날에 받은 마사지 코스는 둘째 날에 받은 마사지 코스보다 짧다.

Hard

04 환경부의 인사실무 담당자는 환경정책과 관련된 특별위원회를 구성하는 과정에서 외부 환경전문가를 위촉하려 한다. 현재 거론되고 있는 외부 전문가는 A~F 6명이지만, 인사실무 담당자는 B를 위촉하지 않기로 결정했다. 다음 명제가 모두 참일 때, 총 몇 명의 환경전문가가 위촉되는가?

> • A가 위촉되면, B와 C도 위촉되어야 한다.
> • A가 위촉되지 않는다면, D가 위촉되어야 한다.
> • B가 위촉되지 않는다면, C나 E가 위촉되어야 한다.
> • C와 E가 위촉되면, D는 위촉되지 않는다.
> • D나 E가 위촉되면, F도 위촉되어야 한다.

① 1명   ② 2명
③ 3명   ④ 4명
⑤ 5명

03 | 배열하기 · 묶기 · 연결하기

| 유형분석 |

- 제시된 여러 조건 / 상황 / 규칙들을 정리하여 경우의 수를 구한 후 문제를 해결하는 유형이다.
- 고정 조건을 중심으로 표나 도식으로 정리하여 확실한 조건과 배제해야 할 조건들을 정리한다.

L사의 A ~ D 4명은 다른 팀에 근무하며 각각 2층, 3층, 4층, 5층에 위치하고 있다. 다음 〈조건〉에 따를 때, 항상 참인 것은?

조건
- A ~ D 중 2명은 부장, 1명은 과장, 1명은 대리이다.
- 대리의 사무실은 B보다 높은 층에 있다.
- B는 과장이다.
- A는 대리가 아니다.
- A의 사무실이 가장 높다.

① A는 부장이다.
② B는 2층에 근무한다.
③ C는 대리이다.
④ 대리는 4층에 근무한다.
⑤ 부장 중 1명은 반드시 2층에 근무한다.

B가 과장이므로 대리가 아닌 A는 부장의 직책을 가진다. 따라서 'A는 부장이다.'가 항상 참이다.

오답분석

조건에 따라 A ~ D 4명의 사무실 위치를 표로 정리하면 다음과 같다.

구분	2층	3층	4층	5층
경우 1	부장	B과장	대리	A부장
경우 2	B과장	대리	부장	A부장
경우 3	B과장	부장	대리	A부장

② B는 2층 또는 3층에 근무한다.
③ 주어진 조건만으로는 C의 직책을 알 수 없다.
④ 대리는 3층 또는 4층에 근무한다.
⑤ 부장인 A외의 또 다른 부장의 직책을 가진 사람은 2·3층, 또는 4층에 근무한다.

30초 컷 풀이 Tip

고정적인 조건을 가장 먼저 파악하는 것이 중요하다. 보통 고정적인 조건은 마지막 부분에 제시되는 경우가 많은데 앞에 나온 조건들을 아무리 잘 정리해 놔도 고정 조건 하나에 경우의 수가 많이 줄어든다. 때문에 이를 중심으로 조건을 정리한다.

온라인 풀이 Tip

• 명제와 마찬가지로 간소화시키는 것이 가장 중요하다. 따라서 먼저 메모장에 확정적인 조건과 그에 따라 같이 확정적이게 되는 나머지 조건을 정리한 후에 문제를 풀이한다. 만약 순서 맞추기나 점수를 구하는 문제의 경우 1층, 2층, 3층 등의 표현을 다 연습장의 쓸 필요는 없다. 자신만 알아보면 되므로 띄어쓰기나 '−' 등의 표현을 활용한다. 핵심은 시간 단축이다.
• 만약 문제를 풀이하다가 헷갈리거나 어렵다고 느껴지면 과감하게 해당 문제를 포기하고 넘어간다. 각 영역은 20분에 20문제를 풀어야 하고, 다른 문제를 다 풀었다면 돌아가서 다시 풀 수 있다. 한 문제에 집착해서 다른 문제까지 모두 망치는 일은 한 번뿐인 시험에 큰 손해이다.

Easy

01 A ~ F 6명은 100m 달리기 시합을 하였다. 다음 〈조건〉을 근거로 할 때, C는 몇 등으로 들어왔는가?

> **조건**
> • A보다 늦게 들어온 사람이 빨리 들어온 사람보다 많다.
> • D와 E는 A보다 빨리 들어왔다.
> • B와 F는 연달아 들어오지 않았다.

① 2등   ② 3등
③ 4등   ④ 5등
⑤ 6등

02 최씨 남매와 김씨 남매, 박씨 남매 6명은 야구 경기를 관람하기 위해 함께 야구장에 갔다. 다음 〈조건〉에 따를 때, 항상 참인 것은?

> **조건**
> • 양 끝자리는 같은 성별이 앉지 않는다.
> • 박씨 여성은 왼쪽에서 세 번째 자리에 앉는다.
> • 김씨 남매는 서로 인접하여 앉지 않는다.
> • 박씨와 김씨는 인접하여 앉지 않는다.
> • 김씨 남성은 맨 오른쪽 끝자리에 앉는다.

〈야구장 관람석〉

① 최씨 남매는 왼쪽에서 첫 번째 자리에 앉을 수 없다.
② 최씨 남매는 서로 인접하여 앉는다.
③ 박씨 남매는 서로 인접하여 앉지 않는다.
④ 최씨 남성은 박씨 여성과 인접하여 앉는다.
⑤ 김씨 여성은 최씨 여성과 인접하여 앉지 않는다.

03 L사의 가 ~ 라 직원 4명은 원형 탁자에 둘러앉아 인턴사원 교육 관련 회의를 진행하고 있다. 직원들은 각자 인턴 A ~ D를 1명씩 맡아 교육하고 있다. 다음 〈조건〉에 따라 직원과 인턴이 바르게 짝지어진 것은?(단, 방향은 탁자를 바라보고 앉았을 때를 기준으로 한다)

> 조건
> • B인턴을 맡은 직원은 다 직원의 왼편에 앉아 있다.
> • A인턴을 맡은 직원의 맞은편에는 B인턴을 맡은 직원이 앉아 있다.
> • 라 직원은 다 직원 옆에 앉아 있지 않으나, A인턴을 맡은 직원 옆에 앉아 있다.
> • 나 직원은 가 직원 맞은편에 앉아있으며, 나 직원의 오른편에는 라 직원이 앉아 있다.
> • 시계 6시 방향에는 다 직원이 앉아있으며, 맞은편에는 D인턴을 맡은 사원이 있다.

① 가 직원 – A인턴
② 나 직원 – D인턴
③ 다 직원 – C인턴
④ 라 직원 – A인턴
⑤ 라 직원 – B인턴

Hard

04 L기업의 사내 기숙사 3층에는 다음과 같이 크기가 동일한 10개의 방이 일렬로 나열되어 있다. A ~ E 5명의 신입사원을 10개의 방 중 5개의 방에 각각 배정하였을 때, 〈조건〉을 바탕으로 항상 참인 것은?(단, 신입사원이 배정되지 않은 방은 모두 빈방이다)

1	2	3	4	5	6	7	8	9	10

> 조건
> • A와 B의 방 사이에 빈방이 아닌 방은 1개뿐이다.
> • B와 C의 방 사이의 거리는 D와 E의 방 사이의 거리와 같다.
> • C와 D의 방은 나란히 붙어 있다.
> • B와 D의 방 사이에는 3개의 방이 있다.
> • D는 7호실에 배정되었다.

① 1호실은 빈방이다.
② 4호실은 빈방이다.
③ 9호실은 빈방이다.
④ C는 6호실에 배정되었다.
⑤ E는 10호실에 배정되었다.

04 | 진실게임

| 유형분석 |

- 일반적으로 4 ~ 5명의 진술이 제시되며, 각 진술의 진실 및 거짓 여부를 확인하여 범인을 찾는 유형이다.
- 추리 영역 중에서도 체감 난도가 상대적으로 높은 유형으로 알려져 있다.
- 각 진술 사이의 모순을 찾아 성립하지 않는 경우의 수를 제거하거나, 경우의 수를 나누어 모든 조건이 성립하는지를 확인해야 한다.

준수, 민정, 영재, 세희, 성은 5명은 항상 진실만을 말하거나 거짓만 말한다. 다음 이들의 진술을 토대로 추론할 때, 거짓을 말하는 사람을 모두 고르면?

- 준수 : 성은이는 거짓만 말한다.
- 민정 : 영재는 거짓만 말한다.
- 영재 : 세희는 거짓만 말한다.
- 세희 : 준수는 거짓만 말한다.
- 성은 : 민정이와 영재 중 1명만 진실만 말한다.

① 민정, 세희
② 영재, 준수
③ 영재, 성은
④ 영재, 세희
⑤ 민정, 영재, 성은

정답 ②

만약 민정이가 진실을 말한다면 영재가 거짓, 세희가 진실, 준수가 거짓, 성은이의 '민정이와 영재 중 1명만 진실만을 말한다.'가 진실이 되면서 모든 조건이 성립한다. 반면, 만약 민정이가 거짓을 말한다면 영재가 진실, 세희가 거짓, 준수가 진실, 성은이의 '민정이와 영재 중 1명만 진실만을 말한다.'가 거짓이 되면서 모순이 생긴다.

따라서 거짓을 말한 사람은 영재와 준수이다.

30초 컷 풀이 Tip

진실게임 유형 중 90% 이상은 다음 두 가지 방법으로 풀 수 있다. 주어진 진술이 해당하는 경우를 확인한 후 문제를 푼다.
- 두 명 이상의 발언 중 한쪽이 진실이면 다른 한쪽이 거짓인 경우
  1) A가 진실이고 B가 거짓인 경우, B가 진실이고 A가 거짓인 경우 두 가지로 나눌 수 있다.
  2) 두 가지 경우에서 각 발언의 진위 여부를 판단하여 범인을 찾는다.
  3) 주어진 조건과 비교한다(범인의 숫자가 맞는지, 진실 또는 거짓을 말한 인원수가 조건과 맞는지 등).
- 두 명 이상의 발언 중 한쪽이 진실이면 다른 한쪽도 진실인 경우
  1) A와 B가 모두 진실인 경우, A와 B가 모두 거짓인 경우 두 가지로 나눌 수 있다.
  2) 두 가지 경우에서 각 발언의 진위 여부를 판단하여 범인을 찾는다.
  3) 주어진 조건과 비교한다(범인의 숫자가 맞는지, 진실 또는 거짓을 말한 인원수가 조건과 맞는지 등).

01 자동차회사에 다니는 A ~ C 3명은 각각 대전지점, 강릉지점, 군산지점으로 출장을 다녀왔다. 이들의 출장지는 서로 다르며 3명 중 1명만 참을 말할 때, A ~ C가 다녀온 출장지를 바르게 짝지은 것은?

> • A : 나는 대전지점에 가지 않았다.
> • B : 나는 강릉지점에 가지 않았다.
> • C : 나는 대전지점에 갔다.

	대전지점	강릉지점	군산지점
①	A	B	C
②	A	C	B
③	B	A	C
④	B	C	A
⑤	C	A	B

02 A ~ E 5명에게 지난 달 핸드폰 통화 요금이 가장 많이 나온 사람부터 1위에서 5위까지의 순위를 추측하라고 했더니 각자 예상하는 두 사람의 순위를 다음과 같이 대답하였다. 각자 예상한 순위 중 하나는 참이고 다른 하나는 거짓일 때, 실제 핸드폰 통화 요금이 가장 많이 나온 사람은?

> • A : D가 두 번째이고, 내가 세 번째이다.
> • B : 내가 가장 많이 나왔고, C가 두 번째로 많이 나왔다.
> • C : 내가 세 번째이고, B가 제일 적게 나왔다.
> • D : 내가 두 번째이고, E가 네 번째이다.
> • E : A가 가장 많이 나왔고, 내가 네 번째이다.

① A   ② B
③ C   ④ D
⑤ E

03 백화점에서 함께 쇼핑을 한 A~E는 일정 금액 이상 구매 시 추첨을 통해 경품을 제공하는 이벤트에 응모하였다. 얼마 후 당첨자가 발표되었고, A~E 중 1명이 1등에 당첨되었다. 다음 A~E의 대화에서 1명이 거짓말을 한다고 할 때, 1등 당첨자는 누구인가?

- A : C는 1등이 아닌 3등에 당첨됐어.
- B : D가 1등에 당첨됐고, 나는 2등에 당첨됐어.
- C : A가 1등에 당첨됐어.
- D : C의 말은 거짓이야.
- E : 나는 5등에 당첨됐어.

---

① A   ② B
③ C   ④ D
⑤ E

04 L기업의 사내 축구 대회에서 홍보팀이 1 : 0으로 승리했고, 시합에 참여했던 홍보팀 직원 A~D는 다음과 같이 말하였다. 이들 중 1명의 진술만 참이라고 할 때, 골을 넣은 사람은 누구인가?

- A : C가 골을 넣었다.
- B : A가 골을 넣었다.
- C : A는 거짓말을 했다.
- D : 나는 골을 넣지 못했다.

---

① A   ② B
③ C   ④ D
⑤ 알 수 없다.

05 L기업의 직원 A ~ E 5명은 다음과 같이 자신들의 직급에 대하여 이야기하고 있다. 이들은 각각 사원, 대리, 과장, 차장, 부장이다. 1명의 말만 진실이고 나머지 사람들의 말은 모두 거짓이라고 할 때, 진실을 말한 사람은?(단, 직급은 사원 - 대리 - 과장 - 차장 - 부장 순이다)

> • A : 나는 사원이고, D는 사원보다 직급이 높아.
> • B : E가 차장이고, 나는 차장보다 낮은 직급이지.
> • C : A는 과장이 아니고, 사원이야.
> • D : E보다 직급이 높은 사람은 없어.
> • E : C는 부장이고, B는 사원이야.

① A   ② B
③ C   ④ D
⑤ E

Hard

06 국내 유명 감독의 영화가 이번에 개최되는 국제 영화 시상식에서 작품상, 감독상, 각본상, 편집상 총 4개 후보에 올랐다. 4명의 심사위원이 해당 영화의 수상 가능성에 대해 다음과 같이 진술하였다. 이들 중 3명의 진술은 참이고, 나머지 1명의 진술은 거짓이라고 할 때, 해당 영화가 수상할 수 있는 상의 최대 개수는?

> • A심사위원 : 편집상을 받지 못한다면 감독상도 받지 못하며, 대신 각본상을 받을 것이다.
> • B심사위원 : 작품상을 받는다면 감독상도 받을 것이다.
> • C심사위원 : 감독상을 받지 못한다면 편집상도 받지 못한다.
> • D심사위원 : 편집상과 각본상은 받지 못한다.

① 0개   ② 1개
③ 2개   ④ 3개
⑤ 4개

CHAPTER 03

자료해석

합격 Cheat Key

자료해석은 총 20문제가 출제되며, 20분의 시간이 주어진다. 일반적인 표와 다양한 그래프를 활용하여 자료를 해석하는 능력, 주어진 표를 그래프로 바꾸는 능력을 평가한다. 자료해석은 기본적으로 난도가 어려운 유형 중 하나이므로 시간 내 빨리 풀이하는 연습을 해야 한다.

1 자료해석

도표, 그래프 등의 통계자료를 보고 세부적인 내용을 분석하거나, 제시된 공식을 활용 또는 비율, 증감률, 평균 등을 구하는 공식을 활용하여 일정한 값을 도출하는 문제가 출제된다. 객관적인 사실만을 풀어서 쓰는 경우도 있지만 자료를 보고 미래의 추세를 예측하는 형태로 출제되기도 한다.

┤ **학습 포인트** ├

• 표, 꺾은선 그래프, 막대그래프, 원그래프 등 다양한 형태의 자료를 눈에 익힌다. 그래야 실제 시험에서 자료가 제시되었을 때 중점을 두고 파악해야 할 부분이 더욱 선명하게 보일 것이다.
• 한 문제당 제시되는 정보의 양이 매우 많으므로 시간을 절약하기 위해서는 문제를 읽고 바로 풀이에 들어가는 것보다는, 선택지를 먼저 읽고 필요한 정보만 추출하여 답을 찾는 것이 좋다.

03 | 이론점검

01 기초통계능력

(1) 통계

집단 현상에 대한 구체적인 양적 기술을 반영하는 숫자로 특히, 사회집단 또는 자연집단의 상황을 숫자로 나타낸 것이다.

예 서울 인구의 생계비, 한국 쌀 생산량의 추이, 추출 검사한 제품 중 불량품의 개수 등

(2) 통계치

① 빈도 : 어떤 사건이 일어나거나 증상이 나타나는 정도

② 빈도 분포 : 빈도를 표나 그래프로 종합적이면서도 일목요연하게 표시하는 것

③ 평균 : 모든 자료 값의 합을 자료의 개수로 나눈 값

④ 백분율 : 전체의 수량을 100으로 볼 때의 비율

(3) 통계의 계산

① 범위 : (최댓값) − (최솟값)

② 평균 : $\dfrac{(\text{자료 값의 총합})}{(\text{자료의 개수})}$

③ 분산 : $\dfrac{[\{(\text{관찰값}) - (\text{평균})\}^2 \text{의 총합}]}{(\text{자료의 개수})}$

※ (편차) = (관찰값) − (평균)

④ 표준편차 : $\sqrt{\text{분산}}$ (평균으로부터 얼마나 떨어져 있는가를 나타냄)

(1) 꺾은선(절선)그래프

① 시간적 추이(시계열 변화)를 표시하는 데 적합하다.

예 연도별 매출액 추이 변화 등

② 경과·비교·분포를 비롯하여 상관관계 등을 나타낼 때 사용한다.

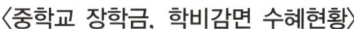

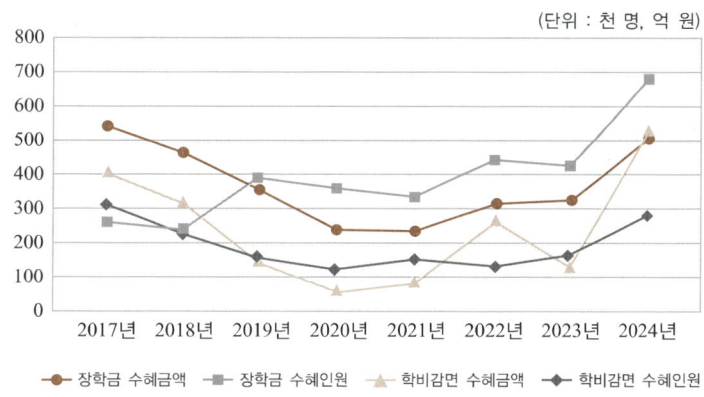

〈중학교 장학금, 학비감면 수혜현황〉

(단위 : 천 명, 억 원)

(2) 막대그래프

① 비교하고자 하는 수량을 막대 길이로 표시하고, 그 길이를 비교하여 각 수량 간의 대소 관계를 나타내는 데 적합하다.

예 영업소별 매출액, 성적별 인원분포 등

② 가장 간단한 형태로 내역·비교·경과·도수 등을 표시하는 용도로 사용한다.

〈연도별 암 발생 추이〉

(3) 원그래프

① 내역이나 내용의 구성비를 분할하여 나타내는 데 적합하다.
　예 제품별 매출액 구성비 등
② 원그래프를 정교하게 작성할 때는 수치를 각도로 환산해야 한다.

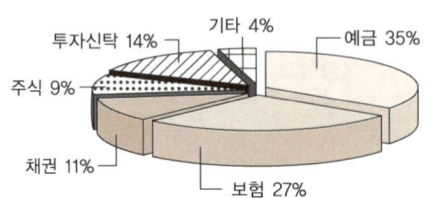

〈L국의 가계 금융자산 구성비〉

(4) 점그래프

① 지역분포를 비롯하여 도시, 지방, 기업, 상품 등의 평가나 위치, 성격을 표시하는 데 적합하다.
　예 광고 비율과 이익률의 관계 등
② 종축과 횡축에 두 요소를 두고, 보고자 하는 것이 어떤 위치에 있는가를 알고자 할 때 사용한다.

〈OECD 국가의 대학졸업자 취업률 및 경제활동인구 비중〉

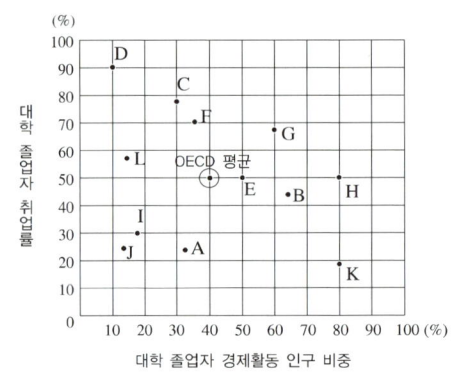

(5) 층별그래프

① 합계와 각 부분의 크기를 백분율로 나타내고 시간적 변화를 보는 데 적합하다.

② 합계와 각 부분의 크기를 실수로 나타내고 시간적 변화를 보는 데 적합하다.

    예 상품별 매출액 추이 등

③ 선의 움직임보다는 선과 선 사이의 크기로써 데이터 변화를 나타내는 그래프이다.

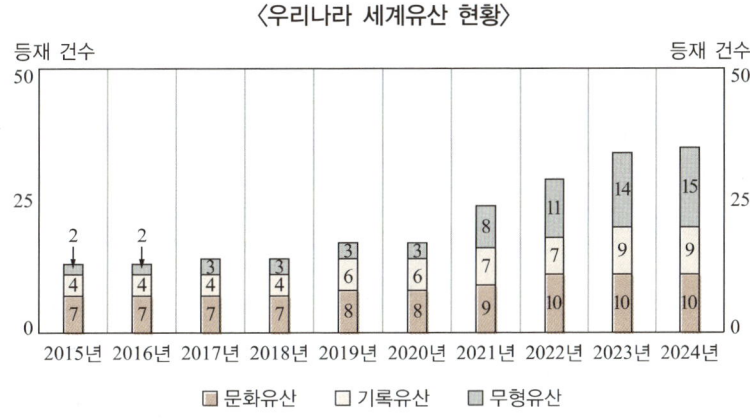

〈우리나라 세계유산 현황〉

(6) 레이더 차트(거미줄 그래프)

① 다양한 요소를 비교할 때, 경과를 나타내는 데 적합하다. 예 매출액의 계절변동 등

② 비교하는 수량을 직경, 또는 반경으로 나누어 원의 중심에서의 거리에 따라 각 수량의 관계를 나타내는 그래프이다.

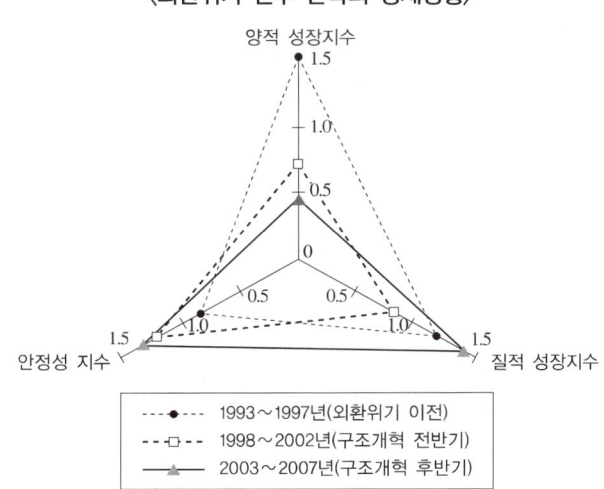

〈외환위기 전후 한국의 경제상황〉

01 | 자료계산

| 유형분석 |

- 제시된 자료를 통해 문제에서 주어진 특정한 값을 찾고, 자료의 변동량을 정확하게 구할 수 있는지 평가하는 유형이다.
- 자료상에 주어진 공식을 활용하는 계산문제와 증감률, 비율, 합, 차 등을 활용한 문제가 출제된다.
- 많은 문제가 출제되지는 않지만, 숫자가 큰 경우가 많으므로 정확한 수치와 제시된 조건을 꼼꼼히 확인하여 실수하지 않는 것이 중요하다.

소비자물가지수란 가계가 일상생활을 영위하기 위해 구입하는 상품 가격과 서비스 요금의 변동을 종합적으로 측정하기 위해 작성하는 지수를 의미한다. L나라에서는 국민들이 오로지 보리와 쌀만을 사고 팔고 서비스는 존재하지 않는다고 가정할 때, 2022 ~ 2024년 보리와 쌀의 가격은 다음과 같다. 매년 L나라 국민은 보리 200g, 쌀 300g을 소비한다고 가정했을 때, 2024년도 물가상승률은?(단, 2022년이 기준연도이며, 소비자물가지수를 100으로 가정한다)

〈1g당 보리 및 쌀 가격〉

(단위 : 원)

구분	보리	쌀
2022년	120	180
2023년	150	220
2024년	180	270

※ 물가상승률(%) = $\dfrac{[(\text{해당연도 소비자물가지수}) - (\text{기준연도 소비자물가지수})]}{[(\text{기준연도 소비자물가지수})]} \times 100$

※ 소비자물가는 연간 국민이 소비한 상품 및 서비스의 총 가격임

① 10%
② 30%
③ 50%
④ 100%
⑤ 150%

정답 ③

소비자 물가를 연도별로 계산하면 다음과 같다. 서비스는 존재하지 않기 때문에 재화만 고려한다.

구분	소비자물가	소비자물가지수
2022년	$120 \times 200 + 180 \times 300 = 78,000$원	100
2023년	$150 \times 200 + 220 \times 300 = 96,000$원	123
2024년	$180 \times 200 + 270 \times 300 = 117,000$원	150

보리와 쌀이 유일한 재화이므로, 물가지수는 보리와 쌀의 가격으로 구할 수 있다.

기준시점의 소비자 물가와 대비한 해당연도의 소비자 물가가 해당연도의 물가지수이므로 기준연도의 물가 : 기준연도의 물가지수=해당연도의 물가 : 해당연도의 물가지수이다.

2024년 물가지수를 x로 두면, 다음과 같은 식이 성립한다.

$78,000 : 100 = 117,000 : x$

$\rightarrow 11,700,000 = 78,000x$

$\therefore x = 150$

따라서 2024년도 물가상승률은 $\dfrac{150-100}{100} \times 100 = 50\%$이다.

30초 컷 풀이 Tip

자료 계산 유형은 일반적으로 표에 숫자 값을 제시하고, 주어진 값을 바탕으로 계산을 하는 문제가 주로 출제된다. 그러므로 문제가 요구하는 것이 무엇인지 정확히 파악하고, 관련 값을 표에서 찾아 표시하는 것이 좋다. 표시한 값을 바탕으로 사칙연산을 정확하고 빠르게 수행해야 하며, 증가율, 감소율 등 비율 계산을 요구하는 경우가 많으므로 변동률 계산 공식을 숙지하고 연습하면 빠르게 문제를 해결할 수 있다.

- (백분율)$=\dfrac{\text{(비교하는 양)}}{\text{(기준량)}} \times 100$

- (증감률)$=\dfrac{\text{(비교대상의 값)} - \text{(기준값)}}{\text{(기준값)}} \times 100$

- (증감량)$=$(비교대상 값 A)$-$(또 다른 비교대상의 값 B)

Easy

01 다음은 2019년부터 2024년까지 L동의 자원봉사 참여 현황에 대한 자료이다. 이를 토대로 6년 동안 참여율이 4번째로 높은 해의 전년 대비 참여율의 증가율을 구하면?(단, 증가율은 소수점 첫째 자리에서 반올림한다)

〈자원봉사 참여 현황〉

(단위 : 명, %)

구분	2019년	2020년	2021년	2022년	2023년	2024년
총 성인 인구수	35,744	36,786	37,188	37,618	38,038	38,931
자원봉사 참여 성인 인구수	1,621	2,103	2,548	3,294	3,879	4,634
참여율	4.5	5.7	6.9	8.8	10.2	11.9

① 약 17%
② 약 19%
③ 약 21%
④ 약 23%
⑤ 약 25%

02 다음은 가야 문화재 발굴단에서 실시한 2021 ~ 2023년 발굴 작업 현황을 나타낸 자료이다. 비용이 가장 많이 든 연도와 그 비용은?

〈발굴 작업 현황〉

(단위 : 건)

구분	2021년	2022년	2023년
정비 발굴	21	23	19
순수 발굴	10	4	12
수중 발굴	13	18	7

※ 발굴 작업 1건당 비용은 정비 발굴은 12만 원, 순수 발굴은 3만 원, 수중 발굴은 20만 원임

① 2021년, 542만 원
② 2021년, 642만 원
③ 2022년, 648만 원
④ 2022년, 758만 원
⑤ 2023년, 404만 원

03 다음은 폐기물협회에서 제공하는 전국 폐기물 발생 현황 자료이다. 빈칸 (ㄱ), (ㄴ)에 해당하는 값으로 옳은 것은?(단, 소수점 둘째 자리에서 반올림한다)

<전국 폐기물 발생 현황>

(단위 : 톤, %)

구분		2018년	2019년	2020년	2021년	2022년	2023년
총계	발생량	359,296	357,861	365,154	373,312	382,009	382,081
	증감률	6.6	−0.4	2.0	2.2	2.3	0.02
의료 폐기물	발생량	52,072	50,906	49,159	48,934	48,990	48,728
	증감률	3.4	−2.2	−3.4	(ㄱ)	0.1	−0.5
사업장 배출시설계 폐기물	발생량	130,777	123,604	137,875	137,961	146,390	149,815
	증감률	13.9	(ㄴ)	11.5	0.1	6.1	2.3
건설 폐기물	발생량	176,447	183,351	178,120	186,417	186,629	183,538
	증감률	2.6	3.9	−2.9	4.7	0.1	−1.7

	(ㄱ)	(ㄴ)
①	−0.5	−5.5
②	−0.5	−4.5
③	−0.6	−5.5
④	−0.6	−4.5
⑤	−0.7	−5.5

02 | 자료해석

| 유형분석 |

- 자료를 보고 해석하거나 추론한 내용을 고르는 문제가 출제된다.
- 증감 추이, 증감률, 증감폭 등의 간단한 계산이 포함되어 있다.
- %, %p 등의 차이점을 알고 적용할 수 있어야 한다.
  - %(퍼센트) : 어떤 양이 전체(100)에 대해서 얼마를 차지하는가를 나타내는 단위
  - %p(퍼센트 포인트) : %로 나타낸 수치가 이전 수치와 비교했을 때 증가하거나 감소한 양

다음은 L시즌 K리그 주요 구단의 공격력을 분석한 자료이다. 이에 대한 설명으로 옳은 것은?

〈L시즌 K리그 주요 구단 공격력 통계〉

(단위 : 개)

구분	경기	슈팅	유효 슈팅	골	경기당 평균 슈팅	경기당 평균 유효슈팅
울산	6	90	60	18	15	10
전북	6	108	72	27	18	12
상주	6	78	30	12	13	5
포항	6	72	48	9	12	8
대구	6	84	42	12	14	7
서울	6	42	18	10	7	3
성남	6	60	36	12	10	6

① 슈팅과 유효 슈팅 개수가 높은 상위 3개 구단은 동일하다.

② 유효 슈팅 대비 골의 비율은 상주가 울산보다 높다.

③ 전북과 성남의 슈팅 대비 골의 비율의 차이는 10%p 이상이다.

④ 골의 개수가 적은 하위 두 팀의 골 개수의 합은 전체 골 개수의 15% 이하이다.

⑤ 경기당 평균 슈팅 개수가 가장 많은 구단과 가장 적은 구단의 차이는 경기당 평균 유효 슈팅 개수가 가장 많은 구단과 가장 적은 구단의 차이보다 작다.

정답 ②

유효 슈팅 대비 골의 비율은 울산이 $\frac{18}{60} \times 100 = 30\%$, 상주가 $\frac{12}{30} \times 100 = 40\%$로 상주가 울산보다 높다.

오답분석

① 슈팅 개수의 상위 3개 구단은 '전북, 울산, 대구'이고, 유효 슈팅 개수의 상위 3개 구단은 '전북, 울산, 포항'이다.

③ 슈팅 대비 골의 비율은 전북이 $\frac{27}{108} \times 100 = 25\%$, 성남이 $\frac{12}{60} \times 100 = 20\%$이며, 그 차이는 $25 - 20 = 5\%$p로 10%p 이하이다.

④ 골의 개수가 적은 하위 두 팀은 9개인 포항과 10개인 서울로 골 개수의 합은 $9 + 10 = 19$개이다. 이는 전체 골 개수인 $18 + 27 + 12 + 9 + 12 + 10 + 12 = 100$개의 $\frac{19}{100} \times 100 = 19\%$로 15% 이상이다.

⑤ 경기당 평균 슈팅 개수가 가장 많은 구단은 18개로 전북이고, 가장 적은 구단은 7개로 서울이므로 그 차이는 $18 - 7 = 11$개이다. 또한 경기당 평균 유효 슈팅 개수가 가장 많은 구단은 12개로 전북이고, 가장 적은 구단은 3개로 서울이므로 그 차이는 $12 - 3 = 9$개이다.

30초 컷 풀이 Tip

간단한 선택지부터 해결하기
계산이 필요 없거나 자료를 눈으로만 봐도 해결 가능한 선택지를 먼저 해결한다.
예 ①은 계산할 필요 없이 자료만 봐도 풀 수 있는 선택지이므로 가장 먼저 풀이한다.

옳은 것 / 옳지 않은 것 헷갈리지 않게 표시하기
자료해석은 옳은 것 또는 옳지 않은 것을 찾는 문제가 출제된다. 문제마다 매번 바뀌므로 이를 확인하는 것은 매우 중요하다. 따라서 선택지에 표시할 때에도 선택지가 옳지 않은 내용이라서 '×' 표시를 했는지, 옳은 내용이지만 문제가 옳지 않은 것을 찾는 문제라 '×' 표시를 했는지 헷갈리지 않도록 표시 방법을 정해야 한다.

제시된 자료를 통해 계산할 수 있는 값인지 확인하기
제시된 자료만으로 계산할 수 없는 값을 묻는 선택지인지 먼저 판단해야 한다. 문제를 읽고 바로 계산부터 하면 함정에 빠지기 쉽다.

온라인 풀이 Tip

• 자료해석의 경우 너무 정석적으로 풀이하면 오프라인 시험이라도 시간이 부족하다. 때문에 역으로 생각해 보며 빠르게 풀이 할 수 있는 방법을 생각해야 한다.
• 만약 계산 값을 구해야 하는 문제가 출제되었을 때, 선택지의 일의 자리 숫자가 모두 다르면 일의 자리 숫자만 계산한다.
• 선택지를 풀다가 답이 나오는 경우 바로 체크하고 다음으로 넘어간다.

Easy

01 다음은 국제우편 접수 매출액 현황 자료이다. 이에 대한 설명으로 옳지 않은 것은?

<국제우편 접수 매출액 현황>

(단위 : 백만 원)

구분	2019년	2020년	2021년	2022년	2023년				
					계	1/4분기	2/4분기	3/4분기	4/4분기
국제통상	16,595	17,002	19,717	26,397	34,012	7,677	7,552	8,000	10,783
국제소포	17,397	17,629	19,794	20,239	21,124	5,125	4,551	5,283	6,165
국제특급	163,767	192,377	229,012	243,416	269,674	62,784	60,288	61,668	84,934
합계	197,759	227,008	268,523	290,052	324,810	75,586	72,391	74,951	101,882

① 2023년 4/4분기 매출액은 2023년 다른 분기에 비해 가장 많다.

② 2020년 대비 2023년 국제소포 분야의 매출액 증가율은 10% 미만이다.

③ 2019년 대비 2023년 매출액 증가율이 가장 큰 분야는 국제통상 분야이다.

④ 2022년 총매출액에서 국제통상 분야의 매출액이 차지하고 있는 비율은 10% 미만이다.

⑤ 2023년 총매출액에서 2/4분기 매출액이 차지하고 있는 비율은 20% 이상이다.

02 다음은 엔화 대비 원화 환율과 달러화 대비 원화 환율 추이 자료이다. 이에 대한 설명으로 옳은 것을 〈보기〉에서 모두 고르면?

〈원/엔 환율 추이〉

최고 1,172.82(3/9)

1,190
1,165
1,140
1,115
1,090
1,065
1,040

최저 1,052.58(01/13)

1/9 1/17 1/23 1/31 2/7 2/14 2/21 3/3 3/12 3/20 3/27 4/3

〈원/달러 환율 추이〉

최고 1,280.00(3/19)

1,290
1,265
1,240
1,215
1,190
1,165
1,140

최저 1,157.00(01/13)

1/9 1/17 1/23 1/31 2/7 2/14 2/21 3/3 3/12 3/20 3/27 4/3

보기

ㄱ. 원/엔 환율은 3월 한 달 동안 1,200원을 상회하는 수준에서 등락을 반복했다.
ㄴ. 2월 21일의 원/달러 환율은 지난주보다 상승하였다.
ㄷ. 3월 12일부터 3월 19일까지 달러화의 강세가 심화되는 추세를 보였다.
ㄹ. 3월 27일의 달러/엔 환율은 3월 12일보다 상승하였다.

① ㄱ, ㄴ 　　　　　　　② ㄱ, ㄷ
③ ㄴ, ㄷ 　　　　　　　④ ㄴ, ㄹ
⑤ ㄷ, ㄹ

03 다음은 2013 ~ 2023년 국내 5급 공무원과 7급 공무원 채용인원 현황에 대한 자료이다. 이에 대한 설명으로 옳은 것을 〈보기〉에서 모두 고르면?

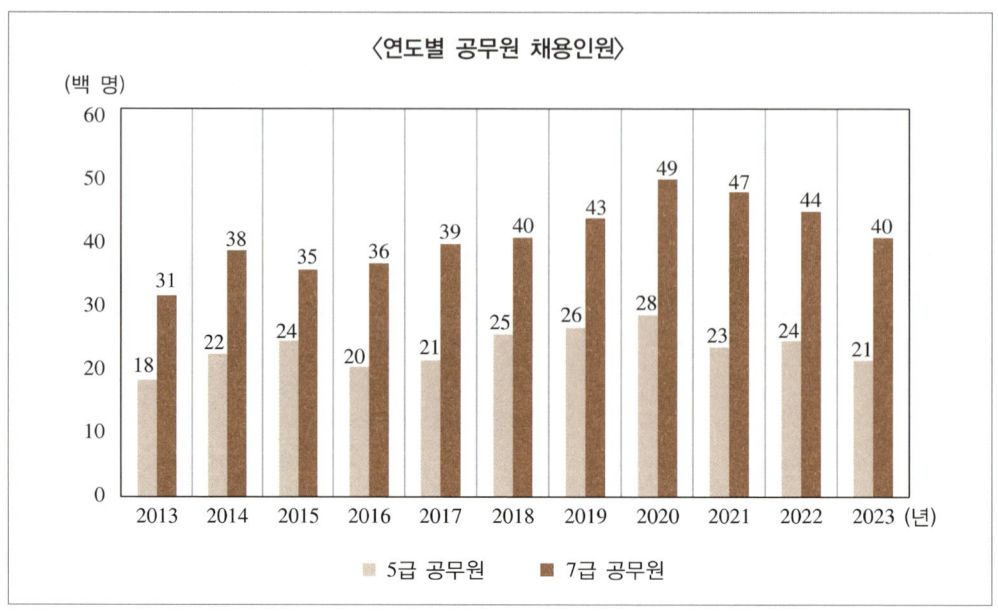

〈연도별 공무원 채용인원〉

보기

ㄱ. 2016 ~ 2021년 동안 5급 공무원과 7급 공무원 채용인원의 증감 추이는 동일하다.

ㄴ. 2013 ~ 2023년 동안 채용인원이 가장 적은 해와 가장 많은 해의 인원 차이는 5급 공무원이 7급 공무원보다 많다.

ㄷ. 2014 ~ 2023년 동안 전년 대비 채용인원의 증감량이 가장 많은 해는 5급 공무원과 7급 공무원 모두 동일하다.

ㄹ. 2013 ~ 2023년 동안 매년 7급 공무원 채용인원이 5급 공무원 채용인원의 2배 미만이다.

① ㄱ
② ㄷ
③ ㄱ, ㄴ
④ ㄱ, ㄷ
⑤ ㄷ, ㄹ

04 다음은 연령대별 출퇴근 이용 방법에 대한 자료이다. 이에 대한 설명으로 옳지 않은 것은?

〈연령대별 출퇴근 이용 방법〉

(단위 : %)

구분	연령대	20대	30대	40대	50대	60대 이상
2019년	도보	7	8	3	9	21
	자전거	3	1	1	1	0
	자가용	11	41	52	64	3
	버스	42	22	28	3	58
	택시	6	10	5	21	1
	지하철	31	18	11	2	17
2023년	도보	11	5	2	10	31
	자전거	5	1	0	1	0
	자가용	14	58	64	71	4
	버스	29	17	22	4	41
	택시	14	13	3	11	2
	지하철	27	6	9	3	22

※ 이용하는 방법이 2가지 이상일 경우, 더 많은 비중을 차지하는 방법으로 함
※ 대중교통 : 버스, 택시, 지하철

① 20대의 2019년 대비 2023년 버스와 지하철의 이용률은 감소한 반면, 그 외 방법의 이용률은 증가하였다.
② 모든 연령대에서 각각 2019년과 2023년 출퇴근 이용률이 가장 높은 방법은 동일하다.
③ 2019년과 2023년 대중교통 이용률의 차이는 20대가 30대보다 크다.
④ 2019년과 2023년 모두 40대와 50대의 출퇴근 이용률의 상위 두 개 비율의 합은 80% 이상이다.
⑤ 2019년과 2023년 모두 모든 연령대에서 자전거의 이용 비율은 가장 낮다.

03 | 자료변환

| 유형분석 |

- 제시된 표를 그래프로 올바르게 변환한 것을 묻는 유형이다.
- 복잡한 표가 제시되지 않으므로 수의 크기만을 판단하여 풀이할 수 있다.

L기업은 갑 ~ 무 5명의 직원을 대상으로 신년회를 위한 장소 A ~ E에 대한 다음과 같은 만족도 조사를 하였다. 5점 만점을 기준으로 장소별 직원들의 점수를 시각화한 것으로 옳은 것은?

〈A ~ E장소 만족도〉

(단위 : 점)

구분	갑	을	병	정	무	평균
A장소	2.5	5	4.5	2.5	3.5	3.6
B장소	3	4	5	3.5	4	3.9
C장소	4	4	3.5	3	5	3.9
D장소	3.5	3.5	3.5	4	3	3.5
E장소	5	3	1	1.5	4.5	3

①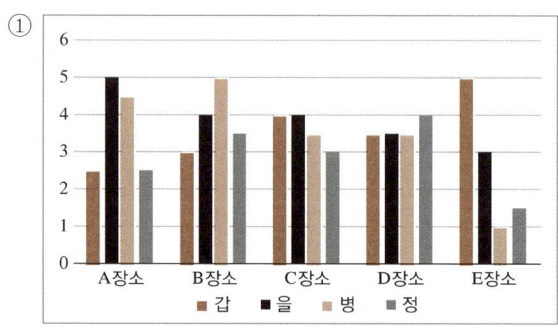

②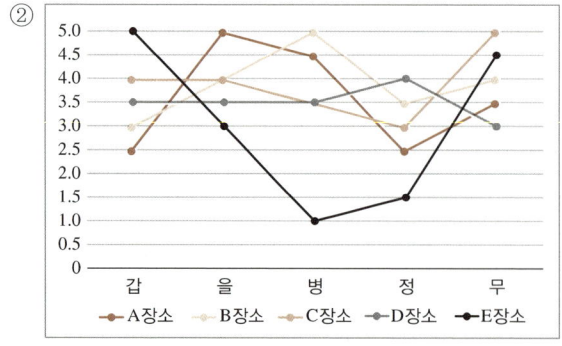

③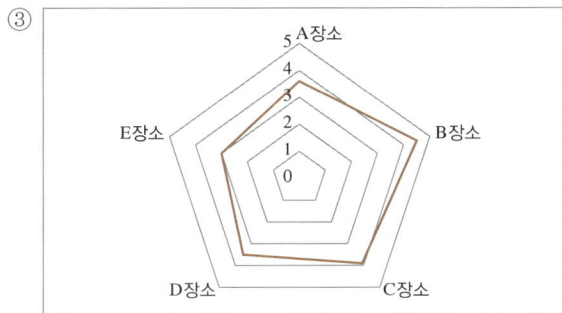

④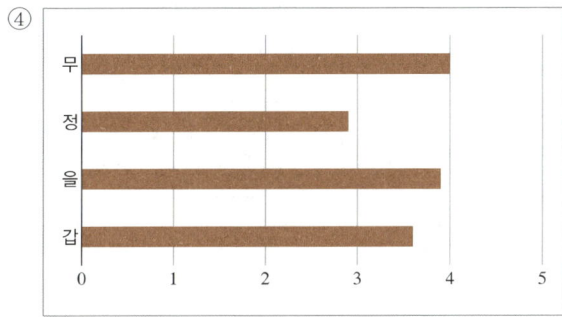

⑤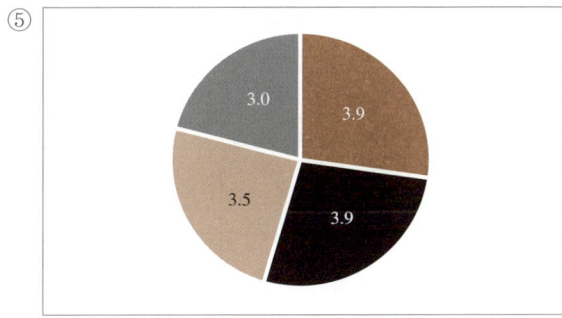

정답 ②

갑 ~ 무 5명의 직원들의 A ~ E장소에 대한 만족도 점수를 그래프에 바르게 나타냈다.

오답분석
① 무 직원의 장소에 대한 만족도 점수가 없다.
③ B장소의 평균 점수가 3.9점이지만 4점 이상으로 나타나 있다.
④ 병 직원의 A ~ E장소에 대한 만족도 평균이 없고, 직원 1명당 만족하는 A ~ E장소 평균은 자료의 목적과는 거리가 멀다.
⑤ A ~ E장소에 대한 만족도 평균에서 제시된 표와의 수치를 비교해 보면 3.6점인 A장소가 없고, 수치가 어느 장소의 평균을 나타내는지 알 수 없다.

30초 컷 풀이 Tip

• 수치를 일일이 확인하는 것보다 증감 추이를 먼저 판단해서 선택지를 1차적으로 거르고 나머지 선택지 중 그래프의 모양이 크게 차이 나는 곳을 확인한다.
• 선택지의 제목과 자료에서 필요한 정보를 확인한다.
• 특징적인 부분이 있는 선택지를 먼저 판단한다.

Easy

01 다음은 연도별 치킨전문점 개·폐업점 수에 대한 자료이다. 이를 변환한 그래프로 옳은 것은?

〈연도별 개·폐업점 수〉

(단위 : 개)

구분	개업점 수	폐업점 수	구분	개업점 수	폐업점 수
2013년	3,449	1,965	2019년	3,252	2,873
2014년	3,155	2,121	2020년	3,457	2,745
2015년	4,173	1,988	2021년	3,620	2,159
2016년	4,219	2,465	2022년	3,244	3,021
2017년	3,689	2,658	2023년	3,515	2,863
2018년	3,887	2,785	2024년	3,502	2,758

①
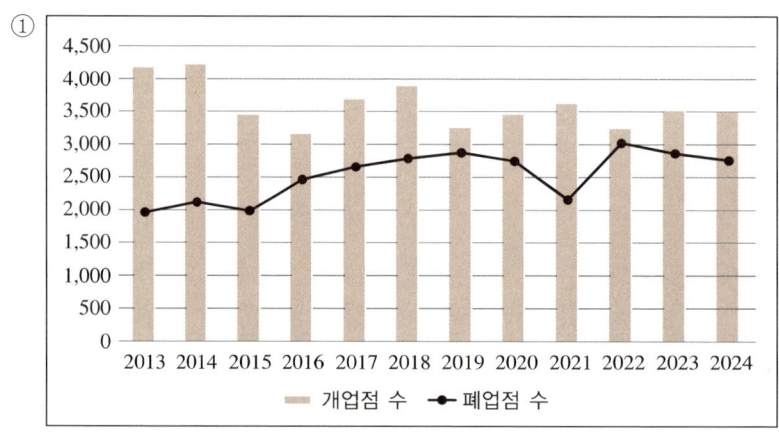

②
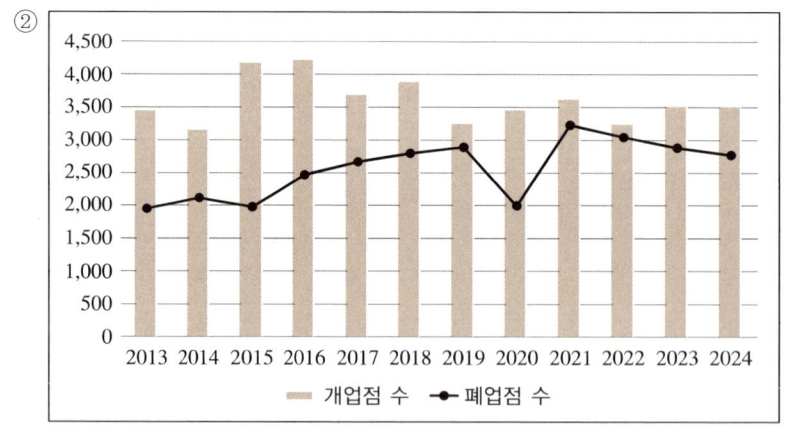

③

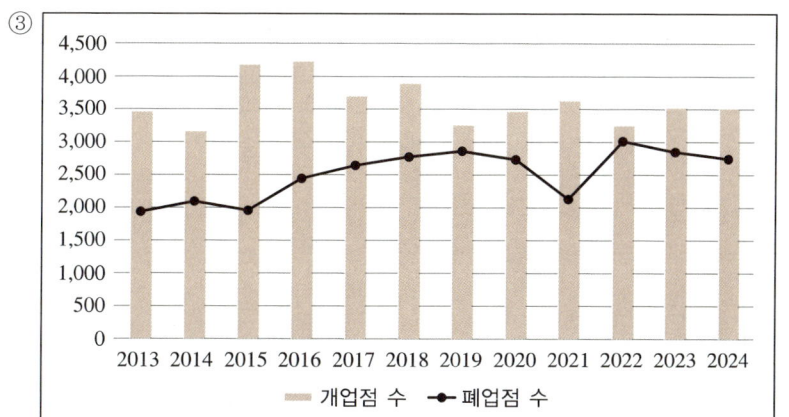

④

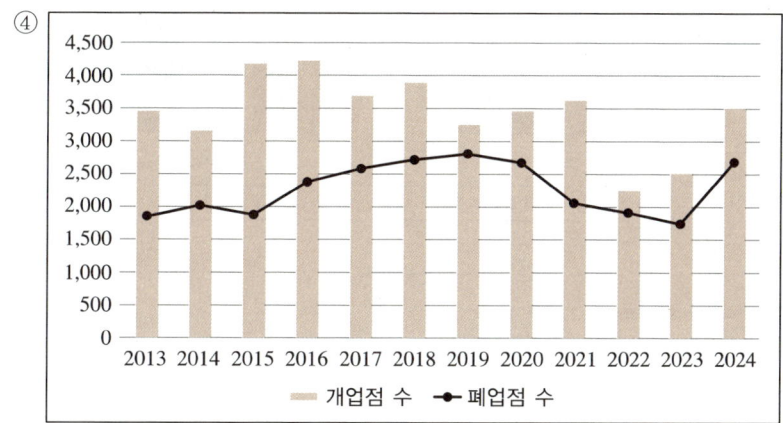

⑤

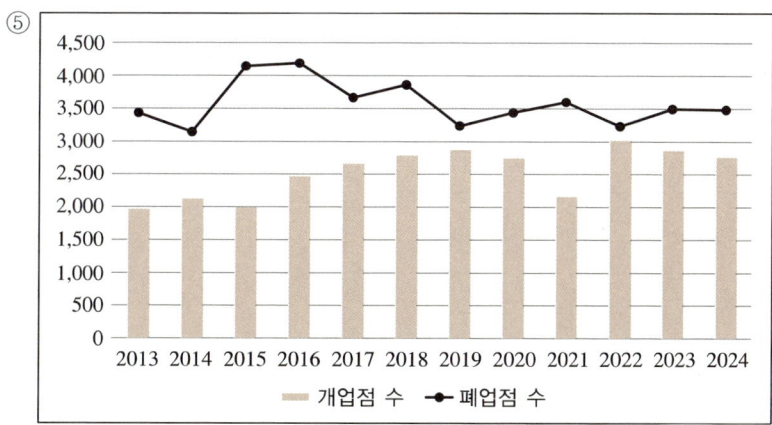

02 다음은 2020년과 2023년의 장소별 인터넷 이용률을 나타낸 자료이다. 이를 변환한 그래프로 옳은 것은?(단, 모든 그래프의 단위는 '%'이다)

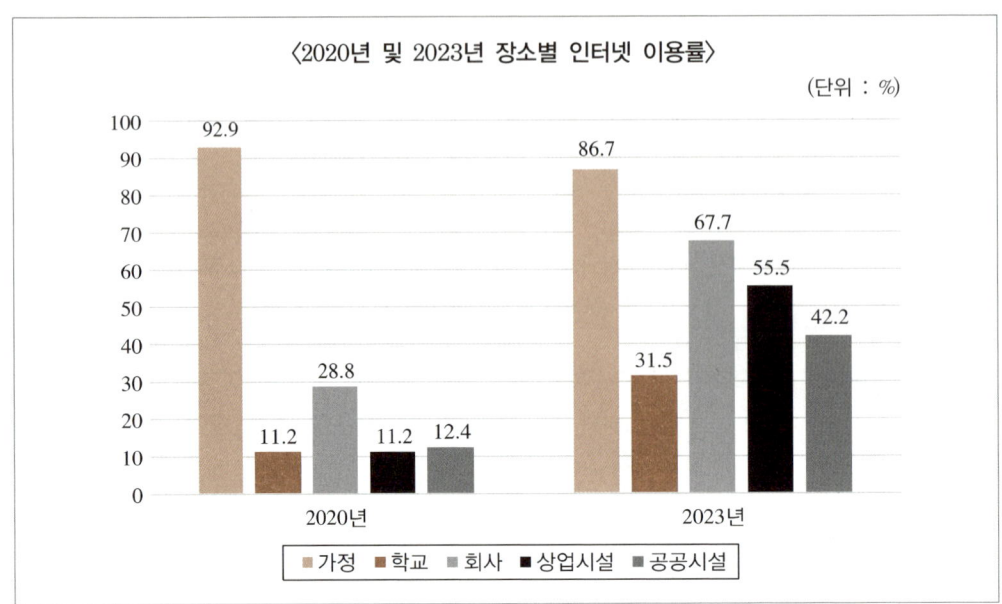

〈2020년 및 2023년 장소별 인터넷 이용률〉

(단위 : %)

①
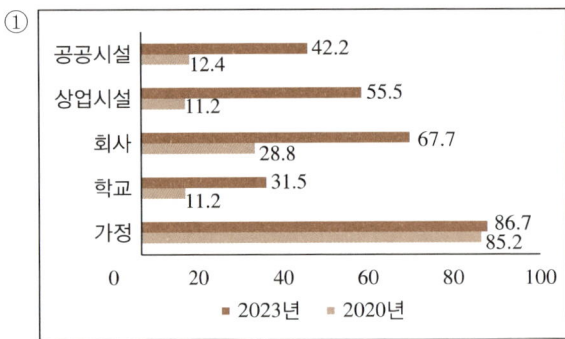

②
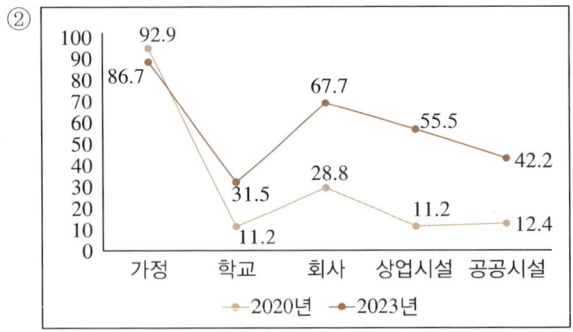

③

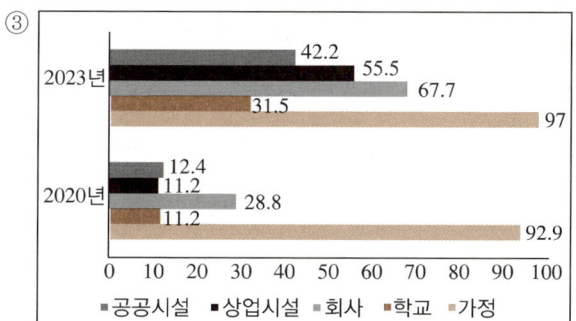

④

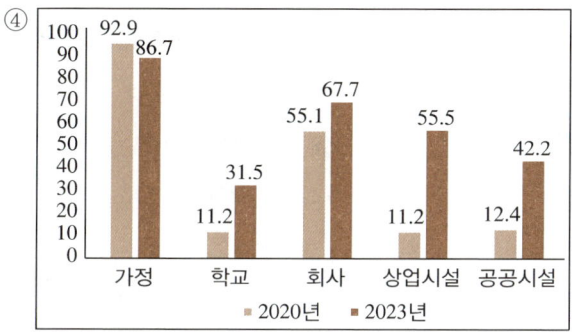

⑤

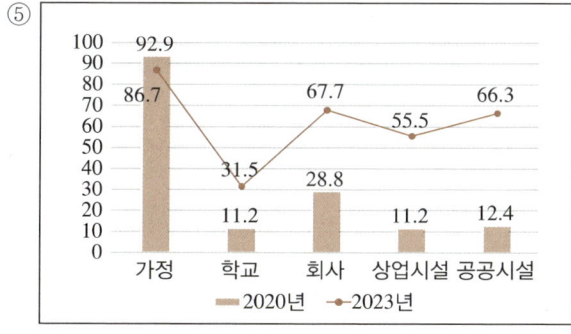

03 다음은 자영업 업종에 대한 자료이다. 자료를 참고하여 자영업 업종별 차지하는 비중을 나타낸 그래프로 옳은 것은?(단, 모든 그래프의 단위는 '%'이다)

국내 자영업자 비율이 세계 3위에 오른 가운데, 자영업의 상위 5개 업종을 살펴보면 다음과 같다. 먼저 치킨집이 가장 많았으며 커피전문점보다 5%p 높은 1위였다. 커피전문점 또한 자영업의 30% 이상을 차지할 정도로 인기 있는 업종이었다. 다음으로 헤어숍, 편의점, 요식업 순으로 높았으며 기타 업종은 전체 자영업 업종의 5% 미만을 차지하였다.

①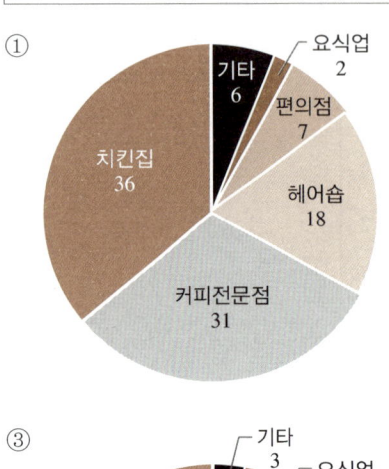

②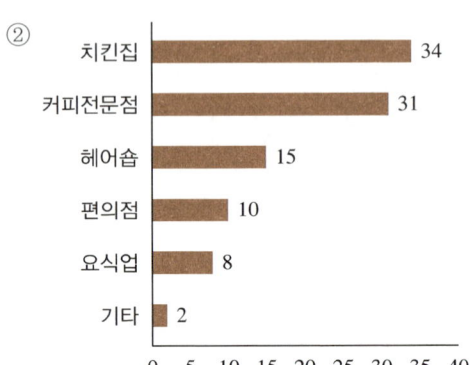

③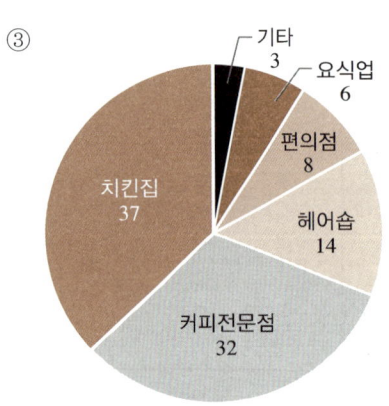

④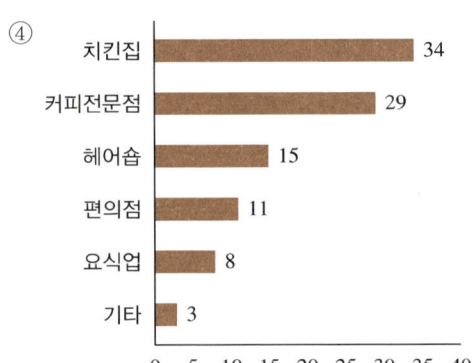

⑤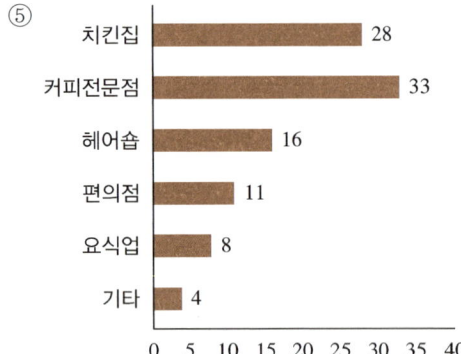

창의수리

합격 Cheat Key

창의수리는 총 20문제가 출제되며 20분의 시간이 주어진다. 일정한 규칙에 따라 배열된 숫자 열이나 숫자의 집합으로부터 규칙 및 관계의 특성을 추론하는 능력을 알아보기 위한 수열과 일상생활에서 발생하는 문제를 해결하기 위해서 수학의 기본 원리와 방정식, 함수 등을 활용하여 문제에 접근하는 능력을 측정하는 응용수리가 출제된다.

1   수열

일정한 규칙에 따라 나열된 수를 보고 규칙을 찾아 빈칸에 들어가는 수를 찾아내는 유형이다. 기본적인 등차, 등비, 계차수열과 관련하여 이를 응용한 문제와 건너뛰기 수열(홀수 항, 짝수 항에 규칙이 따로 적용되는 수열)이 많이 출제되는 편이며, 군수열이 출제되기도 한다. 또한 나열되는 수는 자연수뿐만 아니라 분수, 소수, 정수 등 다양하게 제시된다. 수가 변화하는 규칙을 빠르게 파악하는 것이 관건이므로 많은 문제를 풀어보며 유형을 익히는 것이 중요하다.

┤ 학습 포인트 ├
- 눈으로만 규칙을 찾고자 할 경우 변화된 값을 모두 외우기 어려우므로 나열된 수의 변화된 값을 적어두면 규칙을 발견하기 용이하다.
- 규칙이 발견되지 않는 경우에는 홀수 항과 짝수 항을 분리해서 파악하거나 군수열을 생각해 본다.

2 응용수리

수의 관계에 대해 알고 미지수를 구하기 위해 필요한 계산식을 세울 수 있는지를 평가하는 유형이다. 기초적인 내용을 정확하게 알고, 이를 활용하는 연습을 해야 한다.

┤ 학습 포인트 ├

- 정형화된 유형을 풀어보고 숙지하여 기본을 튼튼히 해야 한다.
- 경우의 수나 확률과 같은 유형은 고등학교 수준의 문제를 풀어보는 것이 도움이 될 수 있다.

01 수열

(1) 등차수열 : 앞의 항에 일정한 수를 더해 이루어지는 수열

예
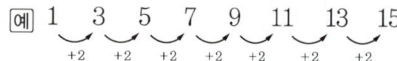

(2) 등비수열 : 앞의 항에 일정한 수를 곱해 이루어지는 수열

예
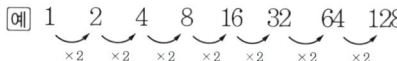

(3) 계차수열 : 앞의 항과의 차가 일정하게 증가하는 수열

예
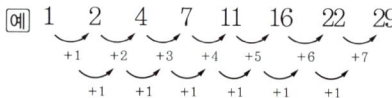

(4) 피보나치 수열 : 앞의 두 항의 합이 그다음 항의 수가 되는 수열

예 $\underset{}{1} \quad \underset{}{1} \quad \underset{1+1}{2} \quad \underset{1+2}{3} \quad \underset{2+3}{5} \quad \underset{3+5}{8} \quad \underset{5+8}{13} \quad \underset{8+13}{21}$

(5) 건너뛰기 수열

• 두 개 이상의 수열이 일정한 간격을 두고 번갈아가며 나타나는 수열

예 1 1 3 7 5 13 7 19

• 홀수항 :
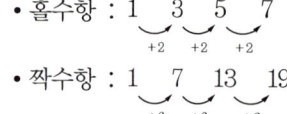

• 짝수항 : 1   7   13   19
　　　　　　　+6   +6   +6

• 두 개 이상의 규칙이 일정한 간격을 두고 번갈아가며 적용되는 수열

예 0   1   3   4   12   13   39   40
　　　+1 ×3 +1 ×3 +1 ×3 +1

(6) 군수열 : 일정한 규칙성으로 몇 항씩 묶어 나눈 수열

예 •1 1 2 1 2 3 1 2 3 4

⇒ <u>1</u> <u>1 2</u> <u>1 2 3</u> <u>1 2 3 4</u>

•1 3 4 6 5 11 2 6 8 9 3 12

⇒ <u>1 3 4</u> <u>6 5 11</u> <u>2 6 8</u> <u>9 3 12</u>
    1+3=4   6+5=11   2+6=8   9+3=12

•1 3 3 2 4 8 5 6 30 7 2 14

⇒ <u>1 3 3</u> <u>2 4 8</u> <u>5 6 30</u> <u>7 2 14</u>
    1×3=3   2×4=8   5×6=30   7×2=14

02 응용수리

1. 수의 관계

(1) 약수와 배수

a가 b로 나누어떨어질 때, a는 b의 배수, b는 a의 약수

(2) 소수

1과 자기 자신만을 약수로 갖는 수, 즉 약수의 개수가 2개인 수

(3) 합성수

1과 자신 이외의 수를 약수로 갖는 수, 즉 소수가 아닌 수 또는 약수의 개수가 3개 이상인 수

(4) 최대공약수

2개 이상의 자연수의 공통된 약수 중에서 가장 큰 수

(5) 최소공배수

2개 이상의 자연수의 공통된 배수 중에서 가장 작은 수

(6) 서로소

1 이외에 공약수를 갖지 않는 두 자연수, 즉 최대공약수가 1인 두 자연수

(7) 소인수분해

주어진 합성수를 소수의 거듭제곱의 형태로 나타내는 것

(8) 약수의 개수

자연수 $N = a^m \times b^n$에 대하여, N의 약수의 개수는 $(m+1) \times (n+1)$개

(9) 최대공약수와 최소공배수의 관계

두 자연수 A, B에 대하여, 최소공배수와 최대공약수를 각각 L, G라고 하면 A×B=L×G가 성립한다.

2. 방정식의 활용

(1) 날짜 · 요일 · 시계

　① 날짜 · 요일

　　㉠ 1일＝24시간＝1,440분＝86,400초

　　㉡ 날짜 · 요일 관련 문제는 대부분 나머지를 이용해 계산한다.

　② 시계

　　㉠ 시침이 1시간 동안 이동하는 각도 : 30°

　　㉡ 시침이 1분 동안 이동하는 각도 : 0.5°

　　㉢ 분침이 1분 동안 이동하는 각도 : 6°

(2) 거리 · 속력 · 시간

　① (거리)＝(속력)×(시간)

　　㉠ 기차가 터널을 통과하거나 다리를 지나가는 경우

　　　• (기차가 움직인 거리)＝(기차의 길이)＋(터널 또는 다리의 길이)

　　㉡ 두 사람이 반대 방향 또는 같은 방향으로 움직이는 경우

　　　• (두 사람 사이의 거리)＝(두 사람이 움직인 거리의 합 또는 차)

　② $(속력)=\dfrac{(거리)}{(시간)}$

　　㉠ 흐르는 물에서 배를 타는 경우

　　　• (하류로 내려갈 때의 속력)＝(배 자체의 속력)＋(물의 속력)

　　　• (상류로 올라갈 때의 속력)＝(배 자체의 속력)－(물의 속력)

　③ $(시간)=\dfrac{(거리)}{(속력)}$

(3) 나이 · 인원 · 개수

구하고자 하는 것을 미지수로 놓고 식을 세운다. 동물의 경우 다리의 개수에 유의해야 한다.

(4) 원가 · 정가

　① (정가)＝(원가)＋(이익), (이익)＝(정가)－(원가)

　② $(a\,원에서\ b\%\ 할인한\ 가격)=a\times\left(1-\dfrac{b}{100}\right)$

(5) 일률 · 톱니바퀴

① 일률

전체 일의 양을 1로 놓고, 시간 동안 한 일의 양을 미지수로 놓고 식을 세운다.

- (일률)$=\dfrac{(작업량)}{(작업기간)}$

- (작업기간)$=\dfrac{(작업량)}{(일률)}$

- (작업량)$=$(일률)$\times$(작업기간)

② 톱니바퀴

(톱니 수)$\times$(회전수)$=$(총 맞물린 톱니 수)

즉, A, B 두 톱니에 대하여 (A의 톱니 수)$\times$(A의 회전수)$=$(B의 톱니 수)$\times$(B의 회전수)가 성립한다.

(6) 농도

① (농도)$=\dfrac{(용질의 양)}{(용액의 양)}\times 100$

② (용질의 양)$=\dfrac{(농도)}{100}\times$(용액의 양)

(7) 수 I

① 연속하는 세 자연수 : $x-1$, x, $x+1$
② 연속하는 세 짝수(홀수) : $x-2$, x, $x+2$

(8) 수 II

① 십의 자릿수가 x, 일의 자릿수가 y인 두 자리 자연수 : $10x+y$
   이 수에 대해, 십의 자리와 일의 자리를 바꾼 수 : $10y+x$
② 백의 자릿수가 x, 십의 자릿수가 y, 일의 자릿수가 z인 세 자리 자연수 : $100x+10y+z$

(9) 증가 · 감소

① x가 $a\%$ 증가 : $\left(1+\dfrac{a}{100}\right)x$

② y가 $b\%$ 감소 : $\left(1-\dfrac{b}{100}\right)y$

3. 경우의 수 · 확률

(1) 경우의 수

① 경우의 수 : 어떤 사건이 일어날 수 있는 모든 가짓수

② 합의 법칙

    ㉠ 두 사건 A, B가 동시에 일어나지 않을 때, A가 일어나는 경우의 수를 m, B가 일어나는 경우의 수를 n이라고 하면, 사건 A 또는 B가 일어나는 경우의 수는 $m+n$이다.

    ㉡ '또는', '~이거나'라는 말이 나오면 합의 법칙을 사용한다.

③ 곱의 법칙

    ㉠ A가 일어나는 경우의 수를 m, B가 일어나는 경우의 수를 n이라고 하면, 사건A와 B가 동시에 일어나는 경우의 수는 $m \times n$이다.

    ㉡ '그리고', '동시에'라는 말이 나오면 곱의 법칙을 사용한다.

④ 여러 가지 경우의 수

    ㉠ 동전 n개를 던졌을 때, 경우의 수 : 2^n

    ㉡ 주사위 m개를 던졌을 때, 경우의 수 : 6^m

    ㉢ 동전 n개와 주사위 m개를 던졌을 때, 경우의 수 : $2^n \times 6^m$

    ㉣ n명을 한 줄로 세우는 경우의 수 : $n! = n \times (n-1) \times (n-2) \times \cdots \times 2 \times 1$

    ㉤ n명 중, m명을 뽑아 한 줄로 세우는 경우의 수 : $_n\mathrm{P}_m = n \times (n-1) \times \cdots \times (n-m+1)$

    ㉥ n명을 한 줄로 세울 때, m명을 이웃하여 세우는 경우의 수 : $(n-m+1)! \times m!$

    ㉦ 0이 아닌 서로 다른 한 자리 숫자가 적힌 n장의 카드에서, m장을 뽑아 만들 수 있는 m자리 정수의 개수 : $_n\mathrm{P}_m$

    ㉧ 0을 포함한 서로 다른 한 자리 숫자가 적힌 n장의 카드에서, m장을 뽑아 만들 수 있는 m자리 정수의 개수 : $(n-1) \times {}_{n-1}\mathrm{P}_{m-1}$

    ㉨ n명 중, 자격이 다른 m명을 뽑는 경우의 수 : $_n\mathrm{P}_m$

    ㉩ n명 중, 자격이 같은 m명을 뽑는 경우의 수 : $_n\mathrm{C}_m = \dfrac{_n\mathrm{P}_m}{m!}$

    ㉪ 원형 모양의 탁자에 n명을 앉히는 경우의 수 : $(n-1)!$

⑤ **최단 거리 문제** : A에서 B 사이에 P가 주어져 있다면, A와 P의 최단거리, B와 P의 최단거리를 각각 구하여 곱한다.

(2) 확률

① (사건 A가 일어날 확률)=$\dfrac{\text{(사건 A가 일어나는 경우의 수)}}{\text{(모든 경우의 수)}}$

② 여사건의 확률

　㉠ 사건 A가 일어날 확률이 p일 때, 사건 A가 일어나지 않을 확률은 $(1-p)$이다.

　㉡ '적어도'라는 말이 나오면 주로 사용한다.

③ 확률의 계산

　㉠ 확률의 덧셈

　　두 사건 A, B가 동시에 일어나지 않을 때, A가 일어날 확률을 p, B가 일어날 확률을 q라고 하면, 사건 A 또는 B가 일어날 확률은 $p+q$이다.

　㉡ 확률의 곱셈

　　A가 일어날 확률을 p, B가 일어날 확률을 q라고 하면, 사건 A와 B가 동시에 일어날 확률은 $p \times q$이다.

④ 여러 가지 확률

　㉠ 연속하여 뽑을 때, 꺼낸 것을 다시 넣고 뽑는 경우 : 처음과 나중의 모든 경우의 수는 같다.

　㉡ 연속하여 뽑을 때, 꺼낸 것을 다시 넣지 않고 뽑는 경우 : 나중의 모든 경우의 수는 처음의 모든 경우의 수보다 1만큼 작다.

　㉢ (도형에서의 확률)=$\dfrac{\text{(해당하는 부분의 넓이)}}{\text{(전체 넓이)}}$

01 | 수열

| 유형분석 |

- 나열된 수를 분석하여 그 안의 규칙을 찾고 적용할 수 있는지를 평가하는 유형이다.
- 규칙에 분수나 소수가 나오면 어려운 문제인 것처럼 보이지만 오히려 규칙은 단순한 경우가 많다.

일정한 규칙으로 수를 나열할 때, 빈칸에 들어갈 수로 알맞은 것은?

2	2
3	5
5	10
6	16
10	( )

① 22　　　　　　　　　　　　　② 23
③ 24　　　　　　　　　　　　　④ 25
⑤ 26

⑤

2열에 대해서 다음과 같은 규칙이 성립한다.

(바로 위의 수)+(왼쪽의 수)=(해당 칸의 수)

따라서 (   )=16+10=26이다.

30초 컷 풀이 Tip

- 처음에 규칙이 잘 보이지 않아서 어렵다는 평이 많은 유형이지만 항상 지난 기출문제와 비슷한 방법으로 풀이 가능하다는 후기가 많은 유형이기도 하다. 때문에 수록되어 있는 문제의 다양한 풀이 방법을 충분히 숙지하는 것이 중요하다.
- 한 번에 여러 개의 수열을 보는 것보다 하나의 수열을 찾아서 규칙을 찾은 후 다른 것에 적용시켜보는 것이 빠른 방법일 수 있다.

온라인 풀이 Tip

- 창의수리 영역에서 암산으로 풀기 가장 좋은 유형이므로 되도록 메모장의 도움 없이 계산기만 활용하여 빠르게 풀이할 수 있도록 한다.
- 만약 규칙이 한 번에 보이지 않는다면 과감하게 포기하고 다음 문제로 이동한다. 한 문제에 30초 이상은 사용하지 않도록 한다.

※ 일정한 규칙으로 수를 나열할 때, 빈칸에 들어갈 알맞은 수를 고르시오. **[1~4]**

01

| 27 | 81 | 9 | 243 | 3 | 729 | ( ) |

① 1 ② 2
③ 4 ④ 6
⑤ 8

Easy

02

$$5\frac{1}{7} \quad 10\frac{2}{9} \quad 15\frac{4}{12} \quad 20\frac{7}{16} \quad (\ ) \quad 30\frac{16}{27} \quad 35\frac{22}{34} \quad 40\frac{29}{42}$$

① $25\frac{9}{21}$ ② $25\frac{11}{21}$

③ $25\frac{13}{21}$ ④ $25\frac{15}{21}$

⑤ $25\frac{17}{21}$

03

| 3 | 4.8 | 7 | 9.6 | 12.6 | ( ) | 19.8 | 24 | 28.6 | 33.6 |

① 14 ② 14.8
③ 16 ④ 16.8
⑤ 18

04

4   6   2   11   12   15   3   5   (   )

① −5

② 0

③ 3

④ 4

⑤ 5

Easy

05 제시된 수열이 모두 같은 규칙일 때, 두 번째 수열의 10번째 항에 해당하는 수는?

13 26 52 104 208 416
7 14 …

① 984

② 1,656

③ 2,874

④ 3,584

⑤ 4,212

Hard

06 다음 전개도는 일정한 규칙에 따라 나열된 수열이다. 빈칸에 들어갈 수로 옳은 것은?

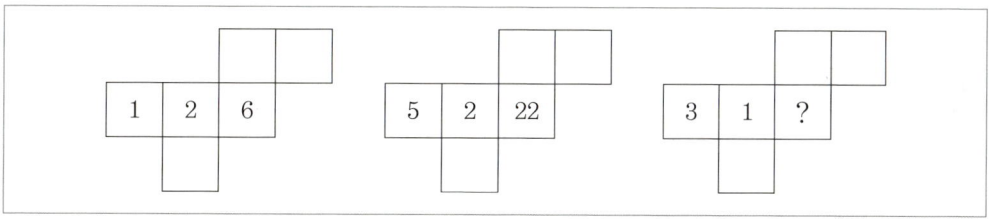

① 11

② 12

③ 13

④ 14

⑤ 15

02 | 거리 · 속력 · 시간

| 유형분석 |

- (거리)=(속력)×(시간), (속력)=$\dfrac{(거리)}{(시간)}$, (시간)=$\dfrac{(거리)}{(속력)}$ 공식을 활용한 문제이다.
- 기차와 터널의 길이, 물과 같이 속력이 있는 장소 등 추가적인 거리나 속력 시간에 관한 조건과 결합해 출제된다.

지하철 환승구간에서 0.6m/s로 움직이는 무빙워크가 반대 방향으로 2대가 설치되어 있다. A씨는 0.8m/s로 무빙워크 위를, B씨는 반대 방향인 무빙워크 위를 걸어가고 있다. A씨와 B씨가 같은 지점에서 서로 반대 방향으로 걸어갈 경우, B씨가 무빙워크를 타고 걸어갈 때와 타지 않고 걸어갈 때의 30초 후 A씨와 B씨의 멀어진 거리 차이는 몇 m인가?(단, 각자 무빙워크와 같은 방향으로 걸어가고 있다)

① 15m
② 16m
③ 17m
④ 18m
⑤ 19m

정답 ④

걷는 속력은 A씨가 오른쪽으로 0.8m/s, B씨는 왼쪽으로 xm/s라고 하자. 같은 지점에서 반대 방향으로 걸어가는 두 사람의 30초 후 거리는 각자 움직인 거리의 합이다. B씨가 무빙워크를 탈 때와 타지 않을 때의 거리를 각각 구하면 다음과 같다.

- B씨가 무빙워크를 탈 때
  $(0.6+0.8)×30+(0.6+x)×30=42+18+30x=(60+30x)$m
- B씨가 무빙워크를 타지 않을 때
  $(0.6+0.8)×30+x×30=(42+30x)$m

따라서 B씨가 무빙워크를 탈 때와 타지 않을 때의 거리 차이는 $(60+30x)-(42+30x)=18$m이다.

30초 컷 풀이 Tip

A씨는 조건이 같고, B씨의 조건이 무빙워크를 탈 때와 타지 않을 때의 속력이 다르다. B씨의 걷는 속도는 일정하며, 무빙워크를 타면 무빙워크의 속력이 더해져 무빙워크의 속력만큼 더 멀리 움직일 수 있다.
따라서 두 경우 거리 차이는 30초간 무빙워크가 움직인 거리인 0.6×30=18m가 된다.

온라인 풀이 Tip

LG그룹의 온라인 인적성검사는 온라인상에 제공되는 메모장을 활용해야 하는데, 응용수리 유형은 메모장을 활용하기에 불편한 유형이다. 메모장을 가장 효율적으로 활용하는 방법은 미지수를 정확하게 써 놓은 것과 최대한 간소화시킨 식을 쓰는 것이다. 미지수가 1개인 경우에는 상관없지만, 2개 이상인 경우에는 풀이하면서 헷갈릴 수 있기 때문이다. 자신이 구해야 하는 것을 분명히 해두고 풀이를 시작한다.

01 한 직선 위에서 시속 1km의 속도로 오른쪽으로 등속 운동하는 두 물체가 있다. 이 직선상에서 두 물체의 왼쪽에 있는 한 점 P로부터 두 물체까지의 거리의 비는 현재 4 : 1이다. 13시간 후 P로부터의 거리의 비가 7 : 5가 된다면 현재 P로부터 두 물체까지의 거리는 각각 몇 km인가?

① 6km, 2km

② 8km, 2km

③ 12km, 3km

④ 18km, 32km

⑤ 12km, 18km

Easy

02 어떤 자동차 경주장 원형도로의 길이가 6km이다. 경주용 차 A가 200km/h의 일정한 속도를 유지하며 돌고 있고 경주용 차 B는 더 빠른 속도로 달리고 있다. 경주용 차 A와 경주용 차 B가 동시에 출발한 후 두 시간 만에 처음으로 같은 위치에 있게 되었을 때, 경주용 차 B의 속도는 시속 몇 km인가?

① 201km/h

② 202km/h

③ 203km/h

④ 206km/h

⑤ 210km/h

03 길이가 400m인 다리를 완전히 지나는 데 20초가 걸리는 여객열차가 있다. 이 열차가 초속 16m의 속력으로 달리는 60m 길이의 화물열차와 서로 마주 보고 달려서 완전히 지나치는 데 4초가 걸린다고 할 때, 여객열차의 길이는?

① 95m

② 100m

③ 105m

④ 110m

⑤ 115m

Hard

04 L사원은 출근하는 도중 중요한 서류를 집에 두고 온 사실을 알게 되었다. L사원은 집으로 시속 5km로 걸어서 서류를 가지러 갔다가, 회사로 다시 출근할 때에는 자전거를 타고 시속 15km로 달렸다. 집에서 회사까지 거리는 5km이고, 2.5km 지점에서 서류를 가지러 집으로 출발할 때 시각이 오전 7시 10분이었다면, 회사에 도착한 시각은?(단, 집에서 회사까지는 직선거리이며 다른 요인으로 인한 소요시간은 없다)

① 오전 7시 50분

② 오전 8시

③ 오전 8시 10분

④ 오전 8시 20분

⑤ 오전 8시 30분

03 | 농도

| 유형분석 |

- (농도)$=\dfrac{(용질의\ 양)}{(용액의\ 양)}\times100$　　　　　- (용질의 양)$=\dfrac{(농도)}{100}\times(용액의\ 양)$
- (소금물의 양)=(물의 양)+(소금의 양)이라는 것에 유의하고, 더해지거나 없어진 것을 미지수로 두고 풀이한다.

농도가 25%인 소금물 200g에 농도가 10%인 소금물을 섞었다. 섞은 후 소금물에 함유된 소금의 양이 55g일 때, 섞은 후의 소금물의 농도는?

① 20%　　　　　　　　　　　　　② 21%

③ 22%　　　　　　　　　　　　　④ 23%

⑤ 24%

정답 ③

주어진 정보를 다음과 같이 표로 나타내고 미지수를 설정한다.

구분	소금물 1		소금물 2		섞은 후
농도	25%	+	10%	=	$\dfrac{55}{y}\times100$
소금의 양	$\dfrac{25}{100}\times200=50g$		$x\times0.1g$		55g
소금물의 양	200g		xg		yg

섞기 전과 섞은 후의 소금의 양과 소금물의 양으로 다음과 같이 식을 세울 수 있다.

$50+x\times0.1=55 \rightarrow 200+x=y$

$\therefore\ x=50,\ y=250$

따라서 섞은 후의 소금물의 농도는 $\dfrac{55}{y}\times100=\dfrac{55}{250}\times100=22\%$이다.

30초 컷 풀이 Tip

- 농도의 경우 분수와 정수가 같이 제시되고, 최근에는 비율을 활용한 문제가 많이 출제되고 있으므로 통분이나 약분을 통해 수를 간소화시켜 계산 실수를 줄일 수 있도록 한다.
- 소금물이 증발하는 경우 소금의 양은 유지되지만, 물의 양이 감소한다. 따라서 농도는 증가한다.
- 농도가 다른 두 소금물을 섞는 문제는 보통 두 소금물을 합했을 때의 전체 소금물의 양을 제시해 주는 경우가 많다. 따라서 각 미지수를 x, y로 정하는 것보다 하나를 x로 두고 다른 하나를 (전체)$-x$로 식을 세우면 계산을 간소화할 수 있다.

01 농도가 각각 10%, 6%인 설탕물을 섞어서 300g의 설탕물을 만들었다. 여기에 설탕 20g을 더 넣었더니 농도가 12%인 설탕물이 되었다면 6% 설탕물의 양은 얼마인가?

① 10g   ② 20g

③ 280g   ④ 290g

⑤ 320g

Easy

02 농도 10%의 소금물 100g에 소금을 더 넣었더니, 농도 25%의 소금물이 되었다. 더 넣은 소금의 양은 몇 g인가?

① 10g   ② 20g

③ 30g   ④ 35g

⑤ 50g

03 농도 8%의 설탕물 500g이 들어있는 컵을 방에 두고 자고 일어나서 보니 물이 증발하여 농도가 10%가 되었다. 증발한 물의 양은 몇 g인가?(단, 물은 시간당 같은 양이 증발하였다)

① 100g   ② 200g

③ 300g   ④ 400g

⑤ 500g

Hard

04 농도가 서로 다른 소금물 A, B가 있다. 소금물 A를 200g, 소금물 B를 300g 섞으면 농도가 9%인 소금물이 되고, 소금물 A를 300g, 소금물 B를 200g 섞으면 농도가 10%인 소금물이 될 때, 소금물 B의 농도는?

① 7%   ② 10%

③ 13%   ④ 20%

⑤ 25%

04 | 금액

| 유형분석 |

- 원가, 정가, 할인가, 판매가 등의 개념을 명확히 한다.
  - (정가)=(원가)+(이익)
  - (이익)=(정가)-(원가)
  - a원에서 $b\%$ 할인한 가격$=a \times \left(1 - \dfrac{b}{100}\right)$
- 난이도가 어려운 편은 아니지만 비율을 활용한 계산 문제이기 때문에 실수하기 쉽다.
- 최근에는 경우의 수와 결합하여 출제되기도 했다.

원가가 a원인 물품에 30%의 이익을 붙여 정가를 책정했지만 팔리지 않아 결국 정가의 20%를 할인하여 팔았다고 한다. 이때 이익은 얼마인가?

① $0.02a$ ② $0.04a$

③ $0.06a$ ④ $0.08a$

⑤ $0.10a$

정답 ②

(정가)-(원가)=(이익)이므로 다음과 같은 식이 성립한다.

$a \times (1+0.3) \times (1-0.2) = 1.04a$

→ $1.04a - a = 0.04a$

따라서 정가의 20%를 할인하여 팔았을 때의 이익은 0.04a이다.

30초 컷 풀이 Tip

- 제시된 문제의 원가(a)처럼 기준이 동일하고, 이를 기준으로 모든 값을 계산하는 경우에 처음부터 a를 생략하고 식을 세우는 연습을 한다.
- 정가가 반드시 판매가인 것은 아니다.
- 금액을 계산하는 문제는 보통 비율과 함께 제시되기 때문에 풀이 과정에서 실수하기 쉬우므로 선택지의 값을 대입해서 풀이하는 것이 실수 없이 빠르게 풀 수 있는 방법이다.

온라인 풀이 Tip

LG그룹 인적성검사는 계산기를 제공한다. 따라서 식에 소수점이 나오더라도 식을 다시 정수화시킬 필요는 없다.

01 철수는 한 달 수입 중 40%는 저금을 하고 나머지의 50%를 교통비에 사용한다. 남는 돈이 60,000원일 때, 철수의 수입은 얼마인가?

① 180,000원   ② 200,000원
③ 220,000원   ④ 240,000원
⑤ 250,000원

`Easy`

02 한 영화관의 평일 티켓 정가는 25,000원이며, 주말 티켓 정가는 이보다 20% 더 비싸다. 만약 이 영화관이 지역 주민을 대상으로 모든 티켓 가격을 10% 인하된 가격에 판매하는 이벤트를 진행한다면, 할인된 주말 티켓 가격은 원래 주말 티켓 정가와 비교하면 얼마나 더 저렴하게 판매되겠는가?

① 2,500원   ② 3,000원
③ 3,500원   ④ 4,000원
⑤ 4,500원

03 L사원은 평상시에 지하철을 이용하여 출퇴근을 하지만, 프로젝트를 맡는 기간에는 자동차를 탄다. 이번 달에는 프로젝트 없이 업무가 진행됐지만, 다음 달에는 5일간 프로젝트 업무를 진행할 예정이다. 지하철을 이용하여 출퇴근하면 3,000원이 들고, 자동차를 이용할 경우 기름값이 1일 5,000원, 톨게이트 이용료가 1회 2,000원이 든다. L사원이 이번 달에 사용한 교통비와 다음 달에 사용할 교통비의 차액은 얼마인가?(단, 한 달에 20일을 출근하며, 톨게이트는 출퇴근 시 각각 1번씩 지난다)

① 20,000원   ② 30,000원
③ 50,000원   ④ 60,000원
⑤ 90,000원

05 | 일률

| 유형분석 |

- 전체 일의 양을 1로 두고 풀이하는 유형이다.
- 분이나 초 단위 계산이 가장 어려운 유형으로 출제되고 있다.

- $(일률) = \dfrac{(작업량)}{(작업기간)}$ • $(작업기간) = \dfrac{(작업량)}{(일률)}$ • $(작업량) = (일률) \times (작업기간)$

어느 제약회사 공장에서는 A, B 두 종류의 기계로 같은 종류의 플라스틱 통에 비타민제를 담는다. 1시간에 A기계 3대와 B기계 2대를 작동하면 1,600통에 비타민제를 담을 수 있고, A기계 2대와 B기계 3대를 작동하면 1,500통에 비타민제를 담을 수 있다고 한다. A기계 1대와 B기계 1대로 1시간 동안 담을 수 있는 비타민제 통의 전체 개수는?(단, 한 통에 들어가는 비타민제의 양은 같다)

① 580개   ② 600개
③ 620개   ④ 640개
⑤ 700개

정답 ③

A기계 1대와 B기계 1대가 1시간에 담는 비타민제 통의 개수를 각각 a개, b개라 하자.
A기계 3대와 B기계 2대를 작동했을 때 담을 수 있는 비타민제는 1,600통이므로 $3a+2b=1,600$ … ㉠
A기계 2대와 B기계 3대를 작동했을 때 담을 수 있는 비타민제는 1,500통이므로 $2a+3b=1,500$ … ㉡
㉠×3−㉡×2를 하면 $5a=1,800 \rightarrow a=360$
구한 a값을 ㉠식에 대입하면 $3 \times 360 + 2b = 1,600 \rightarrow b=260$
∴ $a+b = 360 + 260 = 620$
따라서 A, B기계 1대로 1시간 동안 담을 수 있는 비타민제 통은 620개이다.

30초 컷 풀이 Tip

전체의 값을 모르는 상태에서 비율을 묻는 문제의 경우 전체를 1이라고 하면 쉽게 풀이할 수 있다.

예 L이 1개의 빵을 만드는 데 3시간이 걸린다. 1개의 빵을 만드는 일의 양을 1이라고 하면 L은 1시간에 $\dfrac{1}{3}$ 만큼의 빵을 만든다.

온라인 풀이 Tip

일률은 방정식이 분수로 세워지기 때문에 메모장에 표시하기 난감한 유형 중 하나이다. 그러나 난이도가 쉽다고 알려져 있기 때문에 암산으로 계산해 보거나 분자는 거의 1이나 미지수일 것이므로 분자를 생략하고 식을 세워 계산하는 연습을 한다.

Easy

01 500개의 상자를 접는데 갑은 5일, 을은 13일이 소요된다. 2,500개 상자 접기를 갑과 을이 같이 일을 시작하여 중간에 을이 그만두고, 갑이 혼자서 남은 상자를 다 접었다고 한다. 총소요시간은 20일이었을 때, 갑과 을이 같이 일을 한 날은 며칠인가?

① 12일   ② 13일
③ 14일   ④ 15일
⑤ 16일

02 민수가 어떤 일을 하는 데 1시간이 걸리고, 그 일을 아버지가 하는 데는 15분이 걸린다. 민수가 30분간 혼자서 일하는 중에 아버지가 오셔서 함께 그 일을 끝마쳤다면, 민수가 아버지와 함께 일한 시간은 몇 분인가?

① 5분   ② 6분
③ 7분   ④ 8분
⑤ 9분

Hard

03 갑, 을, 병 3명에게 같은 양의 물건을 한 사람씩 똑같이 나누어 주면 각각 30일, 60일, 40일 동안 사용할 수 있다고 한다. 3명에게 나누어 줄 물건의 양을 모두 합하여 3명이 함께 사용한다고 할 때 모든 물건을 사용하는 데 걸리는 기간은?

① 20일   ② 30일
③ 35일   ④ 40일
⑤ 45일

06 | 경우의 수

| 유형분석 |

- 순열(P)과 조합(C)을 활용한 문제이다.

$$_nP_m = n \times (n-1) \times \cdots \times (n-m+1)$$

$$_nC_m = \frac{_nP_m}{m!} = \frac{n \times (n-1) \times \cdots \times (n-m+1)}{m!}$$

- 벤다이어그램을 활용한 문제가 출제되기도 한다.

L카페에서는 6장의 서로 다른 쿠폰을 처음 오는 손님에게 1장, 두 번째 오는 손님에게 2장, 세 번째 오는 손님에게 3장을 줄 때, 경우의 수는?

① 32가지   ② 60가지

③ 84가지   ④ 110가지

⑤ 120가지

정답 ②

- 첫 번째 손님이 6장의 쿠폰 중 1장을 받을 경우의 수 : $_6C_1 = 6$가지
- 두 번째 손님이 5장의 쿠폰 중 2장을 받을 경우의 수 : $_5C_2 = 10$가지
- 세 번째 손님이 3장의 쿠폰 중 3장을 받을 경우의 수 : $_3C_3 = 1$가지

∴ $6 \times 10 \times 1 = 60$

따라서 구하고자 하는 경우의 수는 총 60가지이다.

30초 컷 풀이 Tip

경우의 수의 합의 법칙과 곱의 법칙 등에 대해 명확히 한다.
- 합의 법칙
  ㉠ 두 사건 A, B가 동시에 일어나지 않을 때, A가 일어나는 경우의 수를 m, B가 일어나는 경우의 수를 n이라고 하면, 사건 A 또는 B가 일어나는 경우의 수는 $m+n$이다.
  ㉡ '또는', '~이거나'라는 말이 나오면 합의 법칙을 사용한다.
- 곱의 법칙
  ㉠ A가 일어나는 경우의 수를 m, B가 일어나는 경우의 수를 n이라고 하면, 사건 A와 B가 동시에 일어나는 경우의 수는 $m \times n$이다.
  ㉡ '그리고', '동시에'라는 말이 나오면 곱의 법칙을 사용한다.

Easy

01 L기업은 토요일에 2명의 사원이 당직 근무를 서도록 사칙으로 규정하고 있다. L기업의 A팀에는 8명의 사원이 있다. A팀이 앞으로 3주 동안 토요일 당직 근무를 선다고 할 때, 가능한 모든 경우의 수는?(단, 모든 사원은 당직 근무를 2번 이상 서지 않는다)

① 1,520가지   ② 2,520가지

③ 5,040가지   ④ 10,080가지

⑤ 20,160가지

Hard

02 L유치원에 다니는 남자아이 2명과 여자아이 3명에게 고무공을 나누어 주려고 한다. 고무공은 빨간색 5개, 노란색 5개가 있으며 빨간색 공은 남자아이들에게 적어도 1개씩 나누어 주고, 노란색 공은 여자아이들에게 적어도 1개 이상의 같은 개수를 나누어 주기로 하였다. 이때 나누어 줄 수 있는 경우의 수는?

① 85가지   ② 90가지

③ 95가지   ④ 100가지

⑤ 105가지

03 다음 그림과 같은 직사각형 모양의 식탁에 6명이 둘러앉는 경우의 수는?(단, 회전하여 일치하는 경우는 모두 같은 것으로 본다)

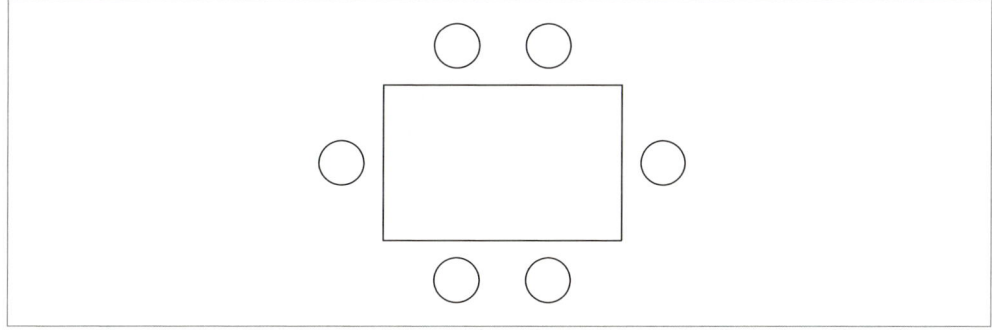

① 120가지   ② 240가지

③ 360가지   ④ 600가지

⑤ 720가지

07 | 확률

| 유형분석 |

- 순열(P)과 조합(C)을 활용한 문제이다.
- 조건부 확률 문제가 출제되기도 한다.

주머니 A, B가 있는데 A주머니에는 흰 공 3개, 검은 공 2개가 들어있고, B주머니에는 흰 공 1개, 검은 공 4개가 들어있다. 주머니에서 1개의 공을 꺼낼 때, 검은 공을 뽑을 확률은?(단, 공을 뽑기 전에 A, B주머니를 선택하는 확률은 같다)

① $\dfrac{3}{10}$

② $\dfrac{2}{5}$

③ $\dfrac{1}{2}$

④ $\dfrac{3}{5}$

⑤ $\dfrac{6}{7}$

정답 ④

- A주머니에서 검은 공을 뽑을 확률 : $\dfrac{1}{2} \times \dfrac{2}{5} = \dfrac{1}{5}$
- B주머니에서 검은 공을 뽑을 확률 : $\dfrac{1}{2} \times \dfrac{4}{5} = \dfrac{2}{5}$

$\therefore \dfrac{1}{5} + \dfrac{2}{5} = \dfrac{3}{5}$

따라서 주머니에서 1개의 공을 꺼낼 때, 검을 공을 뽑을 확률은 $\dfrac{3}{5}$ 이다.

30초 컷 풀이 Tip

- 여사건의 확률
  ㉠ 사건 A가 일어날 확률이 p일 때, 사건 A가 일어나지 않을 확률은 $(1-p)$이다.
  ㉡ '적어도'라는 말이 나오면 주로 사용한다.
- 확률의 덧셈
  두 사건 A, B가 동시에 일어나지 않을 때, A가 일어날 확률을 p, B가 일어날 확률을 q라고 하면, 사건 A 또는 B가 일어날 확률은 $p+q$이다.
- 확률의 곱셈
  A가 일어날 확률을 p, B가 일어날 확률을 q라고 하면, 사건 A와 B가 동시에 일어날 확률은 $p \times q$이다.

Easy

01 10%의 불량품이 들어 있는 제품 중에서 임의로 4개의 제품을 택할 때, 2개의 제품이 불량품일 확률은?

① 0.0025

② 0.0125

③ 0.0486

④ 0.0492

⑤ 0.0824

Hard

02 출입국관리사무소에서는 우리나라에 입국한 외국인을 조사하고 있다. 당일 조사한 결과 외국인 100명 중 중국인은 30%였고, 관광을 목적으로 온 외국인은 20%였다. 중국인을 제외한 외국인 중 관광을 목적으로 온 사람은 20%였다. 임의로 중국인 1명을 조사할 때, 관광을 목적으로 온 사람일 확률은?

① $\frac{1}{2}$

② $\frac{1}{3}$

③ $\frac{1}{4}$

④ $\frac{1}{5}$

⑤ $\frac{1}{6}$

03 성은이는 직장에 출근할 때 버스, 지하철, 택시 중 한 가지를 이용한다. 버스를 타고 출근한 다음 날은 반드시 택시를 타고, 지하철을 타고 출근한 다음 날은 버스나 택시를 같은 확률로 이용한다. 또한 택시를 타고 출근한 다음 날은 버스와 지하철을 2 : 1의 비율로 이용한다. 만약 성은이가 오늘 아침에 주사위를 던져서 눈의 수가 1이 나오면 버스를, 3이나 5가 나오면 지하철을 그리고 짝수가 나오면 택시를 타기로 한다면, 내일 성은이가 출근할 때 버스를 이용할 확률은?

① $\frac{1}{2}$

② $\frac{1}{3}$

③ $\frac{2}{3}$

④ $\frac{3}{4}$

⑤ $\frac{1}{6}$

MEMO

PART 2

최종점검 모의고사

제1회 최종점검 모의고사

제2회 최종점검 모의고사

제3회 최종점검 모의고사

LG그룹 온라인 인적성검사	
도서 동형 온라인 실전연습 서비스	ATUS-00000-3944A

LG그룹 온라인 인적성검사		
영역	문항 수	영역별 제한시간
언어이해	20문항	20분
언어추리	20문항	20분
자료해석	20문항	20분
창의수리	20문항	20분

※ 영역별 제한시간인 20분의 시간을 재는 타이머가 제공되고, 20분의 시간이 지나면 다음 영역으로 넘어간다.

최종점검 모의고사

🕐 응시시간 : 80분　📋 문항 수 : 80문항　　　정답 및 해설 p.022

| 01 | **언어이해** |

※ 다음 글의 제목으로 가장 적절한 것을 고르시오. **[1~2]**

Easy
01

> 물은 너무 넘쳐도 문제고, 부족해도 문제다. 무엇보다 충분한 양을 안전하게 저장하면서 효율적으로 관리하는 것이 중요하다. 하지만 예기치 못한 자연재해가 불러오는 또 다른 물의 재해도 우리를 위협한다. 지진의 여파로 지진해일(쓰나미)이 몰려오고 댐이 붕괴되면서 상상도 못 한 피해를 불러올 수 있다. 이는 역사 속에서 실제로 반복되어 온 일이다.
> 1755년 11월 1일 아침, 15·16세기 대항해 시대를 거치며 해양 강국으로 자리매김한 포르투갈의 수도 리스본에 대지진이 발생했다. 도시 건물 중 85%가 파괴될 정도로 강력한 지진이었다. 하지만 지진은 재해의 전주곡에 불과했다.
> 지진이 덮치고 약 40분 후 지진해일이 항구와 도심지로 쇄도했다. 해일은 리스본뿐 아니라 인근 알가르브 지역의 해안 요새 중 일부를 박살냈고, 숱한 가옥을 무너뜨렸다. 6~9만 명이 귀한 목숨을 잃었다. 이 대지진과 이후의 지진해일은 포르투갈 문명의 역사를 바꿔버렸다. 포르투갈은 이후 강대국 대열에서 밀려나 옛 영화를 찾지 못한 채 지금에 이르고 있다.
> 또한, 1985년 7월 19일 지진에 의해 이탈리아의 스타바댐이 붕괴하면서 그 여파로 발생한 약 20만 톤의 진흙과 모래, 물이 태세로 마을을 덮쳐 268명이 사망하고 63개의 건물과 8개의 다리가 파괴되는 사고가 일어났다.

① 우리나라는 '물 스트레스 국가'　　② 도를 지나치는 '물 부족'
③ 강력한 물의 재해 '지진'　　　　　④ 누구도 피해갈 수 없는 '자연 재해'
⑤ 자연의 경고 '댐 붕괴'

02

보건복지부에 따르면 현재 등록 장애인만 250만 명이 넘는다. 여기에 비등록 장애인까지 포함시킨다면 실제 장애인 수는 400만 명에 다다를 것으로 예상된다.

특히 이들 가정은 경제적·사회적 어려움에 봉착해 있을 뿐만 아니라, 많은 장애인 자녀들이 부모의 돌봄 없이는 일상생활 유지가 어려운 상황인데, 특히 법적인 부분에서 훨씬 더 문제가 된다. 부모 사망 이후, 장애인 자녀가 상속인으로서 제대로 된 권리를 행사하기 어려울 뿐만 아니라, 본인도 모르게 유산 상속 포기 절차가 진행되는 경우가 이에 해당한다.

따라서 장애인 자녀의 부모들은 상속과정에서 자녀들이 부딪힐 문제들에 대해 더 꼼꼼하게 대비해야 할 필요성이 있는데, 이에 해당하는 내용을 크게 두 가지로 살펴볼 수 있다. 자녀의 생활 안정 및 유지를 위한 '장애인 신탁'과 상속 시의 세금혜택인 '장애인 보험금 비과세'가 그것이다.

먼저 장애인 신탁은 직계존비속이나 일정 범위 내 친족으로부터 재산을 증여받은 장애인이 증여세 신고기한 이내에 신탁회사에 증여받은 재산을 신탁하고, 그 신탁의 이익 전부에 대해 장애인이 수익자가 되면 재산가액 5억 원까지 증여세를 면제해주는 제도로 이를 통해 장애인은 생계유지와 안정적인 자산 이전을 받을 수 있다.

다음으로 수익자가 장애인 자녀인 보험에 가입한 경우 보험금의 4,000만 원까지는 상속세 및 증여세법에 의해 과세하지 않는다. 이는 후견인 등이 보험금을 가로챌 수 있는 여지를 차단하기 위해 중도 해지가 불가능하고 평생 동안 매월 연금으로 수령할 수 있는 종신형 연금보험을 선택하는 것이 장애인 자녀의 생활 안정에 유리할 것이다.

① 부모 사망 시 장애인 자녀의 유산 상속 과정
② 부모 사망 시 장애인 자녀가 받을 수 있는 혜택
③ 부모 사망 시 장애인 자녀가 직면한 사회적 문제
④ 부모 사망 시 장애인 자녀의 보험 및 증여세 혜택
⑤ 부모 사망 시 장애인 자녀의 생활안정 및 세금혜택

03 다음 (가) ~ (마) 문단의 주제로 적절하지 않은 것은?

(가) 우리는 최근 '사회가 많이 깨끗해졌다.'라는 말을 많이 듣는다. 실제 우리의 일상생활은 정말 많이 깨끗해졌다. 과거에 비하면 일상생활에서 뇌물이 오가는 경우가 거의 없어진 것이다. 그런데 왜 부패인식지수가 나아지기는커녕 도리어 나빠지고 있을까? 일상생활과 부패인식지수가 전혀 다른 모습을 보이는 이유는 어디에 있을까?

(나) 부패인식지수가 산출되는 과정에서 그 물음의 답을 찾을 수 있다. 부패인식지수는 국제투명성 기구에서 매년 조사하여 발표하고 있는 세계적으로 가장 권위 있는 부패 지표로, 지수는 국제적인 조사 및 평가를 실시하고 있는 여러 기관의 조사 결과를 바탕으로 산출된다. 각 기관의 조사 항목과 조사 대상은 서로 다르지만, 주요 항목은 공무원의 직권 남용 억제 기능, 공무원의 공적 권력의 사적 이용, 공공서비스와 관련한 뇌물 등으로 공무원의 뇌물과 부패에 초점이 맞추어져 있다.

(다) 부패인식지수를 이해하는 데에 주목하여야 할 또 하나의 중요한 점은 부패인식지수 계산에 사용된 각 지수의 조사 대상이다. 조사에 따라 약간의 차이가 있기는 하지만 조사는 주로 해당 국가나 해당 국가와 거래하고 있는 고위 기업인과 전문가들을 대상으로 이루어진다. 일반 시민이 아닌 기업 활동에서 공직자들과 깊숙한 관계를 맺고 있어 공직자들의 행태를 누구보다 잘 알고 있을 것으로 추정되는 사람들의 의견을 대상으로 하는 것이다. 결국 부패인식지수는 고위 기업경영인과 전문가들의 공직 사회의 뇌물과 부패에 대한 평가라 할 수 있다.

(라) 그렇다면 부패인식지수를 개선하는 방법은 무엇일까? 그간 정부는 공무원행동강령, 청탁금지법, 부패방지기구 설치 등 많은 제도적인 노력을 기울여왔다. 이러한 정부의 노력에도 불구하고 정부 반부패정책은 대부분 효과가 없는 것으로 보인다. 정부 노력에 대한 일반 시민들의 시선도 차갑기만 하다. 결국 법과 제도적 장치는 우리 사회에 만연한 연줄 문화 앞에서 힘을 쓰지 못하고 있는 것으로 해석할 수 있다.

(마) 천문학적인 뇌물을 받아도 마스크를 낀 채 휠체어를 타고 교도소를 나오는 기업경영인과 공직자들의 모습을 우리는 자주 보아왔다. 이처럼 솜방망이 처벌이 반복되는 상황에서 부패는 계속될 수밖에 없다. 예상되는 비용에 비해 기대 수익이 큰 상황에서 부패는 끊어질 수 없는 것이다. 이러한 상황이 인간의 욕망을 도리어 자극하여 사람들은 연줄을 찾아 더 많은 부당이득을 노리려 할지 모른다. 연줄로 맺어지든 다른 방식으로 이루어지든 부패로 인하여 지불해야 할 비용이 크다면 부패에 대한 유인이 크게 줄어들 수 있을 것이다.

① (가) – 일상부패에 대한 인식과 부패인식지수의 상반되는 경향에 대한 의문
② (나) – 공공분야에 맞추어진 부패인식지수의 산출과정
③ (다) – 특정 계층으로 집중된 부패인식지수의 조사 대상
④ (라) – 부패인식지수의 효과적인 개선방안
⑤ (마) – 부패가 계속되는 원인과 부패 해결 방향

※ 다음 문단을 논리적 순서대로 바르게 나열한 것을 고르시오. **[4~6]**

Easy
04

> (가) 하지만 막상 앱을 개발하려 할 때 부딪히는 여러 난관이 있다. 여행지나 주차장에 한 정보를 모으는 것도 문제이고, 정보를 지속적으로 갱신하는 것도 문제이다. 이런 문제 때문에 결국 아이디어를 포기하는 경우가 많다.
>
> (나) 그러나 이제는 아이디어를 포기하지 않아도 된다. 바로 공공 데이터가 있기 때문이다. 공공 데이터는 공공 기관에서 생성, 취득하여 관리하고 있는 정보 중 전자적 방식으로 처리되어 누구나 이용할 수 있도록 국민들에게 제공된 것을 말한다.
>
> (다) 현재 정부에서는 공공 데이터 포털 사이트를 개설하여 국민들이 쉽게 이용할 수 있도록 하고 있다. 공공 데이터 포털 사이트에서는 800여 개 공공 기관에서 생성한 15,000여 건의 공공 데이터를 제공하고 있으며, 제공하는 공공 데이터의 양을 꾸준히 늘리고 있다.
>
> (라) 앱을 개발하려는 사람들은 아이디어가 넘친다. 사람들이 여행 준비를 위해 많은 시간을 허비하는 것을 보면 한 번에 여행 코스를 짜 주는 앱을 만들어 보고 싶어 하고, 도심에 주차장을 못 찾아 헤매는 사람들을 보면 주차장을 쉽게 찾아 주는 앱을 만들어 보고 싶어 한다.

① (가) – (라) – (나) – (다) 　　② (가) – (나) – (다) – (라)
③ (다) – (가) – (나) – (라) 　　④ (라) – (가) – (나) – (다)
⑤ (라) – (나) – (다) – (가)

05

(가) 이처럼 사대부들의 시조는 심성 수양과 백성의 교화라는 두 가지 주제로 나타난다. 이는 사대부들이 재도지기(載道之器), 즉 문학을 도(道)를 싣는 수단으로 보는 효용론적 문학관에 바탕을 두었기 때문이다. 이때 도(道)란 수기의 도와 치인의 도라는 두 가지 의미를 지니는데, 강호가류의 시조는 수기의 도를, 오륜가류의 시조는 치인의 도를 표현한 것이라 할 수 있다.

(나) 한편, 오륜가류는 백성들에게 유교적 덕목인 오륜을 실생활 속에서 실천할 것을 권장하려는 목적으로 창작한 시조이다. 사대부들이 관직에 나아가면 남을 다스리는 치인(治人)을 위해 최선을 다했고, 그 방편으로 오륜가류를 즐겨 지었던 것이다. 오륜가류는 쉬운 일상어를 활용하여 백성들이 일상생활에서 마땅히 행하거나 행하지 말아야 할 것들을 명령이나 청유 등의 어조로 노래하였다. 이처럼 오륜가류는 유교적 덕목인 인륜을 실천함으로써 인간과 인간이 이상적 조화를 이루고, 이를 통해 천하가 평화로운 상태까지 나아가는 것을 주요 내용으로 하였다.

(다) 조선시대 시조 문학의 주된 향유 계층은 사대부들이었다. 그들은 '사(士)'로서 심성을 수양하고 '대부(大夫)'로서 관직에 나아가 정치 현실에 참여하는 것을 이상으로 여겼다. 세속적 현실 속에서 나라와 백성을 위한 이념을 추구하면서 동시에 심성을 닦을 수 있는 자연을 동경했던 것이다. 이러한 의식의 양면성에 기반을 두고 시조 문학은 크게 강호가류(江湖歌類)와 오륜가류(五倫歌類)의 두 가지 경향으로 발전하게 되었다.

(라) 강호가류는 자연 속에서 한가롭게 지내는 삶을 노래한 것으로, 시조 가운데 작품 수가 가장 많다. 강호가류가 크게 성행한 시기는 사화와 당쟁이 끊이질 않았던 16 ~ 17세기였다. 세상이 어지러워지자 정치적 이상을 실천하기 어려웠던 사대부들은 정치 현실을 떠나 자연으로 회귀하였다. 이때 사대부들이 지향했던 자연은 세속적 이익과 동떨어진 검소하고 청빈한 삶의 공간이자 안빈낙도(安貧樂道)의 공간이었다. 그 속에서 사대부들은 강호가류를 통해 자연과 인간의 이상적 조화를 추구하며 자신의 심성을 닦는 수기(修己)에 힘썼다.

① (다) – (나) – (가) – (라) ② (다) – (라) – (나) – (가)
③ (라) – (나) – (가) – (다) ④ (라) – (다) – (가) – (나)
⑤ (라) – (다) – (나) – (가)

(가) 1,000분의 1초(ms) 단위로 안구운동을 측정한 결과 미국 학생은 중국 학생에 비해 18ms 빨리 물체에 주목했으며 눈길이 머문 시간도 42.8% 길었다. 그림을 본 후 처음 300 ~ 400ms 동안에는 두 그룹 사이에 별 차이가 없었으나 이후 420 ~ 1,100ms 동안 미국 학생은 중국 학생에 비해 물체에 주목하는 정도가 더 높았다.

(나) 미국 국립과학아카데미(NAS) 회보는 동양인과 서양인이 사물을 보는 방식에 차이가 난다는 실험 결과를 소개했다. 미국 미시간대 심리학과 연구진은 백인 미국인 학생 25명과 중국인 학생 27명에게 호랑이가 정글을 어슬렁거리는 그림 등을 보여주고 눈의 움직임을 관찰했다. 실험 결과 미국 학생의 눈은 호랑이처럼 전면에 두드러진 물체에 빨리 반응하고 오래 쳐다본 반면 중국 학생의 시선은 배경에 오래 머물렀다. 또한 중국 학생은 물체와 배경을 오가며 그림 전체를 보는 것으로 나타났다.

(다) 연구를 주도한 리처드 니스벳 교수는 이런 차이가 문화적 변수에 기인하는 것으로 봤다. 그는 "중국문화의 핵심은 조화에 있기 때문에 서양인보다는 타인과의 관계에 많은 신경을 써야 하는 반면 서양인은 타인에게 신경을 덜 쓰고도 일할 수 있는 개인주의적 방식을 발전시켜 왔다."고 말했다.

(라) 니스벳 교수는 지각구조의 차이가 서로 다른 문화적 배경에 기인한다는 것은 미국에서 태어나고 자란 아시아계 학생들이 사물을 볼 때 아시아에서 나고 자란 학생들과 백인계 미국인의 중간 정도의 반응을 보이며 때로는 미국인에 가깝게 행동한다는 사실로도 입증된다고 덧붙였다.

(마) 고대 중국의 농민들은 관개농사를 했기 때문에 물을 나눠 쓰되 누군가가 속이지 않는다는 것을 확실히 알 필요가 있었던 반면 서양의 기원인 고대 그리스에는 개별적으로 포도와 올리브를 키우는 농민이 많았고 그들은 오늘날의 개인 사업가처럼 행동했다. 이런 삶의 방식이 지각구조에도 영향을 미쳐 철학자 아리스토텔레스는 바위가 물에 가라앉는 것은 중력 때문이고 나무가 물에 뜨는 것은 부력 때문이라고 분석하면서도 정작 물에 대해서는 아무런 언급을 하지 않았지만, 중국인들은 모든 움직임을 주변 환경과 연관 지어 생각했고 서양인보다 훨씬 전에 조류(潮流)와 자기(磁氣)를 이해했다는 것이다.

① (나) - (가) - (다) - (라) - (마)   ② (나) - (가) - (다) - (마) - (라)

③ (나) - (다) - (가) - (마) - (라)   ④ (마) - (라) - (나) - (가) - (다)

⑤ (마) - (라) - (다) - (나) - (가)

매체의 발달은 인지 방법을 바꾼다. 문자 중심으로 정보를 수용했던 시대가 영상 중심으로 전환되면서 문자 역시 '읽는 것'에서 '보는 것'으로 바뀌어 가고 있다. 새로운 인지 경험들은 새로운 의미들을 만들어 낸다. 이를 특정한 구성원 내에서 의미를 은폐하기 위해 사용하는 은어와 같이 여기기도 하지만 새로운 인지 방식을 탄생시킨 매체를 적극적으로 유용한 계층에서 먼저 나타난 현상일 뿐이다. 그러기 때문에 줄임말, 초성 표기, 이모티콘이나 야민정음과 같은 현상들은 이전의 은어나 격이 낮은 비속어와는 맥락이 다르다고 할 수 있다. 이들은 매체의 발달로 인해 나타난 새로운 인지 경험이 만들어 낸 현상으로 이해할 수 있다.

줄임말은 은어와 같은 역할을 하기도 했지만 매체의 발달로 인해 확대되었고, 은어로서의 정체성도 희박해졌다. 음성언어로 진행되던 대화가 채팅을 통해 문자로 진행되면서 문자의 입력과 인지는 음성언어가 발화되고 수용되는 것만큼의 즉시성을 요구했다. 채팅에서는 문법의 정확성보다 제시된 메시지에 반응하는 시간의 간격을 최소화하는 것이 소통에서 중요한 요소였다. 그렇기 때문에 줄임말의 사용이 점차 확대되었다.

또한 모바일 디바이스의 경우 초창기에는 엄격한 전송 용량 제한과 과금이 있었기 때문에 제한된 환경에서 기의(Signified)를 경제적으로 표현하기 위한 모색의 결과로 다양한 형태의 줄임말들이 나타나게 되었다. 물론 이는 한글뿐만 아니라 알파벳을 비롯한 다양한 문자에서도 동일하게 나타나고 있는 현상이기도 하다.

이와는 또 다르게 최근의 야민정음과 같은 현상은 한글을 기표(Signifier)로 인식하지 않고 하나의 이미지로 인식하면서 나타난 현상이라고 할 수 있다. 이는 처음에 문자를 오독하면서 나타났던 현상인데, 여기서 오독은 사실 적확한 표현이 아니다. 오독보다는 오히려 착시에 의해 문자를 새롭게 인지하면서 나타난 현상이라고 정의할 수 있다. 이후 착시의 가능성이 있는 문자들을 의도적으로 변용하면서 나타난 현상이 야민정음이라고 할 수 있다. 특히 기존의 새로운 조어 방식은 이전에 없었던 기의를 만들어 내는 방식이 주를 이루었던 것에 비해, 야민정음은 기존의 기의들은 그대로 둔 채 기표들을 새로운 방식으로 해체하고 재구성하는 방식을 취하고 있다는 것이 특징적이다.

① 새로운 현상에 대한 원인을 찾고 분석하고 있다.
② 새로운 현상에 대한 해결방안을 제시하고 있다.
③ 새로운 현상을 분류하여 범주를 제시하고 있다.
④ 새로운 현상에 대해 형태를 묘사하고 있다.
⑤ 새로운 현상에 대한 변화 과정을 설명하고 있다.

※ 다음 글의 내용으로 적절하지 않은 것을 고르시오. [8~9]

08

일반적으로 문화는 '생활양식' 또는 '인류의 진화로 이룩된 모든 것'이라는 포괄적인 개념을 갖고 있다. 이렇게 본다면 언어는 문화의 하위 개념에 속하는 것이다. 그러나 언어는 문화의 하위 개념에 속하면서도 문화 자체를 표현하여 그것을 전파전승하는 기능도 한다. 이로 보아 언어에는 그것을 사용하는 민족의 문화와 세계 인식이 녹아있다고 할 수 있다. 가령 '사촌'이라고 할 때, 영어에서는 'Cousin'으로 이를 통칭하는 것을 우리말에서는 친·외, 고종·이종 등으로 구분하고 있다. 친족 관계에 대한 표현에서 우리말이 영어보다 좀 더 섬세하게 되어 있는 것이다. 이것은 친족 관계를 좀 더 자세히 표현하여 차별 내지 분별하려 한 우리 문화와 그것을 필요로 하지 않는 영어권 문화의 차이에서 기인한 것이다.

문화에 따른 이러한 언어의 차이는 낱말에서만이 아니라 어순(語順)에서도 나타난다. 우리말은 영어와 주술 구조가 다르다. 우리는 주어 다음에 목적어, 그 뒤에 서술어가 온다. 이에 비해 영어에서는 주어 다음에 서술어, 그 뒤에 목적어가 온다. 우리말의 경우 '나는 너를 사랑한다.'라고 할 때, '나'와 '너'를 먼저 밝히고 그 다음에 '나의 생각'을 밝히는 것에 비하여, 영어에서는 '나'가 나오고, 그 다음에 '나의 생각'이 나온 뒤에 목적어인 '너'가 나온다. 이러한 어순의 차이는 결국 나의 의사보다 상대방에 대한 관심을 먼저 보이는 우리의 문화와 나의 의사를 밝히는 것이 먼저인 영어를 사용하는 사람들의 문화 차이에서 기인한 것이다. 대화를 할 때 다른 사람을 대우하는 것에서도 이런 점을 발견할 수 있다.

손자가 할아버지에게 무엇을 부탁하는 경우를 생각해 보자. 이 경우 영어에서는 'You do it, please.'라고 하고, 우리말에서는 '할아버지께서 해주세요.'라고 한다. 영어에서는 상대방이 누구냐에 관계없이 상대방을 가리킬 때 'You'라는 지칭어를 사용하고, 서술어로는 'do'를 사용한다. 그런데 우리말에서는 상대방을 가리킬 때, 무조건 영어의 'You'에 대응하는 '당신(너)'이라는 말만을 쓰는 것은 아니고 상대에 따라 지칭어를 달리 사용한다. 뿐만 아니라, 영어의 'do'에 대응하는 서술어도 상대에 따라 '해 주어라, 해 주게, 해 주오, 해 주십시오, 해 줘, 해 줘요'로 높임의 표현을 달리한다. 이는 우리말이 서열을 중시하는 전통적인 유교 문화를 반영하고 있기 때문이다. 언어는 단순한 음성 기호 이상의 의미를 지니고 있다. 앞의 예에서 알 수 있듯이 언어에는 그 언어를 사용하는 민족의 문화가 용해되어 있다. 따라서 우리 민족이 한국어라는 구체적인 언어를 사용한다는 것은 단순히 지구상에 있는 여러 언어 가운데 개별 언어 한 가지를 쓴다는 사실만을 의미하지는 않는다. 한국어에는 우리 민족의 문화와 세계 인식이 녹아있기 때문이다. 따라서 우리말에 대한 애정은 우리 문화에 대한 사랑이요, 우리의 정체성을 살릴 수 있는 길일 것이다.

① 언어는 문화를 표현하고 전파전승하는 기능을 한다.
② 문화의 하위 개념인 언어는 문화와 밀접한 관련이 있다.
③ 영어에 비해 우리말은 친족 관계를 나타내는 표현이 다양하다.
④ 우리말에 높임 표현이 발달한 것은 서열을 중시하는 문화가 반영된 것이다.
⑤ 우리말의 문장 표현에서는 상대방에 대한 관심보다는 나의 생각을 우선시한다.

09

'역사란 무엇인가?'라는 대단히 어려운 물음에 아주 쉽게 답한다면 그것은 인간 사회의 지난날에 일어난 사실(事實) 자체를 가리키기도 하고, 또 그 사실에 대해 적어 놓은 기록을 가리키기도 한다고 말할 수 있다. 그러나 지난날의 인간 사회에서 일어난 사실이 모두 역사가 되는 것은 아니다. 쉬운 예를 들면 김 총각과 박 처녀가 결혼한 사실은 역사가 될 수 없고 한글이 만들어진 사실, 임진 왜란이 일어난 사실 등은 역사가 된다.

이렇게 보면 사소한 일, 일상적으로 반복되는 일은 역사가 될 수 없고 거대한 사실, 한 번만 일어나는 사실만이 역사가 될 것 같지만 반드시 그런 것도 아니다. 고려시대의 경우를 예로 들면 주기적으로 일어나는 자연 현상인 일식과 월식은 모두 역사로 기록되었지만, 우리는 지금 세계 최고(最古)의 금속 활자를 누가 몇 년에 처음으로 만들었는지 모르고 있다. 일식과 월식은 자연 현상이면서도 하늘이 인간 세계의 부조리를 경고하는 것이라 생각했기 때문에 역사가 되었지만, 목판(木版)이나 목활자 인쇄술이 금속 활자로 넘어가는 중요성이 인식되지 않았기 때문에 금속 활자는 역사가 될 수 없었다.

이렇게 보면 또 역사라는 것은 지난날의 인간 사회에서 일어난 사실 중에서 누군가에 의해 중요한 일이라고 인정되어 뽑힌 것이라 할 수 있다. 이 경우, 그것을 뽑은 사람은 기록을 담당한 사람, 곧 역사가라 할 수 있으며 뽑힌 사실이란 곧 역사책을 비롯한 각종 기록에 남은 사실들이다. 다시 말하면 역사란 결국 기록에 남은 것이며, 기록에 남지 않은 것은 역사가 아니라 할 수 있다. 일식과 월식은 과학이 발달한 오늘날에는 역사로서 기록에 남지 않게 되었다. 금속 활자의 발견은 그 중요성을 안 훗날 사람들의 노력에 의해 최초로 발명한 사람과 정확한 연대(年代)는 모른 채 고려 말기의 중요한 역사로 추가 기록되었다. '지난날의 인간 사회에서 일어난 수많은 사실 중에서 누군가가 기록해 둘 만한 중요한 일이라고 인정하여 기록한 것이 역사이다'라고 생각해 보면, 여기에 좀 더 깊이 생각해 보아야 할 몇 가지 문제가 있다.

첫째는 '기록해 둘 만한 중요한 사실이란 무엇을 말하는 것인가?' 하는 문제이고, 둘째는 '과거에 일어난 일들 중에서 기록해둘 만한 중요한 사실을 가려내는 사람의 생각과 처지'의 문제이다. 먼저 '무엇이 기록해 둘 만한 중요한 문제인가? 기록해 둘 만하다는 기준(基準)이 무엇인가?'라고 생각해 보면, 아주 쉽게 말해서 후세(後世) 사람들에게 어떤 참고가 될 만한 일이라고 말할 수 있겠다. 다시 말하면 오늘날의 역사책에 남아 있는 사실들은 모두 우리가 살아나가는 데 참고가 될 만한 일들이라 할 수 있다. 다음으로 참고가 될 만한 일과 그렇지 않은 일을 가려 내는 일은 사람에 따라 다를 수 있으며, 또 시대에 따라 다를 수 있다. 고려시대나 조선시대 사람들에게는 일식과 월식이 정치를 잘못한 왕이나 관리들에 대한 하늘의 노여움이라 생각되었기 때문에 역사에 기록되었지만, 오늘날에는 그렇지 않다는 것을 알게 되었기 때문에 역사에는 기록되지 않는다.

① 인간 사회에서 일어난 모든 사실이 역사가 될 수 없다.

② 역사라는 것은 역사가의 관점에 의하여 선택된 사실이다.

③ 역사의 가치는 시대나 사회의 흐름과 무관한 절대적인 것이다.

④ 역사는 기록에 남은 것이며, 기록된 것은 가치가 있는 것이어야 한다.

⑤ 희소가치가 있는 것이나 거대한 사실이 반드시 역사가 되는 것은 아니다.

다음 글의 빈칸에 들어갈 내용으로 가장 적절한 것은?

> 조선 왕조에서 최고의 지위를 갖고 있었던 왕들의 모습은 현재의 거울처럼 더욱 생생하게 다가오고 있다. 조선 왕들에 대한 관심은 서적과 영화, 드라마 등을 통해서 상당히 표출이 되었지만, 영화나 드라마보다 더 극적인 상황 전개가 이루어진 정치 현실과 맞물리면서 조선시대 왕의 리더십에 대해서는 더 통찰력 있는 분석이 요구되고 있다.
>
> 조선 왕조는 500년 이상 장수한 왕조였고, 27명의 왕이 재위하였다. 각기 다른 개성을 가진 왕들은 체제의 정비가 요구되던 시기를 살기도 했고, 강력한 개혁이 요구되던 시기를 살기도 했다. 태종과 세조처럼 자신의 집권의 정당성을 위해서 강력한 왕권을 확립해야 했던 왕, 세종과 성종처럼 체제와 문물의 정비에 총력을 쏟았던 왕이 있었고, 광해군과 선조처럼 개혁이 시대적 요구가 되던 시대를 살아간 왕도 있었다. 선조와 같이 전란을 겪고 수습해야 했던 왕, 인조처럼 적장에게 항복을 할 수밖에 없었던 왕, 원인은 달랐지만 부왕의 복수와 명예 회복을 위해 살아간 효종과 정조도 있었다. 시대의 요구가 달랐고 각기 다른 배경 속에서 즉위한 조선의 왕이었지만, 이들은 모두 성리학 이념으로 무장한 신하들과 학자, 왕의 통치력을 믿고 따르는 백성들과 함께 국가를 합리적으로 이끌어갈 임무를 부여받았다. 왕들은 때로는 과감한 개혁 정책을 선보였고, 때로는 왕권에 맞서는 신권에 대응하기도 했으며 조정자의 역할도 하였다. 모두들 백성을 위한 정책을 추진한다고 했지만 대동법과 균역법처럼 시대의 요청에 부응하는 것들도 있었지만 무리한 토목 공사와 천도처럼 실패한 정책들도 있었다. 체제의 안정, 변화와 개혁의 중심에도 왕의 리더십이 있었고, 왕의 리더십은 국가의 성패를 가늠하는 주요한 기준이었기에 왕으로 산다는 것은 그렇게 쉬운 일이 아니었다. 역사는 현재를 비추는 거울이라고 한다. 왕조 시대가 끝나고 국민이 주인이 되는 민주사회가 도래했다고 하지만, 적절한 정책의 추진, 여론의 존중, 도덕과 청렴성, 소통과 포용의 리더십, 언론의 존중 등 전통 사회의 왕들에게 요구되었던 덕목들은 오늘날까지 유효하다. _____

① 왕을 견제하는 세력을 두어 왕권과 신권의 적절한 조화가 중요하다.
② 조선의 왕들은 자신의 정치 역량을 최대한 발휘하는 위치에 서 있었다.
③ 조선의 왕은 고대나 고려의 왕들에 비해 절대적인 권력을 누리지는 못하였다.
④ 조선 왕조는 국제 전쟁이나 왕위 계승 등 역사적 전개 과정에서 크고 작은 변화를 경험했다.
⑤ 조선의 왕이 보인 리더십을 본받아 현재의 리더가 갖추어야 할 덕목들을 생각해 보아야 한다.

11 다음 글을 읽은 독자의 반응으로 적절하지 않은 것은?

지름 $10\mu m$ 이하 미세 먼지는 각종 호흡기 질환을 유발할 수 있기 때문에 예방 차원에서 대기 중 미세 먼지의 농도를 알 필요가 있다. 이를 위해 미세 먼지 측정기가 개발되었으며, 이 기기들은 대부분 베타선 흡수법을 사용하고 있다. 베타선 흡수법을 이용한 미세 먼지 측정기는 입자의 성분에 상관없이 설정된 시간에 맞추어 미세 먼지의 농도를 자동적으로 측정한다. 이 기기는 크게 분립 장치, 여과지, 베타선 광원 및 감지기, 연산 장치 등으로 구성된다.

미세 먼지의 농도를 측정하기 위해서는 우선 분석에 쓰일 재료인 시료의 채취가 필요하다. 시료인 공기는 흡인 펌프에 의해 시료 흡입부로 들어오며, 이때 일정한 양의 공기가 일정한 시간 동안 유입되도록 설정된다. 분립 장치는 시료 흡입부를 통해 유입된 공기 속 입자 물질을 내부 노즐을 통해 가속한 후, 충돌판에 충돌시켜 $10\mu m$보다 큰 입자만 포집하고 그보다 작은 것들은 통과할 수 있도록 한다.

결국 지름 $10\mu m$보다 큰 먼지는 충돌판에 그대로 남고, 이보다 크기가 작은 미세 먼지만 아래로 떨어져 여과지에 쌓인다. 여과지는 긴 테이프의 형태로 되어 있으며 일정 시간 미세 먼지를 포집한다. 여과지에 포집된 미세 먼지는 베타선 광원과 베타선 감지기에 의해 그 질량이 측정된 후 자동 이송 구동 장치에 의해 밖으로 배출된다.

방사선인 베타선을 광원으로 사용하는 이유는 베타선이 어떤 물질을 통과할 때, 그 물질의 질량이 커질수록 베타선의 세기가 감쇠하는 성질이 있기 때문이다. 또한 종이는 빠르게 투과하나 얇은 금속판이나 플라스틱은 투과할 수 없어, 안전성이 뛰어나기 때문이다. 베타선 광원에서 조사(照射)된 베타선은 여과지 위에 포집된 미세 먼지를 통과해 베타선 감지기에 도달하게 된다. 이때 감지된 베타선의 세기는 미세 먼지가 없는 여과지를 통과한 베타선의 세기보다 작을 수밖에 없다. 왜냐하면 베타선이 여과지 위에 포집된 미세 먼지를 통과할 때, 그 일부가 미세 먼지 입자에 의해 흡수되거나 소멸되기 때문이다. 따라서 미세 먼지가 없는 여과지를 통과한 베타선의 세기와 미세 먼지가 있는 여과지를 통과한 베타선의 세기에는 차이가 발생한다.

베타선 감지기는 이 두 가지 베타선의 세기를 데이터 신호로 바꾸어 연산 장치에 보낸다. 연산 장치는 이러한 데이터 신호를 수치로 환산한 후 미세 먼지가 흡수한 베타선의 양을 고려하여 여과지에 포집된 미세 먼지의 질량을 구한다. 이렇게 얻은 미세 먼지의 질량은 유량 측정부를 통해 측정한 시료 포집 시 흡입된 공기량을 감안하여 ppb단위를 갖는 대기 중의 미세 먼지 농도로 나타나게 된다.

① 미세 먼지 측정기는 미세 먼지 농도 측정 시 미세 먼지의 성분에 영향을 받는군.

② 베타선 감지기는 베타선 세기를 데이터 신호로 바꾸어 주는 장치겠군.

③ 대기 중 미세 먼지의 농도 측정은 시료의 채취부터 시작하겠군.

④ 베타선은 플라스틱으로 만들어진 물체를 투과하지 못하겠군.

⑤ 미세 먼지 측정기에는 베타선 흡수법이 널리 사용되는군.

※ 다음 글의 내용으로 가장 적절한 것을 고르시오. [12~15]

12

미국의 정치학자인 로버트 액셀로드의 저서 『협력의 진화』에서 언급된 팃포탯(Tit-for-Tat) 전략은 '죄수의 딜레마'를 해결할 가장 유력한 전략으로 더욱 잘 알려져 있는 듯하다.

죄수의 딜레마는 게임 이론에서 가장 유명한 사례 중 하나로, 두 명의 실험자가 참여하는 비제로섬 게임(Non Zero-sum Game)의 일종이다. 두 명의 실험자는 각각 다른 방에 들어가 심문을 받으며, 둘 중 하나가 배신하여 죄를 자백한다면 자백한 사람은 즉시 석방되는 대신 나머지 한 사람이 10년을 복역하게 된다. 그러나 두 사람 모두가 배신하여 죄를 자백할 경우는 5년을 복역하며, 두 사람 모두 죄를 자백하지 않는다면 각각 6개월을 복역하게 된다.

죄수의 딜레마에서 실험자들은 개인에게 있어 이익이 최대화된다는 가정 아래 움직이기 때문에 결과적으로는 모든 참가자가 배신을 선택하는 결과가 된다. 즉, 자신의 최대 이익을 노리려던 선택이 오히려 둘 모두에게 배신하지 않는 선택보다 나쁜 결과를 불러오는 것이다.

팃포탯 전략은 1979년 액셀로드가 죄수의 딜레마를 해결하기 위해 개최한 1・2차 리그 대회에서 우승한 프로그램의 짧고 간단한 핵심전략이다. 캐나다 토론토 대학의 심리학자인 아나톨 라포트 교수가 만든 팃포탯은 상대가 배신한다면 나도 배신을 하고, 상대가 의리를 지킨다면 의리로 대응한다는 내용을 담고 있다. 이 단순한 전략을 통해 팃포탯은 총 200회의 거래에서 유수의 컴퓨터 프로그램을 제치고 우승을 차지할 수 있었다.

대회가 끝난 후, 액셀로드는 참가한 모든 프로그램들의 전략을 '친절한 전략'과 '비열한 전략'으로 나누었으며, 친절한 전략으로 분류된 팃포탯을 포함해 대체적으로 친절한 전략을 사용한 프로그램들이 좋은 성적을 냈다는 사실을 확인할 수 있었다. 그리고 그 중에서도 팃포탯이 두 차례 모두 우승할 수 있었던 것은 비열한 전략을 사용하는 프로그램에서는 마찬가지로 비열한 전략으로 대응했기 때문임을 알게 되었다.

① 엑셀로드가 만든 팃포탯은 죄수의 딜레마에서 우승할 수 있는 가장 유력한 전략이다.
② 죄수의 딜레마에서 자신의 이득이 최대로 나타나는 경우는 죄를 자백하지 않는 것이다.
③ 엑셀로드는 리그 대회를 통해 팃포탯과 같은 대체로 비열한 전략을 사용하는 프로그램이 좋은 성적을 냈다는 사실을 알아냈다.
④ 대회에서 우승한 팃포탯 전략은 비열한 전략을 친절한 전략보다 많이 사용했다.
⑤ 팃포탯 전략이 우승한 것은 비열한 전략에 마찬가지로 비열하게 대응했기 때문이다.

예술과 도덕의 관계, 더 구체적으로는 예술작품의 미적 가치와 도덕적 가치의 관계는 동서양을 막론하고 사상사의 중요한 주제들 중 하나이다. 그 관계에 대한 입장들로는 '극단적 도덕주의', '온건한 도덕주의', '자율성주의'가 있다. 이 입장들은 예술작품이 도덕적 가치판단의 대상이 될 수 있느냐는 물음에 각기 다른 대답을 한다.

극단적 도덕주의 입장은 모든 예술작품을 도덕적 가치판단의 대상으로 본다. 이 입장은 도덕적 가치를 가장 우선적인 가치이자 가장 포괄적인 가치로 본다. 따라서 모든 예술작품은 도덕적 가치에 의해서 긍정적으로 또는 부정적으로 평가된다. 또한 도덕적 가치는 미적 가치를 비롯한 다른 가치들보다 우선한다. 이러한 입장을 대표하는 사람이 바로 톨스토이이다. 그는 인간의 형제애에 대한 정서를 전달함으로써 인류의 심정적 통합을 이루는 것이 예술의 핵심적 가치라고 보았다.

온건한 도덕주의는 일부 예술작품만이 도덕적 판단의 대상이 된다고 보는 입장이다. 따라서 일부의 예술작품들에 대해서만 긍정적인 또는 부정적인 도덕적 가치판단이 가능하다고 본다. 이 입장에 따르면, 도덕적 판단의 대상이 되는 예술작품의 도덕적 가치와 미적 가치는 서로 독립적으로 성립하는 것이 아니다. 그것들은 서로 내적으로 연결되어 있기 때문에 어떤 예술작품이 가지는 도덕적 장점이 그 예술작품의 미적 강점이 된다. 또한 어떤 예술작품의 도덕적 결함은 그 예술작품의 미적 결함이 된다.

자율성주의는 어떠한 예술작품도 도덕적 가치판단의 대상이 될 수 없다고 보는 입장이다. 이 입장에 따르면, 도덕적 가치와 미적 가치는 서로 자율성을 유지한다. 즉, 도덕적 가치와 미적 가치는 각각 독립적인 영역에서 구현되고 서로 다른 기준에 의해 평가된다는 것이다. 결국 자율성주의는 예술작품에 대한 도덕적 가치판단을 범주착오에 해당하는 것으로 본다.

① 톨스토이는 극단적 도덕주의를 비판하면서 예술작품은 인류의 심정적 통합 정도에만 기여해야 한다고 주장했다.

② 온건한 도덕주의에서는 미적 가치와 도덕적 가치의 독립적인 지위를 인정해야 한다고 본다.

③ 자율성주의는 도덕적 가치판단은 작품을 감상하는 각자에게 맡겨야 한다고 주장한다.

④ 온건한 도덕주의에서 도덕적 판단의 대상이 되는 예술작품은 극단적 도덕주의에서도 도덕적 판단의 대상이 된다.

⑤ 자율성주의는 예술작품의 미적 가치를 도덕적 가치보다 우월한 것으로 본다.

14 일부 연구자들은 동성애가 어린 시절 경험의 결과라고 생각한다. 이들에 따르면 특정한 유형의 부모가 자녀를 양육할 경우, 그 자녀가 동성애자가 될 가능성이 높다는 것이다. 이를 입증하기 위해 수백 명의 동성애 남성과 여성을 대상으로 대규모 연구가 실시되었다. 그 결과 동성애자가 강압적인 어머니와 복종적인 아버지에 의해 양육되었다는 아무런 증거도 발견하지 못하였다.

그 후 연구자들은 동성애의 원인으로 뇌에 주목했다. 연구에서 이성애 남성과 동성애 남성, 이성애 여성의 뇌를 사후에 조사하였다. 이들의 뇌는 시교차 상핵, 성적 이형핵, 전교련이라는 뇌 부위에서 차이가 있었다. 예를 들어 시교차 상핵은 동성애 남자가 더 크고, 이성애 남성과 이성애 여성은 그보다 작았다. 그러나 이러한 뇌 영역 및 그 크기의 차이가 인간의 성적 방향성과 직접적인 인과 관계를 맺고 있다는 증거는 아직까지 발견되지 않았다. 오히려 개인의 성적 방향성이 뇌 구조에 후천적으로 영향을 미쳤을 가능성이 제기되었다. 그렇다면 뇌 구조의 차이가 성적 방향성의 원인이라기보다는 그 결과일 수 있다.

최근 성적 방향성이 출생 전 호르몬 노출과 관련된다는 사실이 밝혀졌다. 안드로겐 호르몬은 출생 전 태아의 정소에서 분비되는 호르몬 중 하나이다. 이 안드로겐 호르몬의 노출 정도가 남성화 수준과 남성의 성적 방향성을 결정하는 요인 중 하나이다. 이러한 연구 결과에 따른다면 실제로 성적 방향성의 원인이 되는 차이가 발생하는 곳은 뇌가 아닌 다른 영역일 가능성이 높다.

실험실 동물을 이용한 또 다른 연구에서는 출생 전 스트레스가 성숙한 후의 성행동에 영향을 미칠 수 있음이 밝혀졌다. 임신한 쥐를 구금하거나 밝은 빛에 노출시켜 스트레스를 유발하는 방식으로 수컷 태아의 안드로겐 생산을 억제시키는 스트레스 호르몬을 방출하도록 하였다. 그 결과 스트레스를 받은 어미에게서 태어난 수컷 쥐는 그렇지 않은 쥐에 비하여 수컷의 성 활동을 덜 나타내는 경향이 있었다. 다른 연구에서는 출생 전 스트레스가 성적 이형핵의 크기를 축소시킨다는 사실을 발견했다. 성적 이형핵의 크기를 비교해 보면, 이성애 남성에서 가장 크고 동성애 남성과 이성애 여성은 상대적으로 작다.

성적 방향성을 결정짓는 또 다른 요인은 유전이다. 동성애가 유전적 근거를 갖는다면, 쌍생아의 경우 둘 중 한 사람이라도 동성애자인 집단에서 둘 다 동성애자로 일치하는 비율은 일란성 쌍생아의 경우가 이란성 쌍생아의 경우보다 높아야 한다. 조사 결과, 남성 쌍생아의 경우 일란성 쌍생아의 동성애 일치 비율은 52%인 반면 이란성 쌍생아의 경우 22%였다. 여성의 경우 일란성 쌍생아의 동성애 일치 비율은 48%이고, 이란성 쌍생아의 경우 16%였다.

① 뇌의 시교차 상핵과 성적 이형핵의 크기 차이가 남성의 성적 방향성을 결정하는 요인 중 하나이다.

② 출생 전 특정 호르몬에 얼마나 노출되었는지가 남성의 성적 방향성을 결정하는 요인 중 하나이다.

③ 어린 시절 부모의 억압적 양육과 특정 유형의 편향된 상호작용이 동성애를 결정하는 요인 중 하나이다.

④ 출생 전 스트레스는 성적 이형핵의 크기를 축소시켜 그 부위에서 생성되는 안드로겐 호르몬의 양을 감소시킨다.

⑤ 일란성 쌍생아의 동성애 일치 비율은 남성이 여성에 비해 동성애를 후천적으로 선택하는 비율이 높다는 것을 보여준다.

15 세계관은 세계의 존재와 본성, 가치 등에 대한 신념들의 체계이다. 세계를 해석하고 평가하는 준거인 세계관은 곧 우리 사고와 행동의 토대가 되므로 우리는 최대한 정합성과 근거를 갖추도록 노력해야 한다. 모순되거나 일관되지 못한 신념은 우리의 사고와 행동을 혼란시키므로 세계관에 대한 관심과 검토가 중요하다. 세계관을 이루는 여러 신념 가운데 가장 근본적인 수준의 신념은 '세계는 존재한다.'이다. 이 신념이 성립해야만 세계에 대한 다른 신념, 이를테면 세계가 항상 변화한다든가 불변한다든가 하는 등의 신념이 성립하기 때문이다.

실재론은 이 근본적 신념에 덧붙여 세계가 '우리 정신과 독립적으로' 존재함을 주장한다. 내가 만들어 날린 종이비행기는 멀리 날아가 볼 수 없게 되었다 해도 여전히 존재한다. 이는 명확해서 논란의 여지가 없어 보이지만, 반실재론자는 이 상식에 도전한다. 유명한 반실재론자인 버클리는 세계의 독립적 존재를 부정한다. 그는 이를 바탕으로 세계에 대한 주장을 편다. 그에 의하면 '주관적' 성질인 색깔, 소리, 냄새, 맛 등은 물론 '객관적'으로 성립한다고 여겨지는 형태, 공간을 차지함, 딱딱함, 운동 등의 성질도 오로지 우리가 감각할 수 있을 때만 존재하는 주관적 속성이다. 세계 속의 대상과 현상이란 이런 속성으로 구성되므로 세계는 감각으로 인식될 때만 존재한다는 것이다.

버클리의 주장은 우리의 통념과 충돌한다. 당시 어떤 사람이 돌을 차면서 "나는 이렇게 버클리를 반박한다!"라고 외쳤다고 한다. 그는 날아간 돌이 엄연히 존재한다는 점을 근거로 버클리의 주장을 반박하고자 한 것이다. 그러나 버클리를 비롯한 반실재론자들이 부정한 것은 세계가 정신과 독립하여 그 자체로 존재한다는 신념이다. 따라서 돌을 찬 사람은 그들을 제대로 반박하지 못했다고 볼 수 있다.

최근까지 새로운 형태의 반실재론이 제기되어 활발한 논의가 진행 중이다. 논증의 성패를 떠나 반실재론자는 타성에 젖은 실재론적 세계관의 토대에 대해 성찰할 기회를 제공한다. 또한 세계관에 대한 도전과 응전의 반복은 그 자체로 인간 지성이 상호 소통하면서 발전해 가는 과정을 보여준다.

① 발로 찼을 때 날아간 돌은 실재론자의 주장이 옳다는 사실을 증명한다.

② 실재론자에게 있어서 세계는 감각할 수 있는 요소에 한정된다.

③ 실재론이나 반실재론 모두 세계는 존재한다는 공통적인 전제를 깔고 있다.

④ 형태나 운동 등이 객관적인 속성을 갖췄다는 사실은 실재론자나 반실재론자 모두 인정하는 부분이다.

⑤ 현대사회에서는 실재론이 쇠퇴하고 반실재론에 관한 논의가 활발하게 진행되며 거의 정론으로 받아들여지고 있다.

Easy

16

'붕어빵'을 팔던 가게에서 붕어빵과 모양은 비슷하지만 크기가 더 큰 빵을 '잉어빵'이란 이름의 신제품으로 내놓았다고 하자. 이 잉어빵은 어떻게 만들어진 말일까? '붕어 : 붕어빵=잉어 : _____'과 같은 관계를 통해 잉어빵의 형성을 설명할 수 있다. 이는 붕어와 붕어빵의 관계를 바탕으로 붕어빵보다 크기가 큰 신제품의 이름을 잉어빵으로 지었다는 뜻이다. 붕어빵에서 잉어빵을 만들어 내듯이 기존 단어의 유사한 속성을 바탕으로 새로운 단어를 만들어 내는 것을 유추에 의한 단어 형성이라고 한다.

유추에 의해 단어가 형성되는 과정은 보통 네 가지 단계로 이루어진다. 첫째, 새로운 개념을 나타내는 어떤 단어가 필요한 경우 그것을 만들겠다고 결정한다. 둘째, 머릿속에 들어 있는 수많은 단어 가운데 근거로 이용할 만한 단어들을 찾는다. 셋째, 수집한 단어들과 만들려는 단어의 개념과 형식을 비교하여 공통성을 포착한다. 이 단계에서 근거로 삼을 단어를 확정한다. 넷째, 근거로 삼은 단어의 개념과 형식 관계를 적용해서 단어 형성을 완료한다. 이렇게 형성된 단어는 처음에는 신어(新語)로 다루어지지만 이후에 널리 쓰이게 되면 국어사전에 등재된다.

그러면 이러한 단계에 따라 '종이공'이라는 단어가 형성되는 과정을 살펴보자. 먼저 '종이로 만든 공'이라는 개념의 단어를 만들기로 결정한다. 그 다음에 근거가 되는 단어를 찾는다. 그러나 근거 단어가 될 만한 '○○공'에는 두 가지 종류가 있다. 하나는 축구공, 야구공 유형이고 다른 하나는 고무공, 가죽공 유형이다. 전자의 경우 공 앞에 오는 말이 공의 사용 종목인 반면 후자는 공의 재료라는 차이가 있다. 국어 화자는 종이공을 고무공, 가죽공보다 축구공, 야구공에 가깝다고 생각하지는 않는다. 그러므로 '종이를 할 때 쓰는 공'으로 해석하지 않고 '종이로 만든 공'으로 해석한다. 그 결과 '종이로 만든 공'을 의미하는 종이공이라는 새로운 단어가 형성된다.

유추에 의해 단어가 형성되는 과정을 잘 살펴보면 불필요한 단어를 과도하게 생성하지 않는 장치가 있다는 것을 알 수 있다. 필요에 의해 기존 단어를 본떠서 단어를 형성하므로 불필요한 단어의 생성을 최대한 억제할 수 있는 것이다. 유추에 의해 단어가 형성된다는 이론에서는 이러한 점을 포착할 수 있다는 장점이 있다.

① 유추에 의한 단어 형성이란 무엇인가?
② 유추에 의해 단어가 형성되는 과정은 무엇인가?
③ 유추에 의해 단어가 형성되는 예로는 무엇이 있는가?
④ 유추에 의한 단어 형성 외에 어떤 단어 형성 방식이 있는가?
⑤ 유추에 의해 단어가 형성되는 이론의 장점은 무엇인가?

17

생물학에서 반사란 '특정 자극에 대해 기계적으로 일어난 국소적인 반응'을 의미한다. 파블로프는 '벨과 먹이' 실험을 통해 동물의 행동에는 두 종류의 반사 행동, 즉 무조건 반사와 조건 반사가 존재한다는 결론을 내렸다. 뜨거운 것에 닿으면 손을 빼내는 것과 고깃덩이를 씹는 순간 침이 흘러나오는 것은 자극에 의한 무조건 반사다. 하지만 모든 자극이 반사 행동을 일으키는 것은 아니다. 생명체의 반사 행동을 유발하지 않는 자극을 중립 자극이라고 한다.

중립 자극도 무조건 자극과 짝지어지게 되면 생명체에게 반사 행동을 일으키는 조건 자극이 될 수 있다. 그것이 바로 조건 반사인 것이다. 예를 들어 벨 소리는 개에게 중립 자극이기 때문에 처음에 개는 벨 소리에 반응하지 않는다. 개는 오직 벨 소리 뒤에 주어지는 먹이를 보며 침을 흘릴 뿐이다. 하지만 벨 소리 뒤에 먹이를 주는 행동을 반복하다 보면 벨 소리는 먹이가 나온다는 신호로 인식되며 이에 대한 반응을 일으키는 조건 자극이 되는 것이다. 이처럼 중립 자극을 무조건 자극과 연결시켜 조건 반사를 일으키는 과정을 '고전적 조건 형성'이라 한다. 이러한 조건 형성 반응은 왜 생겨나는 것일까? 이는 대뇌 피질이 학습을 할 수 있기 때문이다.

어떠한 의미 없는 자극이라 할지라도 그것이 의미 있는 자극과 결합되어 제시되면 대뇌 피질은 둘 사이에 연관성이 있다는 것을 파악하고 이를 기억하여 반응을 일으킨다. 하지만 대뇌 피질은 한번 연결되었다고 항상 유지되지 않는다. 예를 들어 '벨 소리 – 먹이' 조건 반사가 수립된 개에게 벨 소리만 들려주고 먹이를 주지 않는 실험을 계속하다 보면 개는 벨 소리에 더 이상 반응하지 않게 되는 조건 반사의 '소거' 현상이 일어난다.

소거는 조건 자극이 무조건 자극 없이 충분히 자주 제시될 경우 조건 반사가 사라지는 현상을 말한다. 그렇기 때문에 소거는 바람직하지 않은 조건 반사를 수정하는 방법으로 사용된다. 하지만 조건 반사는 통제할 수 있는 것이 아니기 때문에, 제거 역시 자연스럽게 이루어지지 않는다. 또한 소거가 일어나는 속도가 예측 불가능하고, 소거되었을 때조차도 자발적 회복을 통해 조건 반사가 다시 나타날 수 있다는 점에서 소거는 조건 반사를 제거하기 위한 수단으로 한계가 있다.

이때 바람직하지 않은 조건 반사를 수정하는 또 다른 방법으로 사용되는 것이 '역조건 형성'이다. 이는 기존의 조건 반사와 양립할 수 없는 새로운 반응을 유발하여 이전 조건 형성의 원치 않는 효과를 제거하는 것으로 자발적 회복이 잘 일어나지 않는다. 예를 들어 토끼를 무서워하는 아이가 사탕을 먹을 때 처음에는 토끼가 아이로부터 멀리 위치하도록 한다. 아이는 사탕을 먹는 즐거움 때문에 토끼에 대한 공포를 덜 느끼게 된다. 다음날에도 마찬가지로 아이에게 사탕을 먹게 한 후 토끼가 전날보다 좀 더 가까이 오게 한다. 이러한 절차를 여러 번 반복하면 토끼가 매우 가까이 있어도 아이는 더 이상 토끼를 무서워하지 않게 된다.

① 소거에는 어떤 것들이 있는가?
② 고전적 조건 형성이란 무엇인가?
③ 동물의 반사 행동에는 어떤 것이 있는가?
④ 조건 형성 반응이 일어나는 이유는 무엇인가?
⑤ 바람직하지 않은 조건 반사를 수정하는 방법에는 무엇이 있는가?

18 다음 글을 읽고 추론한 내용으로 가장 적절한 것은?

많은 미술가들은 대중 매체를 조작이나 선전의 혐의가 있는 것으로 불신하며 대중문화를 천박한 것으로 간주한다. 그들은 여러 가지 방식으로 자신들의 생각을 표현해 왔다. 대중 매체에 대한 부정적 태도는 소위 '근본주의 회화'에서도 찾을 수 있다. 이 경향의 미술가들은 회화 예술만의 특성, 즉 회화의 근본을 찾아내려고 고심했다. 그들은 자신의 목표를 극단으로 추구한 나머지 결국 회화에서 대상의 이미지를 제거해 버렸다. 이미지들로 가득 차 있는 사진, 영화, 텔레비전 같은 대중 매체를 부정하는 길이라고 생각했기 때문이다. 사물의 이미지와 세상의 여러 모습들이 사라져 버린 회화에서는 전통적인 의미에서의 주제나 내용을 발견할 수 없었다. 대신 그림을 그리는 과정과 방식이 중요해졌고, 그 자체가 회화의 주제가 되어 버렸다. 이것은 대중 매체라는 위압적인 경쟁자에 맞서 회화가 택한 절박한 시도였다. 그 결과 회화는 대중 매체와 구별되는 자신을 찾았지만, 남은 것은 회화의 빈곤을 보여 주는 텅 빈 캔버스뿐이었다.

회화의 내용을 포기하지 않으면서 대중 매체를 성공적으로 비판한 경우는 없었을까? '팝 아트'는 대중문화의 산물들을 적극적으로 이용하면서 그 속에서 대중 매체에 대한 비판을 수행하고 있다는 점에서 흥미롭다. 특히 영국의 초기 팝 아트에서 두드러진다. 그들은 대중문화의 이미지를 차용하여 그것을 맥락이 다른 이미지 속에 재배치함으로써 생겨나는 새로운 의미에 주목하였다. 이를 통해 그들은 비판적 의도를 표출하였으며, 대중문화에 대한 비판도 같은 방식으로 이루어졌다. 이후 미국의 팝 아트는 대중문화에 대한 부정도 긍정도 아닌 애매한 태도나 낙관주의를 보여주기도 하지만, 거기에도 비판적 반응으로 해석될 수 있는 작품들이 있다. 리히텐슈타인이 대중문화의 하나인 만화의 양식을 본떠 제작한 「꽈광!」과 같은 작품이 그 예이다.

리히텐슈타인은 색이나 묘사 방법 같은 형식적인 요소들 때문에 만화에 관심을 갖게 되었다. 만화가 세계를 '어떻게' 재현하는지에 주목한 것이다. 예를 들어 만화가 전쟁을 다룰 경우, 전쟁의 공포와 고통은 밝고 경쾌한 만화의 양식으로 인해 드러나지 않게 된다. 「꽈광!」에서 리히텐슈타인은 만화에서 흔히 보는 공중전 장면을 4미터가 넘는 크기로 확대하여 과장하고, 색도 더욱 장식적으로 사용함으로써 만화의 재현 방식 자체를 주제로 삼았다. 이 점에서 「꽈광!」은 추상화처럼 형식에 주목하기를 요구하는 그림이다. 그러나 내용도 역시 작품의 감상에 중요한 요소로 관여한다. 관람객들이 「꽈광!」의 폭력적인 내용과 명랑한 묘사 방법 간의 모순이 섬뜩한 것임을 알아차릴 때 비로소 작가의 비판적 의도가 실현되기 때문이다.

① 근본주의 회화는 대중 매체에 대한 비판을 이미지의 재배치를 통해 구현하였다.

② 영국의 초기 팝 아트는 대상의 이미지가 사라진 추상을 다루고 있다.

③ 미국의 팝 아트는 대중 매체를 긍정한다는 점에서 영국의 초기 팝 아트와 차이가 있다.

④ 근본주의 회화와 「꽈광!」은 표현 방식이 주제가 된다는 점에서 공통점이 있다.

⑤ 「꽈광!」이 대중문화에 대한 성공적인 비판인 이유는 명랑한 색감과 만화적 재현 방식 사이의 모순 때문이다.

19 다음 글에서 밑줄 친 ㉠의 입장에서 호메로스의 『일리아스』를 비판한 내용으로 적절하지 않은 것은?

기원전 5세기, 헤로도토스는 페르시아 전쟁에 대한 책을 쓰면서 『역사(Historiai)』라는 제목을 붙였다. 이 제목의 어원이 되는 'histor'는 원래 '목격자', '증인'이라는 뜻의 법정 용어였다. 이처럼 어원상 '역사'는 본래 '목격자의 증언'을 뜻했지만, 헤로도토스의 『역사』가 나타난 이후 '진실의 탐구' 혹은 '탐구한 결과의 이야기'라는 의미로 바뀌었다.

헤로도토스 이전에는 사실과 허구가 뒤섞인 신화와 전설, 혹은 종교를 통해 과거에 대한 지식이 전수되었다. 특히 고대 그리스인들이 주로 과거에 대한 지식의 원천으로 삼은 것은 『일리아스』였다. 『일리아스』는 기원전 9세기의 시인 호메로스가 오래전부터 구전되어 온 트로이 전쟁에 대해 읊은 서사시이다. 이 서사시에서는 전쟁을 통해 신들, 특히 제우스 신의 뜻이 이루어진다고 보았다. 헤로도토스는 이런 신화적 세계관에 입각한 서사시와 구별되는 새로운 이야기 양식을 만들어 내고자 했다. 즉, 헤로도토스는 가까운 과거에 일어난 사건의 중요성을 인식하고, 이를 직접 확인·탐구하여 인과적 형식으로 서술함으로써 역사라는 새로운 분야를 개척한 것이다.

『역사』가 등장한 이후, 사람들은 역사 서술의 효용성이 과거를 통해 미래를 예측하게 하여 후세인(後世人)에게 교훈을 주는 데 있다고 인식하게 되었다. 이러한 인식에는 한 번 일어났던 일이 마치 계절처럼 되풀이하여 다시 나타난다는 순환 사관이 바탕에 깔려 있다. 그리하여 오랫동안 역사는 사람을 올바르고 지혜롭게 가르치는 삶의 학교로 인식되었다. 이렇게 교훈을 주기 위해서는 과거에 대한 서술이 정확하고 객관적이어야 했다.

물론 모든 역사가들이 정확성과 객관성을 역사 서술의 우선적 원칙으로 앞세운 것은 아니다. 오히려 헬레니즘과 로마 시대의 역사가들 중 상당수는 수사학적인 표현으로 독자의 마음을 움직이는 것을 목표로 하는 역사 서술에 몰두하였고, 이러한 경향은 중세시대에도 어느 정도 지속되었다. 이들은 이야기를 감동적이고 설득력 있게 쓰는 것이 사실을 객관적으로 기록하는 것보다 더 중요하다고 보았다. 이런 점에서 그들은 역사를 수사학의 테두리 안에 집어넣은 셈이 된다.

하지만 이 시기에도 역사의 본령은 과거의 중요한 사건을 가감 없이 전달하는 데 있다고 보는 역사가들이 여전히 존재하여 그들에 대해 날카로운 비판을 가하기도 했다. 더욱이 15세기 이후부터는 수사학적 역사 서술이 역사 서술의 장에서 퇴출되고, ㉠과거를 정확히 탐구하려는 의식과 과거 사실에 대한 객관적 서술 태도가 역사의 척도로 다시금 중시되었다.

① 직접 확인하지 않고 구전에만 의거해 서술했으므로 내용이 정확하지 않을 수 있다.
② 신화와 전설 등의 정보를 후대에 전달하면서 객관적 서술 태도를 배제하지 못했다.
③ 트로이 전쟁의 중요성은 인식하였으나 실제 사실을 확인하는 데까지는 이르지 못했다.
④ 신화적 세계관에 따른 서술로 인해 과거에 대해 정확한 정보를 추출해 내기 어렵다.
⑤ 과거의 지식을 습득하는 수단으로 사용되기도 했지만 과거를 정확히 탐구하려는 의식은 찾을 수 없다.

20 다음 글의 주장에 대한 반박으로 가장 적절한 것은?

사회복지는 소외 문제를 해결하고 예방하기 위하여 사회 구성원들이 각자의 사회적 기능을 원활하게 수행하게 하고, 삶의 질을 향상시키는 데 필요한 제반 서비스를 제공하는 행위와 그 과정을 의미한다. 현대 사회가 발전함에 따라 계층 간·세대 간의 갈등 심화, 노령화와 가족 해체, 정보 격차에 의한 불평등 등의 사회 문제가 다각적으로 생겨나고 있으며 때로 사회 해체를 우려할 정도로 심각한 양상을 띠기도 한다. 이러한 문제의 기저에는 경제 성장과 사회 분화 과정에서 나타나는 불평등과 불균형이 있으며 대부분 소외 문제와 관련되어 있음을 알 수 있다.

사회복지 찬성론자들은 이러한 문제들의 근원에 자유 시장 경제의 불완전성이 있으며 이러한 사회적 병리 현상을 해결하기 위해서는 국가의 역할이 더 강화되어야 한다고 주장한다. 예컨대 구조 조정으로 인해 대량의 실업 사태가 생겨나는 경우를 생각해 볼 수 있다. 이 과정에서 생겨난 희생자들을 방치하게 되면 사회 통합은 물론 지속적 경제 성장에 막대한 지장을 초래할 것이다. 따라서 사회가 공동의 노력으로 이들을 구제할 수 있는 안전망을 만들어야 하며, 여기서 국가의 주도적 역할은 필수적이라 할 것이다. 현대 사회에 들어와 소외 문제가 사회 전 영역으로 확대되고 있는 상황을 감안할 때, 국가와 사회가 주도하여 사회복지 제도를 체계적으로 수립하고 그 범위를 확대해 나가야 한다는 이들의 주장은 충분한 설득력을 갖는다.

① 사회복지는 소외 문제 해결을 통해 구성원들의 사회적 기능 수행을 원활하게 한다.
② 사회복지는 제공 행위뿐만 아니라 과정까지를 의미한다.
③ 사회복지의 확대는 근로 의욕의 상실과 도덕적 해이를 불러일으킬 수 있다.
④ 사회가 발전함에 따라 불균형이 심해지고 있다.
⑤ 사회 병리 현상 과정에서 생겨나는 희생자들을 그대로 두면 악영향을 불러일으킬 수 있다.

※ 마지막 명제가 참일 때, 빈칸에 들어갈 명제로 가장 적절한 것을 고르시오. **[1~4]**

01

> • 유행에 민감한 모든 사람은 고양이를 좋아한다.
> • _____
> • 그러므로 고양이를 좋아하는 어떤 사람은 쇼핑을 좋아한다.

① 고양이를 좋아하는 모든 사람은 유행에 민감하다.

② 유행에 민감한 어떤 사람은 쇼핑을 좋아한다.

③ 쇼핑을 좋아하는 모든 사람은 고양이를 좋아하지 않는다.

④ 유행에 민감하지 않은 어떤 사람은 쇼핑을 좋아한다.

⑤ 고양이를 좋아하지 않는 모든 사람은 쇼핑을 좋아한다.

`Easy`

02

> • 커피를 좋아하지 않는 모든 사람은 와인을 좋아하지 않는다.
> • _____
> • 커피를 좋아하지 않는 모든 사람은 생강차를 좋아한다.

① 커피를 좋아하면 생강차를 좋아한다.

② 커피를 좋아하면 와인을 좋아한다.

③ 와인을 좋아하면 생강차를 좋아하지 않는다.

④ 와인을 좋아하지 않으면, 생강차를 좋아한다.

⑤ 생강차를 좋아하면 와인을 좋아한다.

03

- 작곡가를 꿈꾸는 사람은 TV 시청을 한다.
- _____
- 안경을 쓰지 않은 사람은 작곡가를 꿈꾸지 않는다.

① 작곡가를 꿈꾸는 사람은 안경을 쓰지 않았다.
② TV 시청을 하는 사람은 안경을 쓰지 않았다.
③ 작곡가를 꿈꾸지 않은 사람은 안경을 쓰지 않았다.
④ 안경을 쓰지 않은 사람은 TV 시청을 하지 않는다.
⑤ 안경을 쓴 사람은 TV 시청을 한다.

04

- 노트북을 구매하면 흰색 마우스도 구매한 것이다
- _____
- 그러므로 노트북을 구매하면 키보드도 구매한 것이다.

① 노트북을 구매하면 흰색 마우스를 구매하지 않은 것이다.
② 키보드를 구매하지 않으면 흰색 마우스도 구매하지 않은 것이다.
③ 키보드를 구매하지 않아도 흰색 마우스는 구매한다.
④ 키보드를 구매하면 흰색 마우스도 구매한 것이다.
⑤ 노트북을 구매하면 마우스도 구매한 것이다.

Easy

05

> • 달리기를 잘하는 모든 사람은 영어를 잘한다.
> • 영어를 잘하는 모든 사람은 부자이다.
> • 나는 달리기를 잘한다.

① 부자는 반드시 영어를 잘한다.

② 부자는 반드시 달리기를 잘한다.

③ 나는 부자이다.

④ 영어를 잘하는 사람은 반드시 달리기를 잘한다.

⑤ 나는 달리기를 잘하지만 영어는 못한다.

06

> • 하루에 두 끼를 먹는 어떤 사람도 뚱뚱하지 않다.
> • 아침을 먹는 모든 사람은 하루에 두 끼를 먹는다.

① 하루에 세 끼를 먹는 사람이 있다.

② 아침을 먹는 모든 사람은 뚱뚱하지 않다.

③ 뚱뚱하지 않은 사람은 하루에 두 끼를 먹는다.

④ 하루에 한 끼를 먹는 사람은 뚱뚱하지 않다.

⑤ 아침을 먹는 어떤 사람은 뚱뚱하다.

07 운동선수인 A ~ D는 각자 하는 운동이 다르다. 농구를 하는 사람은 늘 진실을 말하고, 축구를 하는 사람은 늘 거짓을 말하며, 야구와 배구를 하는 사람은 진실과 거짓을 하나씩 말한다. 이들이 다음과 같이 진술했을 때, 선수와 운동을 바르게 연결한 것은?

> • A : C는 농구를 하고, B는 야구를 한다.
> • B : C는 야구, D는 배구를 한다.
> • C : A는 농구, D는 배구를 한다.
> • D : B는 야구, A는 축구를 한다.

① A – 야구
② A – 배구
③ B – 축구
④ C – 농구
⑤ D – 배구

08 다음 조건을 통해 얻을 수 있는 결론으로 옳은 것은?

> 전제1. 모든 금속은 전기가 통한다.
> 전제2. 광택이 있는 물질 중에는 전기가 통하지 않는 물질일 수도 있다.
> 결론. _____

① 광택이 있는 물질은 모두 금속이다.
② 금속은 모두 광택이 있다.
③ 전기가 통하는 물질 중 광택이 있는 것은 없다.
④ 전기가 통하지 않으면서 광택이 있는 물질이 있다.
⑤ 전기가 통하지 않으면 광택이 없는 물질이다.

09 다음 〈조건〉을 통해 추론할 때, 서로 언어가 통하지 않는 사람끼리 짝지어진 것은?

> **조건**
> • A는 한국어와 영어만을 할 수 있다.
> • B는 영어와 독일어만을 할 수 있다.
> • C는 한국어와 프랑스어만을 할 수 있다.
> • D는 중국어와 프랑스어만을 할 수 있다.

① A, B   ② A, C
③ B, D   ④ C, D
⑤ 없음

Hard

10 갑 ~ 정의 네 나라에 대한 다음의 〈조건〉으로부터 추론할 수 있는 것은?

> **조건**
> • 이들 나라는 시대순으로 연이어 존재했다.
> • 네 나라의 수도는 각각 달랐는데 관주, 금주, 평주, 한주 중 어느 하나였다.
> • 한주가 수도인 나라는 평주가 수도인 나라의 바로 전 시기에 있었다.
> • 금주가 수도인 나라는 관주가 수도인 나라의 바로 다음 시기에 있었으나 정보다는 이전 시기에 있었다.
> • 병은 가장 먼저 있었던 나라는 아니지만 갑보다는 이전 시기에 있었다.
> • 병과 정은 시대순으로 볼 때 연이어 존재하지 않았다.

① 금주는 갑의 수도이다.
② 관주는 병의 수도이다.
③ 평주는 정의 수도이다.
④ 을은 갑의 다음 시기에 존재하였다.
⑤ 한주가 수도인 나라가 가장 오래되었다.

11 6층짜리 건물에 A ~ F의 회사가 있다. 한 층에 한 개 회사만이 입주할 수 있고, B가 3층에 있을 때 항상 옳은 것은?

- A, B, C는 같은 층 간격을 갖는다.
- D와 E는 인접할 수 없다.
- A는 5층이다.
- F는 B보다 위층에 있다.

① C는 1층, A는 5층에 있다.
② C는 4층에 있다.
③ F는 6층에 있다.
④ D는 4층에 있다.
⑤ E는 1층에 있다.

12 C사는 제품 하나를 생산하는 데 원료 분류, 제품 성형, 제품 색칠, 포장의 단계를 거친다. 어느 날 제품에 문제가 발생해 직원들을 불러 책임을 물었다. 직원 중 1명은 거짓을 말하고 3명은 참을 말할 때, 거짓을 말한 직원과 실수가 발생한 단계가 바르게 짝지어진 것은?(단, A는 원료 분류, B는 제품 성형, C는 제품 색칠, D는 포장 단계에서 일하며, 실수는 한 곳에서만 발생했다)

- A직원 : 나는 실수하지 않았다.
- B직원 : 포장 단계에서 실수가 일어났다.
- C직원 : 제품 색칠에선 절대로 실수가 일어날 수 없다.
- D직원 : 원료 분류 과정에서 실수가 있었다.

① A, 원료 분류
② A, 포장
③ B, 포장
④ D, 원료 분류
⑤ D, 포장

13 L사원은 자사 제품과 경쟁사 2곳의 제품에 대해서 선호도를 조사하였다. 조사에 응한 사람은 가장 좋아하는 상품부터 1 ~ 3순위를 부여하였다. 조사 결과가 다음과 같을 때, 자사 제품에 3순위를 부여한 사람은 총 몇 명인가?

- 조사에 응한 사람은 50명이다.
- 두 상품에 동일한 순위를 매길 수 없다.
- A경쟁사 제품을 B경쟁사 제품보다 선호한 사람은 28명이다.
- B경쟁사 제품을 자사 제품보다 선호한 사람은 26명이다.
- 자사 제품을 A경쟁사 제품보다 선호한 사람은 8명이다.
- 자사 제품에 1순위를 부여한 사람은 없다.

① 14명
② 15명
③ 16명
④ 17명
⑤ 18명

14 이번 학기에 4개의 강좌 A ~ D가 새로 개설된다. 김과장은 강사 갑 ~ 무 5명 중 4명에게 한 강좌씩 맡기려 한다. 배정 결과를 궁금해 하는 5명은 다음과 같이 예측했다. 배정 결과를 보니 이 중 1명의 진술만 거짓이고, 나머지는 참이었다고 할 때, 바르게 추론한 것은?

- 갑 : 을이 A강좌를 담당하고 병은 강좌를 맡지 않을 것이다.
- 을 : 병이 B강좌를 담당할 것이다.
- 병 : 정은 D가 아닌 다른 강좌를 담당할 것이다.
- 정 : 무가 D강좌를 담당할 것이다.
- 무 : 을의 말은 거짓일 것이다.

① 갑은 A강좌를 담당한다.
② 을은 C강좌를 담당한다.
③ 병은 강좌를 맡지 않는다.
④ 정은 D강좌를 담당한다.
⑤ 무는 B강좌를 담당한다.

15 다음은 같은 반 학생인 A ~ E의 영어 단어 시험 결과이다. 이를 바탕으로 바르게 추론한 것은?

- A는 이번 시험에서 1문제의 답을 틀렸다.
- B는 이번 시험에서 10문제의 답을 맞혔다.
- C만 유일하게 이번 시험에서 20문제 중 답을 다 맞혔다.
- D는 이번 시험에서 B보다 많은 문제의 답을 틀렸다.
- E는 지난 시험에서 15문제의 답을 맞혔고, 이번 시험에서는 지난 시험보다 더 많은 문제의 답을 맞혔다.

---

① A는 E보다 많은 문제의 답을 틀렸다.
② C는 가장 많이 답을 맞혔고, B는 가장 많이 답을 틀렸다.
③ B는 D보다 많은 문제의 답을 맞혔지만, E보다는 적게 답을 맞혔다.
④ D는 E보다 많은 문제의 답을 맞혔다.
⑤ E는 이번 시험에서 5문제 이상의 답을 틀렸다.

16 월요일부터 금요일까지 진료를 하는 의사는 다음 기준에 따라 진료일을 정한다. 의사가 목요일에 진료를 하지 않았다면, 월요일부터 금요일 중 진료한 날은 총 며칠인가?

- 월요일에 진료를 하면 수요일에는 진료를 하지 않는다.
- 월요일에 진료를 하지 않으면 화요일이나 목요일에 진료를 한다.
- 화요일에 진료를 하면 금요일에는 진료를 하지 않는다.
- 수요일에 진료를 하지 않으면 목요일 또는 금요일에 진료를 한다.

---

① 0일　　　　　　　　　② 1일
③ 2일　　　　　　　　　④ 3일
⑤ 4일

17 어느 호텔 라운지에 둔 화분이 투숙자 중 1명에 의하여 깨진 사건이 발생했다. 이 호텔에는 갑 ~ 무 5명의 투숙자가 있었으며, 각 투숙자는 다음과 같이 진술하였다. 5명의 투숙자 중 4명은 진실을 말하고 1명이 거짓말을 할 때, 거짓말을 하고 있는 사람은?

- 갑 : '을'은 화분을 깨뜨리지 않았다.
- 을 : 화분을 깨뜨린 사람은 '정'이다.
- 병 : 내가 깨뜨렸다.
- 정 : '을'의 말은 거짓말이다.
- 무 : 나는 깨뜨리지 않았다.

① 갑   ② 을
③ 병   ④ 정
⑤ 무

Hard

18 주차장에 이부장, 박과장, 김대리 3명의 차가 나란히 주차되어 있는데 순서는 알 수 없다. 다음 중 1명의 말이 거짓이라고 할 때, 주차장에 주차된 순서로 옳은 것은?

- 이부장 : 내 옆에는 박과장 차가 세워져 있더군.
- 박과장 : 제 옆에 김대리 차가 있는 걸 봤어요.
- 김대리 : 이부장님 차가 가장 왼쪽에 있어요.
- 이부장 : 김대리 차는 가장 오른쪽에 주차되어 있던데.
- 박과장 : 저는 이부장님 옆에 주차하지 않았어요.

① 김대리 – 이부장 – 박과장
② 박과장 – 김대리 – 이부장
③ 박과장 – 이부장 – 김대리
④ 이부장 – 박과장 – 김대리
⑤ 이부장 – 김대리 – 박과장

19 민지, 아름, 진희, 희정, 세영은 상영시간에 맞춰 영화관에 도착하는 순서대로 각자 상영관에 입장하였다. 다음 대화에서 한 사람이 거짓말을 하고 있을 때, 가장 마지막으로 영화관에 도착한 사람은 누구인가?(단, 다섯 명 모두 다른 시간에 도착하였다)

> • 민지 : 나는 마지막에 도착하지 않았어. 다음에 분명 누군가가 왔어.
> • 아름 : 내가 가장 먼저 영화관에 도착했어. 진희의 말은 진실이야.
> • 진희 : 나는 두 번째로 영화관에 도착했어.
> • 희정 : 나는 세 번째로 도착했고, 진희는 내가 도착한 다음에 왔어.
> • 세영 : 나는 영화가 시작한 뒤에야 도착했어. 나는 마지막으로 도착했어.

① 민지 ② 아름
③ 진희 ④ 희정
⑤ 세영

20 어느 편의점에서 도난 사건이 발생했다. CCTV 확인을 통해 그 시각 편의점에 들렀던 A ~ F 여섯 명의 용의자가 검거됐다. 이들 중 범인인 두 사람이 거짓말을 하고 있을 때, 범인으로 바르게 짝지어진 것은?

> • A : F가 성급한 모습으로 편의점을 나가는 것을 봤어요.
> • B : C가 가방 속에 무언가 넣는 모습을 봤어요.
> • C : 나는 범인이 아닙니다.
> • D : B 혹은 A가 훔치는 것을 봤어요.
> • E : F가 범인인 게 확실해요. CCTV를 자꾸 신경 쓰고 있었거든요.
> • F : 얼핏 봤는데, 제가 본 도둑은 C 아니면 E예요.

① A, C ② B, C
③ B, F ④ D, E
⑤ E, F

Easy

01 L사는 새로운 원유의 정제비율을 조사하기 위해 상압증류탑을 축소한 파일럿 플랜트에 새로운 원유를 투입해 사전분석실험을 시행했다. 다음과 같은 실험 결과를 얻었다고 할 때 아스팔트는 최초 투입한 원유의 양 대비 몇 % 생산되는가?

〈사전분석실험 결과〉

생산제품	생산량
LPG	투입한 원유량의 5%
휘발유	LPG를 생산하고 남은 원유량의 20%
등유	휘발유를 생산하고 남은 원유량의 50%
경유	등유를 생산하고 남은 원유량의 10%
아스팔트	경유를 생산하고 남은 원유량의 4%

① 1.168%   ② 1.368%

③ 1.568%   ④ 1.768%

⑤ 1.968%

02 한별이는 이사를 하고 처음으로 수도세 고지서를 받은 결과, 한 달 동안 사용한 수도요금이 17,000원이었다. 다음 수도 사용요금 요율표를 참고할 때, 한별이가 한 달 동안 사용한 수도량은 몇 m^3인가?(단, 구간 누적요금을 적용한다)

〈수도 사용요금 요율표〉

(단위 : 원)

구분	사용구분(m^3)	m^3당 단가
수도	0 ∼ 30 이하	300
	30 초과 ∼ 50 이하	500
	50 초과	700
기본료		2,000

① $22m^3$ ② $32m^3$

③ $42m^3$ ④ $52m^3$

⑤ $62m^3$

03 다음은 업종별 쌀 소비량에 대한 표이다. 2024년 쌀 소비량이 세 번째로 높은 업종의 2023년 대비 2024년 쌀 소비량 증감률을 구하면?(단, 소수점 이하 첫째 자리에서 반올림한다)

〈업종별 쌀 소비량〉

(단위 : 톤)

구 분	전분제품 및 당류 제조업	떡류 제조업	코코아제품 및 과자류	면류 및 마카로니	도시락 및 식사용 조리식품	탁주 및 약주 제조업
2022년	12,856	188,248	7,074	9,859	98,369	47,259
2023년	12,956	170,980	7,194	11,115	96,411	46,403
2024년	12,294	169,618	9,033	9,938	100,247	51,592

① 약 10%   ② 약 11%

③ 약 13%   ④ 약 14%

⑤ 약 15%

※ 다음은 한 국제기구의 대북 지원금에 대한 자료이다. 이어지는 질문에 답하시오. [4~5]

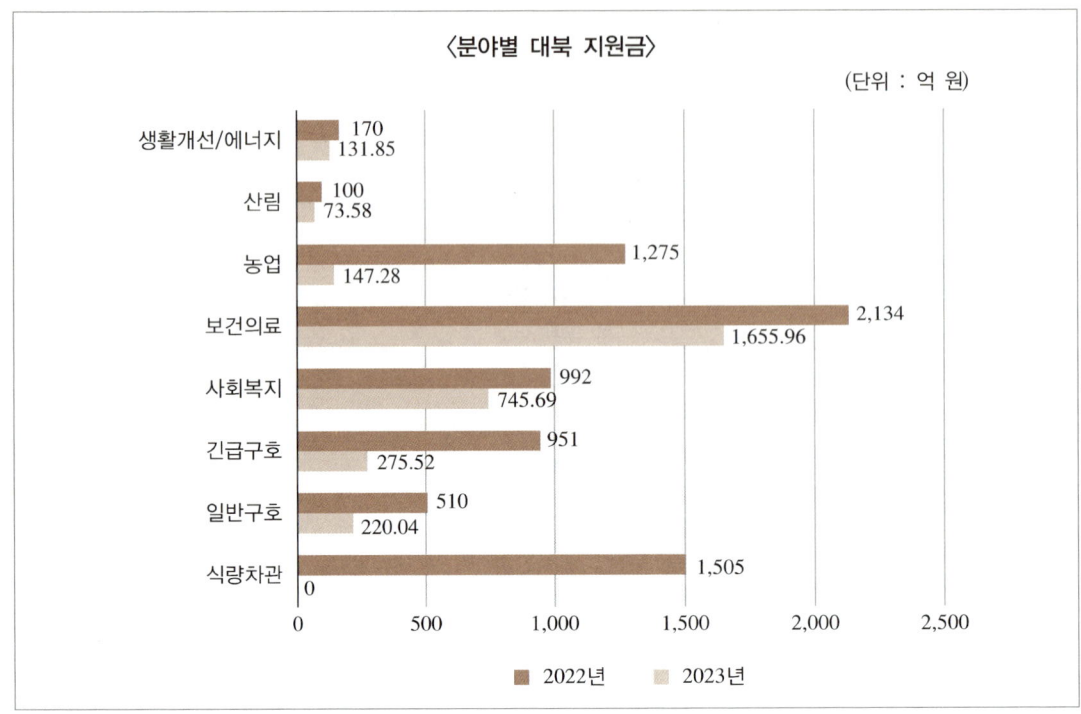

04 위 자료에 대한 설명으로 옳지 않은 것은?

① 2023년의 대북 지원금은 전년 대비 모든 분야에서 감소하였다.
② 2022 ~ 2023년 동안 지원한 금액은 농업 분야보다 긴급구호 분야가 많다.
③ 2022 ~ 2023년 동안 가장 많은 금액을 지원한 분야는 동일하다.
④ 산림 분야의 지원금은 2022년 대비 2023년에 25억 원 이상 감소하였다.
⑤ 2023년에 가장 적은 금액을 지원한 분야는 식량차관이다.

Easy

05 2022과 2023년에 각각 가장 많은 금액을 지원한 3가지 분야 지원금의 차는?

① 약 2,237억 원   ② 약 2,344억 원
③ 약 2,401억 원   ④ 약 2,432억 원
⑤ 약 2,450억 원

06 다음은 세종특별시에 거주하는 20 ~ 30대 청년들의 주거 점유형태에 대한 통계자료이다. 이에 대한 설명으로 옳은 것은?(단, 소수점 둘째자리에서 반올림한다)

〈20 ~ 30대 청년 주거 점유형태〉

(단위 : 명)

구분	자가	전세	월세	무상	합계
20 ~ 24세	537	1,862	5,722	5,753	13,874
25 ~ 29세	795	2,034	7,853	4,576	15,258
30 ~ 34세	1,836	4,667	13,593	1,287	21,383
35 ~ 39세	2,489	7,021	18,610	1,475	29,595
합계	5,657	15,584	45,778	13,091	80,110

① 20 ~ 24세 전체 인원 중 월세 비중은 38.2%이고, 자가 비중은 2.9%이다.

② 20 ~ 24세를 제외한 20 ~ 30대 청년 중에서 무상이 차지하는 비중이 월세 비중보다 더 높다.

③ 20 ~ 30대 청년 인원대비 자가 비율보다 20대 청년 중에서 자가가 차지하는 비율이 더 낮다.

④ 연령대가 높아질수록 연령대별로 자가 비중이 높아지고, 월세 비중이 낮아진다.

⑤ 20 ~ 30대 연령대에서 월세에 사는 25 ~ 29세 연령대가 차지하는 비율은 10% 이상이다.

07 다음은 2019 ~ 2023년 L사의 경제 분야 투자규모에 대한 자료이다. 이에 대한 설명으로 옳지 않은 것은?

〈L사의 경제 분야 투자규모〉

(단위 : 억 원, %)

구분	2019년	2020년	2021년	2022년	2023년
경제 분야 투자규모	16	20	15	12	16
총지출 대비 경제 분야 투자규모 비중	6.5	7.5	8	7	5

① 2023년 총지출은 300억 원 이상이다.

② 2020년 경제 분야 투자규모의 전년 대비 증가율은 25%이다.

③ 2021년과 2022년의 경제 분야 투자규모의 전년 대비 감소율의 차이는 3%p이다.

④ 2019 ~ 2023년 동안 경제 분야에 투자한 금액은 79억 원이다.

⑤ 2020 ~ 2023년 동안 경제 분야 투자규모와 총지출 대비 경제 분야 투자규모 비중의 전년 대비 증감 추이는 동일하지 않다.

08 국내의 유통업체 L사는 몽골 시장으로 진출하기 위해 현지에 진출해 있는 기업들이 경험한 진입 장벽에 대하여 다음과 같이 조사하였다. 조사 결과에 대한 설명으로 옳은 것은?

L사는 몽골 시장의 진입 장벽에 해당하는 주요 요인 4가지를 선정하였고, 현지 진출 기업들의 경험을 바탕으로 하여 요인별로 0 ~ 10점 사이의 점수를 부여하였다.

〈진출 기업 업종별 몽골 시장으로의 진입 장벽〉

(단위 : 점)

구분	몽골 기업의 시장 점유율	초기 진입 비용	현지의 엄격한 규제	문화적 이질감
유통업	7	5	9	2
제조업	5	3	8	4
서비스업	4	2	6	8
식·음료업	6	7	5	6

※ 점수가 높을수록 해당 요인이 강력한 진입 장벽으로 작용함

① 유통업의 경우 타 업종에 비해 높은 초기 진입 비용이 강력한 진입 장벽으로 작용한다.

② L사의 경우 현지의 엄격한 규제가 몽골 시장의 진입을 방해하는 요소로 작용할 가능성이 크다.

③ 제조업의 경우 타 업종에 비해 높은 몽골 기업의 시장 점유율이 강력한 진입 장벽으로 작용한다.

④ 문화적 이질감이 가장 강력한 진입 장벽으로 작용하는 업종은 식·음료업이다.

⑤ 서비스업의 경우 타 업종에 비해 시장으로의 초기 진입 비용이 가장 많이 든다.

다음은 지역에 따른 경작물별 경지이용률에 대한 자료이다. (가)에 들어갈 수치로 옳은 것은?(단, 경작물별 경지이용률 수치는 나열된 지역 순서대로 일정한 규칙으로 변화한다)

〈지역별 경작물 경지이용률〉

(단위: %)

구분	식량작물	벼	보리	두류	잡곡	서류	채소	과수	기타 수원지	기타 작물
서울	38.3	32.8	0.0	1.6	0.7	3.1	38.8	7.5	6.7	8.2
부산	48.9	43.8	0.0	2.2	1.0	1.8	34.4	8.2	3.8	4.5
대구	44.9	37.0	4.2	1.7	0.5	1.5	43.3	7.8	5.5	1.7
인천	62.0	55.2	0.0	1.4	0.9	4.6	8.9	8.5	6.0	3.7
광주	71.8	56.0	12.0	1.9	0.5	1.5	14.9	8.1	3.7	8.6
대전	35.3	29.8	0.0	2.0	1.1	2.4	11.9	8.8	12.2	4.1
울산	45.7	40.0	0.0	2.3	1.3	2.1	14.9	8.4	4.6	13.9
세종	55.5	52.0	0.1	1.6	0.6	1.3	9.8	9.1	8.5	7.2
경기	56.9	48.6	0.0	3.3	1.4	3.5	16.3	8.7	4.2	7.2
강원	47.1	29.2	0.1	5.2	6.9	5.7	28.9	9.4	3.4	8.3
충북	46.1	32.7	0.1	6.3	4.1	2.8	15.5	9.0	5.0	11.6
충남	71.1	65.1	0.2	2.9	0.3	2.6	12.9	9.7	2.4	6.5
전북	76.5	59.3	9.3	4.6	0.6	2.8	11.3	(가)	5.1	13.3
전남	71.6	55.2	8.5	4.1	1.1	2.8	18.8	10.0	2.9	16.8
경북	46.0	38.6	0.5	4.2	0.8	1.9	15.9	9.6	3.4	5.4
경남	57.6	46.8	4.6	3.0	1.1	2.1	26.5	10.3	4.0	7.4
제주	21.0	0.1	3.8	6.4	6.8	3.8	37.5	9.9	2.1	9.1

① 8.8
② 9.3
③ 9.7
④ 10.1
⑤ 10.3

10 다음은 학년별 및 응답자특성별 스마트폰 1일 평균 이용 횟수에 대한 자료이다. (가), (나)에 들어갈 수치로 옳은 것은?(단, 항목별 수치는 학년 간에 일정한 규칙으로 변화한다)

〈학년별 및 응답자특성별 스마트폰 1일 평균 이용 횟수〉

(단위 : %)

구분		10회 미만	10회 이상 30회 미만	30회 이상 50회 미만	50회 이상	평균 이용횟수 (회)
유치원생	기타	78.0	15.4	5.5	1.1	7.0
	과의존위험군	12.5	50.6	33.8	3.1	23.1
	일반사용자군	92.3	7.7	0.0	0.0	3.5
초등학생	기타	50.8	30.7	13.0	5.5	15.0
	과의존위험군	25.4	47.1	21.1	6.4	23.0
	일반사용자군	58.9	24.9	10.7	5.5	12.7
중학생	기타	23.1	43.2		(가)	24.3
	과의존위험군	31.1	46.2	13.0	9.7	21.5
	일반사용자군	18.1	44.6	26.3	11.0	25.8
고등학생	기타	24.0	44.1	17.6	14.3	23.1
	과의존위험군	33.5	44.0	9.5	13.0	19.6
	일반사용자군	20.1	43.4	20.0	16.5	24.4
대학생	기타	19.2	40.3	21.8	18.7	29.8
	과의존위험군	21.1	38.7	23.9	16.3	36.4
	일반사용자군	18.6	45.4		(나)	27.7

	가	나
①	9.7	19.8
②	9.7	22
③	9.9	19.8
④	9.9	22
⑤	9.9	24.2

11 다음은 2023년 하반기 부동산시장 소비심리지수에 대한 자료이다. 이에 대한 설명으로 옳지 않은 것은?

〈2023년 하반기 부동산시장 소비심리지수〉

구분	7월	8월	9월	10월	11월	12월
서울특별시	128.8	130.5	127.4	128.7	113.8	102.8
인천광역시	123.7	127.6	126.4	126.6	115.1	105.6
경기도	124.1	127.2	124.9	126.9	115.3	103.8
부산광역시	126.5	129.0	131.4	135.9	125.5	111.5
대구광역시	90.3	97.8	106.5	106.8	99.9	96.2
광주광역시	115.4	116.1	114.3	113.0	109.3	107.0
대전광역시	115.8	119.4	120.0	126.8	118.5	113.8
울산광역시	101.2	106.0	111.7	108.8	105.3	95.5
강원도	135.3	134.1	128.3	131.4	124.4	115.5
충청북도	109.1	108.3	108.8	110.7	103.6	103.1
충청남도	105.3	110.2	112.6	109.6	102.1	98.0
전라북도	114.6	117.1	122.6	121.0	113.8	106.3
전라남도	121.7	123.4	120.7	124.3	120.2	116.6
경상북도	97.7	100.2	100.0	96.4	94.8	96.3
경상남도	103.3	108.3	115.7	114.9	110.0	101.5

※ 부동산시장 소비심리지수는 0 ~ 200의 값으로 표현되며, 지수가 100을 넘으면 전월에 비해 가격상승 및 거래증가 응답자가 많음을 의미함

① 2023년 7월 소비심리지수가 100미만인 지역은 두 곳이다.

② 2023년 8월 소비심리지수가 두 번째로 높은 지역의 소비심리지수와 두 번째로 낮은 지역의 소비심리지수의 차는 30.3이다.

③ 2023년 11월 모든 지역의 소비심리지수가 전월보다 감소했다.

④ 2023년 9월에 비해 2023년 10월에 가격상승 및 거래증가 응답자가 적었던 지역은 경상북도 한 곳이다.

⑤ 서울특별시의 2023년 7월 대비 2023년 12월의 소비심리지수 감소율은 19% 미만이다.

12 다음은 우리나라 학생들의 성별, 학교 및 연령별 체력검정 현황이다. 이에 대한 설명으로 옳은 것은?

〈성별 및 연령별 초·중·고 체력검정 현황〉

성별	학교	연령	2022년 50m 달리기(초)	2022년 제자리 멀리뛰기(cm)	2022년 윗몸 일으키기(회)	2023년 50m 달리기(초)	2023년 제자리 멀리뛰기(cm)	2023년 윗몸 일으키기(회)
남자	초등학교	10세	10.1	152.9	32.0	9.7	156.0	31.0
		11세	9.5	165.0	35.0	9.2	166.8	36.0
	중학교	12세	8.8	181.9	38.0	9.1	180.8	36.0
		13세	8.4	196.4	41.0	8.3	197.5	38.0
		14세	8.1	207.3	43.0	8.1	204.8	38.0
	고등학교	15세	7.8	219.1	44.0	7.7	226.5	46.0
		16세	7.8	224.1	45.0	7.7	225.0	45.0
		17세	7.9	226.0	45.0	7.5	236.0	45.0
여자	초등학교	10세	10.5	136.8	24.0	1.1	142.2	24.0
		11세	10.2	165.0	26.0	10.1	143.3	29.0
	중학교	12세	10.0	149.7	27.0	9.8	154.3	26.0
		13세	10.1	151.8	27.0	10.0	152.3	29.0
		14세	10.2	154.0	28.0	10.1	154.7	26.0
	고등학교	15세	10.1	157.0	29.0	9.9	151.3	26.0
		16세	10.3	156.0	30.0	9.7	159.0	28.0
		17세	10.5	154.1	28.0	9.9	159.8	28.0

① 남학생의 경우, 2022년과 2023년 모두 연령이 높아질수록 50m 달리기 기록이 좋아진다.

② 2023년 11세 여학생의 제자리 멀리뛰기 기록은 16세 남학생의 제자리 멀리뛰기 기록의 60% 이상이다.

③ 2023년 14세 여학생의 경우, 모든 체력검정 영역에서 2022년의 14세 여학생 대비 기록이 좋아졌다.

④ 2022년 중학교 남학생의 경우, 연령이 높아질수록 직전연령 대비 윗몸일으키기 기록의 증가율이 커진다.

⑤ 남학생의 경우, 2022년과 2023년 모두 제자리 멀리뛰기 기록이 가장 좋은 연령이 윗몸일으키기 기록도 가장 좋다.

13 다음은 L중학교 재학생의 주말 평균 공부시간에 대한 자료이다. 이에 대한 설명으로 옳지 않은 것은?

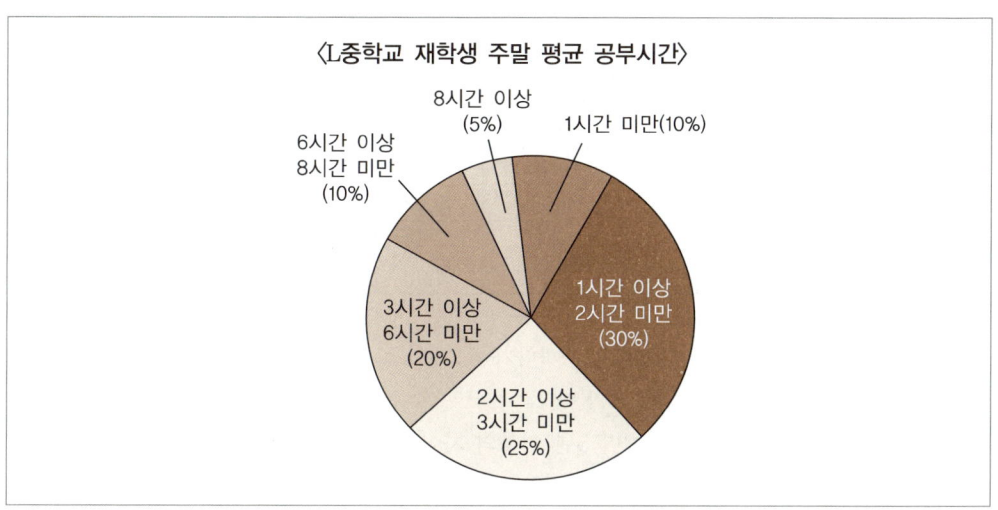

① 주말 평균 공부시간이 8시간 이상인 학생의 비율이 가장 작다.
② 주말 평균 공부시간이 2시간 미만인 학생은 전체의 절반 미만이다.
③ 주말 평균 공부시간이 3시간 이상인 학생은 전체의 절반을 넘는다.
④ 주말 평균 공부시간이 1시간 미만인 학생의 비율과 6시간 이상 8시간 미만인 학생의 비율은 같다.
⑤ 주말 평균 공부시간이 2시간 이상 3시간 미만인 학생의 비율은 8시간 이상인 학생의 비율의 5배이다.

14 다음은 출생, 사망 추이를 나타낸 자료이다. 이에 대한 설명으로 옳지 않은 것은?

〈출생, 사망 추이〉

(단위 : 명, 년)

구분		2017년	2018년	2019년	2020년	2021년	2022년	2023년
출생아 수		490,543	472,761	435,031	448,153	493,189	465,892	444,849
사망자 수		244,506	244,217	243,883	242,266	244,874	246,113	246,942
기대수명		77.44	78.04	78.63	79.18	79.56	80.08	80.55
수명	남자	73.86	74.51	75.14	75.74	76.13	76.54	76.99
	여자	80.81	81.35	81.89	82.36	82.73	83.29	83.77

① 출생아 수는 2017년 이후 감소하다가 2020 ~ 2021년에 증가 이후 다시 감소하고 있다.

② 매년 기대수명은 증가하고 있다.

③ 남자와 여자의 수명은 매년 5년 이상의 차이를 보이고 있다.

④ 매년 출생아 수는 사망자 수보다 20만 명 이상 더 많으므로 매년 총인구는 20만 명 이상씩 증가한다고 볼 수 있다.

⑤ 여자의 수명과 기대수명의 차이는 2021년이 가장 적다.

15 다음은 L사의 모집단위별 지원자 수 및 합격자 수를 나타낸 자료이다. 이에 대한 설명으로 옳지 않은 것은?

〈모집단위별 지원자 수 및 합격자 수〉

(단위 : 명)

구분	남성		여성		합계	
	합격자 수	지원자 수	합격자 수	지원자 수	모집정원	지원자 수
A	512	825	89	108	601	933
B	353	560	17	25	370	585
C	138	417	131	375	269	792
합계	1,003	1,802	237	508	1,240	2,310

※ (경쟁률) = $\dfrac{(지원자\ 수)}{(모집정원)}$

① 세 개의 모집단위 중 총지원자 수가 가장 많은 집단은 A이다.

② 세 개의 모집단위 중 합격자 수가 가장 적은 집단은 C이다.

③ L사의 남성 합격자 수는 여성 합격자 수의 5배 이상이다.

④ B집단의 경쟁률은 $\dfrac{117}{74}$ 이다.

⑤ C집단에서는 남성의 경쟁률이 여성의 경쟁률보다 높다.

16 다음은 자동차 생산·내수·수출 현황에 대한 자료이다. 이에 대한 설명으로 옳지 않은 것은?

〈자동차 생산·내수·수출 현황〉

(단위 : 대, %)

구분		2019년	2020년	2021년	2022년	2023년
생산	차량 대수	4,086,308	3,826,682	3,512,926	4,271,741	4,657,094
	증감률	6.4	▽6.4	▽8.2	21.6	9.0
내수	차량 대수	1,219,335	1,154,483	1,394,000	1,465,426	1,474,637
	증감률	4.7	▽5.3	20.7	5.1	0.6
수출	차량 대수	2,847,138	2,683,965	2,148,862	2,772,107	3,151,708
	증감률	7.5	▽5.7	▽19.9	29.0	13.7

※ ▽는 감소 수치를 의미함

① 2019년에는 전년 대비 생산, 내수, 수출이 모두 증가했다.
② 내수가 가장 큰 폭으로 증가한 해에는 생산과 수출이 모두 감소했다.
③ 수출이 증가했던 해는 생산과 내수 모두 증가했다.
④ 내수는 증가했지만 생산과 수출이 모두 감소한 해도 있다.
⑤ 생산이 증가했지만 내수나 수출이 감소한 해가 있다.

17 다음은 영농자재 구매사업에 대한 자료이다. 이에 대한 설명으로 옳은 것은?

〈영농자재 구매사업의 변화 양상〉

(단위 : %)

구분	비료	농약	농기계	면세유류	종자 / 종묘	배합사료	일반자재	자동차	합계
1970년	74.1	12.6	5.4	0	3.7	2.5	1.7	0	100
1980년	59.7	10.8	8.6	0	0.5	12.3	8.1	0	100
1990년	48.5	12.7	19.6	0.3	0.2	7.1	11.6	0	100
2000년	30.6	9.4	7.3	7.8	0.7	31.6	12.6	0	100
2010년	31.1	12.2	8.5	13.0	0	19.2	16.0	0	100
2020년	23.6	11.0	4.3	29.7	0	20.5	10.9	0	100

① 일반자재는 10년 단위로 사용량이 증가하였다.
② 영농자재 중 비료는 항상 가장 높은 비율을 차지하였다.
③ 배합사료와 농기계는 조사연도마다 증가와 감소를 교대로 반복하였다.
④ 2020년 이후 자동차의 비율이 가장 크게 증가할 것이다.
⑤ 면세유류는 1970년부터 감소한 적이 없다.

18 다음은 난민 통계 현황에 대한 자료이다. 이를 그래프로 변환한 것으로 옳지 않은 것은?

〈난민 신청자 현황〉

(단위 : 명)

구분		2019년	2020년	2021년	2022년
성별	남자	1,039	1,366	2,403	4,814
	여자	104	208	493	897
국적	파키스탄	242	275	396	1,143
	나이지리아	102	207	201	264
	이집트	43	97	568	812
	시리아	146	295	204	404
	중국	3	45	360	401
	기타	178	471	784	2,687

〈난민 인정자 현황〉

(단위 : 명)

구분		2019년	2020년	2021년	2022년
성별	남자	39	35	62	54
	여자	21	22	32	51
국적	미얀마	18	19	4	32
	방글라데시	16	10	2	12
	콩고DR	4	1	3	1
	에티오피아	4	3	43	11
	기타	18	24	42	49

① 난민 신청자 연도·국적별 현황

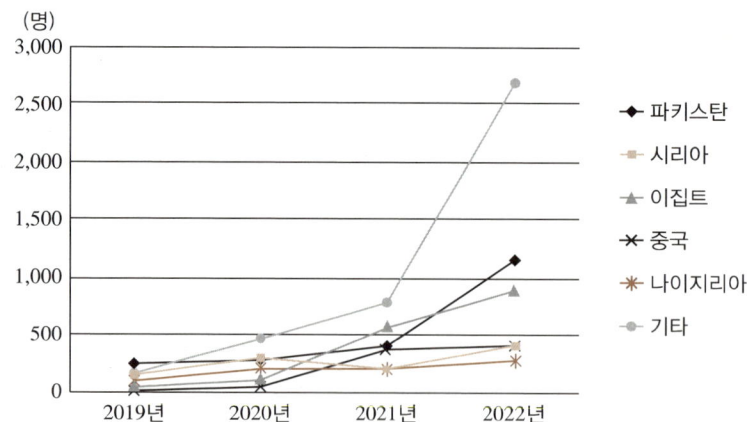

② 전년 대비 난민 인정자 증감률(2020~2022년)

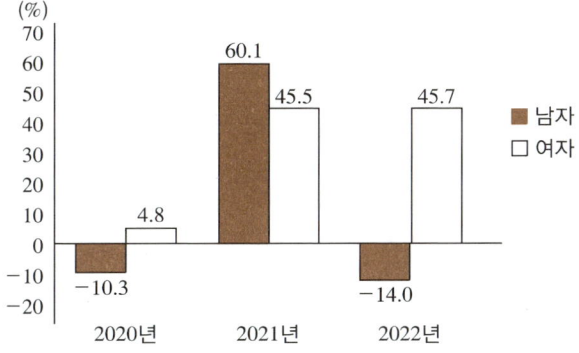

③ 난민 신청자 현황

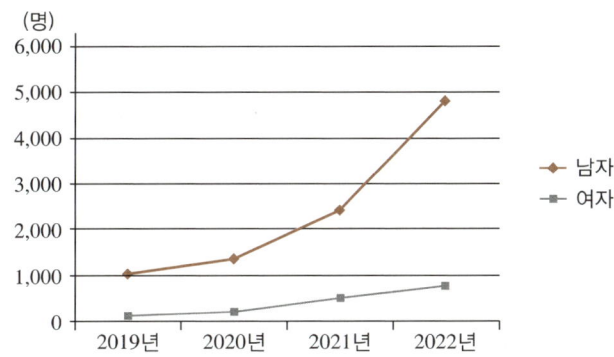

④ 난민 인정자 비율

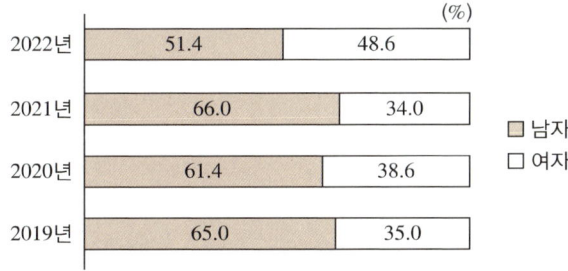

⑤ 2022년 국가별 난민 신청자 비율

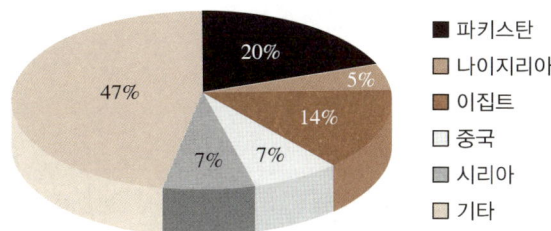

※ 다음은 주요산업국의 연도별 연구개발비 추이에 대한 자료이다. 이어지는 질문에 답하시오. [19~20]

〈주요산업국 연도별 연구개발비 추이〉

(단위 : 백만 달러)

구분	2017년	2018년	2019년	2020년	2021년	2022년
한국	23,587	28,641	33,684	31,304	29,703	37,935
중국	29,898	37,664	48,771	66,430	84,933	–
일본	151,270	148,526	150,791	168,125	169,047	–
독일	69,317	73,737	84,148	97,457	92,552	92,490
영국	39,421	42,693	50,016	47,138	40,291	39,924
미국	325,936	350,923	377,594	403,668	401,576	–

〈2021년 연구개발비 분포〉

19 위 자료에 대한 설명으로 옳은 것을 〈보기〉에서 모두 고르면?

> **보기**
>
> ㄱ. 2021년도 연구개발비가 전년 대비 감소한 곳은 4곳이다.
> ㄴ. 2017년에 비해 2021년도 연구개발비 증가율이 가장 높은 곳은 중국이고, 가장 낮은 곳은 일본이다.
> ㄷ. 전년 대비 2019년 한국의 연구개발비 증가율은 독일보다 높고, 중국보다 낮다.

① ㄱ   ② ㄱ, ㄴ
③ ㄱ, ㄷ   ④ ㄴ, ㄷ
⑤ ㄱ, ㄴ, ㄷ

Easy

20 2021년 미국의 개발연구비는 한국의 응용연구비의 약 몇 배인가?(단, 소수점 둘째 자리에서 반올림한다)

① 40.2배   ② 40.4배
③ 40.6배   ④ 41.2배
⑤ 41.4배

※ 일정한 규칙으로 수를 나열할 때, 빈칸에 들어갈 알맞은 수를 고르시오. [1~9]

Easy

01

| 41 | 216 | 51 | 36 | 61 | ( ) | 71 | 1 |

① 6 ② 9
③ 11 ④ 14
⑤ 16

02

| 0.26 | 1.26 | ( ) | 3.32 | 3.44 | 6.44 | 6.62 | 10.62 | 10.86 | 15.56 |

① 1.22 ② 1.32
③ 1.42 ④ 1.52
⑤ 1.62

03

| 150 | 139 | 138.89 | 116.89 | 116.67 | 83.67 | ( ) | 39.34 | 38.9 |

① 83.34
② 84.22
③ 85.3
④ 86.38
⑤ 87.42

Easy
04

$$7\frac{1}{7} \qquad 5\frac{5}{11} \qquad 4\frac{10}{15} \qquad (\quad) \qquad 3\frac{21}{23} \qquad 3\frac{19}{27} \qquad 3\frac{17}{31}$$

① $3\frac{1}{19}$
② $3\frac{4}{19}$
③ $3\frac{7}{19}$
④ $4\frac{4}{19}$
⑤ $4\frac{7}{19}$

Hard
05

6	4	15
10		19

25	21	6
( )		27

−8	10	2
2		12

① 58
② 46
③ 34
④ 22
⑤ 16

06

$$2 \quad 4 \quad 18 \qquad 5 \quad 3 \quad 14 \qquad 8 \quad (\ ) \quad 72$$

① 5   ② 6
③ 7   ④ 8
⑤ 9

Easy

07

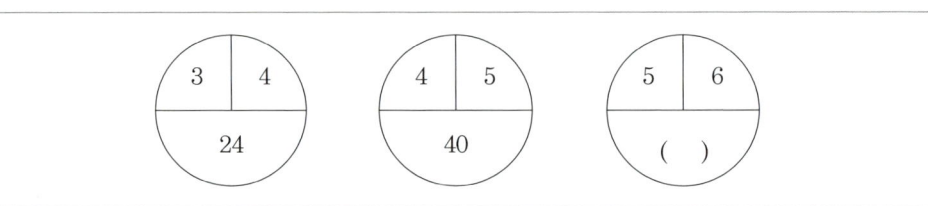

① 30   ② 55
③ 60   ④ 90
⑤ 98

08

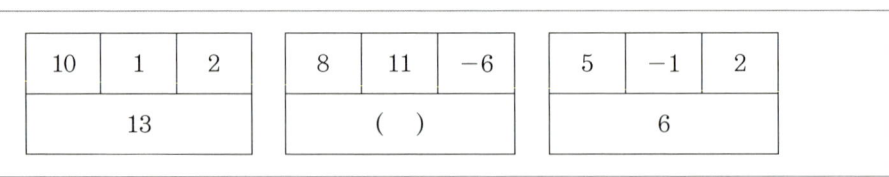

① 17   ② 15
③ 13   ④ 11
⑤ 9

09

1	2	3	2
4	3	3	2
5	5	( )	4
9	8	9	6

① 3   ② 4

③ 5   ④ 6

⑤ 7

PART 2

Easy

10 다음 수열의 7번째 항의 값은?

$$\frac{5}{3} \qquad \frac{10}{5} \qquad \frac{20}{7} \qquad \frac{40}{9} \qquad \cdots$$

① $\dfrac{160}{13}$ ② $\dfrac{320}{13}$

③ $\dfrac{64}{3}$ ④ $\dfrac{128}{3}$

⑤ $\dfrac{640}{17}$

Hard

11 제시된 수열이 모두 같은 규칙일 때, 두 번째 수열의 6번째 항에 해당하는 수는?

$$5 \quad 7 \quad 11 \quad 17 \quad 25 \quad 35$$
$$31 \quad 33 \quad \cdots$$

① 61   ② 84

③ 91   ④ 105

⑤ 114

12 귤 상자 2개에 각각 귤이 들어있다고 한다. 한 상자당 귤이 안 익었을 확률이 10%, 썩었을 확률이 15%이고 나머지는 잘 익은 귤이라고 한다. 두 사람이 각각 다른 상자에서 귤을 꺼낼 때 한 사람은 잘 익은 귤을 꺼내고, 다른 한 사람은 썩거나 안 익은 귤을 꺼낼 확률은 몇 %인가?

① 31.5%
② 33.5%
③ 35.5%
④ 37.5%
⑤ 39.5%

13 욕조에 물을 채우는 데 A관은 30분, B관은 40분이 걸리고, 가득 채운 물을 배수하면 20분이 걸린다. A관과 B관을 동시에 틀고, 배수도 동시에 할 때, 욕조에 물이 가득 채워질 때까지 걸리는 시간은?

① 60분
② 80분
③ 100분
④ 120분
⑤ 140분

14 온라인 쇼핑몰에서 두 유형의 설문조사를 하였다. A형 설문조사에서는 2,000명이 응하였고 만족도는 평균 8점이었으며, B형 설문조사에서는 500명이 응하였고 만족도는 평균 6점이었다. A, B형 설문조사 전체 평균 만족도는 몇 점인가?

① 7.6점
② 7.8점
③ 8.0점
④ 8.2점
⑤ 8.4점

15 L은 지난 주말 집에서 128km 떨어진 거리에 있는 할머니 댁을 방문했다. 차량을 타고 중간에 있는 휴게소까지는 시속 40km로 이동하였고, 휴게소부터 할머니 댁까지는 시속 60km로 이동하여 총 3시간 만에 도착하였다고 할 때, 집에서 휴게소까지의 거리는?(단, 휴게소에서 머문 시간은 포함하지 않는다)

① 24km
② 48km
③ 72km
④ 104km
⑤ 200km

16 농도 20%의 소금물 300g과 농도 15%의 소금물 200g을 섞은 용액으로 농도 10%의 소금물을 만들려면 물을 몇 g 더 넣어야 하는가?

① 200g
② 250g
③ 300g
④ 350g
⑤ 400g

17 임원진 2명과 팀장 4명, 외부 인사 3명이 함께 원탁에 앉아 회의하려고 한다. 외부 인사들은 외부 인사들끼리 나란히 않고 팀장들은 팀장들끼리 나란히 않을 때, 팀장과 외부 인사 사이에 임원진이 앉을 수 있는 경우의 수는 전부 몇 가지인가?(단, 임원진들끼리 나란히 앉을 수 없고 회전하여 일치하는 것은 같은 것으로 본다)

① 272가지   ② 288가지

③ 294가지   ④ 300가지

⑤ 396가지

18 해선이가 학교로 출발한 지 5분 후 동생이 따라 나왔다. 동생은 매분 100m의 속력으로 걷고 해선이는 매분 80m의 속력으로 걷는다면, 두 사람은 동생이 출발한 뒤 몇 분 후에 만나는가?

① 15분   ② 20분

③ 25분   ④ 30분

⑤ 35분

19 처음 생산된 물건을 도매업자가 구매하여 1.2배의 가격으로 판매하고, 이를 소매업자가 구매하여 2배의 가격으로 판매한다. 소매업자가 온라인으로 판매하는 데 100개당 3,000원의 배송비가 든다. 500개를 온라인으로 구매했을 때의 가격이 447,000원이라고 하면 이 물건의 원가는 얼마인가?

① 360원 　　　　　　　　　　　② 380원

③ 400원 　　　　　　　　　　　④ 420원

⑤ 440원

20 농도 40%의 소금물 100g에 물 60g을 넣었을 때의 농도는?

① 20% 　　　　　　　　　　　② 21%

③ 22% 　　　　　　　　　　　④ 24%

⑤ 25%

최종점검 모의고사

🕐 응시시간 : 80분　📋 문항 수 : 80문항　　　　　정답 및 해설 p.034

| 01 | 언어이해 |

※ 다음 문단을 논리적 순서대로 바르게 나열한 것을 고르시오. **[1~4]**

01

> (가) 과거에 한 월간 잡지가 여성 모델이 정치인과 사귄다는 기사를 내보냈다가 기자는 손해배상을 하고 잡지도 폐간된 경우가 있었다. 일부는 추측 기사이고 일부는 사실도 있었지만, 사실 이든 허위든 관계없이 남의 명예와 인권을 침해하였기에 그 책임을 진 것이다.
>
> (나) 인권이라는 이름으로 남의 사생활을 침해하는 일은 자기 인권을 내세워 남의 불행을 초래하는 것이므로 보호받을 수 없다. 일반적으로 대중 스타나 유명인들의 사생활은 일부 노출되어 있고, 이러한 공개성 속에서 상품화되므로 비교적 보호 강도가 약하기는 하지만 그들도 인간으로서 인권이 보호되는 것은 마찬가지다.
>
> (다) 우리 사회에서 이제 인권이라는 말은 강물처럼 넘쳐흐른다. 과거에는 인권을 말하면 붙잡혀 가고 감옥에도 가곤 했지만, 이제는 누구나 인권을 스스럼없이 주장한다. 그러나 중요한 점은 인권이라 하더라도 무제한 보장되는 것이 아니라 남의 행복과 공동체의 이익을 침해하지 않는 범위 안에서만 보호된다는 것이다.
>
> (라) 그런데 남의 명예를 훼손하여도 손해배상을 해주면 그로써 충분하고, 자기 잘못을 사죄하는 광고를 신문에 강제로 싣게 할 수는 없다. 헌법재판소는 남의 명예를 훼손한 사람이라고 하더라도 강제로 사죄 광고를 싣게 하는 것은 양심에 반하는 가혹한 방법이라고 하여 위헌으로 선고했다.

① (가) - (나) - (다) - (라)　　　　② (나) - (가) - (다) - (라)
③ (다) - (나) - (가) - (라)　　　　④ (다) - (나) - (라) - (가)
⑤ (다) - (라) - (나) - (가)

(가) 많은 전통적 인식론자는 임의의 명제에 대해 우리가 세 가지 믿음의 태도 중 하나만을 가질 수 있다고 본다.

(나) 반면 베이즈주의자는 믿음은 정도의 문제라고 본다. 가령 각 인식 주체는 '내일 눈이 온다.'가 참이라는 것에 대하여 가장 강한 믿음의 정도에서 가장 약한 믿음의 정도까지 가질 수 있다.

(다) 이처럼 베이즈주의자는 믿음의 정도를 믿음의 태도에 포함함으로써 많은 전통적 인식론자들과 달리 믿음의 태도를 풍부하게 표현한다.

(라) 가령 '내일 눈이 온다.'는 명제를 참이라고 믿거나, 거짓이라고 믿거나, 참이라 믿지도 않고 거짓이라 믿지도 않을 수 있다.

① (가) – (나) – (라) – (다)
② (가) – (라) – (다) – (나)
③ (가) – (다) – (나) – (라)
④ (가) – (라) – (나) – (다)
⑤ (가) – (라) – (다) – (나)

03

(가) 사회서비스에는 서비스를 받을 수 있는 증서를 제공함으로써 수혜자가 공적 기관을 이용하도록 하는 것뿐만 아니라 민간단체가 운영하는 사적 기관의 서비스를 자신의 선호도에 따라 선택할 수 있게 하는 방식이 있다.

(나) 이와 같이 사회서비스는 소득의 재분배보다는 시민들의 삶의 질을 향상시키는 것에 기여하는 제도라고 할 수 있다.

(다) 최근 들어서 많은 나라들은 서비스 증서를 제공하는 일명 바우처(Voucher)제도를 도입하여 후자 방식을 강화하는 경향을 보이고 있다.

(라) 사회서비스는 급여의 지급이 현금이 아니라 '돌봄'의 가치를 가진 특정한 서비스를 통해 이루어지는 제도이다.

① (라) – (가) – (다) – (나)
② (가) – (라) – (다) – (나)
③ (라) – (다) – (나) – (가)
④ (가) – (다) – (나) – (라)
⑤ (나) – (가) – (다) – (라)

04

> (가) 이번 조사에서 '친환경 활동을 긍정적으로 생각한다.'는 소비자가 78.3%에 이르렀지만, 대한민국 소비자들은 친환경 인식에 비해 친환경 활동 참여는 부진한 것으로 나타났다.
> (나) L기획 연구소는 이번 조사 결과를 바탕으로 소비자들의 참여를 유도할 수 있는 구체적인 실체를 제시하고, 친환경 제품 구매를 촉진시킬 것이라고 발표했다.
> (다) 주요 원인으로는 '가격요인'과 '친환경 제품에 대한 신뢰 부족'이 지적됐다.
> (라) L기획 연구소는 3월 서울과 수도권의 남녀 300명을 대상으로 조사·분석한 '소비자의 인식과 소비행태에 대한 조사 결과'를 발표했다.

① (라) – (가) – (다) – (나)　　　　② (라) – (다) – (나) – (가)
③ (나) – (다) – (라) – (가)　　　　④ (나) – (라) – (다) – (가)
⑤ (나) – (라) – (가) – (다)

※ 다음 글의 주제로 가장 적절한 것을 고르시오. [5~7]

Easy
05

> 오늘날 사회계층 간 의료수혜의 불평등이 심화되어 의료이용도의 소득계층별, 지역별, 성별, 직업별, 연령별 차이가 사회적 불만의 한 원인으로 대두되고, 보건의료서비스가 의식주에 이어 제4의 기본적 수요로 인식됨에 따라 '의료보장제도의 필요성'이 나날이 높아지고 있다.
> 의료보장제도란 국민의 건강권을 보호하기 위하여 요구되는 필요한 보건의료서비스를 국가나 사회가 제도적으로 제공하는 것을 말하며, 건강보험, 의료급여, 산재보험을 포괄한다. 이를 통해 상대적으로 과다한 재정의 부담을 경감시킬 수 있으며, 국민의 주인의식과 참여 의식을 조장할 수 있다.
> 의료보장제도는 의료수혜의 불평등을 해소하기 위한 사회적·국가적 노력이며, 예측할 수 없는 질병의 발생 등에 대한 개인의 부담능력의 한계를 극복하기 위한 제도이다. 또한 개인의 위험을 사회적·국가적 위험으로 인식하여 위험의 분산 및 상호부조 인식을 제고하기 위한 제도이기도 하다.
> 의료보장제도의 의료보험(National Health Insurance) 방식은 일명 비스마르크(Bismarck)형 의료제도라고 하는데, 개인의 기여를 기반으로 한 보험료를 주재원으로 하는 제도이다. 사회보험의 낭비를 줄이기 위하여 진찰 시에 본인 일부 부담금을 부과하는 것이 특징이라 할 수 있다. 반면, 국가보건서비스(National Health Service) 방식은 일명 조세 방식, 비버리지(Beveridge)형 의료제도라고 하며, 국민의 의료문제는 국가가 책임져야 한다는 관점에서 조세를 재원으로 모든 국민에게 국가가 직접 의료를 제공하는 의료보장방식이다.

① 의료보장제도의 장단점　　　　② 의료보장제도의 개념과 유형
③ 의료보장제도의 종류　　　　　④ 의료급여제도의 필요성
⑤ 의료급여제도의 유형

06 맹자는 다음과 같은 이야기를 전한다. 송나라의 한 농부가 밭에 나갔다 돌아오면서 처자에게 말한다. "오늘 일을 너무 많이 했다. 밭의 싹들이 빨리 자라도록 하나하나 잡아당겨줬더니 피곤하구나." 아내와 아이가 밭에 나가보았더니 싹들이 모두 말라 죽어 있었다. 이렇게 자라는 것을 억지로 돕는 일, 즉 조장(助長)을 하지 말라고 맹자는 말한다. 싹이 빨리 자라기를 바란다고 싹을 억지로 잡아 올려서는 안 된다. 목적을 이루기 위해 가장 빠른 효과를 얻고 싶겠지만 이는 도리어 효과를 놓치는 길이다. 억지로 효과를 내려고 했기 때문이다. 싹이 자라기를 바라 싹을 잡아당기는 것은 이미 시작된 과정을 거스르는 일이다. 효과가 자연스럽게 나타날 가능성을 방해하고 막는 일이기 때문이다. 당연히 싹의 성장 가능성은 땅 속의 씨앗에 들어있는 것이다. 개입하고 힘을 쏟고자 하는 대신에 이 잠재력을 발휘할 수 있도록 하는 것이 중요하다.

피해야 할 두 개의 암초가 있다. 첫째는 싹을 잡아당겨서 직접적으로 성장을 이루려는 것이다. 이는 목적성이 있는 적극적 행동주의로써 성장의 자연스러운 과정을 존중하지 않는 것이다. 달리 말하면 효과가 숙성되도록 놔두지 않는 것이다. 둘째는 밭의 가장자리에 서서 자라는 것을 지켜보는 것이다. 싹을 잡아당겨서도 안 되고 그렇다고 단지 싹이 자라는 것을 지켜만 봐서도 안 된다. 그렇다면 무엇을 해야 하는가? 싹 밑의 잡초를 뽑고 김을 매주는 일을 해야 하는 것이다. 경작이 용이한 땅을 조성하고 공기를 통하게 함으로써 성장을 보조해야 한다. 기다리지 못함을 삼가고 아무것도 안 함도 삼가야 한다. 작동 중에 있는 자연스런 성향이 발휘되도록 기다리면서 전력을 다할 수 있도록 돕는 노력을 멈추지 말아야 한다.

① 인류사회는 자연의 한계를 극복하려는 인위적 노력에 의해 발전해 왔다.

② 싹이 스스로 성장하도록 그대로 두는 것이 수확량을 극대화하는 방법이다.

③ 어떤 일을 진행할 때 가장 중요한 것은 명확한 목적성을 설정하는 것이다.

④ 잠재력을 발휘하도록 하려면 의도적 개입과 방관적 태도 모두를 경계해야 한다.

⑤ 자연의 순조로운 운행을 방해하는 인간의 개입은 예기치 못한 화를 초래할 것이다.

'우주 개발이 왜 필요한가'에 대한 주장은 크게 다음 세 가지로 구분할 수 있다. 먼저 천문학자인 칼 세이건이 우려하는 것처럼 인류가 혜성이나 소행성의 지구 충돌과 같은 재앙에서 살아남으려면 지구 이외의 다른 행성에 식민지를 건설해야 한다는 것이다. 소행성의 지구 충돌로 절멸한 공룡의 전철을 밟지 않기 위해서 말이다. 여기에는 자원 고갈이나 환경오염과 같은 전 지구적 재앙에 대비하자는 주장도 포함된다. 그 다음으로 우리의 관심을 지구에 한정하다는 것은 인류의 숭고한 정신을 가두는 것이라는 호킹의 주장을 들 수 있다. 지동설, 진화론, 상대성 이론, 양자역학, 빅뱅 이론과 같은 과학적 성과들은 인류의 문명뿐만 아니라 정신적 패러다임의 변화에 지대한 영향을 끼쳤다. 마지막으로 우주 개발의 노력에 따르는 부수적인 기술의 파급 효과를 근거로 한 주장을 들 수 있다. 실제로 우주 왕복선 프로그램을 통해 산업계에 이전된 새로운 기술이 100여 가지나 된다고 한다. 인공심장, 신분확인 시스템, 비행추적 시스템 등이 그 대표적인 기술들이다. 그러나 우주 개발에서 얻는 이익이 과연 인류 전체의 이익을 대변할 수 있는가에 대해서는 쉽게 답할 수가 없다. 역사적으로 볼 때 탐사의 주된 목적은 새로운 사실의 발견이라기보다 영토와 자원, 힘의 우위를 선점하기 위한 것이었기 때문이다. 이러한 이유로 우주 개발에 의심의 눈초리를 보내는 사람들도 적지 않다. 그들은 우주 개발에 소요되는 자금과 노력을 지구의 가난과 자원 고갈, 환경 문제 등을 해결하는 데 사용하는 것이 더 현실적이라고 주장한다.

과연 그 주장을 따른다고 해서 이러한 문제들을 해결할 수 있는가? 인류가 우주 개발에 나서지 않고 지구 안에서 인류의 미래를 위한 노력을 경주한다고 가정해 보면, 인류가 사용할 수 있는 자원이 무한한 것은 아니며, 인구의 자연 증가를 막을 수 없다는 문제는 여전히 남는다. 지구에 자금과 노력을 투자해야 한다고 주장하는 사람들은 지금 당장은 아니더라도 언젠가는 이러한 문제들을 해결할 수 있다는 논리를 펼지도 모른다. 그러나 이러한 논리는 우주 개발을 지지하는 쪽에서 마찬가지로 내세울 수 있다. 오히려 인류가 미래에 닥칠 문제를 해결할 수 있는 방법은 지구 밖에서 찾게 될 가능성이 더 크지 않을까?

우주를 개발하려는 시도가 최근에 등장한 것은 아니다. 인류가 의식을 갖게 되면서부터 우주를 꿈꾸어 왔다는 증거는 세계 여러 민족의 창세신화에서 발견된다. 수천 년 동안 우주에 대한 인류의 꿈은 식어갈 줄 몰랐다. 그리고 그 결과가 오늘날의 우주 개발이라는 현실로 다가온 것이다. 이제 인류는 우주의 시초를 밝히게 되었고, 우주의 끄트머리를 바라볼 수 있게 되었으며 우주 공간에 인류의 거주지를 만들 수 있게 되었다. 우주 개발을 해야 할 것이냐 말아야 할 것이냐는 이제 문제의 핵심이 아니다. 우리가 선택해야 할 문제는 우주 개발을 어떻게 해야 할 것인가이다. "달과 다른 천체들은 모든 나라가 함께 탐사하고 이용할 수 있도록 자유지역으로 남아 있어야 한다. 어느 국가도 영유권을 주장할 수 없다."라는 '린든 B. 존슨'의 경구는 우주 개발의 방향을 일러주는 시금석이 되어야 한다.

① 우주 개발의 한계
② 지구의 당면 과제
③ 우주 개발의 정당성
④ 친환경적인 지구 개발
⑤ 우주 개발 기술의 발달

Hard

08

제2차 세계대전 중, 태평양의 한 전투에서 일본군은 미군 흑인 병사들에게 자신들은 유색인과 전쟁할 의도가 없으니 투항하라고 선전하였다. 이 선전물을 본 백인 장교들은 그것이 흑인 병사들에게 미칠 영향을 우려하여 급하게 부대를 철수시켰다. 사회학자인 데이비슨은 이 사례에서 아이디어를 얻어서 대중매체가 수용자에게 미치는 영향과 관련한 '제3자 효과(Third-person effect)' 이론을 발표하였다.

이 이론의 핵심은 대중매체의 영향력을 차별적으로 인식한다는 점에 있다. 곧 사람들은 수용자의 의견과 행동에 미치는 대중 매체의 영향력이 자신보다 다른 사람들에게서 더 크게 나타날 것이라고 믿는 경향이 있다는 것이다. 예를 들어 선거 때 어떤 후보에게서 탈세 의혹이 있다는 신문보도를 보았을때, 사람들은 후보를 선택하는 데 자신보다 다른 독자들이 더 크게 영향을 받을 것이라고 여긴다.

제3자 효과는 대중매체가 전달하는 내용에 따라 다르게 나타난다. 예컨대 대중매체가 건강 캠페인과 같이 사회적으로 바람직한 내용을 전달할 때보다 폭력물이나 음란물처럼 유해한 내용을 전달할 때, 사람들은 자신보다 다른 사람들에게 미치는 영향력을 더욱 크게 인식한다는 것이다. 이러한 인식은 수용자의 구체적인 행동에도 영향을 미쳐 제3자 효과가 크게 나타나는 사람일수록 내용물의 심의, 검열, 규제와 같은 법적·제도적 조치에 찬성하는 성향을 보인다.

제3자 효과 이론은 사람들이 다수의 의견처럼 보이는 것에 영향 받을 수 있다는 이론과 연결되면서 여론의 형성 과정을 설명하는 데도 이용되었다. 이 설명에 따르면, 사람들은 자신은 대중매체의 전달 내용에 쉽게 영향 받지 않는다고 생각하면서 다른 사람들이 영향 받을 것을 고려하여 자신의 태도와 행위를 결정한다. 즉, 다른 사람들에게서 소외되어 고립되는 것을 염려한 나머지, 자신의 의견을 포기하고 다수의 의견이라고 생각하는 것을 따라가게 된다는 것이다.

① 태평양 전쟁 당시 흑인 병사들에게 나타난 제3자 효과는 미군 철수의 원인이 되었다.

② 대중매체의 영향을 크게 받는 사람일수록 대중매체에 대한 법적·제도적 조치에 반대하는 경향이 있다.

③ 사람들이 제3자 효과에 휩싸이는 이유는 대중매체가 다수의 의견을 반영하기 때문이다.

④ 제3자 효과가 나타나는 사람은 일단 한번 대중매체를 타면 어떤 내용이든지 동등한 수준으로 다른 이들에게 영향을 끼친다고 믿는다.

⑤ 사람들은 자신이 타인에 비해 대중매체의 영향을 덜 받는다 생각하면서도 결과적으로 타인과 의견을 같이하는 경향이 있다.

근대적 공론장의 형성을 중시하는 연구자들은 아렌트와 하버마스의 공론장 이론을 적용하여 한국적 근대 공론장의 원형을 찾는다. 이들은 유럽에서 18 ~ 19세기에 신문, 잡지 등이 시민들의 대화와 토론에 의거한 부르주아 공론장을 형성하였다는 사실에 착안하여 『독립신문』이 근대적 공론장의 역할을 하였다고 주장한다. 또한 만민공동회라는 새로운 정치 권력이 만들어낸 근대적 공론장을 통해, 공화정의 근간인 의회와 한국 최초의 근대적 헌법이 등장하는 결정적 계기가 마련되었다고 인식한다.

그러나 공론장의 형성을 근대 이행의 절대적 특징으로 이해하는 태도는 근대 이행의 다른 길들에 대한 불신과 과소평가로 이어지기도 한다. 당시 사회의 개혁을 위해서는 갑신정변과 같은 소수 엘리트 주도의 혁명이나 동학농민운동과 같은 민중봉기가 아닌 만민공동회와 같은 다수 인민에 의한 합리적인 토론과 공론에 의거한 민주적 개혁이 올바른 길이라고 주장하는 것이 대표적 예이다. 나아가 이러한 태도는 당시 고종이 만민공동회의 주장을 수용하여 입헌군주제나 공화제를 채택했더라면 국권 박탈이라는 비극만은 면할 수 있었으리라는 비약으로 이어진다.

이러한 생각의 배경에는 개인의 자각에 근거한 공론장과 평화적 토론을 통한 공론의 형성, 그리고 공론을 정치에 실현시킬 제도적 장치가 마련되어 있는 체제가 바로 '근대'라는 확고한 인식이 자리잡고 있다. 그들은 시민세력으로 성장할 가능성을 지닌 인민들의 행위가 근대적 정치를 표현하고 있었다는 점만 중시하고, 공론 형성의 주체인 시민이 아직 형성되지 못한 시대 상황은 특수한 것으로 평가된다. 또한 근대적 정치행위가 실패한 것은 인민들의 한계가 아니라, 전제황실 권력의 탄압이나 개혁파 지도자 내부의 권력투쟁 때문이라고 설명한다.

이러한 인식으로는 농민들을 중심으로 한 반봉건 민중운동의 지향점, 그리고 토지문제 해결을 통한 근대 이행이라는 고전적 과제에 답할 수가 없다. 또한 근대적 공론장에 기반한 근대국가가 수립되었을지라도 제국주의 열강들의 위협을 극복할 수 있었겠는지, 그 극복이 농민들의 지지 없이 가능했을지에 대한 문제의식은 들어설 여지가 없게 된다. 더 큰 문제는 이런 인식이 농민운동을 근대 이행을 방해하는 역사의 반역으로 왜곡할 소지가 있다는 것이다. 이러한 의문들이 적극적으로 해명되지 않는다면 근대 공론장 이론은 설득력을 갖기 어려울 것이다.

① 『독립신문』은 근대적 공론장의 역할을 하지 못했다.
② 농민운동이 한국의 근대 이행을 방해했다고 볼 수 없다.
③ 제국주의 열강의 위협이 한국의 근대 공론장 형성을 가속화하였다.
④ 고종이 만민공동회의 주장을 채택하였다면 국권박탈의 비극은 없었을 것이다.
⑤ 근대 공론장 이론의 한국적 적용은 몇 가지 한계가 있지만 근대 이행의 문제를 효과적으로 설명하였다

※ 다음 제시된 문단을 읽고, 이어질 문단을 논리적 순서대로 바르게 나열한 것을 고르시오. [10~11]

10

『뉴욕 타임스』와 『워싱턴 포스트』를 비롯한 미국의 많은 신문은 선거 과정에서 특정 후보에 대한 지지를 표명한다. 전통적으로 이 신문들은 후보의 정치적 신념, 소속 정당, 정책을 분석하여 자신의 입장과 같거나 그것에 근접한 후보를 택하여 지지해 왔다. 그러나 근래 들어 이 전통은 적잖은 논란 거리가 되고 있다.

(가) 예를 들면 A후보를 싫어하는 사람은 A후보의 메시지에 노출되는 것을 꺼려할 뿐만 아니라 그 것을 부정적으로 인지하고, 그것의 부정적인 면만을 기억하는 경향이 있다.

(나) 한편 보강 효과 이론에 따르면 미디어 메시지는 개인의 태도나 의견의 변화로 이어지지 못하 고, 기존의 태도와 의견을 보강하는 차원에 머무른다.

(다) 신문의 특정 후보 지지가 유권자의 표심(票心)에 미치는 영향은 생각보다 강하지 않다는 것이 학계의 일반적인 시각이다. 이 현상은 선별 효과 이론과 보강 효과 이론으로 설명할 수 있다.

(라) 가령 A후보의 정치 메시지는 A후보를 좋아하는 사람에게는 긍정적인 태도를 강화시키지만, 그를 싫어하는 사람에게는 부정적인 태도를 강화시킨다.

(마) 선별 효과 이론에 따르면 개인은 미디어 메시지에 선택적으로 노출되고, 그것을 선택적으로 인지하며 선택적으로 기억한다.

(바) 신문이 특정 후보를 지지하는 것이 실제로 영향력이 있는지, 또는 공정한 보도를 사명으로 하 는 신문이 특정 후보를 지지하는 행위가 과연 바람직한지 등과 관련하여 근본적인 의문이 제기 되고 있는 것이다.

① (다) – (나) – (라) – (마) – (가) – (바)
② (다) – (마) – (가) – (나) – (라) – (바)
③ (마) – (가) – (나) – (라) – (바) – (다)
④ (바) – (다) – (가) – (마) – (라) – (나)
⑤ (바) – (다) – (마) – (가) – (나) – (라)

휘슬블로어란 호루라기를 뜻하는 휘슬(Whistle)과 부는 사람을 뜻하는 블로어(Blower)가 합쳐진 말이다. 즉, 호루라기를 부는 사람이라는 뜻으로 자신이 속해 있거나 속해 있었던 집단의 부정부패를 고발하는 사람을 뜻하며, 흔히 '내부고발자'라고도 불린다. 부정부패는 고발당해야 마땅한 것인데 이렇게 '휘슬블로어'라는 용어가 따로 있는 것은 그만큼 자신이 속한 집단의 부정부패를 고발하는 것이 쉽지 않다는 뜻일 것이다.

(가) 또한 법의 울타리 밖에서 행해지는 것에 대해서도 휘슬블로어는 보호받지 못한다. 일단 기업이나 조직 속에서 배신자가 되었다는 낙인과 상급자들로부터 괘씸죄로 인해 받게 되는 업무 스트레스, 집단 따돌림 등으로 인해 고립되기 때문이다. 뿐만 아니라 익명성이 철저히 보장되어야 하지만 조직에서는 휘슬블로어를 찾기 위해 혈안이 된 상급자의 집요한 색출로 인해 밝혀지는 경우가 많다. 그렇게 될 경우 휘슬블로어들은 권고사직을 통해 해고를 당하거나 괴롭힘을 당한 채 일할 수밖에 없다.

(나) 실제로 휘슬블로어의 절반은 제보 후 1년간 자살충동 등 정신 및 신체적 질환으로 고통을 받는다고 한다. 또한 73%에 해당되는 상당수의 휘슬블로어들은 동료로부터 집단적으로 따돌림을 당하거나 가정에서도 불화를 겪는다고 한다. 우리는 이들이 공정한 사회와 개인의 양심에 손을 얹고 중대한 결정을 한 사람이라는 것을 외면할 수 없으며, 이러한 휘슬블로어들을 법적으로 보호할 필요가 있다.

(다) 내부고발이 어려운 큰 이유는 내부고발을 한 후에 맞게 되는 후폭풍 때문이다. 내부고발은 곧 기업의 이미지가 떨어지는 것부터 시작해 영업 정지와 같은 실질적 징벌로 이어지는 경우가 많기 때문에 내부고발자들은 배신자로 취급되는 경우가 많다. 실제 양심에 따라 내부고발을 한 이후 닥쳐오는 후폭풍에 못 이겨 자신의 발로 회사를 나오는 경우도 많으며, 또한 기업과 동료로부터 배신자로 취급되거나 보복성 업무, 인사이동 등으로 불이익을 받는 경우도 많다.

(라) 현재 이러한 휘슬블로어를 보호하기 위한 법으로는 2011년 9월부터 시행된 공익신고자 보호법이 있다. 하지만 이러한 법 제도만으로는 휘슬블로어들을 보호하는 데에 무리가 있다. 공익신고자 보호법은 181개 법률 위반행위에 대해서만 공익신고로 보호하고 있는데, 만일 공익신고자 보호법에서 규정하고 있는 법률 위반행위가 아닌 경우에는 보호를 받지 못하고 있는 것이다.

① (다) – (가) – (라) – (나) 　　　② (다) – (나) – (가) – (라)
③ (다) – (나) – (라) – (가) 　　　④ (라) – (가) – (다) – (나)
⑤ (라) – (다) – (가) – (나)

※ 다음 글의 내용으로 적절하지 않은 것을 고르시오. [12~15]

Easy

12

> 치매(Dementia)는 유발 요인에 따라 여러 종류로 나뉜다. 미국 정신의학 협회에서 발간한 '정신질환 진단 및 통계 편람(DSM-5)'에서는 치매를 혈관성 치매, 두뇌손상성 치매, 파킨슨병에 의한 치매 등 11가지 종류로 분류하고 있다. 뉴욕 알버트 아인슈타인 의과대학의 로버트 카츠만(Robert Katzman)은 1976년 이 중에서도 알츠하이머형(型) 치매 환자가 전체 치매 환자의 50 ~ 60%를 차지하는 것으로 추정했다. 이후 알츠하이머형 치매의 특징적 임상양상을 평가하는 것이 중요하게 생각되었지만, 당시 의학기술로는 부검으로만 특징적 병리조직을 확인할 수 있었다.
>
> 이처럼 과거에는 치매가 한참 진행된 다음에야 추정을 할 수 있었고, 사실상의 확진은 부검을 통해서만 가능했다. 하지만 최근에는 영상의학적 진단법의 발달로 치매의 진단 방법도 비약적으로 발전했다. 알츠하이머 치매는 신경섬유와 시냅스의 손실이 두드러지게 나타난다. 이는 컴퓨터단층촬영(Computed Tomography, CT)이나 자기공명영상(Magnetic Resonance Imaging, MRI) 등의 영상의학을 통해 어렵지 않게 진단할 수 있게 되었으며 특히 핵의학적 영상학인 단일광자단층촬영(Single Photon Emission Computed Tomography, SPECT)과 양전자방출단층촬영(Positron Emission Tomography, PET)을 통해 혈류의 저하를 측정하거나 치매 초기 특징적 부위의 조직기능 저하를 측정하여 과거보다 훨씬 빠르게 치매를 진단할 수 있게 되었다.

① 미국 정신의학 협회에서는 치매를 11가지 종류로 분류한다.

② 알츠하이머형 치매 환자는 전체 치매 환자의 50 ~ 60%를 차지하는 것으로 추정되었다.

③ 알츠하이머형 치매 환자에서는 혈류의 저하가 측정된다.

④ 과거에도 알츠하이머형 치매의 확진은 환자의 생전에 가능했다.

⑤ 치매에는 여러 유발 요인이 있다.

13 시간 예술이라고 지칭되는 음악에서 템포의 완급은 대단히 중요하다. 동일곡이지만 템포의 기준을 어떻게 잡아서 재현해 내느냐에 따라서 그 음악의 악상은 달라진다. 그런데 이처럼 중요한 템포의 인지 감각도 문화권에 따라, 혹은 민족에 따라서 상이할 수 있으니 동일한 속도의 음악을 듣고 누구는 빠르게 느끼는 데 비해서 누구는 느린 것으로 인지하는 것이다. 결국 문화권에 따라서 템포의 인지 감각이 다를 수 있다는 사실은 바꿔 말해서 서로 문화적 배경이 다르면 사람에 따라 적절하다고 생각하는 모데라토의 템포도 큰 차이가 있을 수 있다는 말과 같다.

한국의 전통 음악은 서양 고전 음악에 비해서 비교적 속도가 느린 것이 분명하다. 대표적 정악곡(正樂曲)인 '수제천(壽齊天)'이나 '상령산(上靈山)' 등의 음악을 들어보면 수긍할 것이다. 또한 이 같은 구체적인 음악의 예가 아니더라도 국악의 첫인상을 일단 '느리다'고 간주해 버리는 일반의 통념을 보더라도 전래의 한국 음악이 보편적인 서구 음악에 비해서 느린 것은 틀림없다고 하겠다.

그런데 한국의 전통 음악이 서구 음악에 비해서 상대적으로 속도가 느린 이유는 무엇일까? 이에 대한 해답도 여러 가지 문화적 혹은 민족적인 특질과 연결해서 생각할 때 결코 간단한 문제가 아니겠지만, 여기서는 일단 템포의 계량적 단위인 박(beat)의 준거를 어디에 두느냐에 따라서 템포 관념의 차등이 생겼다는 가설하에 설명을 하기로 한다.

한국의 전통 문화를 보면 그 저변의 잠재의식 속에는 호흡을 중시하는 징후가 역력함을 알 수 있는데, 이 점은 심장의 고동을 중시하는 서양과는 상당히 다른 특성이다. 우리의 문화 속에는 호흡에 얽힌 생활 용어가 한두 가지가 아니다. 숨을 한 번 내쉬고 들이마시는 동안을 하나의 시간 단위로 설정하여 일식간(一息間) 혹은 이식간(二息間)이니 하는 양식척(量息尺)을 써 왔다. 그리고 감정이 격양되었을 때는 긴 호흡을 해서 감정을 누그러뜨리거나 건강을 위해 단전 호흡법을 수련한다. 이것은 모두 호흡을 중시하고 호흡에 뿌리를 둔 문화 양식의 예들이다. 더욱이 심장의 정지를 사망으로 단정하는 서양과는 달리 우리의 경우에는 '숨이 끊어졌다.'는 말로 유명을 달리했음을 표현한다. 이와 같이 확실히 호흡의 문제는 모든 생리 현상에서부터 문화 현상에 이르기까지 우리의 의식 저변에 두루 퍼져있는 민족의 공통적 문화소가 아닐 수 없다.

이와 같은 동서양 간의 상호 이질적인 의식 성향을 염두에 두고 각자의 음악을 관찰해 보면, 서양의 템포 개념은 맥박, 곧 심장의 고동에 기준을 두고 있으며 우리의 그것은 호흡의 주기, 즉 폐부의 운동에 뿌리를 두고 있음을 알 수 있다. 서양의 경우 박자의 단위인 박을 비트(beat), 혹은 펄스(pulse)라고 한다. 펄스라는 말이 곧 인체의 맥박을 의미하듯이 서양음악은 원초적으로 심장을 기준으로 출발한 것이다. 이에 비해 한국의 전통 음악은 모음 변화를 일으켜 가면서까지 길게 끌며 호흡의 리듬을 타고 있음을 볼 때, 근원적으로 호흡에 뿌리를 둔 음악임을 알 수 있다. 결국 한국음악에서 안온한 마음을 느낄 수 있는 모데라토의 기준 속도는 1분간의 심장 박동 수와 호흡의 주기와의 차이처럼 서양 음악의 그것에 비하면 무려 3배쯤 느린 것임을 알 수 있다.

① 각 민족의 문화에는 민족의식이 반영되어 있다.
② 서양 음악은 심장 박동 수를 박자의 준거로 삼았다.
③ 템포의 완급을 바꾸어도 동일곡의 악상은 변하지 않는다.
④ 우리 음악은 서양 음악에 비해 상대적으로 느리다.
⑤ 우리 음악의 박자는 호흡 주기에 뿌리를 두고 있다.

14

경제질서는 국가 간의 교역과 상호투자 등을 원활히 하기 위해 각 국가가 준수할 규범들을 제정하고 이를 이행하면서 이루어진 질서이다. 경제질서는 교역 당사국 모두에 직접적인 이익을 가져다주기 때문에 비교적 잘 지켜지고 있다. 특히 1995년 WTO가 발족되어 안보질서보다 더 정교한 질서로 자리를 잡고 있다. 경제질서를 준수하게 하는 힘은 준수하지 않았을 때 가해지는 불이익으로 다른 나라들의 집단적 경제제재가 그에 해당된다. 자연보호질서는 경제 질서의 한 종류로, 자원보호질서와 환경보호질서로 나뉜다. 이 두 가지 질서는 다음과 같은 생각에서 제안된 범세계적 운동이다. 자원보호질서는 유한한 자원을 모두 소비하면 후세 사람들이 살아갈 수 없으므로 재생 가능한 자원을 많이 사용하고 가능한 한 자원을 재활용하자는 생각이다. 환경보호질서는 하나밖에 없는 지구의 원 모습을 지켜 후손에게 물려주어야 한다는 생각이다. 자원보호질서는 부존자원의 낭비를 막기 위해 사용 물질의 양에 대한 규제를 주도하는 질서이고, 환경보호질서는 글자 그대로 환경을 쾌적한 상태로 유지하려는 질서이다. 이 두 가지 질서는 서로 연관되어 있으나 지키려는 내용에서 다르다. 자원보호질서는 사람이 사용하는 물자의 양을 통제하기 위한 질서이고, 환경보호질서는 환경의 원형보존을 위한 질서이다.

경제질서와 달리 공공질서는 일부가 아닌 모든 구성국들에 이익을 가져다주는 국제질서이다. 국가 간의 교류 및 협력을 위해서는 서로 간의 의사소통, 인적·물적 교류 등이 원활히 이루어져야 한다. 이러한 거래, 교류, 접촉 등을 원활하게 하는 공동규범들이 공공질서를 이룬다. 공공질서는 모든 구성국에 편익을 주는 공공재를 창출하고 유지하려는 구성국들의 공동노력으로 이루어진다.

가장 새롭게 등장한 국제질서가 인권보호질서이다. 웨스트팔리아체제라고 부르는 주권국가 중심의 현 국제정치질서에서는 주권존중, 내정불간섭 원칙이 엄격히 지켜진다. 그래서 자국 정부에 의한 자국민 학살, 탄압, 인권유린 등이 국외에서는 외면되어 왔다. 그러나 정부에 의한 인민학살의 피해나, 다민족국가에서의 자국 내 소수민족 탄압이 용인될 수 없는 상태에까지 이르게 됨에 따라 인권보호를 위한 인도주의적 개입의 당위가 논의되고 있다.

이러한 흐름 속에서 국제연합인권위원회 및 각종 NGO 등의 노력으로 국제사회에서 공동 개입하여 인권보호를 이루어내자는 운동이 일어나고 있다. 이러한 노력의 결과 하나의 새로운 국제질서인 인권보호질서가 자리를 잡아가고 있다. 인권보호질서는 아직 형성과정에 있으며, 또한 주권국가 중심의 현 국제정치질서와 충돌하므로 앞으로도 쉽게 자리를 잡기는 어려우리라 예상된다. 그러나 21세기에 접어들면서 세계시민의식이 급속히 확산되고 있는 점을 감안한다면 어떤 국가도 결코 무시할 수 없는 국제질서로 발전하리라 생각한다.

① 교역 당사국에 직접 이익을 주기 때문에 WTO에 의한 경제질서는 비교적 잘 유지되고 있다.
② 세계시민의식의 확산과 더불어 등장한 인권보호질서는 내정 불간섭 원칙의 엄격한 준수를 요구한다.
③ 세계적 차원에서 유한한 자원의 낭비를 규제하고 자원을 재활용하기 위해 자원보호질서가 제안되었다.
④ 인적·물적 교류를 원활하게 하는 공동규범으로 이루어진 공공질서는 그 구성국들에 이익을 가져다준다.
⑤ 자연보호질서의 하위질서인 환경보호질서는 지구를 쾌적한 상태로 유지하고 후세에 원형대로 물려주려는 것이다.

PART 2

15

우리나라만이 갖는 선과 형태의 특성은 부드러움 속에 담긴 넉넉한 아름다움으로 요약할 수 있습니다. 이러한 형태미가 발생하게 된 가장 중요한 배경은 우리의 독특한 자연 조건과 정서에 있습니다. 정서는 환경과 생활 속에서 늘 보고 듣고 체험하는 데서 자연스럽게 형성되는데, 거칠고 척박한 곳에서의 생활은 거칠고 투박한 심성을 만들고 파생되는 미의 형태도 투박하게 됩니다. 반대로 따뜻하고 부드러운 환경에서 가꾸어진 여유로운 심성은 부드러운 그림의 형태로 나타납니다. 이처럼 환경의 영향이 크기 때문에 맹자의 어머니도 교육을 위해서 세 번씩이나 이사했던 것입니다.

한편 우리나라의 자연은 노년기 지형으로서 완만한 선과 다양한 형태를 지니고 있습니다. 지리산처럼 웅장한 모습이 있는가 하면, 설악산처럼 힘 있는 선을 나타내는 형태도 있습니다. 그러나 전체적으로는 부드러움을 지녔다고 할 수 있으며 강함은 전체적인 부드러움 속에서 적절하게 조화를 이룬다고 볼 수 있습니다. 이러한 자연환경 속에서 우리 민족은 부드럽고 따뜻한 정서를 지니게 되었고, 그에 따라 미술에서도 부드러운 곡선과 넉넉한 형태감이 나타나게 된 것입니다.

우리의 전통 가옥인 초가집 지붕의 선과 형태를 생각해 봅시다. 자연스러운 곡선으로 마치 주변의 야산을 옮겨다 놓은 듯한 낯익은 형태감을 지니고 있습니다. 이처럼 우리 주변에서 흔히 볼 수 있는 자연의 선과 형태가 생활 속에서 나타나게 되었고, 자연스럽게 미의식에도 커다란 영향을 미쳐 작품에도 그러한 선과 형태가 나타난 것입니다.

우리의 따뜻한 정서가 살아 있는 조선백자도 마찬가지입니다. 중국의 자기처럼 대칭과 완벽의 아름다움을 찾을 수는 없지만, 보름달을 닮았다고 하여 '달 항아리'라는 예쁜 이름을 갖게 된 백자는 넉넉한 곡선과 비대칭의 아름다움, 그러면서도 여유 있고 균형 잡힌 형태감으로 우리에게 다가옵니다. 중국의 완벽한 자기(瓷器)나 기교적인 일본의 자기에서는 결코 느낄 수 없는 아름다움입니다.

이러한 아름다움은 우리의 한복뿐 아니라 풍속화의 선이나 산수화의 부드러우면서도 때로는 힘찬 선과 형태감, 수수하면서도 때로는 파격적인 민화 등 다양한 분야에서 나타납니다. 즉, 우리의 정서가 담겨 있는 선과 형태의 전반적인 특징은 부드러움이었으며, 자연과의 조화를 드러내는 아름다움이었던 것입니다.

선과 형태에 대한 전통적인 개념이 현대 미술에까지 계승되고 있다고 자신 있게 말하지는 못하겠습니다. 그러나 우리 자신의 것을 바탕으로 하지 않는 문화는 사상누각에 불과합니다. 우리는 우리 문화의 근원이라 할 수 있는 우리의 자연에 관심을 가져야 할 것입니다. 쉼 없이 이어지는 산의 부드러우면서도 때로는 힘 있는 곡선과 자연 그대로의 오솔길, 산 따라 골 따라 순응하면서 흘러가는 냇물의 흐름과 뚜렷한 사계절의 흐름을 우리의 그림과 도자기, 생활 문화와 비교해 보면 우리 미의 근원이 자연임을 알 수 있을 것입니다.

① 한국의 자연은 완만한 선과 다양한 형태를 지니고 있다.
② 부드러움 속에 넉넉함이 담긴 것이 한국의 아름다움이다.
③ 한복이나 민화에서도 한국적인 아름다움을 발견할 수 있다.
④ 조선백자는 세련된 기교와 대칭의 아름다움을 지니고 있다.
⑤ 한국의 전통 가옥은 자연스러운 곡선으로 낯익은 형태감을 보여 준다.

16 다음 글의 전개 방식으로 가장 적절한 것은?

녹차와 홍차는 모두 카멜리아 시넨시스(Camellia Sinensis)라는 식물에서 나오는 찻잎으로 만든다. 공정 과정에 따라 녹차와 홍차로 나뉘며 재배지 품종에 따라서도 종류가 달라진다. 이처럼 같은 잎에서 만든 차일지라도 녹차와 홍차가 가지고 있는 특성에는 차이가 있다.

녹차와 홍차는 발효 방법에 따라 구분된다. 녹차는 발효 과정을 거치지 않은 것이며 반쯤 발효시킨 것은 우롱차, 완전히 발효시킨 것은 홍차가 된다. 녹차는 찻잎을 따서 바로 솥에 넣거나 증기로 쪄서 만드는 반면, 홍차는 찻잎을 먼저 햇볕이나 그늘에서 시들게 한 후 천천히 발효시켜 만든다. 녹차가 녹색을 유지하는 반면에 홍차가 붉은색을 띠는 것은 녹차와 달리 높은 발효 과정을 거치기 때문이다.

이러한 녹차와 홍차에는 긴장감을 풀어주고 마음을 진정시키는 L-테아닌(L-theanine)이라는 아미노산이 들어있는데, 이는 커피에 들어 있지 않은 성분으로 진정효과와 더불어 가슴 두근거림 등의 카페인(Caffeine) 각성 증상을 완화하는 역할을 한다. 또한 항산화 효과가 강력한 폴리페놀(Polyphenol)이 들어 있어 심장 질환 위험을 줄일 수 있다는 장점도 있다. 한 연구에 따르면, 녹차는 콜레스테롤 수치를 낮춰 심장병과 뇌졸중으로 사망할 위험을 줄이는 것으로 나타났다. 홍차 역시 하루 두 잔 이상 마실 경우 심장 발작 위험을 44% 정도 낮추는 효과를 보였다.

홍차와 녹차 모두에 폴리페놀 성분이 들어 있지만 그 종류는 다르다. 녹차는 카테킨(Catechin)이 많이 들어 있는 것으로 유명하지만, 홍차는 발효 과정에서 카테킨의 함량이 어느 정도 감소한다. 이 카테킨에는 EGCG(Epigallo-catechin-3-gallate)가 많이 들어 있어 혈중 콜레스테롤 수치를 낮춰 동맥경화 예방을 돕고, 신진대사의 활성화와 지방 배출에 효과적이다. 홍차는 발효 과정에서 생성된 테아플라빈(Theaflavin) 역시 혈관 기능을 개선하며 혈당 수치를 감소시키는 것으로 알려져 있다. 연구에 따르면 홍차에 든 테아플라빈 성분이 인슐린과 유사한 작용을 보여 당뇨병을 예방하는 효과를 보이는 것으로 나타났다.

만약 카페인에 민감한 경우라면 홍차보다 녹차를 선택하는 것이 좋다. 카페인의 각성 효과를 완화하는 L-테아닌이 녹차에 더 많기 때문이다. 녹차에도 카페인이 들어 있지만, 커피와 달리 심신의 안정 효과와 스트레스 해소에 도움을 줄 수 있기 때문이다. 또한 녹차의 떫은맛을 내는 카테킨 성분은 카페인을 해독하고 흡수량을 억제하기 때문에 실제 카페인의 섭취량보다 흡수되는 양이 적다.

① 대상의 장단점을 분석하고 있다.
② 대상을 하위 항목으로 구분하여 항목별로 설명하고 있다.
③ 대상에 대한 여러 가지 견해를 소개하고 이를 비교·평가하고 있다.
④ 두 대상을 비교하여 공통점과 차이점을 부각하고 있다.
⑤ 연구 결과에 따른 구체적인 수치를 제시하며 내용을 전개하고 있다.

※ 다음 글을 읽고 추론한 내용으로 적절하지 않은 것을 고르시오. [17~18]

17

일상에서 타인의 특성과 성향을 구분 지을 때 흔히 좌뇌형 인간과 우뇌형 인간이라는 개념이 쓰이곤 한다. 이 개념에 따르면 좌뇌형 인간은 추상적인 언어나 사고, 수학적 계산 등 논리적인 능력이 뛰어나며, 우뇌형 인간은 전체를 보는 통찰력과 협동성, 예술적인 직관이 뛰어난데, 이를 성별에 빗대 좌뇌형 인간을 남성적이고 우뇌형 인간을 여성적이라고 평가하곤 한다.

하지만 성별이나 성향에 따른 좌뇌와 우뇌의 활용도 차이는 결과에 따른 사후해석에 가깝다. 물론 말하기를 담당하는 브로카 영역과 듣기를 담당하는 베르니케 영역이 거의 대부분 좌반구에 존재하기 때문에 좌측 뇌에 손상을 받으면 언어 장애가 생기는 것은 사실이다. 하지만 좌뇌형 인간은 언어 능력이 뛰어나며, 각자의 성격이나 장점에 직접적으로 관여한다고 결론짓는 것은 근거가 없는 개념이다. 또한 이 개념대로라면 실제로 좌반구는 우측 신체를 담당하고, 우반구는 좌측 신체를 담당하기 때문에 오른손잡이가 대부분 좌뇌형 인간이 되는 불상사가 일어난다.

다만 성별에 따른 뇌기능 차이에 대해서는 어느 정도 유의미한 실험 결과들이 존재하기도 한다. 1998년 미국 듀크대학 연구팀은 실험을 통해 남성은 공간 정보를 담은 표지물의 절대적 위치를 주로 활용하고, 여성은 의미화될 수 있는 공간 정보의 상대적 위치를 가늠하여 기억한다는 사실을 발견했다. 2014년 미국 펜실베이니아대학 연구팀은 여성 뇌에서는 좌뇌와 우뇌의 상호 연결이 발달한데 반해 남성 뇌에서는 좌뇌와 우뇌 각각의 내부 연결이 발달하는 특징이 나타난다고 보고했다.

① 사람은 특정 행동을 할 때 특정 부위의 뇌를 더 사용한다.

② 좌뇌형 인간과 우뇌형 인간을 판단하는 기준은 실제로는 성별과 크게 관련이 없다.

③ 특정한 작업을 할 때, 여성의 경우 남성에 비해 상대적으로 양쪽의 뇌가 골고루 활성화 될 것이다.

④ 남성에게 길을 물을 때 여성에게 길을 묻는 것보다 수치화된 답변이 나올 가능성이 상대적으로 높을 것이다.

⑤ 단순히 베르니케 영역에 문제가 생겼다고 해서 언어를 이해하는 능력에 문제가 발생할 것이라고 단정 짓기는 어렵다.

18

세계적으로 저명한 미국의 신경과학자들은 '의식에 관한 케임브리지 선언'을 통해 동물에게도 의식이 있다고 선언했다. 이들은 포유류와 조류 그리고 문어를 포함한 다른 많은 생물도 인간처럼 의식을 생성하는 신경학적 기질을 갖고 있다고 주장하였다. 즉, 동물도 인간과 같이 의식이 있는 만큼 합당한 대우를 받아야 한다는 이야기이다. 그러나 이들과 달리 아직도 동물에게 의식이 있다는 데 회의적인 과학자가 많다.

인간의 동물관은 고대부터 두 가지로 나뉘어 왔다. 그리스의 철학자 피타고라스는 윤회설에 입각하여 동물에게 경의를 표해야 한다는 것을 주장했으나, 아리스토텔레스는 '동물에게는 이성이 없으므로 동물은 인간의 이익을 위해서만 존재한다.'고 주장했다. 이러한 동물관의 대립은 근세에도 이어졌다. 17세기 철학자 데카르트는 '동물은 정신을 갖고 있지 않으며 고통을 느끼지 못하므로 심한 취급을 해도 좋다.'라고 주장한 반면, 18세기 계몽철학자 루소는 『인간불평등 기원론』을 통해 인간과 동물은 동등한 자연의 일부라는 주장을 처음으로 제기했다.

그러나 인간은 오랫동안 동물의 본성이나 동물답게 살 권리를 무시한 채로 소와 돼지, 닭 등을 사육해왔다. 오로지 더 많은 고기와 달걀을 얻기 위해 '공장식 축산' 방식을 도입한 것이다. 공장식 축산이란 가축 사육 과정이 공장에서 규격화된 제품을 생산하는 것과 같은 방식으로 이루어지는 것을 말하며, 이러한 환경에서는 소와 돼지, 닭 등이 몸조차 자유롭게 움직일 수 없는 좁은 공간에 갇혀 자라게 된다. 가축은 스트레스를 받아 면역력이 떨어지게 되고, 이는 결국 항생제 대량 투입으로 이어질 수밖에 없다. 우리는 그렇게 생산된 고기와 달걀을 맛있다고 먹고 있는 것이다.

이와 같은 공장식 축산의 문제를 인식하고, 이를 개선하려는 동물 복지 운동은 1960년대 영국을 중심으로 유럽에서 처음 시작되었다. 인간이 가축의 고기 등을 먹더라도 최소한의 배려를 함으로써 항생제 사용을 줄이고, 고품질의 고기와 달걀을 생산하자는 것이다. 한국도 2012년부터 산란계를 시작으로 '동물 복지 축산농장 인증제'를 시행하고 있다. 배고픔·영양 불량·갈증으로부터의 자유, 두려움·고통으로부터의 자유 등의 5대 자유를 보장하는 농장만이 동물 복지 축산농장 인증을 받을 수 있다.

동물 복지는 가축뿐만이 아니라 인간의 건강을 위한 것이기도 하다. 따라서 정부와 소비자 모두 동물 복지에 좀 더 많은 관심을 가져야 한다.

① 피타고라스는 동물에게도 의식이 있다고 생각했군.
② 아리스토텔레스와 데카르트의 동물관에는 일맥상통하는 점이 있어.
③ 좁은 공간에 갇혀 자란 돼지는 그렇지 않은 돼지에 비해 면역력이 낮겠네.
④ 공장식 축산에서의 항생제 대량 사용은 결국 인간에게 안 좋은 영향을 미치겠군.
⑤ 동물 복지 축산농장 인증제는 1960년대 영국에서 처음 시행되었어.

19 다음 글의 글쓴이의 주장을 비판하기 위한 탐구 활동으로 가장 적절한 것은?

> 기술은 그 내부적인 발전 경로를 이미 가지고 있으며, 따라서 어떤 특정한 기술(혹은 인공물)이 출현하는 것은 필연적인 결과라고 생각하는 사람들이 많다. 이러한 통념을 약간 다르게 표현하면 기술의 발전 경로는 이전의 인공물보다 기술적으로 보다 우수한 인공물들이 차례차례 등장하는 인공물들의 연쇄로 파악할 수 있다는 것이다. 그리고 기술의 발전 경로가 단일한 것으로 보고, 어떤 특정한 기능을 갖는 인공물을 만들어 내는 데 있어서 '유일하게 가장 좋은' 설계 방식이나 생산 방식이 있을 수 있다고 가정한다. 이와 같은 생각을 종합하면 기술의 발전은 결코 사회적인 힘이 가로막을 수 없는 것 뿐 아니라 단일한 경로를 따르는 것이므로 사람들이 할 수 있는 일은 이미 정해져 있는 기술의 발전 경로를 열심히 추적해 가는 것밖에 남지 않게 된다는 결론이 나온다.
>
> 그러나 다양한 사례 연구에 의하면 어떤 특정 기술이나 인공물을 만들어 낼 때, 그것이 특정한 형태가 되도록 하는 데 중요한 역할을 하는 것은 그 과정에 참여하고 있는 엔지니어, 자본가, 소비자, 은행, 정부 등의 이해관계나 가치체계임이 밝혀졌다. 이렇게 보면 기술은 사회적으로 형성된 것이며 이미 그 속에 사회적 가치를 반영하고 있는 셈이 된다. 복수의 기술이 서로 경쟁하여 그중 하나가 사회에서 주도권을 잡는 과정을 분석해 본 결과, 이 과정에서 중요한 역할을 하는 것은 기술적 우수성이나 사회적 유용성이 아닌 관련된 사회집단들의 정치적·경제적 영향력인 것으로 드러났다고 한다. 결국 현재에 이르는 기술 발전의 궤적은 결코 필연적이고 단일한 것이 아니었으며 다르게 될 수도 있었음을 암시하고 있는 것이다.

① 논거가 되는 연구 결과를 반박할 수 있는 다른 연구 자료를 조사한다.
② 사회 변화에 따라 가치 체계의 변동이 일어나게 되는 원인을 분석한다.
③ 기술 개발에 관계자들의 이해관계나 가치가 작용한 실제 사례를 조사한다.
④ 글쓴이가 문제 삼고 있는 통념에 변화가 생기게 된 계기를 분석한다.
⑤ 글쓴이가 통념을 종합하여 이끌어낸 결론의 타당성을 검토한다.

20 다음 글의 빈칸에 들어갈 내용으로 가장 적절한 것은?

소독이란 물체의 표면 및 그 내부에 있는 병원균을 죽여 전파력 또는 감염력을 없애는 것이다. 이때, 소독의 가장 안전한 형태로는 '멸균'이 있다. 멸균이란 대상으로 하는 물체의 표면 또는 그 내부에 분포하는 모든 세균을 완전히 죽여 무균의 상태로 만드는 조작으로, 살아있는 세포뿐만 아니라 포자, 박테리아, 바이러스 등을 완전히 파괴하거나 제거하는 것이다.

물리적 멸균법은 열, 햇빛, 자외선, 초단파 따위를 이용하여 균을 죽여 없애는 방법이다. 열(Heat)에 의한 멸균에는 건열 방식과 습열 방식이 있으며, 건열 방식은 소각과 건식오븐을 사용하여 멸균하는 방식이다. 건열 방식이 활용되는 예로는 미생물 실험실에서 사용하는 많은 종류의 기구를 물 없이 멸균하는 것이 있다. 이는 습열 방식을 활용했을 때 유리를 포함하는 기구가 파손되거나 금속 재질로 이루어진 기구가 습기에 의해 부식할 가능성을 보완한 방법이다. 그러나 건열 멸균법은 습열 방식에 비해 멸균 속도가 느리고 효율이 떨어지며 열에 약한 플라스틱이나 고무제품은 대상물의 변성이 이루어져 사용할 수 없다. 예를 들어 많은 세균의 내생포자는 습열 멸균 온도 조건(121℃)에서는 5분 이내에 사멸되나, 건열 멸균법을 활용할 경우 이보다 더 높은 온도(160℃)에서도 약 2시간 정도 지나야 사멸되는 양상을 나타낸다. 반면, 습열 방식은 바이러스, 세균, 진균 등의 미생물들을 손쉽게 사멸시킨다. 습열은 효소 및 구조단백질 등의 필수 단백질의 변성을 유발하고, 핵산을 분해하며 세포막을 파괴하여 미생물을 사멸시킨다. 끓는 물에 약 10분간 노출하면 대개의 영양세포나 진핵포자를 충분히 죽일 수 있으나, 100℃의 끓는 물에서는 세균의 내생포자를 사멸시키지는 못한다. 따라서 물을 끓여서 하는 열처리는 _____ 멸균을 시키기 위해서는 100℃가 넘는 온도(일반적으로 121℃)에서 압력(약 1.1kg/cm^2)을 가해 주는 고압증기멸균기를 이용한다. 고압증기멸균기는 물을 끓여 증기를 발생시키고 발생한 증기와 압력에 의해 멸균을 시키는 장치이다. 고압증기멸균기 내부가 적정 온도와 압력(121℃, 약 1.1kg/cm^2)에 이를 때까지 뜨거운 포화 증기를 지속적으로 유입시킨다. 해당 온도에서 포화 증기는 15분 이내에 모든 영양세포와 내생포자를 사멸시킨다. 고압증기멸균기에 의해 사멸되는 미생물은 고압에 의해서보다는 고압 하에서 수증기가 얻을 수 있는 높은 온도에 의해 사멸되는 것이다.

① 더 많은 세균을 사멸시킬 수 있다.
② 멸균 과정에서 더 많은 비용이 소요된다.
③ 멸균 과정에서 더 많은 시간이 소요된다.
④ 소독을 시킬 수는 있으나, 멸균을 시킬 수는 없다.
⑤ 멸균을 시킬 수는 있으나, 소독을 시킬 수는 없다.

※ 마지막 명제가 참일 때, 빈칸에 들어갈 명제로 가장 적절한 것을 고르시오. [1~2]

01

> • 너무 많이 먹으면 살이 찐다.
> • _____
> • 너무 많이 먹으면 둔해진다.

① 둔하다면 적게 먹은 것이다.
② 둔하지 않다면 너무 많이 먹지 않은 것이다.
③ 살이 찌면 둔해진다.
④ 너무 많이 먹어도 살이 찌지 않는다.
⑤ 둔해졌다면 살이 쪘다는 것이다.

Easy

02

> • 노력하지 않으면 보상도 없다.
> • _____
> • 그러므로 종구는 보상을 받지 못했다.

① 종구는 노력하지 않았다.
② 보상을 받았다는 것은 곧 노력했다는 의미이다.
③ 종구는 보상을 받았다.
④ 종구는 노력하고 있다.
⑤ 보상을 받았다는 것이 곧 노력했다는 의미는 아니다.

※ 다음 명제를 읽고 적절하지 않은 것을 고르시오 [3~5]

03

> • 정리정돈을 잘하는 사람은 집중력이 좋다.
> • 주변이 조용할수록 집중력이 좋다
> • 깔끔한 사람은 정리정돈을 잘한다.
> • 집중력이 좋으면 성과 효율이 높다.

① 깔끔한 사람은 집중력이 좋다.
② 주변이 조용할수록 성과 효율이 높다.
③ 깔끔한 사람은 성과 효율이 높다.
④ 성과 효율이 높지 않은 사람은 주변이 조용하지 않다.
⑤ 깔끔한 사람은 주변이 조용하다.

04

> • 원두 소비량이 감소하면 원두 수확량이 감소한다.
> • 그리고 원두 수확량이 감소하면 원두 가격이 인상된다.
> • 그러나 원두 수확량이 감소하지 않으면 커피 가격이 인상되지 않는다.
> • 따라서 _____

① 커피 가격이 인상되면 원두 수확량이 감소한다.
② 커피 가격이 인상되면 원두 가격이 인상된다.
③ 원두 수확량이 감소하지 않으면 원두 소비량이 감소하지 않는다.
④ 원두 가격이 인상되지 않으면 원두 수확량이 감소하지 않는다.
⑤ 원두 소비량이 감소하지 않으면 커피 가격은 인상되지 않는다.

Easy
05

> • 적극적인 사람은 활동량이 많다.
> • 잘 다치지 않는 사람은 활동량이 많지 않다.
> • 활동량이 많으면 면역력이 강화된다.
> • 적극적이지 않은 사람은 영양제를 챙겨먹는다.

① 적극적인 사람은 잘 다친다.
② 적극적인 사람은 면역력이 강화된다.
③ 잘 다치지 않는 사람은 영양제를 챙겨먹는다.
④ 영양제를 챙겨먹으면 면역력이 강화된다.
⑤ 잘 다치지 않는 사람은 적극적이지 않은 사람이다.

06

- A가 외근을 나가면 B도 외근을 나간다.
- A가 외근을 나가면 D도 외근을 나간다.
- D가 외근을 나가면 E도 외근을 나간다.
- C가 외근을 나가지 않으면 B도 외근을 나가지 않는다.
- D가 외근을 나가지 않으면 C도 외근을 나가지 않는다.

① B가 외근을 나가면 A도 외근을 나간다.
② D가 외근을 나가면 C도 외근을 나간다.
③ A가 외근을 나가면 E도 외근을 나간다.
④ C가 외근을 나가지 않으면 D도 외근을 나가지 않는다.
⑤ D가 외근을 나가면 C는 외근을 나가지 않는다.

07

- 도봉산은 북악산보다 높다.
- 북악산은 관악산보다 낮다.
- 북한산은 도봉산과 관악산보다 높다.

① 도봉산이 관악산보다 높다.
② 관악산이 도봉산보다 높다.
③ 관악산이 가장 낮다.
④ 북악산이 가장 낮다.
⑤ 북악산은 도봉산보다 낮지만, 북한산보다 높다.

Easy

08

- 세경이는 전자공학을 전공한다.
- 원영이는 사회학을 전공한다.
- 세경이는 복수전공으로 패션디자인을 전공한다.

① 원영이는 전자공학을 전공한다.
② 세경이는 전자공학과 패션디자인 모두를 전공한다.
③ 원영이의 부전공은 패션디자인이다.
④ 세경이의 부전공은 패션디자인이다.
⑤ 원영이의 복수전공은 전자공학이다.

09

> • 모든 1과 사원은 가장 실적이 많은 2과 사원보다 실적이 많다.
> • 가장 실적이 많은 4과 사원은 모든 3과 사원보다 실적이 적다.
> • 3과 사원 중 일부는 가장 실적이 많은 2과 사원보다 실적이 적다.

① 1과 사원 중 가장 적은 실적을 올린 사원과 같은 실적을 올린 사원이 4과에 있다.
② 어떤 3과 사원은 가장 실적이 적은 1과 사원보다 실적이 적다.
③ 모든 2과 사원은 4과 사원 중 일부보다 실적이 적다.
④ 어떤 1과 사원은 가장 실적이 많은 3과 사원보다 실적이 적다.
⑤ 어떤 1과 사원은 가장 실적이 많은 2과 사원보다 실적이 적다.

PART 2

10

> • 연필을 좋아하는 사람은 지우개를 좋아한다.
> • 볼펜을 좋아하는 사람은 수정테이프를 좋아한다.
> • 지우개를 좋아하는 사람은 샤프를 좋아한다.
> • 성준이는 볼펜을 좋아한다.

① 볼펜을 좋아하는 사람은 연필을 좋아한다.
② 지우개를 좋아하는 사람은 볼펜을 좋아한다.
③ 성준이는 수정테이프를 좋아한다.
④ 연필을 좋아하는 사람은 수정테이프를 좋아한다.
⑤ 샤프를 좋아하는 사람은 볼펜을 좋아한다.

11 A ~ C 세 사람 중 한 사람은 수녀이고, 한 사람은 왕이고, 한 사람은 농민이다. 수녀는 언제나 참을, 왕은 언제나 거짓을, 농민은 참을 말하기도 하고 거짓을 말하기도 한다. 이 세 사람이 다음과 같은 대화를 할 때, A ~ C는 각각 누구인가?

> • A : 나는 농민이다.
> • B : A의 말은 진실이다.
> • C : 나는 농민이 아니다.

	A	B	C		A	B	C
①	농민	왕	수녀	②	농민	수녀	왕
③	수녀	왕	농민	④	수녀	농민	왕
⑤	왕	농민	수녀				

Hard

12 신입사원인 윤지, 순영, 재철, 영민이는 영국, 프랑스, 미국, 일본으로 출장을 간다. 출장은 나라별로 한 명씩 가야 하며, 출장 기간은 서로 중복되지 않아야 한다. 다음 〈조건〉에 따를 때, 반드시 참인 것은?

조건
- 윤지는 가장 먼저 출장을 가지 않는다.
- 재철은 영국 또는 프랑스로 출장을 가야 한다.
- 영민은 순영보다는 먼저 출장을 가야 하고, 윤지보다는 늦게 가야 한다.
- 가장 마지막 출장지는 미국이다.
- 영국 출장과 프랑스 출장은 일정이 연달아 잡히지 않는다.

① 윤지는 프랑스로 출장을 간다.
② 재철은 영국으로 출장을 간다.
③ 영민은 세 번째로 출장을 간다.
④ 순영은 두 번째로 출장을 간다.
⑤ 윤지와 순영은 연이어 출장을 간다.

13 동성, 현규, 영희, 영수, 미영이는 A의 이사를 도와주면서 A가 사용하지 않는 물건들을 각각 하나씩 받았다. 다음 〈조건〉을 토대로 옳지 않은 것은?

> **조건**
> • A가 사용하지 않는 물건은 세탁기, 컴퓨터, 드라이기, 로션, 핸드크림이고, 동성, 현규, 영희, 영수, 미영 순으로 물건을 고를 수 있다.
> • 동성이는 세탁기 또는 컴퓨터를 받길 원한다.
> • 현규는 세탁기 또는 드라이기를 받길 원한다.
> • 영희는 로션 또는 핸드크림을 받길 원한다.
> • 영수는 전자기기 이외의 것을 받길 원한다.
> • 미영은 아무 것이나 받아도 상관없다.

① 동성이는 자신이 원하는 물건을 받을 수 있다.

② 영희는 영수와 원하는 물건이 동일하다.

③ 미영이는 드라이기를 받을 수 없다.

④ 영수는 원하는 물건을 고를 수 있는 선택권이 없다.

⑤ 현규는 드라이기를 받을 확률이 더 높다.

14 시집, 수필, 잡지, 동화, 사전, 소설, 그림책이 다음과 같은 〈조건〉에 따라 책상 위에 쌓여 있을 때, 옳은 것은?(단, 한 층에는 한 권의 책만 쌓여 있다)

> **조건**
> • 잡지는 시집보다는 위에, 그림책보다는 아래에 있다.
> • 동화는 사전보다 위에 있지만 사전과 맞닿아 있지는 않다.
> • 수필은 잡지보다 위에 있다.
> • 시집의 위치는 맨 아래가 아니다.
> • 잡지와 동화는 책 하나를 사이에 두고 있다.
> • 소설은 수필과 맞닿아 있지만 맨 위는 아니다.

① 수필은 맨 위에 있다.

② 그림책은 동화와 맞닿아 있지 않다.

③ 정중앙에 위치한 책은 잡지이다.

④ 동화는 그림책보다 아래에 있다.

⑤ 시집은 아래에서 세 번째에 있다.

15 서울에서 열린 자동차 모터쇼 2층 특별 전시장에는 다섯 종류의 차량이 전시되어 있다. 차종은 제네시스, 소나타, 에쿠스, 그랜저, 투싼이며 색상은 흰색, 파란색, 검은색 중 하나이다. 다음 〈조건〉을 토대로 옳지 않은 것은?

> **조건**
> - 양 끝에 있는 차량은 모두 흰색이다.
> - 소나타는 가장 오른쪽에 있다.
> - 그랜저는 제네시스 바로 오른쪽에 있으며, 에쿠스보다는 왼쪽에 있다.
> - 제네시스와 투싼의 색상은 동일하고, 그 사이에는 검은색 차량 한 대가 있다.
> - 소나타 바로 왼쪽에 있는 차량은 파란색이다.

① 흰색 차량은 총 3대이다.
② 그랜저는 왼쪽에서 두 번째에 위치한다.
③ 검은색과 파란색 차량은 각각 1대씩 있다.
④ 에쿠스와 그랜저의 색상은 주어진 조건만으로는 알 수 없다.
⑤ 그랜저와 같은 색상의 차량은 없다.

Hard

16 L놀이공원 동물원에는 A ~ D 4개의 구역이 순차적으로 있다. 여기에는 독수리, 사슴, 악어, 호랑이가 하나씩 들어간다. 다음 〈조건〉에 따라 동물이 위치한다고 할 때, 〈보기〉에 대한 설명으로 가장 적절한 것은?

> **조건**
> - 악어는 C 또는 D구역에 들어간다.
> - 사슴은 B구역을 제외하고 다 들어갈 수 있다.

> **보기**
> 악어와 호랑이가 이웃해 있다면 사슴은 D구역에 살 수 없다.

① 확실히 아니다.
② 확실하지 않지만 틀릴 확률이 높다.
③ 확실하지 않지만 맞을 확률이 높다.
④ 확실히 맞다.
⑤ 알 수 없다.

17 A~D 네 사람만 참여한 달리기 시합에서 동순위 없이 순위가 완전히 결정되었다. D를 제외한 A~C는 각자 다음과 같이 진술하였다. 이들의 진술이 자신보다 낮은 순위의 사람에 대한 진술이라면 참이고, 높은 순위의 사람에 대한 진술이라면 거짓이라고 할 때, 반드시 참인 것은?

- A : C는 1위이거나 2위이다.
- B : D는 3위이거나 4위이다.
- C : D는 2위이다.

① A는 1위이다.
② B는 2위이다.
③ D는 4위이다.
④ A가 B보다 순위가 높다.
⑤ C가 D보다 순위가 높다.

18 어느 모임에서 지갑 도난 사건이 일어났다. 용의자는 A~E 다섯 명으로 좁혀졌으며 이들 중 한 명이 범인이고, 진술은 다음과 같다. 각각의 용의자들이 말한 세 가지 진술 중에 두 가지는 참이지만 한 가지는 거짓이라고 밝혀졌을 때, 지갑을 훔친 사람은?

- A : 나는 훔치지 않았다. C도 훔치지 않았다. D가 훔쳤다.
- B : 나는 훔치지 않았다. D도 훔치지 않았다. E가 진짜 범인을 알고 있다.
- C : 나는 훔치지 않았다. E는 내가 모르는 사람이다. D가 훔쳤다.
- D : 나는 훔치지 않았다. E가 훔쳤다. A가 내가 훔쳤다고 말한 것은 거짓말이다.
- E : 나는 훔치지 않았다. B가 훔쳤다. C와 나는 오랜 친구이다.

① A   ② B
③ C   ④ D
⑤ E

19 L사 사무실에 도둑이 들었다. 범인은 2명이고, 용의자로 지목된 A ~ E 5명이 다음과 같이 진술했다. 이 중 2명이 거짓말을 하고 있다고 할 때, 동시에 범인이 될 수 있는 사람끼리 바르게 짝지어진 것은?

> • A : B나 C 중에 1명만 범인이에요.
> • B : 저는 확실히 범인이 아닙니다.
> • C : 제가 봤는데 E가 범인이에요.
> • D : A가 범인이 확실해요.
> • E : 사실은 제가 범인이에요.

① A, B   ② B, C
③ B, D   ④ C, E
⑤ D, E

20 체육의 날을 맞이하여 기획개발팀 4명은 다른 팀 사원들과 각각 15회씩 배드민턴 경기를 하였다. 팀원들은 다음과 같은 점수계산방법에 따라 각자 자신의 경기 결과를 종합하여 결과를 발표하였다. 다음 내용을 참고하여 기획개발팀의 팀원 중 거짓을 말한 사람을 고르면?

> • 점수계산 방법 : 각 경기에서 이길 경우 7점, 비길 경우 3점, 질 경우 −4점을 받는다.
> • 각자 15회의 경기 후 자신의 합산 점수를 다음과 같이 발표하였다.
>   'A팀장 93점, B대리 90점, C대리 84점, D연구원 79점'

① A팀장   ② B대리
③ C대리   ④ D연구원
⑤ 없음

01 다음은 민간 분야 사이버 침해사고 발생현황에 대한 자료이다. 이에 대한 〈보기〉의 설명 중 옳지 않은 것을 모두 고르면?

〈민간 분야 사이버 침해사고 발생현황〉

(단위 : 건)

구분	2021년	2022년	2023년	2024년
홈페이지 변조	650	900	600	390
스팸릴레이	100	90	80	40
기타 해킹	300	150	170	165
단순 침입시도	250	300	290	175
피싱 경유지	200	430	360	130
전체	1,500	1,870	1,500	900

보기

ㄱ. 단순 침입시도 분야의 침해사고는 매년 스팸릴레이 분야의 침해사고 건수의 2배 이상이다.
ㄴ. 2021년 대비 2024년 침해사고 건수가 50% 이상 감소한 분야는 2개 분야이다.
ㄷ. 2023년 홈페이지 변조 분야의 침해사고 건수가 차지하는 비중은 35% 이상이다.
ㄹ. 2022년 대비 2024년은 모든 분야의 침해사고 건수가 감소하였다.

① ㄱ, ㄴ ② ㄱ, ㄹ
③ ㄴ, ㄷ ④ ㄴ, ㄹ
⑤ ㄷ, ㄹ

02 다음은 자동차 판매현황에 대한 자료이다. 이에 대한 〈보기〉의 설명 중 옳은 것을 모두 고르면?

〈자동차 판매현황〉

(단위 : 천 대)

구분	2020년	2021년	2022년
소형	30	50	40
준중형	200	150	180
중형	400	200	250
대형	200	150	100
SUV	300	400	200

보기

ㄱ. 2020 ~ 2022년 동안 판매량이 지속적으로 감소하는 차종은 2종류이다.
ㄴ. 2021년 대형 자동차 판매량은 전년 대비 30% 미만 감소했다.
ㄷ. 2020 ~ 2022년 동안 SUV 자동차의 총판매량은 대형 자동차 총판매량의 2배이다.
ㄹ. 2021년 대비 2022년에 판매량이 증가한 차종 중 증가율이 가장 높은 차종은 준중형이다.

① ㄱ, ㄷ   ② ㄴ, ㄷ
③ ㄴ, ㄹ   ④ ㄱ, ㄴ, ㄹ
⑤ ㄱ, ㄷ, ㄹ

03 A초등학교 1, 2학년 학생들에게 다섯 가지 색깔 중 선호하는 색깔을 선택하게 하였다. 1학년 전체 학생 중 빨강을 좋아하는 학생 수의 비율과 2학년 전체 학생 중 노랑을 좋아하는 학생 수의 비율을 바르게 나열한 것은?(단, 각 학년의 인원수는 250명이다)

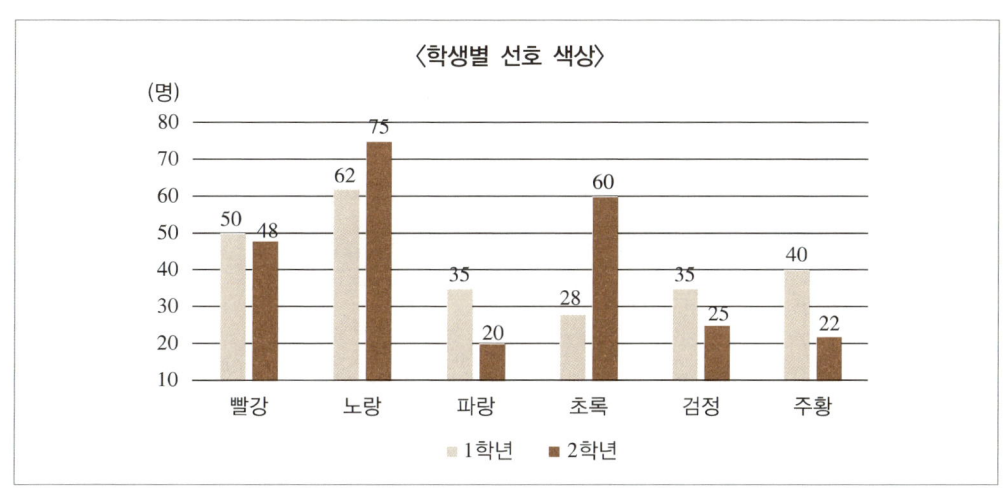

① 20%, 30%

② 25%, 25%

③ 30%, 30%

④ 20%, 25%

⑤ 30%, 50%

04 다음은 실업자 및 실업률 추이에 대한 그래프이다. 2024년 11월의 실업률은 2024년 2월 대비 얼마나 증감했는가?(단, 소수점 첫째 자리에서 반올림한다)

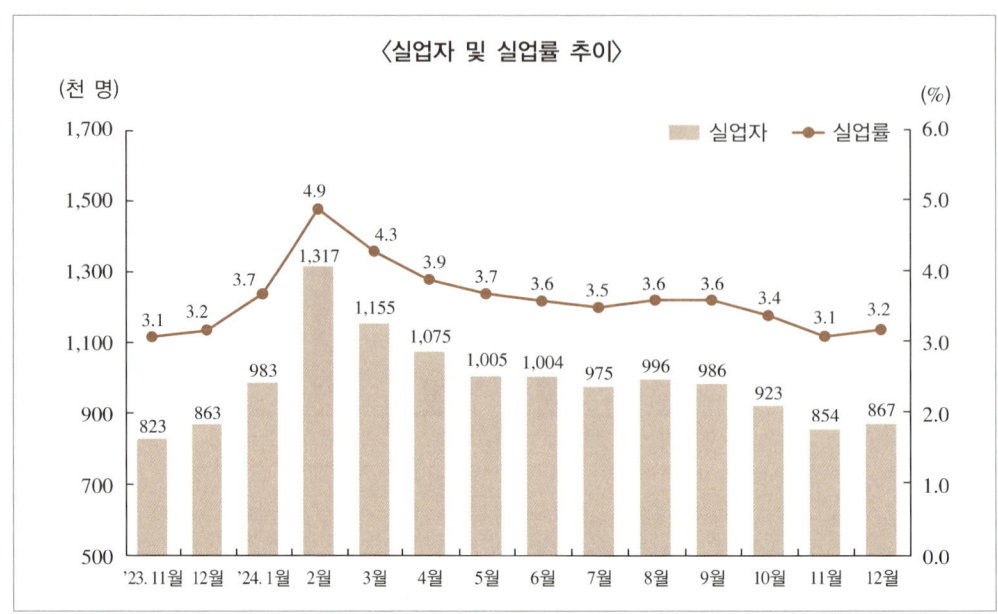

① -37%

② -36%

③ -35%

④ $+37\%$

⑤ $+38\%$

05 다음은 2019 ~ 2023년의 학교 수 현황에 대한 자료이다. 이를 토대로 한 〈보기〉의 설명 중 옳은 것을 모두 고르면?

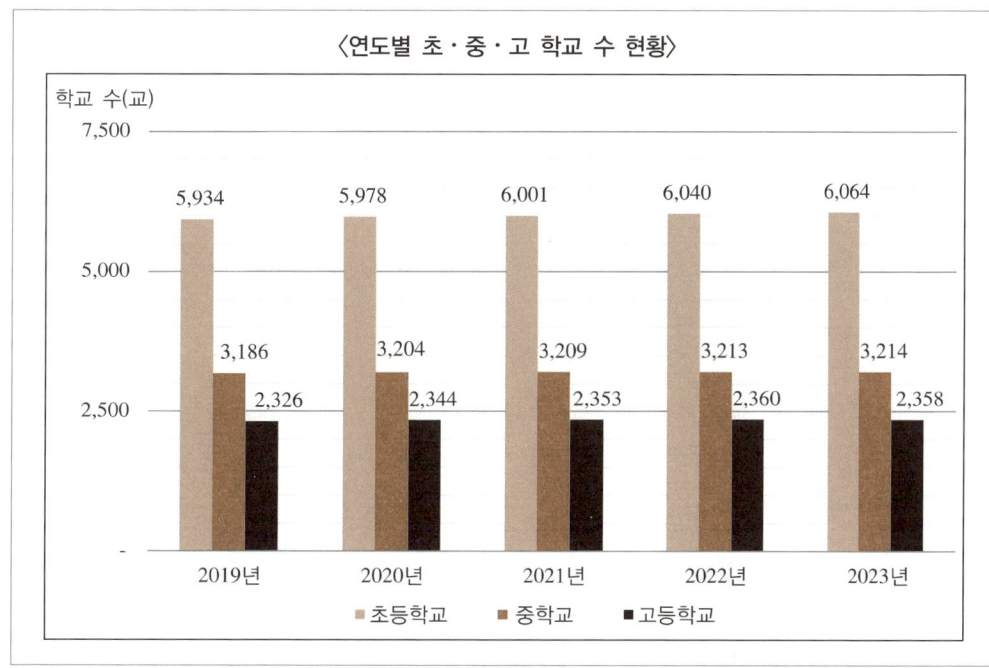

〈연도별 초·중·고 학교 수 현황〉

■초등학교	■중학교	■고등학교

보기

ㄱ. 2020년부터 2023년까지 초등학교 수와 고등학교 수의 전년 대비 증감 추이는 동일하다.
ㄴ. 2019년부터 2023년까지 초등학교 수와 중학교 수의 차이가 가장 큰 해는 2022년이다.
ㄷ. 초·중·고등학교 수의 총합은 2021년 대비 2023년에 증가하였다.

① ㄱ
② ㄷ
③ ㄱ, ㄴ
④ ㄴ, ㄷ
⑤ ㄱ, ㄴ, ㄷ

다음은 2018 ~ 2023년 어느 나라 5개 프로 스포츠 종목의 연간 경기장 수용규모 및 관중 수용률에 대한 자료이다. 이에 대한 설명으로 옳은 것은?

〈프로 스포츠 종목의 연간 경기장 수용규모 및 관중 수용률〉

(단위 : 천 명, %)

구분		2018년	2019년	2020년	2021년	2022년	2023년
야구	수용규모	20,429	20,429	20,429	20,429	19,675	19,450
	관중수용률	30.6	41.7	53.3	56.6	58.0	65.7
축구	수용규모	40,255	40,574	40,574	37,865	36,952	33,314
	관중수용률	21.9	26.7	28.7	29.0	29.4	34.9
농구	수용규모	5,899	6,347	6,354	6,354	6,354	6,653
	관중수용률	65.0	62.8	66.2	65.2	60.9	59.5
핸드볼	수용규모	3,230	2,756	2,756	2,756	2,066	2,732
	관중수용률	26.9	23.5	48.2	43.8	34.1	52.9
배구	수용규모	5,129	5,129	5,089	4,843	4,409	4,598
	관중수용률	16.3	27.3	24.6	30.4	33.4	38.6

① 농구의 관중수용률은 매년 감소한다.

② 관중수용률은 농구가 야구보다 매년 높다.

③ 관중수용률이 매년 증가한 종목은 3개이다.

④ 2021년 관중 수는 배구가 핸드볼보다 많다.

⑤ 2020 ~ 2023년의 전년 대비 경기장 수용규모의 증감 양상은 농구와 핸드볼이 동일하다.

07 다음은 2023년 서울특별시의 직종별 구인·구직·취업 현황을 나타내는 자료이다. 이에 대한 설명으로 옳지 않은 것은?

〈2023년 서울특별시 구인·구직·취업 통계〉

(단위 : 명)

구분	구인	구직	취업
관리직	993	2,951	614
경영·회계·사무 관련 전문직	6,283	14,350	3,400
금융보험 관련직	637	607	131
교육 및 자연과학·사회과학 연구 관련직	177	1,425	127
법률·경찰·소방·교도 관련직	37	226	59
보건·의료 관련직	688	2,061	497
사회복지 및 종교 관련직	371	1,680	292
문화·예술·디자인·방송 관련직	1,033	3,348	741
운전 및 운송 관련직	793	2,369	634
영업원 및 판매 관련직	2,886	3,083	733
경비 및 청소 관련직	3,574	9,752	1,798
미용·숙박·여행·오락·스포츠 관련직	259	1,283	289
음식서비스 관련직	1,696	2,936	458
건설 관련직	3,659	4,825	656
기계 관련직	742	1,110	345

① 구직 대비 취업률이 가장 높은 직종은 기계 관련직이다.
② 취업자 수가 구인자 수를 초과한 직종도 있다.
③ 구인자 수가 구직자 수를 초과한 직종은 한 곳이다.
④ 구직자가 가장 많이 몰리는 직종은 경영·회계·사무 관련 전문직이다.
⑤ 영업원 및 판매 관련직의 취업률은 25% 이상이다.

다음은 시·도별 도시가스 보급률에 대한 자료이다. (가), (나)에 들어갈 수치로 옳은 것은?(단, 각 수치는 매년 일정한 규칙으로 변화한다)

〈시·도별 도시가스 보급률〉

(단위: %)

구분	2018년	2019년	2020년	2021년	2022년	2023년
전국	76.2	79.4	80.8	82.0	83.1	84.5
서울특별시	91.2	95.6	96.6	98.0	98.6	98.9
부산광역시	81.9	82.9	85.4	87.6	89.9	90.0
대구광역시	80.5	84.0	(가)	91.0	94.5	98.0
인천광역시	90.3	90.4	91.2	92.0	92.8	93.1
광주광역시	92.7	99.7	95.8	97.6	99.3	99.3
대전광역시	93.2	93.4	94.1	94.4	94.6	95.1
울산광역시	89.0	89.2	90.7	91.8	93.2	94.5
세종특별자치시	67.1	72.2	79.1	79.3	81.4	84.6
경기도	82.5	85.5	86.3	87.0	87.9	88.0
강원도	44.2	46.2	47.1	47.8	49.7	51.2
충청북도	60.8	61.8	63.5	62.9	65.6	75.1
충청남도	52.8	54.8	57.7	61.2	64.5	74.2
전라북도	61.3	64.3	66.1	68.0	69.0	72.1
전라남도	44.0	47.0	48.4	49.8	51.3	53.4
경상북도	56.0	57.2	59.5	(나)	67.4	73.0
경상남도	61.5	63.7	66.4	67.4	71.8	76.3
제주특별자치도	10.0	10.1	11.6	12.6	9.2	10.8

	(가)	(나)
①	86.4	51.0
②	86.4	54.3
③	87.5	58.2
④	87.5	60.7
⑤	87.5	62.9

09 다음은 인터넷 공유활동 참여 현황을 정리한 자료이다. 이를 바르게 이해하지 못한 사람은?

〈인터넷 공유활동 참여율(복수응답)〉

(단위 : %)

구분		커뮤니티 이용	퍼나르기	블로그 운영	댓글달기	스토리 게시
성별	남성	79.1	64.1	49.9	52.2	46.1
	여성	76.4	59.6	55.1	38.4	40.1
연령	10대	75.1	63.9	54.7	44.3	51.3
	20대	88.8	74.4	76.3	47.3	54.4
	30대	77.3	58.5	46.3	44.0	37.5
	40대	66.0	48.6	27.0	48.2	29.6

※ 성별, 연령별 조사인원은 동일함

① A사원 : 자료에 의하면 20대가 다른 연령대에 비해 인터넷상에서 공유활동에 활발히 참여하고 있네요.

② B주임 : 대체로 남성이 여성에 비해 상대적으로 활발한 활동을 하고 있는 것 같아요. 그런데 블로그 운영 활동은 여성이 더 많네요.

③ C대리 : 남녀 간의 참여율 격차가 가장 큰 영역은 댓글달기네요. 반면에 커뮤니티 이용은 남녀 간의 참여율 격차가 가장 적네요.

④ D사원 : 10대와 30대의 공유활동 참여율을 크기순으로 나열하면 재미있게도 두 연령대의 활동 순위가 동일하네요.

⑤ E사원 : 40대는 대부분의 공유활동에서 모든 연령대의 참여율보다 낮지만, 댓글달기에서는 가장 높은 참여율을 보이고 있네요.

10 다음은 사교육의 과목별 동향에 대한 자료이다. 이에 대한 설명으로 옳은 것을 〈보기〉에서 모두 고르면?

〈사교육 과목별 동향〉

(단위 : 명, 원)

구분		2018년	2019년	2020년	2021년	2022년	2023년
국·영·수	월 최대 수강자 수	368	388	379	366	359	381
	월 평균 수강자 수	312	369	371	343	341	366
	월 평균 수업료	550,000	650,000	700,000	700,000	700,000	750,000
탐구	월 최대 수강자 수	241	229	281	315	332	301
	월 평균 수강자 수	218	199	253	289	288	265
	월 평균 수업료	350,000	350,000	400,000	450,000	500,000	500,000

보기

㉠ 국·영·수의 월 최대 수강자 수와 평균 수강자 수는 같은 증감 추이를 보인다.
㉡ 국·영·수의 월 평균 수업료는 월 최대 수강자 수와 같은 증감 추이를 보인다.
㉢ 국·영·수의 월 최대 수강자 수의 전년 대비 증가율은 2023년이 가장 높다.
㉣ 2018 ~ 2023년까지 월 평균 수강자 수가 국·영·수 과목이 최대였을 때는 탐구 과목이 최소였고, 국·영·수 과목이 최소였을 때는 탐구 과목이 최대였다.

① ㉠   ② ㉢

③ ㉠, ㉢   ④ ㉠, ㉣

⑤ ㉡, ㉣

11 L잡지에서는 700명의 표본을 골라 인터넷 이용 동향 조사를 실시했다. 다음은 그 조사 결과의 일부이다. 이를 가지고 얻을 수 있는 결론에 대해 바르게 말한 사람을 모두 고르면?

〈성별에 따른 인터넷 이용 동향 결과〉

(단위 : 명)

구분	자주 이용	가끔 이용	이용하지 않음	합계
남자	113	145	92	350
여자	99	175	76	350
합계	212	320	168	700

〈나이에 따른 인터넷 이용 동향 결과〉

(단위 : 명)

구분	자주 이용	가끔 이용	이용하지 않음	합계
30세 미만	135	159	56	350
30세 이상	77	161	112	350
합계	212	320	168	700

보기

• 대한 : 인터넷을 자주 이용하는 사람은 30세 이상의 남성층이 30세 미만의 남성층보다 약간 많다.
• 민국 : 인터넷을 이용하는 사람은 남성보다 여성이 더 많다.
• 만세 : 인터넷을 이용하지 않는 사람은 30세 이상이 30세 미만보다 더 많다.

① 대한   ② 민국
③ 만세   ④ 대한, 민국
⑤ 민국, 만세

PART 2

12 다음은 L방송사의 매출액 추이를 나타낸 자료이다. 이에 대하여 바르게 분석한 사람을 〈보기〉에서 모두 고르면?

〈L방송사 매출액 추이〉

(단위 : 십억 원)

구분		2019년	2020년	2021년	2022년	2023년
방송사업 매출액	방송수신료	56	57	54	53	54
	광고	215	210	232	220	210
	협찬	31	30	33	31	32
	프로그램 판매	11	10	12	13	12
	기타 방송사업	18	22	21	20	20
기타 사업		40	41	42	41	42
합계		371	370	394	378	370

보기

- 지환 : 방송수신료 매출액의 전년 대비 증감 추이와 반대되는 추이를 보이는 항목이 존재해.
- 소영 : 5년간 모든 항목의 매출액이 3십억 원 이상의 변동폭을 보였어.
- 동현 : 5년간 각 항목의 매출액 순위는 한 번도 변동 없이 동일했구나.
- 세미 : 2019년과 비교했을 때 2023년에 매출액이 상승하지 않은 항목은 2개뿐이군.

① 지환, 소영   ② 소영, 세미
③ 세미, 동현   ④ 지환, 동현, 세미
⑤ 지환, 동현, 소영

13 다음은 5월 22일 당일을 기준으로 하여 5월 15일부터 일주일간 수박 1개의 판매가이다. 이에 대한 설명으로 옳지 않은 것은?

<5월 15일 ~ 5월 22일 수박 판매가>

(단위 : 원/개)

구분		5/15	5/16	5/17	5/18	5/19	5/22(당일)
평균		18,200	17,400	16,800	17,000	17,200	17,800
최고값		20,000	20,000	20,000	20,000	20,000	18,000
최저값		16,000	15,000	15,000	15,000	16,000	16,000
등락률		−4.4%	0.0%	3.6%	2.4%	1.2%	−
지역별	서울	16,000	15,000	15,000	15,000	17,000	18,000
	부산	18,000	17,000	16,000	16,000	16,000	16,000
	대구	19,000	19,000	18,000	18,000	18,000	18,000
	광주	18,000	16,000	15,000	16,000	17,000	18,000

① 대구의 경우 5월 16일까지는 가격 변동이 없었지만, 5일 전인 5월 17일에 감소했다.

② 5월 17일부터 전체 수박의 평균 가격은 200원씩 일정하게 증가하고 있다.

③ 5월 16일부터 증가한 서울의 수박 가격은 최근 높아진 기온의 영향을 받은 것이다.

④ 5월 15 ~ 19일 서울의 수박 평균 가격은 동기간 부산의 수박 평균 가격보다 낮다.

⑤ 5월 16 ~ 19일 나흘간 광주의 수박 평균 가격은 16,000원이다.

14 다음은 L연구소에서 제습기 A ~ E의 습도별 연간소비전력량을 측정한 자료이다. 이에 대한 〈보기〉의 설명 중 옳은 것을 모두 고르면?

〈제습기 A ~ E의 습도별 연간소비전력량〉

(단위 : kWh)

습도 제습기	40%	50%	60%	70%	80%
A	550	620	680	790	840
B	560	640	740	810	890
C	580	650	730	800	880
D	600	700	810	880	950
E	660	730	800	920	970

보기

ㄱ. 습도가 70%일 때 연간소비전력량이 가장 적은 제습기는 A이다.

ㄴ. 각 습도에서 연간소비전력량이 많은 제습기부터 순서대로 나열하면, 습도 60%일 때와 습도 70%일 때의 순서는 동일하다.

ㄷ. 습도가 40%일 때 제습기 E의 연간소비전력량은 습도가 50%일 때 제습기 B의 연간소비전력량보다 많다.

ㄹ. 제습기 각각에서 연간소비전력량은 습도가 80%일 때가 40%일 때의 1.5배 이상이다.

① ㄱ, ㄴ
② ㄱ, ㄷ
③ ㄴ, ㄹ
④ ㄱ, ㄷ, ㄹ
⑤ ㄴ, ㄷ, ㄹ

15 다음은 L공장에 근무하는 근로자들의 임금수준 분포를 나타낸 자료이다. 근로자 전체에게 지급된 임금(월 급여)의 총액이 2억 원일 때, 〈보기〉의 설명 중 옳은 것을 모두 고르면?

〈공장 근로자의 임금수준 분포〉

(단위 : 만 원, 명)

구분	근로자 수
월 300 이상	4
월 270 이상 ~ 300 미만	8
월 240 이상 ~ 270 미만	12
월 210 이상 ~ 240 미만	26
월 180 이상 ~ 210 미만	30
월 150 이상 ~ 180 미만	6
월 150 미만	4
합계	90

보기

㉠ 근로자당 평균 월 급여액은 230만 원 이하이다.
㉡ 절반 이상의 근로자들이 월 210만 원 이상의 급여를 받고 있다.
㉢ 월 180만 원 미만의 급여를 받는 근로자의 비율은 약 14%이다.
㉣ 적어도 15명 이상의 근로자가 월 250만 원 이상의 급여를 받고 있다.

① ㉠
② ㉠, ㉡
③ ㉠, ㉡, ㉣
④ ㉡, ㉢, ㉣
⑤ ㉠, ㉡, ㉢, ㉣

다음은 연도별 국내 출생아 및 혼인 건수에 대한 자료이다. 〈정보〉를 보고 (ㄱ) ~ (ㄷ)에 들어갈 수를 바르게 나열한 것은?

〈연도별 출생아 및 혼인 현황〉

(단위 : 명)

구분	2015년	2016년	2017년	2018년	2019년	2020년	2021년	2022년	2023년
출생아수	471,265	484,550	436,455	435,435	438,420	406,243	357,771	326,822	(ㄷ)
합계출산율	(ㄱ)	1.297	1.187	1.205	1.239	1.172	1.052	0.977	0.918
출생성비	105.7	105.7	105.3	105.3	(ㄴ)	105.0	106.3	105.4	105.5
혼인건수 (건)	329,087	327,073	322,807	305,507	302,828	281,635	264,455	257,622	239,159

※ 합계출산율은 한 여자가 가임기간(15 ~ 49세)에 낳을 것으로 기대되는 평균 출생아수임

※ 출생성비$\left(=\dfrac{(남자\ 출생아)}{(여자\ 출생아)}\times100\right)$는 여자 출생아 100명당 남자 출생아 수임

〈정보〉

- 출생아수는 2020 ~ 2023년 동안 전년 대비 감소하는 추세이며, 그 중 2023년도 전년 대비 감소한 출생아수가 가장 적다.
- 2015 ~ 2023년까지 연도별 합계출산율에서 2015년 합계출산율은 두 번째로 많다.
- 2017년부터 3년 동안 출생성비는 동일하다.

	(ㄱ)	(ㄴ)	(ㄷ)
①	1.204	105.0	295,610
②	1.237	105.0	295,610
③	1.244	105.3	302,676
④	1.237	105.3	302,676
⑤	1.251	105.3	295,873

17 다음은 연령대별로 조사한 여가를 위해 가장 중요한 정책 1순위에 대한 통계 자료이다. 〈조건〉에 따라 (A)와 (C)에 해당하는 연령대를 바르게 연결한 것은?

〈여가를 위해 가장 중요한 정책 1순위 통계〉

(단위 : %)

구분	시설 확충	프로그램 개발 및 보급	소외계층 여가지원	전문 인력 양성	휴가 법적보장	동호회 육성 및 지원
(A)	29.7	22.3	12.0	12.5	15.4	7.3
(B)	31.2	22.3	9.5	11.7	16.2	8.1
10대	29.1	23.1	10.2	10.6	17.1	8.8
40대	31.8	21.3	11.0	10.7	18.1	8.6
(C)	34.0	19.7	10.8	11.8	16.7	8.6
(D)	31.3	19.5	14.6	11.3	15.1	10.4
70대 이상	36.7	17.9	19.0	9.0	13.0	7.5

조건

• 연령대는 10대, 20대, 30대, 40대, 50대, 60대, 70대 이상이다.
• 각 연령대에서 전문 인력 양성의 비율 중에서 가장 높은 두 연령대는 20대와 30대이다.
• 1순위 정책으로 프로그램 개발 및 보급의 비율이 가장 낮은 두 연령대는 60대와 70대 이상이다.
• 1순위 정책으로 동호회 육성 및 지원을 뽑은 비율은 20대가 30대보다 낮다.
• 1순위 정책으로 휴가의 법적보장을 뽑은 비율은 50대가 20대보다 높다.

	(A)	(C)
①	20대	30대
②	20대	50대
③	30대	20대
④	30대	30대
⑤	50대	60대

18 다음은 국가별 가계 금융자산을 나타낸 자료이다. 이를 그래프로 변환한 것으로 옳지 않은 것은?

〈각국의 연도별 가계 금융자산 비율〉

구분	2018년	2019년	2020년	2021년	2022년	2023년
A국	0.24	0.22	0.21	0.19	0.17	0.16
B국	0.44	0.45	0.48	0.41	0.40	0.45
C국	0.39	0.36	0.34	0.29	0.28	0.25
D국	0.25	0.28	0.26	0.25	0.22	0.21

※ 가계 총자산은 가계 금융자산과 가계 비금융자산으로 이루어지며, 가계 금융자산 비율은 가계 총자산 대비 가계 금융자산이 차지하는 비율임

〈2022년 각국의 가계 금융자산 구성비〉

구분	예금	보험	채권	주식	투자 신탁	기타
A국	0.62	0.18	0.10	0.07	0.02	0.01
B국	0.15	0.30	0.10	0.31	0.12	0.02
C국	0.35	0.27	0.11	0.09	0.14	0.04
D국	0.56	0.29	0.03	0.06	0.02	0.04

① 연도별 B국과 C국 가계 비금융자산 비율

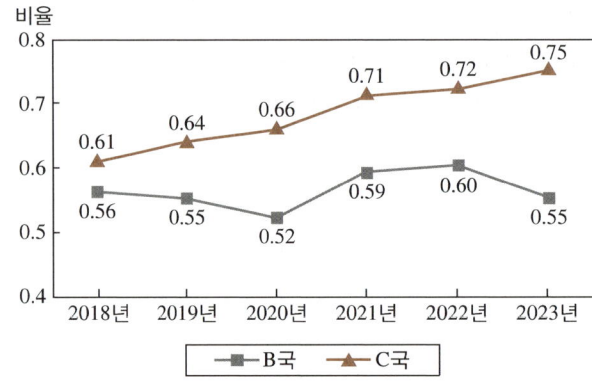

② 2019년 각국의 가계 총자산 구성비

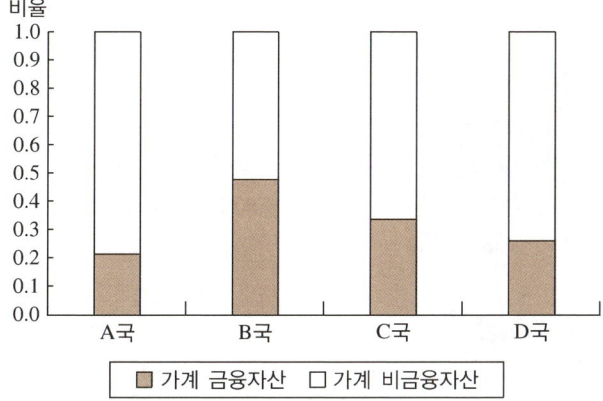

③ 2022년 C국의 가계 금융자산 구성비

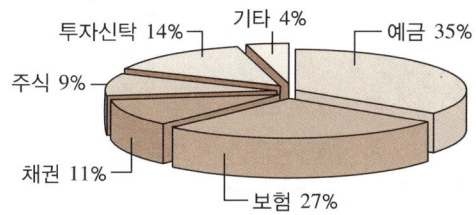

④ 2022년 A국과 D국의 가계 금융자산 대비 보험, 채권, 주식 구성비

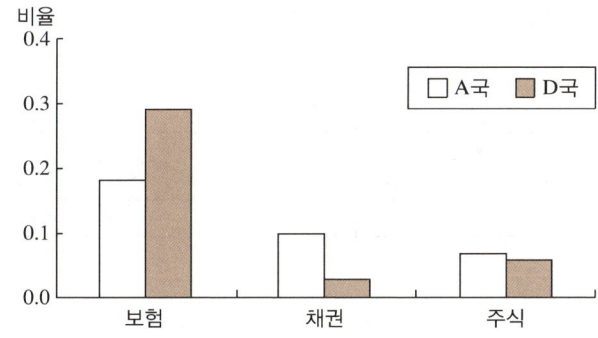

⑤ 2022년 각국의 가계 총자산 대비 예금 구성비

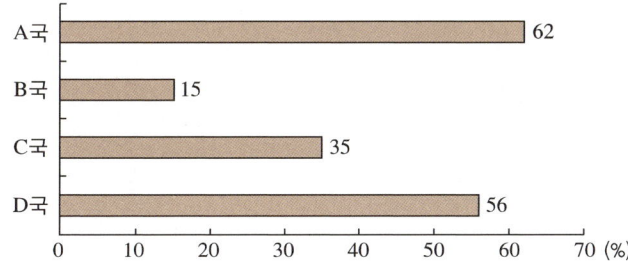

※ 다음은 L사 직원 1,200명을 대상으로 조사한 자료이다. 이어지는 질문에 답하시오. [19~20]

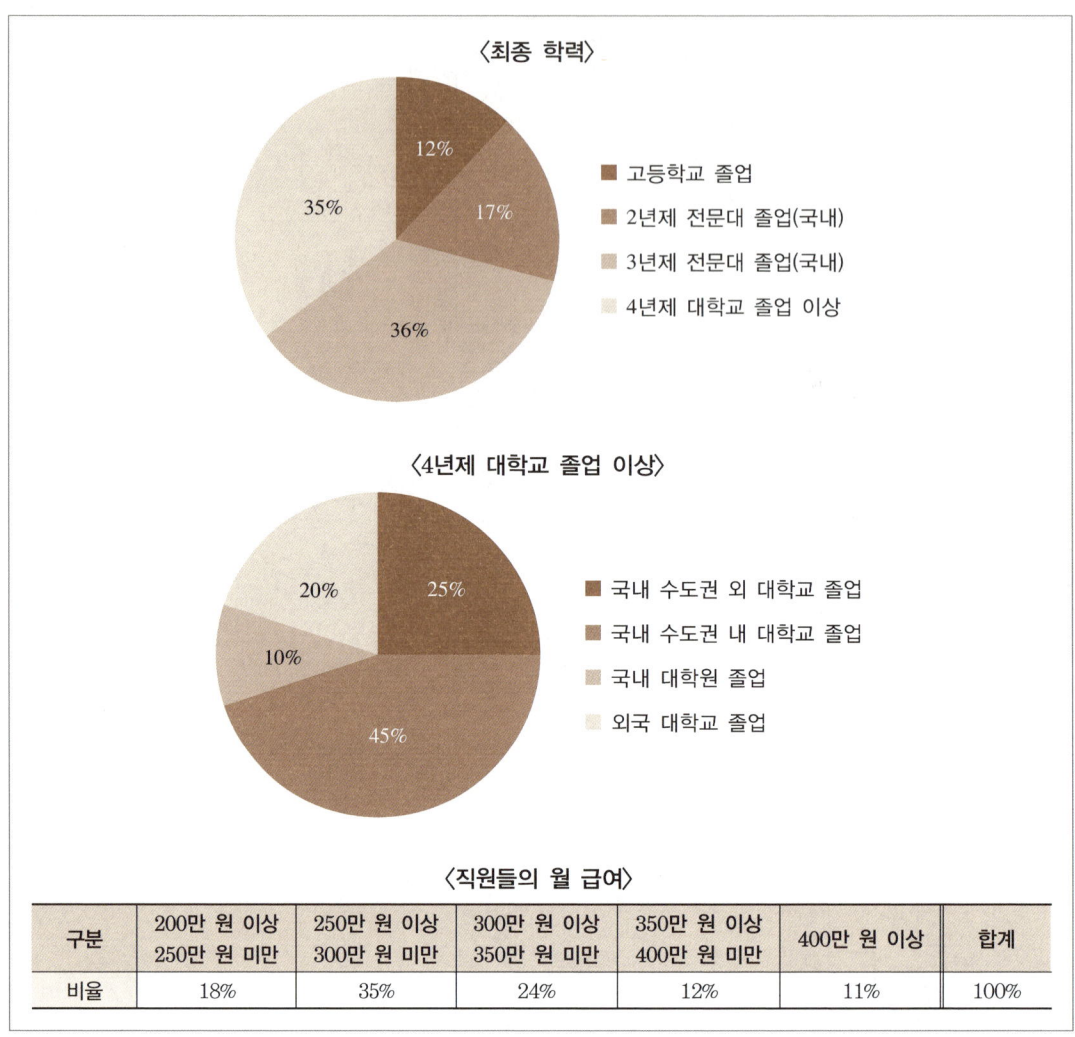

⟨최종 학력⟩

- 고등학교 졸업
- 2년제 전문대 졸업(국내)
- 3년제 전문대 졸업(국내)
- 4년제 대학교 졸업 이상

⟨4년제 대학교 졸업 이상⟩

- 국내 수도권 외 대학교 졸업
- 국내 수도권 내 대학교 졸업
- 국내 대학원 졸업
- 외국 대학교 졸업

⟨직원들의 월 급여⟩

구분	200만 원 이상 250만 원 미만	250만 원 이상 300만 원 미만	300만 원 이상 350만 원 미만	350만 원 이상 400만 원 미만	400만 원 이상	합계
비율	18%	35%	24%	12%	11%	100%

19 위 자료에 대한 설명으로 옳지 않은 것은?

① 직원 중 4년제 국내 수도권 내 대학교 졸업자 수는 전체 직원의 15% 이상을 차지한다.

② 고등학교 졸업의 학력을 가진 직원의 월 급여는 모두 300만 원 미만이라 할 때, 이 인원이 월 급여 300만 원 미만에서 차지하는 비율은 20% 이상이다.

③ 4년제 대학교 졸업 이상의 학력을 가진 직원의 월 급여는 모두 300만 원 이상이라 할 때, 이 인원이 월 급여 300만 원 이상에서 차지하는 비율은 78% 이하이다.

④ 월 급여가 300만 원 미만인 직원은 350만 원 이상인 직원의 2.5배 이상이다.

⑤ 전체 직원이 1,000명이라 할 때, 외국 대학교 졸업의 학력을 가진 직원은 70명이다.

20 국내 소재 대학 및 대학원 졸업자의 25%의 월 급여가 300만 원 이상일 때, 이들이 월 급여 300만 원 이상인 직원 인원에서 차지하는 비율은?(단, 소수점 첫째 자리에서 버림한다)

① 28%   ② 32%

③ 36%   ④ 43%

⑤ 48%

※ 일정한 규칙으로 수를 나열할 때, 빈칸에 들어갈 알맞은 수를 고르시오. **[1~10]**

01

	27	81	9	27	3	( )

① 5   ② 6
③ 7   ④ 8
⑤ 9

Easy

02

55	53.99	49.95	42.88	32.78	19.65	( )	−15.7	−37.92

① 4.13   ② 3.95
③ 3.77   ④ 3.49
⑤ 3.21

Easy

03

2.15	3.95	7.55	( )	29.15	57.95	115.55	230.75

① 11.65   ② 12
③ 14.75   ④ 20
⑤ 24.25

04

| $3\frac{2}{7}$ | $4\frac{3}{9}$ | ( ) | $10\frac{8}{16}$ | $18\frac{12}{21}$ | $34\frac{17}{27}$ | $66\frac{23}{34}$ | $130\frac{30}{42}$ |

① $5\frac{3}{12}$　　　　　　　　　② $5\frac{5}{12}$

③ $6\frac{3}{12}$　　　　　　　　　④ $6\frac{4}{12}$

⑤ $6\frac{5}{12}$

05

| 10.01 | -13.03 | 19.07 | -28.13 | 40.21 | -55.31 | ( ) | -94.57 |

① 70.98　　　　　　　　　② 71.65
③ 73.43　　　　　　　　　④ 74.56
⑤ 76.66

06

| $2\frac{1}{4}$ | 3 | $4\frac{5}{10}$ | ( ) | $11\frac{13}{16}$ | $20\frac{1}{19}$ | $34\frac{17}{22}$ |

① $5\frac{2}{13}$　　　　　　　　　② $6\frac{1}{13}$

③ $6\frac{2}{13}$　　　　　　　　　④ $7\frac{1}{13}$

⑤ $7\frac{2}{13}$

07

2	0	3	8	7
7	5	4	6	3
15	1	13	49	( )

① 20

② 21

③ 22

④ 23

⑤ 30

Hard

08

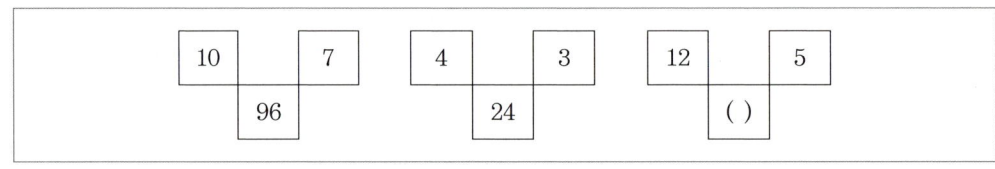

10		7		4		3		12		5

| | 96 | | | | 24 | | | | ( ) | |

① 76

② 80

③ 84

④ 88

⑤ 100

09

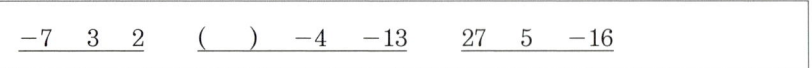

$$-7 \quad 3 \quad 2 \quad (\quad) \quad -4 \quad -13 \quad 27 \quad 5 \quad -16$$

① 2

② 15

③ 25

④ 30

⑤ 35

10

| 2 4 ( ) 7 1 −3 8 6 4 −11 17 10 |

① −5   ② −1

③ 1   ④ 6

⑤ 8

11 L사의 감사팀은 과장 2명, 대리 3명, 사원 3명으로 구성되어 있다. A∼D지역의 지사로 2명씩 나눠서 출장을 간다고 할 때, 각 출장 지역에 대리급 이상이 1명 이상 포함되어 있어야 하고 과장 2명이 각각 다른 지역으로 가야 한다. 과장과 대리가 한 조로 출장에 갈 확률은?

① $\dfrac{1}{2}$ ② $\dfrac{1}{3}$

③ $\dfrac{2}{3}$ ④ $\dfrac{3}{4}$

⑤ $\dfrac{3}{8}$

12 새롭게 오픈한 한 게임방은 1인당 입장료가 5,000원이며, 5명이 입장하면 추가 1명이 무료로 입장할 수 있는 이벤트를 진행하려고 한다. 고등학생 A가 친구들 53명과 함께 게임방에 들어가고자 할 때, 할인받는 총금액은 얼마인가?

① 20,000원   ② 30,000원

③ 40,000원   ④ 50,000원

⑤ 60,000원

13 성현이와 성수는 공놀이하고 있다. 성현이는 A지점, 성수는 B지점에 서 있다. 성현이는 A지점에서 B지점으로, 성수는 B지점에서 A지점으로 공을 찼다. 성현이가 찬 공은 5m/s의 속력으로 이동하고, 성수가 찬 공은 3m/s의 속력으로 이동한다. 26초 뒤 두 사람이 찬 공이 부딪쳤다면 A지점에서 B지점까지 10m/s의 속력으로 공이 이동하는 데 걸리는 시간은 얼마인가?(단, 공은 일정한 속력으로 이동한다고 가정한다)

① 19.2초　　　　　　　　　　　　　② 19.6초
③ 20초　　　　　　　　　　　　　　④ 20.4초
⑤ 20.8초

14 농도 9%의 소금물 800g이 있다. 이 소금물을 증발시켜 농도 16%의 소금물을 만들려면 몇 g을 증발시켜야 하는가?

① 300g　　　　　　　　　　　　　② 325g
③ 350g　　　　　　　　　　　　　④ 375g
⑤ 400g

15 어떤 가게에서 사과 10개들이 한 상자를 9,500원에 판매하고 있다. 이 가게에서 사과를 낱개로 구매하려면 개당 1,000원을 지불해야 한다. 50,000원으로 이 가게에서 살 수 있는 사과의 최대 개수는?(단, 사과는 한 상자에 10개가 들어 있다)

① 48개　　　　　　　　　　　　　② 50개
③ 52개　　　　　　　　　　　　　④ 54개
⑤ 56개

16 L회사에 근무하는 A씨는 오전에 B회사로 외근을 갔다. 일을 마치고 시속 3km로 걸어서 회사로 가는 반대 방향으로 1km 떨어진 우체국에 들렀다가 회사로 복귀하는 데 1시간 40분이 걸렸다. B회사에서 C회사까지의 거리는 몇 km인가?

① 1km   ② 2km

③ 3km   ④ 4km

⑤ 5km

17 소금 농도가 4%인 미역국 450g이 싱거워 소금을 더 넣어 농도 10%의 미역국을 만들었다. 이때 넣은 소금의 양은?

① 25g   ② 30g

③ 33g   ④ 35g

⑤ 40g

Hard

18 A사원과 B사원이 함께 일하면 이틀 만에 마칠 수 있는 일이 있다. A사원이 1일 동안 작업한 후 나머지를 B사원이 4일 동안 작업하여 마쳤다고 할 때, B사원이 이 일을 혼자 하면 며칠이 걸리겠는가?

① 4일   ② 5일

③ 6일   ④ 7일

⑤ 8일

19 L부서에는 부장 1명, 과장 1명, 대리 2명, 사원 2명 총 6명이 근무하고 있다. 새로운 프로젝트를 진행하기 위해 L부서를 2개의 팀으로 나누려고 한다. 팀을 나눈 후 인원수는 서로 같으며, 부장과 과장이 같은 팀이 될 확률은 30%라고 한다. 대리 2명의 성별이 서로 다를 때, 부장과 남자 대리가 같은 팀이 될 확률은?

① 41%   ② 41.5%

③ 42%   ④ 42.5%

⑤ 43%

20 주사위 한 개를 두 번 던졌을 때, 처음 나온 눈의 수와 두 번째 나온 눈의 수의 합이 9가 되는 경우의 수는?

① 3가지   ② 4가지

③ 5가지   ④ 6가지

⑤ 7가지

응시시간 : 80분　　문항 수 : 80문항　　　　정답 및 해설 p.045

01　언어이해

※ 다음 글의 내용으로 적절하지 않은 것을 고르시오. **[1~3]**

Easy

01

> 흔히 우리 춤을 손으로 추는 선(線)의 예술이라 한다. 서양 춤은 몸의 선이 잘 드러나는 옷을 입고 추는데 반해 우리 춤은 옷으로 몸을 가린 채 손만 드러내놓고 추는 경우가 많기 때문이다. 한마디로 말해서 손이 춤을 구성하는 중심축이 되고, 손 이외의 얼굴과 목과 발 등은 손을 보조하며 춤을 완성하는 역할을 한다.
>
> 손이 중심이 되어 만들어 내는 우리 춤의 선은 내내 곡선을 유지한다. 예컨대 승무에서 장삼을 휘저으며 그에 맞추어 발을 내딛는 역동적인 움직임도 곡선이며, 살풀이춤에서 수건의 간드러진 선이 만들어 내는 것도 곡선이다. 해서 지방의 탈춤과 처용무에서도 S자형의 곡선이 연속적으로 이어지면서 춤을 완성해 낸다.
>
> 호흡의 조절을 통해 다양하게 구현되는 곡선들 사이에 우리 춤의 빼놓을 수 없는 구성요소인 '정지'가 숨어있다. 정지는 곡선의 흐름과 어울리며 우리 춤을 더욱 아름답고 의미 있게 만들어 주는 역할을 한다. 그러나 이때의 정지는 말 그대로의 정지라기보다 '움직임의 없음'이며, 그런 점에서 동작의 연장선상에서 이해해야 한다.
>
> 우리 춤에서 정지를 동작의 연장으로 보는 것, 이것은 바로 우리 춤에 담겨 있는 마음의 몰입이 발현된 결과이다. 춤추는 이가 호흡을 가다듬으며 다양한 곡선들을 연출하는 과정을 보면 한 순간 움직임을 통해 선을 만들어 내지 않고 멈춰 있는 듯한 장면이 있다. 이런 동작의 정지 상태에서 멈춤 그 자체로 머무는 것이 아니며, 여백의 순간에도 상상의 선을 만들어 춤을 이어가는 것이 몰입 현상이다. 이것이 바로 우리 춤을 가장 우리 춤답게 만들어 주는 특성이라고 할 수 있다.

① 우리 춤의 복장 중 대다수는 몸의 선을 가리는 구조로 되어 있다.

② 우리 춤의 동작은 처음부터 끝까지 쉬지 않고 곡선을 만들어낸다.

③ 승무, 살풀이춤, 탈춤, 처용무 등은 손동작을 중심으로 한 춤의 대표적인 예이다.

④ 우리 춤에서 정지는 하나의 동작과 동등한 것으로 볼 수 있다.

⑤ 몰입 현상이란 춤을 멈추고 상상을 통해 춤을 이어가는 과정을 말한다.

종종 독버섯이나 복어 등을 먹고 사망했다는 소식을 접한다. 그럼에도 우리는 천연물은 안전하다고 생각한다. 자연에 존재하는 독성분이 천연화합물이라는 것을 쉽게 인지하지 못하는 것이다. 이처럼 외부에 존재하는 물질 외에 우리 몸 안에도 여러 천연화합물이 있는데, 부신에서 생성되는 아드레날린이라는 호르몬이 그 예이다.

아드레날린은 1895년 폴란드의 시불스키(Napoleon Cybulski)가 처음으로 순수하게 분리했고, 1897년 미국 존스홉킨스 대학의 아벨(John Jacob Abel)이 그 화학 조성을 밝혔다.

처음에는 동물의 부신에서 추출한 아드레날린을 판매하였으나, 1906년 합성 아드레날린이 시판되고부터 현재는 모두 합성 제품이 사용되고 있다.

우리가 경계하거나 위험한 상황에 처하면 가슴이 두근거리면서 심박과 순환하는 혈액의 양이 늘어나게 되는데 이는 '아드레날린' 때문이다. 아드레날린은 뇌의 신경 자극을 받은 부신에서 생성되어 혈액으로 들어가 빠르게 수용체를 활성화시킨다. 이처럼 아드레날린은 위험을 경계하고 그에 대응해야 함을 알리는 호르몬으로, 경계, 탈출의 호르몬이라고도 불린다. 또한 아드레날린은 심장마비, 과민성 쇼크, 심한 천식, 알레르기 등에 처방되고 있으며, 안구 수술 전 안압 저하를 위한 안약으로 쓰이는 등 의학에서 널리 쓰이고 있다.

그러나 아드레날린은 우리 몸에서 생산되는 천연물이지만 독성이 매우 커 LD50(50%가 생존 또는 사망하는 양)이 체중 킬로그램당 4mg이다. 이처럼 아드레날린은 생명을 구하는 약인 동시에 심장이 약한 사람이나 환자에게는 치명적인 독이 된다. 천연물이 무독하거나 무해하다는 생각은 버려야 한다.

① 아드레날린은 우리 몸속에 존재한다.

② 우리가 놀랄 때 가슴이 두근거리는 것은 아드레날린 때문이다.

③ 현재는 합성 아드레날린을 사용하고 있다.

④ 오늘날 천연 아드레날린과 합성 아드레날린은 함께 사용되고 있다.

⑤ 독버섯 등에 포함된 독성분은 천연화합물이다.

정치 철학자로 알려진 아렌트 여사는 우리가 보통 '일'이라 부르는 활동을 '작업(作業, Work)'과 '고역(苦役, Labor)'으로 구분한다. 이 두 가지 모두 인간의 노력, 땀과 인내를 수반하는 활동이며, 어떤 결과를 목적으로 하는 활동이다. 그러나 전자가 자의적인 활동인 데 반해서 후자는 타의에 의해 강요된 활동이다. 전자의 활동을 창조적이라 한다면 후자의 활동은 기계적이다. 창조적 활동의 목적이 작품 창작에 있다면, 후자의 활동 목적은 상품 생산에만 있다.

즉 '작업'이 인간적으로 수용될 수 있는 물리적 혹은 정신적 조건하에서 이루어지는 '일'이라면 '고역'은 그 정반대의 조건에서 행해진 '일'이라는 것이다.

인간은 언제 어느 곳에서든지 '일'이라고 불리는 활동에 땀을 흘리며 노력해 왔고, 현재도 그렇고, 아마도 앞으로도 영원히 그럴 것이다. 구체적으로 어떤 종류의 일이 '작업'으로 불릴 수 있고 어떤 일이 '고역'으로 분류될 수 있느냐는 그리 쉬운 문제가 아니다. 그러나 일을 작업과 고역으로 구별하고 그것들을 위와 같이 정의할 때 노동으로서 일의 가치는 부정되어야 하지만 작업으로서 일은 전통적으로 종교 혹은 철학을 통해서 모든 사회가 늘 강조해 온 대로 오히려 찬미되고, 격려되며 인간으로부터 빼앗아 가서는 안 될 귀중한 가치라고 봐야 한다.

… (중략) …

'작업'으로서의 일의 내재적 가치와 존엄성은 이런 뜻으로서 일과 인간의 인간됨과 뗄 수 없는 필연적 관계를 갖고 있다는 사실에서 생긴다. 분명히 일은 노력과 아픔을 필요로 하고, 생존을 위해 물질적으로는 물론 정신적으로도 풍요한 생활을 위한 도구적 기능을 담당한다.

땀을 흘리고 적지 않은 고통을 치러야만 하는 일로서의 일, 즉 작업은 그것이 어떤 것이든 간에 언제나 엄숙하고 거룩하고 귀해 보인다. 땀을 흘리며 대리석을 깎는 조각가에게서, 밤늦게까지 책상 앞에 앉아 창작에 열중하는 작가에게서, 무더운 공장에서 쇠를 깎는 선반공에게서, 땡볕에 지게질을 하고 밭을 가는 농부에게서 다 똑같이 흐뭇함과 거룩함을 발견하며 그래서 머리가 숙여진다.

그러나 앞서 봤듯이 모든 일이 '작업'으로서의 일은 아니다. 어떤 일은 부정적인 뜻으로서의 '고역'이기도 하다. 회초리를 맞으며 노예선을 젓는 노예들의 피땀 묻은 활동은 인간의 존엄성을 높이기는커녕 그들을 짓밟은 '고역'이다. 위생적으로나 육체적으로 견디기 어려운 조건하에 타당치 않게 박한 보수를 받고 무리한 노동을 팔아야만 하는 일은 마땅히 없어져야 할 고역이다.

작업으로서의 일과 고역으로서의 일의 구별은 단순히 지적 노고와 육체적 노고의 차이에 의해서 결정되지 않는다. 한 학자가 하는 지적인 일도 경우에 따라 고역의 가장 나쁜 예가 될 수 있다. 반대로 육체적으로 극히 어려운 일도 경우에 따라 작업의 가장 좋은 예가 될 수 있다. 작업으로서의 일과 고역으로서의 일을 구별하는 근본적 기준은 그것이 인간의 존엄성을 높이는 것이냐, 아니면 타락시키는 것이냐에 있다.

– 박이문, 「일」

① 작업과 고역은 생산 활동이라는 목적을 지닌 노동이다.
② 작업은 자의적 노동이고, 고역은 타의적 노동이다.
③ 작업은 창조적 노동이고, 고역은 기계적 노동이다.
④ 작업은 인간의 존엄성을 높이고, 고역은 인간의 존엄성을 타락시킨다.
⑤ 작업은 지적 노동이고, 고역은 육체적 노동이다.

04

(가) 이와 같이 임베디드 금융의 개선을 위해서는 효과적인 보안 시스템과 프라이버시 보호 방안을 도입하여 사용자의 개인정보를 안전하게 관리하는 것이 필요하다. 또한 디지털 기기의 접근성을 개선하고 사용자들이 편리하게 이용할 수 있는 환경을 조성해야 한다.

(나) 임베디드 금융은 기업과 소비자 모두에게 이점을 제공한다. 기업은 제품과 서비스에 금융 기능을 통합함으로써 자사 플랫폼 의존도를 높이고, 수집한 고객의 정보를 통해 매출을 증대시킬 수 있으며, 고객들에게 편리한 금융 서비스를 제공할 수 있다. 소비자는 모바일 앱을 통해 간편하게 금융 거래를 할 수 있고, 스마트기기 하나만으로 다양한 금융 상품에 접근할 수 있어 편의성과 접근성이 크게 향상된다.

(다) 그러나 임베디드 금융은 개인정보 보호와 안전성에 대한 관리가 필요하다. 사용자의 금융 데이터와 개인정보가 디지털 플랫폼이나 기기에 저장되므로 해킹이나 데이터 유출과 같은 사고가 발생할 수 있다. 이는 사용자의 프라이버시 침해와 금융 거래 안전성에 대한 심각한 위협이 될 수 있다. 또한 모든 사람들이 안정적인 인터넷 연결과 임베디드 금융이 포함된 최신 기기를 보유하고 있지는 않기 때문에, 디지털 기기가 익숙하지 않은 사람들은 임베디드 금융 서비스를 제공받는 데 제한을 받을 수 있다.

(라) 임베디드 금융은 비금융 기업이 자신의 플랫폼이나 디지털 기기에 금융 서비스를 탑재하는 것을 뜻한다. S페이나 A페이 같은 결제 서비스부터 대출이나 보험까지 임베디드 금융은 제품과 서비스에 금융 기능을 통합하여 편의성과 접근성을 높여준다.

① (가) - (다) - (라) - (나)
② (나) - (가) - (다) - (라)
③ (나) - (라) - (다) - (가)
④ (라) - (나) - (다) - (가)
⑤ (라) - (다) - (나) - (가)

05

(가) 논리 실증주의자와 포퍼는 지식을 수학 지식이나 논리학 지식처럼 경험과 무관한 것, 과학적 지식처럼 경험에 의존하는 것으로 구분한다. 그 과학적 지식은 과학적 방법에 의해 누적된다고 주장하며, 가설이 과학적 지식의 후보가 된다고 보았다.

(나) 하지만 콰인은 가설만 가지고 예측을 논리적으로 도출할 수 없다고 본다. 예를 들어 새로 발견된 금속 M은 '열을 받으면 팽창한다.'라는 가설만 가지고는 열을 받은 M이 팽창할 것이라는 예측을 이끌어낼 수 없다. 먼저 지금까지 관찰한 모든 금속은 열을 받으면 팽창한다는 기존의 지식과 M에 열을 가했다는 조건 등이 필요하다는 것이다.

(다) 그들은 가설로부터 논리적으로 도출된 예측을 관찰이나 실험 등의 경험을 통해 맞는지 틀리는지 판단하며, 그 가설을 시험하는 과학적 방법을 제시한다. 논리 실증주의자는 예측이 맞을 경우에, 포퍼는 예측이 틀리지 않는 한 그 예측을 도출한 가설이 하나씩 새로운 지식으로 추가된다고 주장한다.

(라) 이렇게 예측은 가설, 기존의 지식, 여러 조건 등을 모두 합쳐야만 논리적으로 도출된다는 것이다. 그러므로 예측이 거짓으로 밝혀지면 정확히 무엇 때문에 예측에 실패한 것인지 알 수 없다. 이로부터 콰인은 개별 가설뿐만 아니라 기존의 지식과 여러 조건 등을 모두 포함하는 전체 지식이 경험을 통한 시험의 대상이 된다는 총체주의를 제안한다.

① (가) - (다) - (나) - (라)
② (가) - (라) - (나) - (다)
③ (나) - (다) - (라) - (가)
④ (나) - (라) - (다) - (가)
⑤ (다) - (라) - (가) - (나)

06

(가) 공공재원 효율적 활용을 지향하기 위해서는 사회 생산성 기여를 도모하는 공간정책이 마련되는 동시에 그것이 주민복지의 거점으로써 기능해야 한다. 또한 도시체계에서 다양한 목적의 흐름을 발생, 집중시키는 노드로써 다기능·복합화를 실현하여 범위의 경제를 창출하고, 이용자 편의성을 증대시키며, 공공재원의 효율적 활용에도 기여해야 한다.

(나) 우리나라는 인구감소 시대에 본격적으로 진입할 가능성이 높아지고 있다. 이미 비수도권의 대다수 시·군에서는 인구가 급속하게 줄어왔으며, 수도권 내 상당수의 시·군에서도 인구정체가 나타나고 있다. 인구감소 시대에 접어들게 되면 줄어드는 인구로 인해 고령화 및 과소화가 급속하게 진전될 것이고, 그 결과 취약계층, 교통약자 등 주민의 복지수요가 늘어날 것이다.

(다) 앞으로 공공재원의 효율적 활용, 주민복지의 최소 보장, 자원배분의 정의, 공유재의 사회적 가치 및 생산에 대해 관심을 기울여야 할 것이다. 또한 인구감소 시대에 대비하여 창조적 축소, 거점 간 또는 거점과 주변 간 네트워크화 등에 관한 논의, 그와 관련되는 국가와 지자체의 역할 분담 그리고 이해관계 주체의 연대, 참여, 결속에 관한 논의가 지속적으로 다루어져야 할 것이다.

(라) 이러한 상황에서는 공공재원을 확보, 확충하기가 어려우므로 재원의 효율적 활용 요구가 높아질 것이다. 실제로 현재 인구감소에 따른 과소화, 고령화가 빠르게 진행된 지역은 공공서비스 공급에 제약을 받고 있으며, 비용 효율성을 높여야 한다는 과제에 직면하고 있다.

① (가) – (다) – (나) – (라)
② (가) – (라) – (나) – (다)
③ (나) – (가) – (라) – (다)
④ (나) – (라) – (가) – (다)
⑤ (나) – (라) – (다) – (가)

※ 다음 제시된 문단을 읽고, 이어질 문장 또는 문단을 논리적 순서대로 바르게 나열한 것을 고르시오.
[7~8]

07

구체적 행위에 대한 도덕적 판단 문제를 다루는 것이 규범 윤리학이라면, 옳음의 의미 문제, 도덕적 진리의 존재 문제 등과 같이 규범 윤리학에서 사용하는 개념과 원칙에 대해 다루는 것은 메타 윤리학이다. 메타 윤리학에서 도덕 실재론과 정서주의는 '옳음'과 '옳지 않음'의 의미를 이해하는 방식과 도덕적 진리의 존재 여부에 대해 상반된 주장을 펼친다.

(가) 따라서 '옳다' 혹은 '옳지 않다'라는 도덕적 판단을 내리지만, 과학적 진리와 같은 도덕적 진리는 없다는 입장을 보인다.
(나) 도덕 실재론에서는 도덕적 판단과 도덕적 진리를 과학적 판단 및 과학적 진리와 마찬가지라고 본다.
(다) 한편, 정서주의에서는 어떤 도덕적 행위에 대해 도덕적으로 옳음이나 옳지 않음이 객관적으로 존재하지 않는 것이고, 도덕적 판단도 참 또는 거짓으로 판정되는 명제를 나타내지 않는다.
(라) 즉, 과학적 판단이 '참' 또는 '거짓'을 판정할 수 있는 명제를 나타내고, 이때 참으로 판정된 명제를 과학적 진리라고 부르는 것처럼, 도덕적 판단도 참 또는 거짓으로 판정할 수 있는 명제를 나타내는 것이다. 참으로 판정된 명제가 곧 도덕적 진리라고 규정하는 것이다.

① (가) – (나) – (다) – (라)
② (나) – (가) – (다) – (라)
③ (나) – (라) – (다) – (가)
④ (다) – (가) – (나) – (라)
⑤ (다) – (라) – (나) – (가)

'산수만 가르치면 아이들이 돈의 중요성을 알게 될까'와 '돈의 가치를 어떻게 가르쳐야 아이들이 돈에 대하여 올바른 개념을 갖게 될까?' 이런 생각은 모든 부모의 공통된 고민일 것이다.

(가) 독일의 한 연구에 따르면 부모가 돈에 대한 개념이 없으면 아이들이 백만장자가 될 확률이 500분의 1인 것으로 나타났다. 반면 부모가 돈을 다룰 줄 알면 아이들이 백만장자로 성장할 확률이 5분의 1이나 된다. 특히 백만장자의 자녀들은 돈 한 푼 물려받지 않아도 백만장자가 될 확률이 일반인보다 훨씬 높다는 게 연구 결과의 요지다. 이는 돈의 개념을 이해하는 가정의 자녀들이 그렇지 않은 가정의 자녀들보다 백만장자가 될 확률이 100배 높다는 얘기다.

(나) 연구 결과 만 7세부터 돈의 개념을 어렴풋이나마 짐작하는 것으로 나타났다. 따라서 이때부터 아이들에게 약간의 용돈을 주는 것을 통해 돈에 대한 교육을 시작하면 좋다. 8세 때부터는 돈의 위력을 이해하기 시작한다. 소유가 뭘 의미하는지, 물물교환은 어떻게 하는지 등을 가르칠 수 있다. 아이들은 돈을 벌고자 하는 욕구를 느낀다. 이때부터 돈은 자연스러운 것이며, 건강한 것이며, 인생에서 필요한 것이라고 가르칠 필요가 있다.

(다) 아이들에게 돈의 개념을 가르치는 지름길은 용돈이다. 용돈을 받아 든 아이들은 돈에 대해 책임감을 느끼게 되고, 돈에 대한 결정을 스스로 내리기 시작한다. 그렇다면 언제부터, 얼마를 용돈으로 주는 것이 좋을까?

(라) 하지만 돈에 대해서 부모가 절대 해서는 안 될 일들도 있다. 예컨대 벌을 주기 위해 용돈을 깎거나 포상 명목으로 용돈을 늘려줘서는 안 된다. 아이들은 무의식적으로 잘못한 일을 돈으로 때울 수 있다고 생각하거나 사랑과 우정을 돈으로 살 수 있다고 생각하게 된다. 아이들은 우리의 미래이기에 부모는 아이들이 돈에 대하여 정확한 개념과 가치관을 세울 수 있도록 좋은 본보기가 되어야 할 것이다. 그러한 노력만이 아이들의 미래를 아름답게 만들어 줄 것이다.

① (가) – (다) – (나) – (라)
② (나) – (가) – (라) – (다)
③ (나) – (라) – (가) – (다)
④ (다) – (가) – (나) – (라)
⑤ (다) – (나) – (라) – (가)

책의 해를 맞아 동네 서점들이 심야에 문을 열고 독자들을 기다리게 된다. 29일부터 오는 12월까지 매달 마지막 금요일에 '심야 책방의 날' 행사를 전국 각지의 참여 서점에서 개최한다.

심야 책방의 날이란 서점들이 정규 영업시간보다 연장해서 문을 열고 독자와의 즐거운 소통을 모색하는 캠페인이다. 보통 서점은 밤 9시 전후로 문을 닫지만 이날만큼은 밤 12시 넘게까지 운영을 하거나 24시간 문을 열어 놓기도 한다. '심야 책방의 날' 참여 서점들은 밤 12시까지는 예외 없이 문을 열고, 그 이후 시간대는 서점마다 자율적으로 운영한다.

전국 서점에서 참여 신청을 받은 결과, 6월에만 77곳의 서점이 신청을 했고, 7 ~ 12월에 참여 의사를 밝힌 서점을 포함하면 총 120곳이 넘는다. 이중에는 5회 이상 참여를 희망하는 서점도 있었다. 매월 추가 접수를 받아 올해 안에 참여 서점을 전국 단위 200곳 이상으로 늘릴 계획이다.

사실 소규모 자본과 인원으로 운영되는 동네 서점의 특성상 자정이 지나도록 서점 문을 열어 놓기란 쉬운 일은 아니지만 서점이 단순히 책을 사고파는 곳이 아니라 편하게 독자를 만나 취향을 공유하며 휴식을 취하는 공간이 된다는 인식을 함께했기 때문에 이번 캠페인을 시작할 수 있었다. 캠페인에 동참하는 서점들을 위해 서점 매장에서 이뤄지는 당일 행사의 일부 비용과 서점을 찾는 고객에게 제공할 다양한 기념상품을 지원할 계획이다.

한편, 6월 심야 책방의 날 행사 내용은 개성이 넘치고 다채롭다. 수다와 와인은 기본이고 '심야의 원고 청탁', '책방고사', '루돌프를 찾아서', '읽다 포기한 책 남에게 읽히기', '동네·빵집·국수집과 컬래버레이션', '서점 주인과 손님의 팔씨름 대회', '작가와 고등어구이 막걸리 파티' 등 이색적인 축제를 방불케 한다.

① 책의 해에 이색적인 축제와 함께해요.
② 집 근처 심야 책방으로 놀러오세요.
③ '심야 책방의 날'에 함께 책을 공유해요.
④ '심야 책방의 날' 행사에 기념상품 받아가세요.
⑤ 책의 해, 책을 읽읍시다.

※ 다음 글의 주제로 가장 적절한 것을 고르시오. [10~11]

10

'노블레스 오블리주(Noblesse Oblige)'는 높은 지위에 맞는 도덕적 의무감을 일컫는 말이다. 높든 낮든 사람들은 모두 지위를 가지고 이 사회를 살아가고 있다. 그러나 노블레스 오블리주는 '높은 지위'를 강조하고, 그것도 사회를 이끌어 가는 지도층에 속하는 사람들의 지위를 강조한다. 지도층은 '엘리트층'이라고도 하고 '상층'이라고도 한다. 좀 더 부정적 의미로는 '지배층'이라고도 한다. 노블레스 오블리주는 지도층의 지위에 맞는 도덕적 양심과 행동을 이르는 말로, 사회의 중요 덕목으로 자주 인용된다.

그렇다면 지도층만 도덕적 의무감이 중요하고 일반 국민의 도덕적 의무감은 중요하지 않다는 말인가? 물론 그럴 리도 없고 그렇지도 않다. 도덕적 의무감은 지위가 높든 낮든 중요하다. '사회는 도덕 체계다.'라는 말처럼, 사회가 존속하고 지속되는 것은 기본적으로 법 때문이 아니라 도덕 때문이다. 한 사회 안에서 수적으로 얼마 안 되는 '지도층'의 도덕성만이 문제될 수는 없다. 화합하는 사회, 인간이 존중받는 사회는 국민 전체의 도덕성이 더 중요하다.

그런데도 왜 노블레스 오블리주인가? 왜 지도층만의 도덕적 의무감을 특히 중요시하는가? 이유는 명백하다. 우리식 표현으로는 윗물이 맑아야 아랫물이 맑기 때문이다. 서구식 주장으로는 지도층이 '도덕적 지표(指標)'가 되기 때문이다. 그런데 우리식의 표현이든 서구식의 주장이든 이 두 생각이 사회에 그대로 적용되는 것은 아니다. 사회에서는 위가 맑아도 아래가 부정한 경우가 비일비재(非一非再)하다. 또한 도덕적 실천에서는 지도층이 꼭 절대적 기준이 되는 것도 아니다. 완벽한 기준은 세상 어디에도 존재하지 않는다. 단지 건전한 사회를 만드는 데 어느 방법이 높은 가능성을 지니느냐, 어느 것이 효과적인 방법이냐만이 있을 뿐이다. 우리식 표현과 서구식 생각의 두 생각이 공통적으로 갖는 의미는 지도층의 도덕적 의무감이 일반 국민을 도덕 체계 속으로 끌어들이는 데 가장 효과적이며 효율적인 방법이라는 것에 있다. 그래서 노블레스 오블리주이다.

① 노블레스 오블리주의 기원
② 노블레스 오블리주가 필요한 이유
③ 노블레스 오블리주의 적용 범위
④ 노블레스 오블리주의 한계
⑤ 노블레스 오블리주에 대한 비판적 시각

맥주의 주원료는 양조용수·보리·홉 등이다. 맥주를 양조하기 위해서는 일반적으로 맥주 생산량의 10 ~ 20배 정도 되는 물이 필요하며, 이것을 양조용수라고 한다. 양조용수는 맥주의 종류와 품질을 좌우하며, 무색·무취·투명해야 한다. 보리를 싹틔워 맥아로 만든 것을 사용하여 맥주를 제조하는데, 맥주용 보리로는 곡립이 고르고 녹말질이 많으며 단백질이 적은 것 그리고 곡피(穀皮)가 얇으며 발아력이 왕성한 것이 좋다. 홉은 맥주 특유의 쌉쌀한 향과 쓴맛을 만들어 내는 주요 첨가물이며, 맥주를 맑게 하고 잡균의 번식을 막아주는 역할을 한다.

맥주의 제조공정을 살펴보면 맥아제조, 담금, 발효, 저장, 여과의 다섯 단계로 나눌 수 있다. 이 중 발효공정은 맥즙이 발효되어 술이 되는 과정을 말하는데, 효모가 발효탱크 속에서 맥즙에 있는 당분을 알코올과 탄산가스로 분해한다. 이 공정은 1주일간 이어지며, 그동안 맥즙 안에 있던 당분은 점점 줄어들고 알코올과 탄산가스가 늘어나 맥주가 되는 것이다. 이때 발효 중 맥즙의 온도 상승을 막기 위해 탱크를 냉각 코일로 감고 그 표면을 하얀 폴리우레탄으로 단열시키는데, 그 모습이 마치 남극의 이글루처럼 보이기도 한다.

발효의 방법에 따라 하면발효 맥주와 상면발효 맥주로 구분되는데, 이는 어떤 온도에서 발효시키느냐에 따라 다르다. 세계 맥주 생산량의 70%를 차지하는 하면발효 맥주는 발효 중 밑으로 가라앉는 효모를 사용해 저온에서 발효시킨 맥주를 말한다. 요즘 유행하는 드래프트비어가 바로 여기에 속한다. 반면, 상면발효 맥주는 주로 영국, 미국, 캐나다, 벨기에 등에서 생산되며 발효 중 표면에 떠오르는 효모로 비교적 높은 온도에서 발효시킨 맥주를 말한다. 에일, 스타우트 등이 상면발효 맥주에 포함된다.

① 홉과 발효 방법의 종류에 따른 맥주 구분법
② 주원료에 따른 맥주의 발효 방법 분류
③ 맥주의 주원료와 발효 방법에 따른 맥주의 종류
④ 맥주의 제조공정
⑤ 맥주의 발효 과정

12 다음 글의 내용 전개 방식으로 가장 적절한 것은?

지구가 스스로 빙빙 돈다는 것, 그런 상태로 태양 주변을 빙빙 돌고 있다는 것은 선구자들의 연구 덕분에 증명된 사실이다. 하지만 돌고 있는 것은 지구만이 아니다. 물 역시 지구 내에서 끊임없이 돌고 있다. '물이 돌고 있다.'라는 의미는 지구처럼 물이 시계방향이나 반시계방향으로 빙빙 돌고 있다는 뜻은 아니다. 지구 내 물의 전체 양은 변하지 않은 채 상태와 존재 위치만 바뀌면서 계속해서 '순환'하고 있음을 말한다.

그러면 '물의 순환'을 과학적으로 어떻게 정의할 수 있을까? 한마디로 물이 기체, 액체, 고체로 그 상태를 바꾸면서 지표면과 지하, 대기 사이를 순환하고, 이 과정에서 비와 눈 같은 여러 가지 기상 현상을 일으킨다고 할 수 있다. 강과 바다에서 물이 증발하면 수증기가 되는데, 수증기가 상공으로 올라가다 보면 기압이 낮아져 팽창하게 된다. 그러면서 에너지를 쓰게 되고 온도가 낮아지다 보면 수증기는 다시 작은 물방울이나 얼음 조각으로 변하는데, 그것이 우리가 알고 있는 구름이다. 구름의 얼음 조각이 커지거나 작은 물방울들이 합쳐지면 큰 물방울이 눈이나 비가 되어 내리고, 지표 사이로 흘러 들어간 물은 다시 강과 바다로 가게 된다. 이러한 현상은 영원히 반복된다.

이처럼 물의 순환은 열을 흡수하느냐와 방출하느냐에 따라 물의 상태가 변함으로써 발생한다. 쉽게 말해 얼음이 따뜻한 곳에 있으면 물이 되고, 물에 뜨거운 열을 가하면 수증기가 되는 것처럼 '고체 → 액체 → 기체' 혹은 '고체 → 기체'로 변화할 때는 열을 흡수하고, 반대의 경우에는 열을 방출하는 것이다. 흡수된 열에너지는 운동에너지로 전환되어 고체보다는 액체, 액체보다는 기체 상태에서 분자 사이의 움직임을 더 활발하게 만든다.

① 대상에 대한 다양한 관점을 소개하면서 이를 서로 절충하고 있다.
② 전문가의 견해를 토대로 현상의 원인을 분석하고 있다.
③ 비유의 방식을 통해 대상의 속성을 드러내고 있다.
④ 대상의 상태 변화 과정을 통해 현상을 설명하고 있다.
⑤ 묘사를 통해 대상을 구체적으로 설명하고 있다.

13 다음 글을 읽고 추론할 수 있는 내용으로 가장 적절한 것은?

최근 환경에 대한 관심이 증가하면서 상표에도 '에코, 녹색' 등 '친환경'을 표방하는 상표 출원이 꾸준히 증가하는 것으로 나타났다. 특허청에 따르면, '친환경' 관련 상표 출원은 최근 10여 년간 연평균 1,200여 건이 출원돼 꾸준한 관심을 받아온 것으로 나타났다. '친환경' 관련 상표는 제품의 '친환경'을 나타내는 대표적인 문구인 '친환경, 에코, ECO, 녹색, 그린, 생태' 등의 문자를 포함하고 있는 상표이며 출원건수는 상품류를 기준으로 한다. 즉, 단류 출원은 1건, 2개류에 출원된 경우 2건으로 계산한다.

작년 한 해 친환경 상표가 가장 많이 출원된 제품은 화장품(79건)이었으며, 그다음으로 세제(50건), 치약(48건), 샴푸(47건) 순으로 조사됐다. 특히, 출원건수 상위 10개 제품 중 7개가 일상생활에서 흔히 사용하는 미용, 위생 등 피부와 관련된 상품인 것으로 나타나 깨끗하고 순수한 환경에 대한 관심이 친환경제품으로 확대되고 있는 것으로 분석됐다.

2007년부터 2017년까지의 '친환경' 관련 상표의 출원실적을 보면, 영문자 'ECO'가 4,820건으로 가장 많이 사용되어 기업이나 개인은 제품의 '친환경'을 나타내는 상표 문구로 'ECO'를 가장 선호하는 것으로 드러났다. 다음으로는 '그린'이 3,862건, 한글 '에코'가 3,156건 사용됐고 '초록', '친환경', '녹색', '생태'가 각각 766건, 687건, 536건, 184건으로 그 뒤를 이었다. 특히, '저탄소·녹색 성장'이 국가 주요 정책으로 추진되던 2010년에는 '녹색'을 사용한 상표출원이 매우 증가한 것으로 나타났고, 친환경·유기농 먹거리 등에 대한 수요가 늘어나면서 2015년에는 '초록'이 포함된 상표 출원이 상대적으로 증가한 것으로 조사됐다.

최근 환경과 건강에 대한 관심이 증가하면서 이러한 '친환경' 관련 상표를 출원하여 등록받는 것이 소비자들의 안전한 구매를 촉진하는 길이 될 수 있다.

① 환경과 건강에 대한 관심이 증가하지만 '친환경'을 강조하는 상표출원의 증가세가 주춤할 것으로 전망된다.

② 국가 주요 정책이나 환경에 대한 관심이 상표 출원에 많은 영향을 미친다.

③ 친환경 상표가 가장 많이 출원된 제품인 화장품의 경우 대부분 안전하다고 믿고 사용해도 된다.

④ 영문 'ECO'와 한글 '에코'의 의미가 동일하므로 한글 '에코'의 상표 문구 출원이 높아져 영문 'ECO'를 역전할 가능성이 높다.

⑤ 친환경 세제를 개발한 P사는 ECO 달세제, ECO 별세제 2개의 상품을 모두 '표백제 및 기타 세탁용 제제'의 상품류로 등록하여 출원건수는 2건으로 계산될 수 있다.

14

NASA 보고에 따르면 지구 주변 우주쓰레기는 약 3만여 개에 달한다고 한다. 이러한 우주쓰레기는 노후한 인공위성이나 우주인이 놓친 연장 가방에서 나온 파편, 역할을 다한 로켓 부스터 등인데 때로는 이것들이 서로 충돌하면서 작은 조각으로 부서지기도 한다.

이러한 우주쓰레기가 심각한 이유는 연간 3 ~ 4개의 우주시설이 이와 같은 우주쓰레기 탓에 파괴되고 있는 탓이다. 이대로라면 GPS를 포함한 우주기술 사용이 불가능해질 수도 있다는 전망이다. 또 아주 큰 우주쓰레기가 지상에 떨어지는 경우가 있어 각국에서는 잇따른 피해가 계속 보고되고 있다. 이에 우주쓰레기를 치우기 위한 논의가 각국에서 지속되고 있으며 2007년 유엔에서는 '우주쓰레기 경감 가이드라인'을 만들기에 이르렀고, 유럽 우주국은 2025년에 우주쓰레기 수거 로봇을 발사할 계획임을 밝혔다.

이 우주쓰레기 수거 로봇은 스위스에서 개발한 것으로 4개의 팔을 뻗어 지구 위 800km에 있는 소형 위성 폐기물을 감싸 쥐고 대기권으로 진입하는 방식으로 우주쓰레기를 수거하는데 이때 진입하는 과정에서 마찰열에 의해 우주선과 쓰레기가 함께 소각되어지게 된다.

이 외에도 고열을 이용해 우주쓰레기를 태우는 방법, 자석으로 쓰레기를 끌어들여 궤도로 떨어뜨리는 방법, 쓰레기에 레이저를 발사해 경로를 바꾼 뒤 지구로 떨어뜨리는 방법, 위성 제작 시 수명이 다하면 분해에 가깝게 자체 파괴되도록 제작하는 방법 등이 있다.

실제로 영국에서 작살과 그물을 이용해 우주쓰레기를 수거하는 실험에 성공한 적이 있다. 하지만 한 번에 100kg 정도의 쓰레기밖에 처치하지 못해 여러 번 발사해야 한다는 점, 비용이 많이 든다는 점, 자칫 쓰레기 폭발을 유도해 파편 숫자만 늘어난다는 점 등이 단점이었다.

이러한 우주쓰레기 처리는 전 국가의 과제이지만, 천문학적 세금이 투입되는 사업이라 누구도 선뜻 나서지 못하는 것이 현 상황이다. 하루 빨리 우주개발 국가 공동의 기금을 마련해 대책을 마련하지 않는다면, 인류의 꿈은 이러한 우주쓰레기에 발목 잡힌다 해도 과언이 아닐 것이다.

① 우주쓰레기들이 서로 충돌하게 되면 우주쓰레기의 개수는 더 적어질 것이다.
② 우주쓰레기는 우주에서 떠돌아 지구 내에는 피해가 없다.
③ 우주쓰레기 수거 로봇은 유럽에서 개발되었으며 성공적인 결과를 얻었다.
④ 우주쓰레기를 청소하는 방법은 여러 가지가 있지만 성공한 사례는 아직까지 없다.
⑤ 우주쓰레기 청소는 저소득국가에서는 하기 힘든 사업이다.

보름달 중에 가장 크게 보이는 보름달을 '슈퍼문'이라고 한다. 이때 보름달이 크게 보이는 이유는 달이 평소보다 지구에 가까이 있기 때문이다. 슈퍼문이 되려면 보름달이 되는 시점과 달이 지구에 가장 가까워지는 시점이 일치하여야 한다. 달의 공전 궤도가 완벽한 원이라면 지구에서 달까지의 거리가 항상 똑같을 것이다. 하지만 실제로는 타원 궤도여서 달이 지구에 가까워지거나 멀어지는 현상이 생긴다. 유독 달만 그런 것은 아니고 태양계의 모든 행성이 태양을 중심으로 타원 궤도로 돈다. 이것이 바로 그 유명한 케플러의 행성운동 제1법칙이다.

지구와 달의 평균 거리는 약 38만km인 반면, 슈퍼문일 때는 그 거리가 35만 7,000km 정도로 가까워진다. 달의 반지름은 약 1,737km이므로, 지구와 달의 거리가 평균 정도일 때 지구에서 보름달을 바라보는 시각도*는 0.52도 정도인 반면, 슈퍼문일 때는 시각도가 0.56도로 커진다. 반대로 보름달이 가장 작게 보일 때, 다시 말해 보름달이 지구에서 제일 멀 때는 그 거리가 약 40만km여서 보름달을 보는 시각도가 0.49도로 작아진다.

밀물과 썰물이 생기는 원인은 지구에 작용하는 달과 태양의 중력 때문인데, 달이 태양보다는 지구에 훨씬 더 가깝기 때문에 더 큰 영향을 미친다. 달이 지구에 가까워지면 평소 달이 지구를 당기는 힘보다 더 강하게 지구를 당긴다. 그리고 달의 중력이 더 강하게 작용하면, 달을 향한 쪽의 해수면은 평상시보다 더 높아진다. 실제 우리나라에서도 슈퍼문일 때 제주도 등 해안가에 바닷물이 평소보다 더 높게 밀려 들어와서 일부 지역이 침수 피해를 겪기도 했다.

한편 달의 중력 때문에 높아진 해수면이 지구와 함께 자전을 하다보면 지구의 자전을 방해하게 된다. 일종의 브레이크가 걸리는 셈이다. 이 때문에 지구의 자전 속도가 느려지게 되고 그 결과 하루의 길이에 미세하게 차이가 생긴다. 실제 연구 결과에 따르면 100만 년에 17초 정도씩 길어지는 효과가 생긴다고 한다.

*시각도 : 물체의 양끝에서 눈의 결합점을 향하여 그은 두 선이 이루는 각

① 지구에서 태양까지의 거리는 1년 동안 항상 일정하다.
② 해수면의 높이는 지구와 달의 거리와 관계가 없다.
③ 달이 지구에서 멀어지면 궤도에서 벗어나지 않기 위해 평소보다 더 강하게 지구를 당긴다.
④ 지구와 달의 거리가 36만km 정도인 경우, 지구에서 보름달을 바라보는 시각도는 0.49도보다 크다.
⑤ 달의 중력 때문에 지구가 자전하는 속도는 점점 빨라지고 있다.

16 다음 글의 주장을 강화하는 진술은?

동물권 전문 변호사이자 법학자인 스티븐 와이즈는 그의 저서에서 사람들에 대해서는 권리를 인정하면서도 동물에 대해서는 그렇게 하지 않는 법을 지지할 수 없다고 주장했다. 이렇게 하는 것은 자유인에 대해서는 권리를 인정하면서도 노예에 대해서는 그렇게 하지 않는 법과 마찬가지로 불합리하다는 것이다. 동물학자인 제인 구달은 이 책을 동물의 마그나 카르타라고 극찬했으며, 하버드 대학은 저자인 와이즈를 동물권법 교수로 임용했다.

와이즈는 동물의 권리에 대해 이야기하면서 권리와 의무 같은 법적 관계를 논의하기 위한 기초가 되는 법철학에 대해서는 별로 다루고 있지 않다. 그가 의존하고 있는 것은 자연과학이다. 특히 유인원이 우리 인간과 얼마나 비슷한지를 알려주는 영장류 동물학의 연구 성과에 기초하여 동물의 권리에 대해 이야기하고 있다.

인간이 권리를 갖는 이유는 우리 인간이 생물학적으로 인간종(種)의 일원이기 때문이기도 하지만, 법적 권리와 의무의 주체가 될 수 있는 '인격체'이기 때문이다. 예를 들어 자연인(自然人)이 아닌 법인(法人)이 권리와 의무의 주체가 되는 것은 그것이 인간종의 일원이기 때문이 아니라 법적으로 인격체로 인정받기 때문이다. 인격체는 생물학에서 논의할 개념이 아니라 법철학에서 다루어야 할 개념이다.

인격체는 공동체의 일원이 될 수 있는 개체를 의미한다. 공동체의 일원이 되기 위해서는 협상, 타협, 동의의 능력이 필요하고 이런 능력을 지닌 개체에게는 권리와 의무 그리고 책임 등이 부여된다. 이러한 개념을 바탕으로 사회 질서의 근원적 규칙을 마련할 수 있고 이 규칙은 우리가 사회생활을 영위하기 위한 전략을 규정한다. 하지만 이런 전략의 사용은 우리와 마찬가지로 규칙에 기초하여 선택된 전략을 사용할 수 있는 개체를 상대할 경우로 국한된다.

우리 인간이 동물을 돌보거나 사냥하는 것은 공동체의 규칙에 근거하여 선택한 결정이다. 비록 동물이 생명을 갖는 개체라 하더라도 인격체는 아니기 때문에 동물은 법적 권리를 가질 수 없다.

① 애완견에게 유산을 상속하는 것도 법적 효력을 갖는다.

② 여우사냥 반대운동이 확산된 결과 에스키모 공동체가 큰 피해를 입었다.

③ 동물들은 철학적 사유도 못하고 물리학도 못하지만, 인간들 가운데에도 그러한 지적 능력이 없는 사람은 많다.

④ 어떤 동물은 인간에게 해를 입히거나 인간을 공격하기도 하지만 우리는 그 동물에게 법적 책임을 묻지 않는다.

⑤ 늑대를 지적이고 사회적인 존재라고 생각한 아메리카 인디언들은 자신들의 초기 문명기에 늑대 무리를 모델로 하여 사회를 만들었다.

17 다음 글의 빈칸 ㄱ과 ㄴ에 들어갈 말을 바르게 나열한 것은?

> 이동통신이 유선통신에 비하여 어려운 점은 다중 경로에 의해 통신 채널이 계속 변화하여 통신 품질이 저하된다는 것이다. 다중 경로는 송신기에서 발생한 신호가 수신기에 어떠한 장애물을 거치지 않고 직접 도달하기도 하고 장애물을 통과하거나 반사하여 간접적으로 도달하기도 하기 때문에 발생한다. 이 다중 경로 때문에 송신기에서 발생한 신호가 안테나에 도달할 때 신호마다 시간 차이가 발생한다. 이렇게 하나의 송신 신호가 시시각각 수신기에 다르게 도달하기 때문에 이동통신 채널은 일반적으로 유선통신 채널보다 빈번히 변화한다. 일반적으로 거쳐 오는 경로가 길수록 수신되는 진폭은 작아지고 지연 시간도 길어지게 된다. 다중 경로를 통해 전파가 전송되어 오면 각 경로의 거리 및 전송 특성 등의 차이에 의해 수신기에 도달하는 시간과 신호 세기의 차이가 발생한다.
>
> 시간에 따라 변화하는 이동통신의 품질을 극복하기 위해 개발된 것이 A기술이다. 이 기술을 사용하면 하나의 송신기로부터 전송된 하나의 신호가 다중 경로를 통해 안테나에 수신된다. 이때 안테나에 수신된 신호 중 일부 경로를 통해 수신된 신호의 크기가 작더라도 나머지 다른 경로를 통해 수신된 신호의 크기가 크면 수신된 신호 중 가장 큰 것을 선택하여 안정적인 송수신을 이루려는 것이 'A기술'이다. A기술은 마치 한 종류의 액체를 여러 배수관에 동시에 흘려보내 가장 빨리 나오는 배수관의 액체를 선택하는 것에 비유할 수 있다. 여기서 액체는 ___ㄱ___에 해당하고, 배수관은 ___ㄴ___에 해당한다.

	ㄱ	ㄴ
①	송신기	안테나
②	신호	경로
③	신호	안테나
④	안테나	경로
⑤	안테나	신호

18 다음 글의 주장에 대한 비판으로 적절하지 않은 것은?

> 동물실험이란 교육, 시험, 연구 및 생물학적 제제의 생산 등 과학적 목적을 위해 동물을 대상으로 실시하는 실험 또는 그 과학적 절차를 말한다. 전 세계적으로 매년 약 6억 마리의 동물들이 실험에 쓰이고 있다고 추정되며 대부분의 동물들은 실험이 끝난 뒤 안락사를 시킨다.
> 동물실험은 대개 인체실험의 전 단계로 이루어지는데, 검증되지 않은 물질을 바로 사람에게 주입하여 발생하는 위험을 줄일 수 있다는 점에서 필수적인 실험이라고 말할 수 있다. 물론 살아있는 생물을 대상으로 하는 실험이기 때문에 대체(Replacement), 감소(Reduction), 개선(Refinement)으로 요약되는 3R 원칙에 입각하여 실험하는 것이 당연하다. 굳이 다른 방법이 있다면 그 방법을 채택할 것이며, 희생이 되는 동물의 수를 최대한 줄이고, 필수적인 실험 조건 외에는 자극을 주지 않아야 한다.
> 하지만 그럼에도 보다 안전한 결과를 도출해내기 위한 동물실험은 필요악이며, 이러한 필수적인 의약실험조차 금지하려 한다는 것은 기술 발전 속도를 늦춰 약이 필요한 누군가의 고통을 감수하자는 이기적인 주장과 같다고 할 수 있다.

① 3R 원칙과 같은 윤리적 강령이 법적인 통제력을 지니지 않은 이상 실제로 얼마나 엄격하게 지켜질 것인지는 알 수 없다.

② 화장품 업체들의 동물실험과 같은 사례를 통해 생명과 큰 연관이 없는 실험은 필요악이라고 주장할 수 없다.

③ 아무리 엄격하게 통제된 실험이라고 해도 동물 입장에서 바라본 실험이 비윤리적이며 생명체의 존엄성을 훼손하는 행위라는 사실을 벗어날 수는 없다.

④ 과거와 달리 현대에서는 인공 조직을 배양하여 실험의 대상으로 삼을 수 있으므로 동물실험 자체를 대체하는 것이 가능하다.

⑤ 동물실험에서 안전성을 검증받은 이후 인체에 피해를 준 약물의 사례가 존재한다.

19 다음 글의 주장에 대한 반박으로 가장 적절한 것은?

> 인간은 사회 속에서만 자신을 더 나은 존재로 느낄 수 있기 때문에 자신을 사회화하고자 한다. 인간은 사회 속에서만 자신의 자연적 소질을 실현할 수 있는 것이다. 그러나 인간은 자신을 개별화하거나 고립시키려는 성향도 강하다. 이는 자신의 의도에 따라서만 행동하려는 반사회적인 특성을 의미한다. 그리고 저항하려는 성향이 자신뿐만 아니라 다른 사람에게도 있다는 사실을 알기 때문에 그 자신도 곳곳에서 저항에 부딪히게 될 것이라고 예상한다.
>
> 이러한 저항을 통하여 인간은 모든 능력을 일깨우고, 나태해지려는 성향을 극복하며 명예욕이나 지배욕, 소유욕 등에 따라 행동하게 된다. 그리하여 동시대인들 가운데에서 자신의 위치를 확보하게 된다. 이렇게 하여 인간은 야만의 상태에서 벗어나 문화를 이룩하기 위한 진정한 진보의 첫걸음을 내딛게 된다. 이때부터 모든 능력이 점차 개발되고 아름다움을 판정하는 능력도 형성된다. 나아가 자연적 소질에 의해 도덕성을 어렴풋하게 느끼기만 하던 상태에서 벗어나, 지속적인 계몽을 통하여 구체적인 실천 원리를 명료하게 인식할 수 있는 성숙한 단계로 접어든다. 그 결과 자연적인 감정을 기반으로 결합된 사회를 도덕적인 전체로 바꿀 수 있는 사유 방식이 확립된다.
>
> 인간에게 이러한 반사회성이 없다면, 인간의 모든 재능은 꽃피지 못하고 만족감과 사랑으로 가득 찬 목가적인 삶 속에서 영원히 묻혀 버리고 말 것이다. 그리고 양처럼 선량한 기질의 사람들은 가축 이상의 가치를 자신의 삶에 부여하기 힘들 것이다. 자연 상태에 머물지 않고 스스로의 목적을 성취하기 위해 자연적 소질을 개발하여 창조의 공백을 메울 때, 인간의 가치는 상승되기 때문이다.

① 사회성만으로도 충분히 목가적 삶을 영위할 수 있다.

② 반사회성만으로는 자신의 재능을 개발하기 어렵다.

③ 인간은 타인과의 갈등을 통해서도 사회성을 기를 수 있다.

④ 인간은 사회성만 가지고도 자신의 재능을 키워나갈 수 있다.

⑤ 인간의 자연적인 성질은 사회화를 방해한다.

20 다음 글의 주장에 대한 반박으로 적절하지 않은 것은?

> 쾌락주의는 모든 쾌락이 그 자체로서 가치가 있으며 쾌락의 증가와 고통의 감소를 통해 최대의 쾌락을 산출하는 행위를 올바른 것으로 간주하는 윤리설이다. 쾌락주의에 따르면, 쾌락만이 내재적 가치를 지니며, 모든 것은 이러한 쾌락을 기준으로 가치 평가되어야 한다고 한다.
>
> 그런데 쾌락주의자는 단기적이고 말초적인 쾌락만을 추구함으로써 결국 고통에 빠지게 된다는 오해를 받기도 한다. 하지만 쾌락주의적 삶을 순간적이고 감각적인 쾌락만을 추구하는 방탕한 삶과 동일시하는 것은 옳지 않다. 쾌락주의는 일시적인 쾌락의 극대화가 아니라 장기적인 쾌락의 극대화를 목적으로 하므로 단기적·말초적 쾌락만을 추구하는 것은 아니다. 예를 들어 사회적 성취가 장기적으로 더 큰 쾌락을 가져다준다면 쾌락주의자는 단기적 쾌락보다는 사회적 성취를 우선으로 추구한다.
>
> 또한 쾌락주의는 쾌락 이외의 것은 모두 무가치한 것으로 본다는 오해를 받기도 한다. 하지만 쾌락주의가 쾌락만을 가치 있는 것으로 보는 것은 아니다. 세상에는 쾌락 말고도 가치 있는 것들이 있으며, 심지어 고통조차도 가치 있는 것으로 볼 수 있다. 발이 불구덩이에 빠져서 통증을 느껴 곧바로 발을 빼낸 상황을 생각해 보자. 이때의 고통은 분명히 좋은 것임에 틀림없다. 만약 고통을 느끼지 못했다면, 불구덩이에 빠진 발을 꺼낼 생각을 하지 못해서 큰 부상을 당했을 수도 있기 때문이다. 물론 이때 고통이 가치 있다는 것은 도구인 의미에서 그런 것이지 그 자체가 목적이라는 의미는 아니다.
>
> 쾌락주의는 고통을 도구가 아닌 목적으로 추구하는 것을 이해할 수 없다고 본다. 금욕주의자가 기꺼이 감내하는 고통조차도 종교적·도덕적 성취와 만족을 추구하기 위한 도구인 것이지 고통 그 자체가 목적인 것은 아니기 때문이다. 대부분의 세속적 금욕주의자들은 재화나 명예 같은 사회적 성취를 위해 당장의 쾌락을 포기하며, 종교적 금욕주의자들은 내세의 성취를 위해 현세의 쾌락을 포기하는데, 그것이 사회적 성취이든 내세적 성취이든지 간에 모두 광의의 쾌락을 추구하고 있는 것이다.

① 쾌락의 원천은 다양한데, 서로 다른 쾌락을 같은 것으로 볼 수 있는가?
② 순간적이고 감각적인 쾌락만을 추구하는 삶을 쾌락주의적 삶이라고 볼 수 있는가?
③ 식욕의 충족에서 비롯된 쾌락과 사회적 명예의 획득에서 비롯된 쾌락은 같은 것인가?
④ 쾌락의 질적 차이를 인정한다면, 이질적인 쾌락을 어떻게 서로 비교할 수 있는가?
⑤ 과연 쾌락이나 고통만으로 가치를 규정할 수 있는가?

※ 마지막 명제가 참일 때, 빈칸에 들어갈 명제로 가장 적절한 것을 고르시오. **[1~3]**

Easy

01

- 승리했다면 팀플레이가 된다는 것이다.
- _____
- 승리했다면 패스했다는 것이다.

① 팀플레이가 된다면 패스했다는 것이다.
② 팀플레이가 된다면 패배한다.
③ 승리했다면 패스했다는 것이다.
④ 팀플레이가 된다면 승리한다.
⑤ 패배했다면 패스하지 않은 것이다.

02

- 전기 수급에 문제가 생기면 많은 사람이 피해를 입는다.
- _____
- 그러므로 많은 사람이 피해를 입지 않았다면 전기를 낭비하지 않은 것이다.

① 전기를 낭비하면 많은 사람이 피해를 입는다.
② 전기를 낭비하면 전기 수급에 문제가 생긴다.
③ 많은 사람이 피해를 입으면 전기 수급에 문제가 생긴다.
④ 전기 수급에 문제가 없다면 많은 사람이 피해를 입는다.
⑤ 전기 수급에 문제가 생기지 않는다면 전기를 낭비하게 된다.

03

- 미리 대비하지 않으면 급한 경우에 준비할 수 없다.
- _____
- 그러므로 큰 고난이 찾아오지 않으면 미리 대비한 것이다.

① 미리 대비하면 큰 고난이 찾아오지 않는다.
② 준비를 하지 않아도 고난은 막을 수 있다.
③ 큰 고난이 찾아오지 않으면 급한 경우에 준비를 한 것이다.
④ 급할 때 준비할 수 있다면 큰 고난을 막을 수 있다.
⑤ 큰 고난을 막을 수 있으면 준비하지 않아도 된다.

※ 주어진 명제가 모두 참일 때, 바르게 추론한 것을 고르시오. [4~8]

04

> • 인디 음악을 좋아하는 사람은 독립영화를 좋아한다.
> • 클래식을 좋아하는 사람은 재즈 밴드를 좋아한다.
> • 독립영화를 좋아하지 않는 사람은 재즈 밴드를 좋아하지 않는다.

① 인디음악을 좋아하지 않는 사람은 재즈 밴드를 좋아한다.

② 독립영화를 좋아하는 사람은 재즈 밴드를 좋아하지 않는다.

③ 재즈 밴드를 좋아하는 사람은 인디 음악을 좋아하지 않는다.

④ 클래식을 좋아하는 사람은 독립영화를 좋아한다.

⑤ 클래식을 좋아하는 사람은 인디 음악을 좋아하지 않는다.

Easy

05

> • 도보로 걷는 사람은 자가용을 타지 않는다.
> • 자전거를 타는 사람은 자가용을 탄다.
> • 자전거를 타지 않는 사람은 버스를 탄다.

① 자가용을 타는 사람은 도보로 걷는다.

② 버스를 타지 않는 사람은 자전거를 타지 않는다.

③ 버스를 타는 사람은 도보로 걷는다.

④ 도보로 걷는 사람은 버스를 탄다.

⑤ 도보로 걷는 사람은 자전거를 탄다.

06

- 축구를 좋아하는 사람은 골프를 좋아하지 않는다.
- 야구를 좋아하는 사람은 골프를 좋아한다.
- 야구를 좋아하지 않는 사람은 농구를 좋아한다.
- 야구를 좋아하는 사람은 다정하다.
- 농구를 좋아하지 않는 사람은 친절하다.
- 한영이는 축구를 좋아한다.

① 한영이는 골프를 좋아한다.
② 한영이는 농구를 좋아한다.
③ 한영이는 야구를 좋아한다.
④ 한영이는 다정하다.
⑤ 한영이는 친절하다.

07

- 효주는 지영이보다 나이가 많다.
- 효주와 채원이는 같은 회사에 다니고, 이 회사는 나이 많은 사람이 승진을 더 빨리 한다.
- 효주는 채원이보다 승진을 빨리 했다.

① 효주는 나이가 가장 많다.
② 채원이는 지영이보다 나이가 많다.
③ 채원이는 효주보다 나이가 많다.
④ 지영이는 채원이보다 나이가 많다.
⑤ 효주와 채원이는 나이가 같다.

Easy

08

- 관수는 보람보다 크다.
- 창호는 보람보다 작다.
- 동주는 관수보다 크다.
- 인성은 보람보다 작지 않다.

① 인성은 창호보다 크고 관수보다 작다.
② 보람은 동주, 관수보다 작지만 창호보다는 크다.
③ 창호는 관수, 보람보다 작지만 인성보다는 크다.
④ 동주는 관수, 보람, 창호, 인성보다 크다.
⑤ 관수는 인성보다 작지만, 창호보다 크다.

09 안나, 유미, 정은, 민준, 규민은 다음 주에 있을 워크숍의 발표자와 보고서 작성자를 정하고 있다. 이미 발표한 사람을 제외한다는 규칙에 따라서 작년에 발표한 사람을 면제하려고 한다. 다음 대화에서 반드시 참인 것을 고르면?(단, 최소 1명은 진실을 말하고 있으며 발표자와 보고서 작성자는 각각 한 명이고, 모든 사람은 진실 또는 거짓만 말한다)

> 안나 : 정은이가 작년 발표자였어.
> 정은 : 아니야. 유미가 발표를 하고, 규민이가 보고서를 작성했지.
> 민준 : 규민이와 정은이는 보고서를 작성하지 않았어.
> 규민 : 내가 보고서를 작성하지 않았고 안나가 발표를 했어.
> 유미 : 규민이가 보고서를 작성했고 정은이가 발표자야.
> 안나 : 유미가 보고서를 작성했어.

① 정은이가 발표를 했다.
② 규민이가 보고서를 작성했다.
③ 안나는 발표를 하지 않았다.
④ 민준이가 보고서를 작성했다.
⑤ 정은이가 보고서를 작성했다.

`Easy`

10 A ~ E 5명이 줄을 서 있다. 다음 〈조건〉을 만족해야 한다고 할 때, 번호에 해당하는 사람이 바르게 연결된 것은?(단, 맨 앞을 1번으로 하여 차례대로 번호를 부여한다)

> **조건**
> • A와 C는 이웃해 서 있고, C와 D는 이웃해 서 있지 않다.
> • A와 B 사이에는 두 명이 서 있다.
> • B는 3번이나 4번에는 서 있지 않다.
> • E는 2번이나 3번에, D는 5번에 서 있다.

① 1 − A　　　　　　　　　② 2 − B
③ 3 − C　　　　　　　　　④ 3 − D
⑤ 3 − E

11 네 개의 상자 A, B, C, D 중 어느 하나에 두 개의 진짜 열쇠가 들어 있고, 다른 어느 한 상자에 두 개의 가짜 열쇠가 들어 있다. 또한 각 상자에는 다음과 같이 두 개의 안내문이 쓰여 있는데, 각 상자의 안내문 중 하나는 참이고 다른 하나는 거짓이다. 다음 중 항상 옳은 것은?

> **조건**
>
> • A상자 – 어떤 진짜 열쇠도 순금으로 되어 있지 않다.
>   – C상자에 진짜 열쇠가 들어 있다.
> • B상자 – 가짜 열쇠는 이 상자에 들어 있지 않다.
>   – A상자에는 진짜 열쇠가 들어 있다.
> • C상자 – 이 상자에 진짜 열쇠가 들어 있다.
>   – 어떤 가짜 열쇠도 구리로 되어 있지 않다.
> • D상자 – 이 상자에 진짜 열쇠가 들어 있다.
>   – 가짜 열쇠 중 어떤 것은 구리로 되어 있다.

① B상자에 가짜 열쇠가 들어 있지 않다.
② C상자에 진짜 열쇠가 들어 있지 않다.
③ D상자의 첫 번째 안내문은 거짓이다.
④ 모든 가짜 열쇠는 구리로 되어 있다.
⑤ 어떤 진짜 열쇠는 순금으로 되어 있다.

12 A ~ E는 L시에서 개최하는 마라톤에 참가하였다. 다음 명제가 모두 참일 때, 반드시 참이 아닌 것은?

> • A는 B와 C보다 앞서 달리고 있다.
> • D는 A보다 뒤에 달리고 있지만, B보다는 앞서 달리고 있다.
> • C는 D보다 뒤에 달리고 있지만, B보다는 앞서 달리고 있다.
> • E는 C보다 뒤에 달리고 있지만, 다섯 명 중 꼴찌는 아니다.

① 현재 1등은 A이다.
② 현재 꼴찌는 B이다.
③ E는 C와 B 사이에서 달리고 있다.
④ D는 A와 C 사이에서 달리고 있다.
⑤ 현재 순위에 변동 없이 결승점까지 달린다면 C가 4등을 할 것이다.

13 L사는 공개 채용을 통해 4명의 남자 사원과 2명의 여자 사원을 최종 선발하였고, 선발된 6명의 신입 사원을 기획부, 인사부, 구매부 세 부서에 배치하려고 한다. 다음 〈조건〉에 따라 신입 사원을 배치할 때, 항상 거짓인 것은?

> **조건**
> • 기획부, 인사부, 구매부 각 부서에 적어도 한 명의 신입 사원을 배치한다.
> • 기획부, 인사부, 구매부에 배치되는 신입 사원의 수는 서로 다르다.
> • 부서별로 배치되는 신입 사원의 수는 구매부가 가장 적고, 기획부가 가장 많다.
> • 여자 신입 사원만 배치되는 부서는 없다.

① 인사부에는 2명의 신입 사원이 배치된다.
② 구매부에는 1명의 남자 신입 사원이 배치된다.
③ 기획부에는 반드시 여자 신입 사원이 배치된다.
④ 인사부에는 반드시 여자 신입 사원이 배치된다.
⑤ 인사부에는 1명 이상의 남자 신입 사원이 배치된다.

14 A ~ D는 L아파트 10층에 살고 있다. 다음 〈조건〉에 따를 때, 항상 거짓인 것은?

> **조건**
> • 아파트 10층의 구조는 다음과 같다.
>
> | 계단 | 1001호 | 1002호 | 1003호 | 1004호 | 엘리베이터 |
> |---|---|---|---|---|---|
>
> • A는 엘리베이터보다 계단이 더 가까운 곳에 살고 있다.
> • C와 D는 계단보다 엘리베이터에 더 가까운 곳에 살고 있다.
> • D는 A 바로 옆에 살고 있다.

① A보다 계단이 가까운 곳에 살고 있는 사람은 B이다.
② D는 1003호에 살고 있다.
③ 본인이 살고 있는 곳과 가장 가까운 이동 수단을 이용한다면 C는 엘리베이터를 이용할 것이다.
④ B가 살고 있는 곳에서 엘리베이터 쪽으로는 2명이 살고 있다.
⑤ C 옆에는 D가 살고 있다.

15 L기업은 자율출퇴근제를 시행하고 있다. 출근은 12시 이전에 자유롭게 할 수 있으며, 본인 업무량에 비례하여 근무한 후 바로 퇴근한다. 어제 근태에 대한 다음 〈조건〉을 고려할 때 항상 참인 것은?

> **조건**
> • 점심시간은 12시부터 1시까지이며 점심시간에는 업무를 하지 않는다.
> • 업무 1개당 1시간이 소요되며, 출근하자마자 업무를 시작하여 쉬는 시간 없이 근무한다.
> • L기업에 근무 중인 K팀의 A ~ D 4명은 어제 전원 출근했다.
> • A와 B는 오전 10시에 출근했다.
> • B와 D는 오후 3시에 퇴근했다.
> • C는 팀에서 업무가 가장 적어 가장 늦게 출근하여 가장 빨리 퇴근했다.
> • D는 B보다 업무가 1개 더 많았다.
> • A는 C보다 업무가 3개 더 많았고, A는 팀에서 가장 늦게 퇴근했다.
> • 이날 K팀은 가장 늦게 출근한 사람과 가장 늦게 퇴근한 사람을 기준으로, 오전 11시에 모두 출근하였으며 오후 4시에 모두 퇴근한 것으로 보고되었다.

① A는 4개의 업무를 하고 퇴근했다.
② B의 업무는 A의 업무보다 많았다.
③ C는 오후 2시에 퇴근했다.
④ A와 B는 팀에서 가장 빨리 출근했다.
⑤ C가 D의 업무 중 1개를 대신했다면 D와 같이 퇴근할 수 있었다.

16 매주 화요일에 진행되는 취업스터디에 A ~ E 5명의 친구가 함께 참여하고 있다. 스터디 불참 시 벌금이 부과되는 스터디 규칙에 따라 지난주 불참한 2명은 벌금을 내야 한다. 이들 중 2명이 거짓말을 하고 있다고 할 때, 옳은 것은?

> • A : 내가 다음 주에는 사정상 참석할 수 없지만 지난주에는 참석했어!
> • B : 지난주 불참한 C가 반드시 벌금을 내야 해.
> • C : 지난주 스터디에 A가 불참한 건 확실해!
> • D : 사실 나는 지난주 스터디에 불참했어.
> • E : 지난주 스터디에 나는 참석했지만, B는 불참했어.

① A와 B가 벌금을 내야 한다.
② A와 C가 벌금을 내야 한다.
③ A와 E가 벌금을 내야 한다.
④ B와 D가 벌금을 내야 한다.
⑤ D와 E가 벌금을 내야 한다.

17 A ~ E 5명 중 단 1명만 거짓을 말하고 있을 때, 범인을 바르게 짝지은 것은?

- A : C가 범인입니다.
- B : A는 거짓말을 하고 있습니다.
- C : B가 거짓말을 하고 있습니다.
- D : 저는 범인이 아닙니다.
- E : A가 범인입니다.

---

① A   ② A, B

③ A, C   ④ C, D

⑤ D, E

Hard

18 L사의 기획팀에서 근무하고 있는 직원 A ~ D는 서로의 프로젝트 참여 여부에 대하여 다음과 같이 진술하였고, 이들 중 단 1명만이 진실을 말하였다고 할 때, 반드시 프로젝트에 참여하는 사람은?

- A : 나는 프로젝트에 참여하고, B는 프로젝트에 참여하지 않는다.
- B : A와 C 중 적어도 1명은 프로젝트에 참여한다.
- C : 나와 B 중 적어도 1명은 프로젝트에 참여하지 않는다.
- D : B와 C 중 1명이라도 프로젝트에 참여한다면, 나도 프로젝트에 참여한다.

---

① A   ② B

③ C   ④ D

⑤ 없음

19 A ~ D 4명은 각각 1명의 자녀를 두고 있는 아버지이다. 4명의 아이 중 2명은 아들이고, 2명은 딸이며, 아들의 아버지인 2명만 진실을 말한다고 할 때, 옳은 것은?

> • A : B와 C의 아이는 아들이다.
> • B : C의 아이는 딸이다.
> • C : D의 아이는 딸이다.
> • D : A와 C의 아이는 딸이다.

① A의 아이는 아들이다.　　　　② B의 아이는 딸이다.

③ C의 아이는 아들이다.　　　　④ D의 아이는 아들이다.

⑤ D와 A의 아이는 딸이다.

20 L기업 직원들끼리 이번 달 성과금에 대해 다음과 같이 이야기를 나누고 있다. 성과금은 반드시 늘거나 줄어들었고, 직원 중 단 1명만 거짓말을 하고 있을 때, 항상 참인 것은?

> • 직원 A : 나는 이번에 성과금이 늘어났어. 그래도 B만큼은 오르지 않았네.
> • 직원 B : 맞아 난 성과금이 좀 늘어났지. D보다 조금 더 늘었어.
> • 직원 C : 좋겠다. 오~ E도 성과금이 늘어났네.
> • 직원 D : 엥? 무슨 소리야. E는 C와 같이 성과금이 줄어들었는데.
> • 직원 E : 그런 것보다 D가 A보다 성과금이 조금 올랐는데?

① 직원 B의 성과금이 가장 많이 올랐다.

② 직원 D의 성과금이 가장 많이 올랐다.

③ 직원 A의 성과금이 오른 사람 중 가장 적다.

④ 직원 C는 성과금이 줄어들었다.

⑤ 직원 E의 성과금 순위를 알 수 없다.

01 다음은 제2차 세계 대전 주요 참전국의 인구에 관한 자료이다. 빈칸에 들어갈 숫자로 옳은 것은?

〈주요 참전국의 인구〉

(단위 : 백만 명)

구분	1890년	1900년	1910년	1913년	1920년	1928년	1938년
A국	116.8	135.6	159.3	175.1	126.6	150.4	180.6
B국	62.6	75.9	91.9	97.3	105.7	119.1	138.3
C국	49.2	56.0	64.5	66.9	42.8	55.4	68.5
D국	39.9	43.8	49.1	51.3	55.9	62.1	72.2
E국	38.3	38.9	39.5	39.7	39.0	41.0	41.9
F국	37.4	41.1	44.9	45.6	44.4	45.7	47.6
G국	25.6	27.8	30.0	( )	34.4	36.6	38.8

① 31.2

② 32.2

③ 32.3

④ 33.3

⑤ 33.4

※ 다음은 2020 ~ 2024년 연도별 해양사고 발생 현황에 대한 자료이다. 이어지는 질문에 답하시오. **[2~3]**

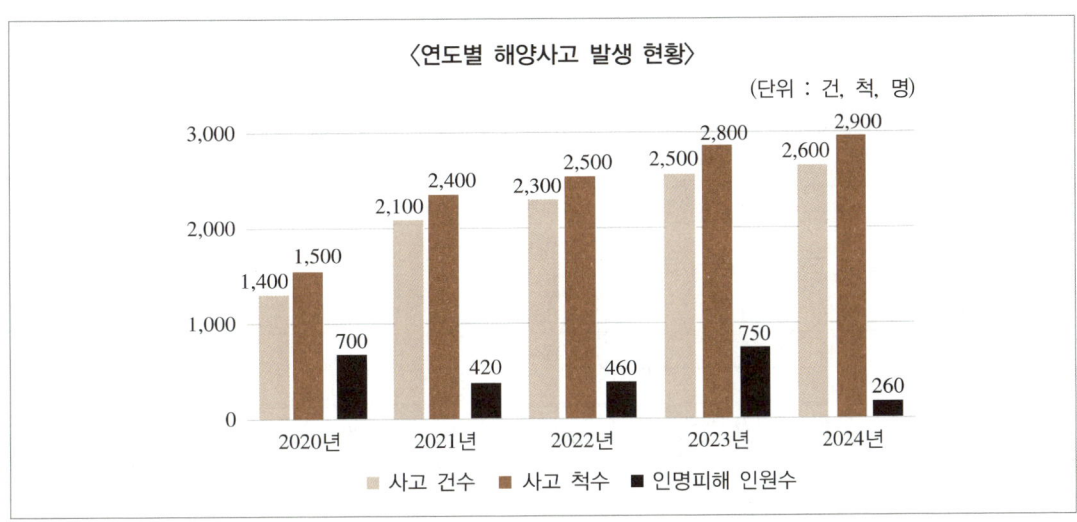

Easy

02 2020년 대비 2021년 사고 척수의 증가율과 사고 건수의 증가율이 순서대로 나열된 것은?

① 40%, 45%   ② 45%, 50%

③ 60%, 50%   ④ 60%, 55%

⑤ 60%, 65%

03 다음 중 사고 건수당 인명피해의 인원수가 가장 많은 연도는?

① 2020년   ② 2021년

③ 2022년   ④ 2023년

⑤ 2024년

PART 2

※ 다음은 L기업의 동호회 인원 구성 현황 자료이다. 이어지는 질문에 답하시오. [4~5]

〈동호회 인원 구성 현황〉

(단위 : 명)

구분	2020년	2021년	2022년	2023년
축구	77	92	100	120
농구	75	70	98	117
야구	73	67	93	113
배구	72	63	88	105
족구	35	65	87	103
등산	18	42	44	77
여행	10	21	40	65
합계	360	420	550	700

Easy

04 전년 대비 2023년의 축구 동호회 인원 증가율이 다음 해에도 유지된다고 가정할 때, 2024년 축구 동호회의 인원은?

① 140명   ② 142명

③ 144명   ④ 146명

⑤ 148명

Hard

05 위 자료에 대한 설명으로 옳은 것은?

① 동호회 인원이 많은 순서로 나열할 때, 매년 그 순위는 변화가 없다.

② 2021 ~ 2023년 동호회 인원 전체에서 등산이 차지하는 비중은 전년 대비 매년 증가하였다.

③ 2021 ~ 2023년 동호회 인원 전체에서 배구가 차지하는 비중은 전년 대비 매년 감소하였다.

④ 2021년 족구 동호회 인원은 2021년 전체 동호회의 평균 인원보다 많다.

⑤ 2020 ~ 2023년 매년 등산과 여행 동호회 인원의 합은 축구 동호회 인원보다 적다.

06 다음 자료는 L기업의 사내전화 평균 통화시간을 조사한 자료이다. 평균 통화시간이 6 ~ 9분인 여자의 수는 12분 초과인 남자의 수의 몇 배인가?

〈평균 통화시간〉

구분	남자	여자
3분 미만	33%	26%
3 ~ 6분	25%	21%
6 ~ 9분	18%	18%
9 ~ 12분	14%	16%
12분 초과	10%	19%
대상 인원수	600명	400명

① 1.1배   ② 1.2배
③ 1.3배   ④ 1.4배
⑤ 1.5배

07 다음은 우리나라의 LPCD(Liter Per Capita Day)에 대한 자료이다. 1인 1일 사용량에서 영업용 사용량이 차지하는 비중과 1인 1일 가정용 사용량의 하위 두 항목이 차지하는 비중을 순서대로 나열한 것은?(단, 소수점 셋째 자리에서 반올림한다)

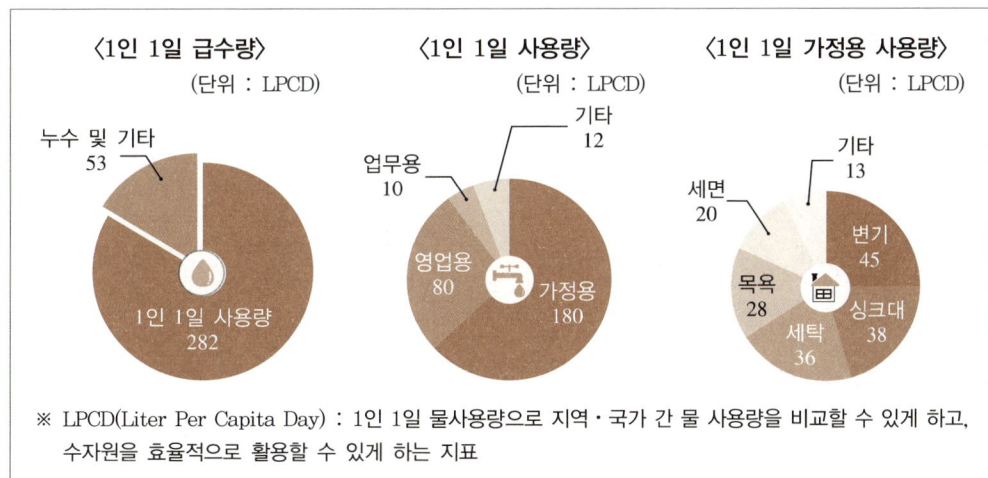

※ LPCD(Liter Per Capita Day) : 1인 1일 물사용량으로 지역·국가 간 물 사용량을 비교할 수 있게 하고, 수자원을 효율적으로 활용할 수 있게 하는 지표

① 27.57%, 16.25%   ② 27.57%, 19.24%
③ 28.37%, 18.33%   ④ 28.37%, 19.24%
⑤ 30.56%, 20.78%

08 다음은 조선시대 함평 현감의 재임 기간 및 출신에 대한 자료이다. 이에 대한 설명으로 옳지 않은 것은?

〈함평 현감의 재임 기간별 인원〉

(단위 : 명)

구분	인원
1개월 미만	2
1개월 이상 ~ 3개월 미만	8
3개월 이상 ~ 6개월 미만	19
6개월 이상 ~ 1년 미만	50
1년 이상 ~ 1년 6개월 미만	30
1년 6개월 이상 ~ 2년 미만	21
2년 이상 ~ 3년 미만	22
3년 이상 ~ 4년 미만	14
4년 이상	5
합계	171

〈함평 현감의 출신별 인원〉

(단위 : 명)

구분	문과	무과	음사(陰仕)	합계
인원	84	50	37	171

① 함평 현감 중 재임 기간이 1년 미만인 현감의 비율은 전체의 50% 이하이다.

② 재임 기간이 6개월 이상인 함평 현감 중에는 문과 출신자가 가장 많다.

③ 함평 현감의 출신별 통계를 보면 음사 출신자는 전체의 20%를 초과한다.

④ 재임 기간이 3년 미만인 함평 현감 중에는 음사 출신자가 반드시 있다.

⑤ 재임 기간이 1년 6개월 미만인 함평 현감 중 적어도 24명 이상이 문과 출신이다.

09 다음은 우리나라의 보건 수준을 가늠하게 하는 신생아 사망률에 대한 자료이다. 이에 대한 설명으로 옳은 것은?

〈생후 1주일 이내 성별·생존기간별 신생아 사망률〉

(단위 : 명, %)

구분	남아		여아	
1시간 이내	31	2.7	35	3.8
1 ~ 12시간	308	26.5	249	27.4
13 ~ 24시간	97	8.3	78	8.6
25 ~ 48시간	135	11.6	102	11.2
49 ~ 72시간	166	14.3	114	12.5
73 ~ 168시간	272	23.4	219	24.1
미상	153	13.2	113	12.4
전체	1,162	100	910	100

〈생후 1주일 이내 산모 연령별 신생아 사망률〉

(단위 : 명, %)

산모 연령	출생아 수	신생아 사망률
19세 미만	6,356	8.8
20 ~ 24세	124,956	6.3
25 ~ 29세	379,209	6.8
30 ~ 34세	149,760	9.4
35 ~ 39세	32,560	13.5
40세 이상	3,977	21.9
전체	696,818	66.7

① 생후 첫날 여자 신생아 사망률은 남자 신생아 사망률보다 낮다.
② 생후 1주일 내 신생아 사망자 수가 가장 많은 산모 연령대는 40세 이상이다.
③ 생후 1주일 내에서 첫날의 신생아 사망률은 약 50%이다.
④ 생후 1주일 내 신생아 사망률 중 셋째 날 신생아 사망률은 약 13%이다.
⑤ 산모 연령 25 ~ 29세가 출생아 수가 가장 많고 신생아 사망률이 가장 낮다.

10 다음은 제54회 전국기능경기대회 지역별 결과이다. 이에 대한 설명으로 옳은 것은?

〈제54회 전국기능경기대회 지역별 결과표〉

(단위 : 개)

구분	금메달	은메달	동메달	최우수상	우수상	장려상
합계(점)	3,200	2,170	900	1,640	780	1,120
서울	2	5	–	10	–	–
부산	9	–	11	3	4	–
대구	2	–	–	–	–	16
인천	–	–	1	2	15	–
울산	3	–	–	–	7	18
대전	7	–	3	8	–	–
제주	–	10	–	–	–	–
경기도	13	1	–	–	–	22
경상도	4	8	–	12	–	–
충청도	–	7	–	6	–	–

※ 합계는 전체 참가 지역의 각 메달 및 상의 점수 합계임

① 메달 한 개당 점수는 금메달은 80점, 은메달은 70점, 동메달은 60점이다.
② 메달 및 상을 가장 많이 획득한 지역은 경상도이다.
③ 전국기능경기대회 결과표에서 메달 및 상 중 동메달 개수가 가장 많다.
④ 울산 지역에서 획득한 메달 및 상의 총점은 800점이다.
⑤ 장려상을 획득한 지역 중 금·은·동메달 총개수가 가장 적은 지역은 대전이다.

11 다음은 어린이 안전지킴이집 현황에 대한 자료이다. 이에 대한 〈보기〉의 설명 중 옳지 않은 것을 모두 고르면?

〈어린이 안전지킴이집 현황〉

(단위 : 개)

구분		2019년	2020년	2021년	2022년	2023년
선정위치별	유치원	2,151	1,731	1,516	1,381	1,373
	학교	10,799	9,107	7,875	7,700	7,270
	아파트단지	2,730	2,390	2,359	2,460	2,356
	놀이터	777	818	708	665	627
	공원	1,044	896	893	958	918
	통학로	6,593	7,040	7,050	7,348	7,661
	합계	24,094	21,982	20,401	20,512	20,205
선정업소 형태별	24시 편의점	3,013	2,653	2,575	2,528	2,542
	약국	1,898	1,708	1,628	1,631	1,546
	문구점	4,311	3,840	3,285	3,137	3,012
	상가	9,173	7,707	6,999	6,783	6,770
	기타	5,699	6,074	5,914	6,433	6,335
	합계	24,094	21,982	20,401	20,512	20,205

보기

ㄱ. 선정위치별 어린이 안전지킴이집의 경우 통학로를 제외한 모든 곳에서 매년 감소하고 있다.

ㄴ. 선정업소 형태별 어린이 안전지킴이집의 수가 2019년 대비 2023년에 가장 많이 감소한 업소는 상가이다.

ㄷ. 2022년 대비 2023년의 학교 안전지킴이집의 감소율은 2022년 대비 2023년의 유치원 안전지킴이집의 감소율의 10배 이상이다.

ㄹ. 2023년 선정업소 형태별 안전지킴이집 중에서 24시 편의점의 개수가 차지하는 비중은 2022년보다 감소하였다.

① ㄱ, ㄴ
② ㄱ, ㄹ
③ ㄴ, ㄷ
④ ㄱ, ㄴ, ㄹ
⑤ ㄱ, ㄷ, ㄹ

12 다음은 보건복지부에서 집계한 전국 의료기관 총 병상 수와 천 명당 병상 수이다. 이에 대한 설명으로 옳지 않은 것은?

〈전국 의료기관 총 병상 수와 천 명당 병상 수〉

(단위 : 개)

연도	총 병상 수	인구 천 명당 병상 수			
		전체	종합병원·병원	의원·조산원	치과·한방병원
2014	353,289	7.4	5.2	1.9	0.2
2015	379,751	7.9	5.7	2	0.2
2016	410,581	8.5	6.3	2	0.2
2017	450,119	9.3	7.1	2	0.2
2018	478,645	9.8	7.6	2	0.2
2019	498,302	10.2	8.1	1.9	0.2
2020	523,357	10.7	8.7	1.8	0.2

※ 병원 : 일반병원, 요양병원, 결핵·한센·정신병원 등의 특수병원
※ 의원 : 산업체의 부속 의원 포함
※ (인구 천 명당 병상 수)=(총 병상 수)×1,000÷(추계인구)
※ 수치가 클수록 인구 대비 병상 수가 많은 것을 나타냄

① 조사기간 동안 매년 총 병상 수는 증가하고 있다.
② 2019년 치과·한방병원이 보유하고 있는 병상 수는 10,000개 이하이다.
③ 의원·조산원이 차지하고 있는 천 명당 병상 수의 비중이 전체의 10% 미만인 해도 있다.
④ 2014년에 비해 2020년 치과와 한방병원 수가 5% 증가했다면 치과와 한방병원의 병상 수 평균은 5% 이상 증가했을 것이다.
⑤ 병상 수의 감소는 병원의 폐업을 의미하며, 의원의 병상 수는 조사기간 동안 변화가 없었다고 했을 때, 조산원의 병상 수는 점점 줄고 있다고 할 수 있다.

13 다음은 중성세제 브랜드별 판매 가격 및 용량에 대한 자료이다. 각 브랜드마다 용량에 대한 가격을 조정했을 때, 브랜드별 판매 가격 및 용량의 변경 전과 변경 후에 대한 판매 금액 차이가 바르게 연결된 것은?

〈브랜드별 중성세제 판매 가격 및 용량〉

(단위 : 원, L)

구분	변경 전	1L 당 가격	용량	변경 후	1L 당 가격	용량
A브랜드		8,000	1.3		8,200	1.2
B브랜드	변경 전	7,000	1.4	변경 후	6,900	1.6
C브랜드		3,960	2.5		4,000	2.0
D브랜드		4,300	2.4		4,500	2.5

	A브랜드	B브랜드	C브랜드	D브랜드
①	550원 증가	1,220원 감소	2,000원 증가	930원 증가
②	550원 감소	1,240원 증가	1,900원 증가	930원 증가
③	560원 감소	1,240원 증가	1,900원 감소	930원 증가
④	560원 증가	1,240원 감소	2,000원 감소	900원 감소
⑤	560원 감소	1,220원 증가	1,900원 감소	900원 감소

14 다음은 A, B물고기 알의 부화 수 변화에 대한 자료이다. 기간별 부화 수가 일정하게 유지된다면 9번째 주에 부화되는 알의 수는?

〈A, B물고기 알의 부화 수 변화〉

(단위 : 개)

구분	1번째 주	2번째 주	3번째 주	4번째 주	5번째 주
A물고기	2	4	10	28	82
B물고기	1	3	7	15	31

	A물고기 알의 부화 수	B물고기 알의 부화 수
①	6,562개	511개
②	6,560개	511개
③	6,562개	519개
④	6,560개	519개
⑤	6,560개	522개

15 다음은 L카드사 이용 고객 2,000명을 대상으로 실시한 선호도 조사 결과이다. 이에 대한 설명 중 옳은 것을 〈보기〉에서 모두 고르면?

〈할인 서비스 선호도 조사 결과〉

(단위 : %)

구분	남성	여성	전체
주유	18	22	20
온라인 쇼핑	10	18	14
영화관	24	23	23.5
카페	8	13	10.5
제과점	22	17	19.5
편의점	18	7	12.5

※ 응답자들은 가장 선호하는 할인 서비스 항목 1개를 선택하였음

보기

ㄱ. 선호도 조사 응답자 2,000명의 남녀 비율은 동일하다.
ㄴ. 편의점 할인 서비스는 남성보다 여성 응답자가 더 선호한다.
ㄷ. 온라인 쇼핑 할인 서비스를 선택한 남성은 모두 130명이다.
ㄹ. 남성과 여성 응답자는 모두 영화관 할인 서비스를 가장 선호한다.

① ㄱ, ㄴ
② ㄱ, ㄹ
③ ㄴ, ㄷ
④ ㄴ, ㄹ
⑤ ㄷ, ㄹ

16 다음은 기계 100대의 업그레이드 전·후 성능지수에 대한 자료이다. 이에 대한 설명으로 옳은 것은?

〈업그레이드 전·후 성능지수별 대수〉

(단위 : 대)

구분 \ 성능지수	65	79	85	100
업그레이드 전	80	5	0	15
업그레이드 후	0	60	5	35

※ 성능지수는 네 가지 값(65, 79, 85, 100)만 존재하고, 그 값이 클수록 성능지수가 향상됨을 의미함

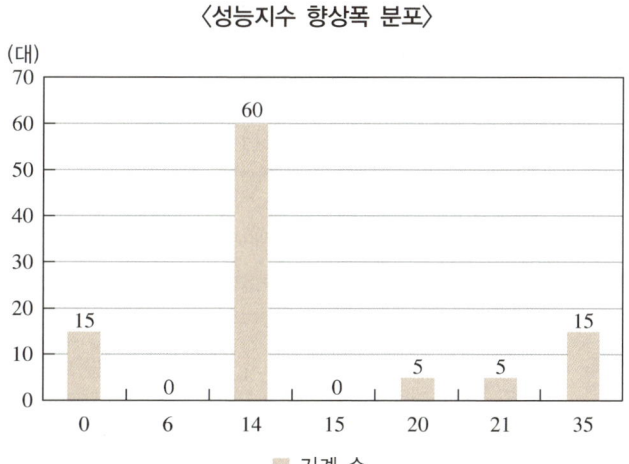

〈성능지수 향상폭 분포〉

※ 업그레이드를 통한 성능 감소는 없음
※ (성능지수 향상폭)=(업그레이드 후 성능지수)−(업그레이드 전 성능지수)

① 업그레이드 후 1대당 성능지수는 20 이상 향상되었다.

② 업그레이드 전 성능지수가 65이었던 기계의 15%가 업그레이드 후 성능지수 100이 된다.

③ 업그레이드 전 성능지수가 79이었던 모든 기계가 업그레이드 후 성능지수 100이 된 것은 아니다.

④ 업그레이드 전 성능지수가 100이 아니었던 기계 중 업그레이드를 통한 성능지수 향상폭이 0인 기계가 있다.

⑤ 업그레이드를 통한 성능지수 향상폭이 35인 기계 대수는 업그레이드 전 성능지수가 100이었던 기계 대수와 같다.

17 다음은 우리나라 첫 직장 근속기간에 대한 자료이다. 이에 대한 설명으로 옳지 않은 것은?(단, 졸업·중퇴 후 취업 유경험자 전체는 비임금 근로자와 임금 근로자의 합이다)

〈15 ~ 29세 첫 직장 근속기간 현황〉

(단위 : 명)

구분		전체	첫 일자리를 그만둔 경우	첫 일자리가 현 직장인 경우
2021년	졸업·중퇴 후 취업 유경험자 전체	4,032	2,411	1,621
	임금 근로자	3,909	2,375	1,534
	평균 근속기간(개월)	38	14	24
2022년	졸업·중퇴 후 취업 유경험자 전체	4,101	2,516	1,585
	임금 근로자	4,012	2,489	1,523
	평균 근속기간(개월)	38	14	24
2023년	졸업·중퇴 후 취업 유경험자 전체	4,140	2,574	1,566
	임금 근로자	4,055	2,546	1,509
	평균 근속기간(개월)	39	14	25

① 첫 직장에서의 비임금 근로자 수는 전년 대비 2022 ~ 2023년까지 매년 감소하였다.

② 2021년부터 2023년까지 졸업·중퇴 후 취업 유경험자 수의 평균은 4,091명이다.

③ 2021년 첫 일자리를 그만둔 임금 근로자 수는 첫 일자리가 현 직장인 근로자 수의 약 1.5배이다.

④ 2022년 첫 일자리가 현 직장인 임금 근로자 수는 전체 임금 근로자 수의 35% 이하이다.

⑤ 2023년 첫 일자리를 그만둔 경우의 평균 근속기간은 첫 일자리가 현 직장인 경우 평균 근속기간의 56%이다.

18 다음은 수송부문 대기 중 온실가스 배출량에 대한 자료이다. 이에 대한 설명으로 옳지 않은 것은?

〈수송부문 대기 중 온실가스 배출량〉

(단위 : ppm)

구분		합계	이산화탄소	아산화질소	메탄
2019년	합계	83,617.9	82,917.7	197.6	502.6
	산업 부문	58,168.8	57,702.5	138	328.3
	가계 부문	25,449.1	25,215.2	59.6	174.3
2020년	합계	85,343	84,626.3	202.8	513.9
	산업 부문	59,160.2	58,686.7	141.4	332.1
	가계 부문	26,182.8	25,939.6	61.4	181.8
2021년	합계	85,014.3	84,306.8	203.1	504.4
	산업 부문	60,030	59,553.9	144.4	331.7
	가계 부문	24,984.3	24,752.9	58.7	172.7
2022년	합계	86,338.3	85,632.1	205.1	501.1
	산업 부문	64,462.4	63,936.9	151.5	374
	가계 부문	21,875.9	21,695.2	53.6	127.1
2023년	합계	88,261.37	87,547.49	210.98	502.9
	산업 부문	65,491.52	64,973.29	155.87	362.36
	가계 부문	22,769.85	22,574.2	55.11	140.54

① 이산화탄소의 비중은 어느 시기든 상관없이 가장 크다.
② 연도별 가계와 산업 부문의 배출량 차이 값은 2023년에 가장 크다.
③ 연도별 가계와 산업 부문의 배출량 차이 값은 해가 지날수록 지속적으로 증가한다.
④ 조사 기간 동안 온실가스 총량은 지속적으로 증가하고 있다.
⑤ 모든 시기에서 메탄이 아산화질소보다 항상 많이 배출되고 있다.

19 다음은 월별 장병내일준비적금 가입 현황에 대한 자료이다. 이를 변환한 그래프로 옳지 않은 것은?

<장병내일준비적금 가입 현황>

구분	2020년			2021년			합계
	10월	11월	12월	1월	2월	3월	
가입자 수(명)	18,127	30,196	24,190	16,225	18,906	15,394	123,038
가입계좌 수(개)	23,315	39,828	32,118	22,526	25,735	20,617	164,139
가입금액(백만 원)	4,361	7,480	5,944	4,189	4,803	3,923	30,700

① 2020년 10월~2021년 3월 동안 적금 가입자 수와 가입금액 현황

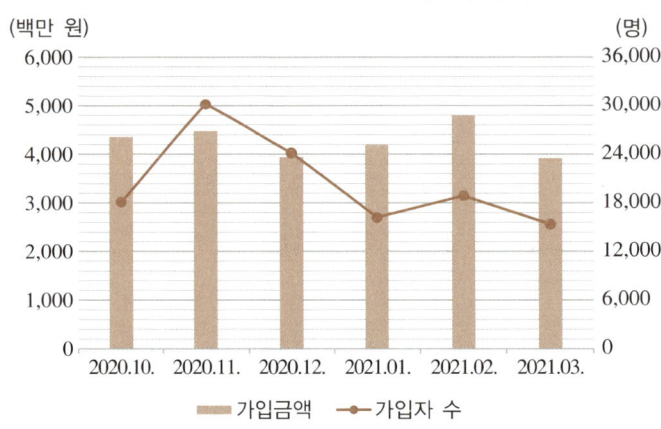

② 2020년 10월~2021년 3월 동안 적금 가입자 수와 가입계좌 수 현황

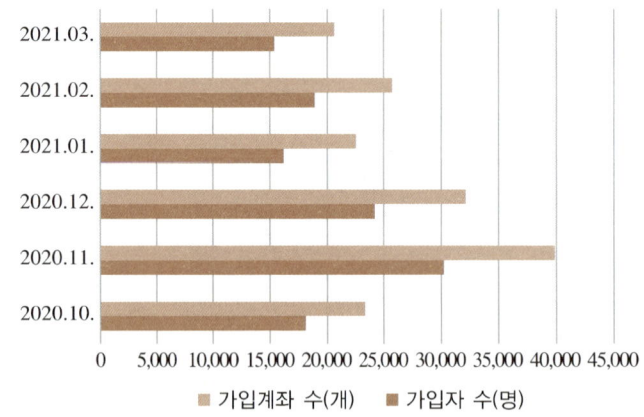

③ 2020년 10월 ~ 2021년 3월 동안 적금 가입계좌 수와 가입금액 현황

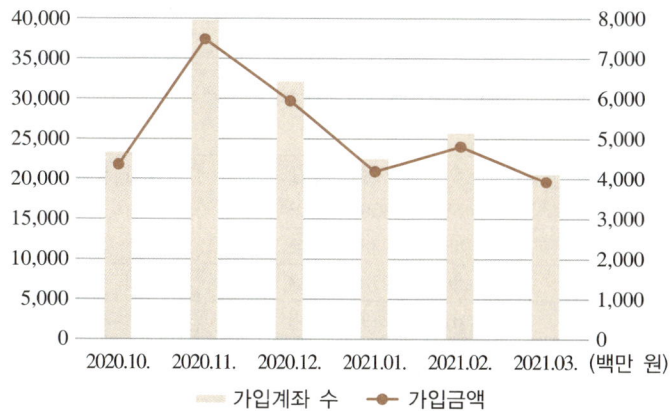

④ 2020년 10월 ~ 2020년 12월 동안 적금 가입자 수, 가입계좌 수, 가입금액 현황

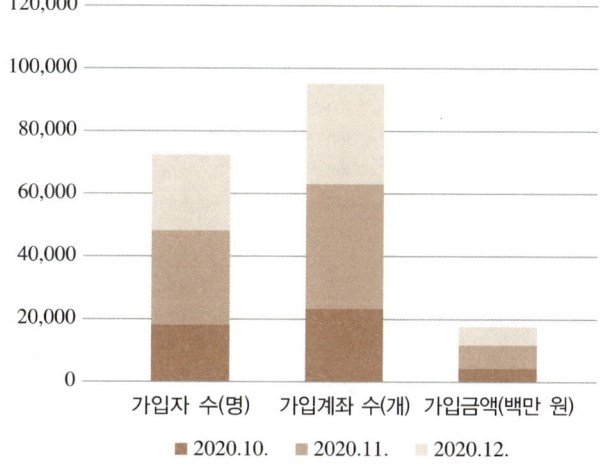

⑤ 2021년 1월 ~ 2021년 3월 동안 적금 가입자 수, 가입계좌 수, 가입금액 현황

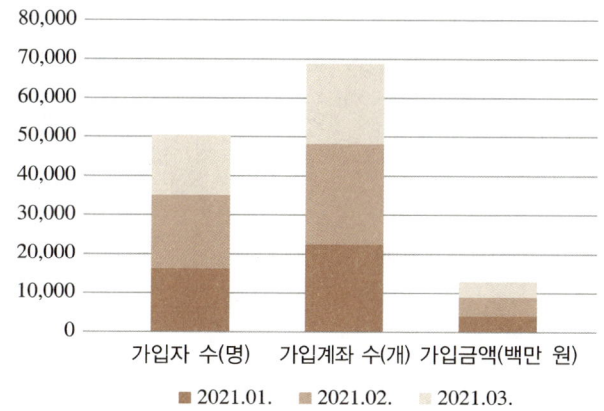

20 다음은 2016년부터 2020년까지 연도별 동물찻길 사고를 나타낸 표이다. 자료를 참고하여 그래프로 나타낸 것으로 적절하지 않은 것은?

〈연도별 동물찻길 사고〉

(단위 : 건)

구분	1월	2월	3월	4월	5월	6월	7월	8월	9월	10월	11월	12월
2016년	94	55	67	224	588	389	142	112	82	156	148	190
2017년	85	55	62	161	475	353	110	80	74	131	149	149
2018년	78	37	61	161	363	273	123	67	69	95	137	165
2019년	57	43	69	151	376	287	148	63	70	135	86	76
2020년	60	40	44	112	332	217	103	66	51	79	79	104

※ 1분기(1 ~ 3월), 2분기(4 ~ 6월), 3분기(7 ~ 9월), 4분기(10 ~ 12월)

① 1 ~ 6월 5개년 합(건)

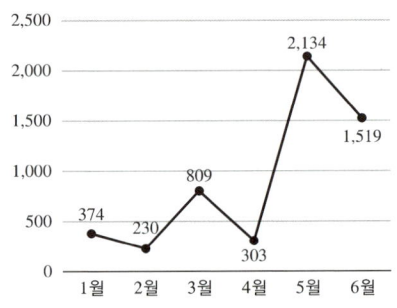

② 7 ~ 12월 5개년 합(건)

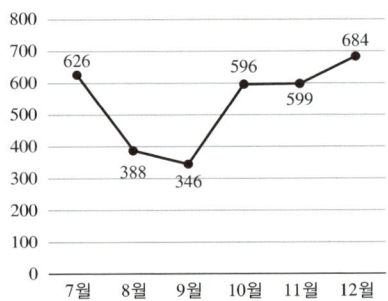

③ 연도별 건수 합(건)

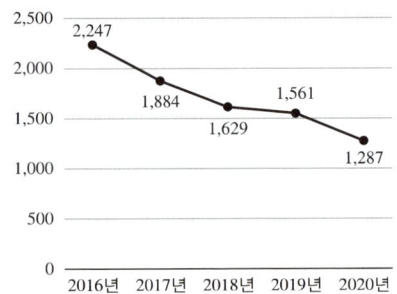

④ 연도별 1분기 합(건)

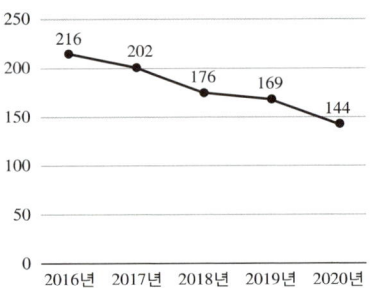

⑤ 연도별 3분기 합(건)

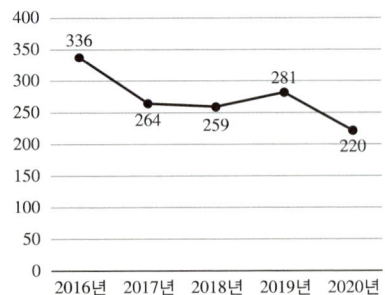

※ 일정한 규칙으로 수를 나열할 때, 빈칸에 들어갈 알맞은 수를 고르시오. **[1~10]**

01

| 61 | 729 | 120 | 243 | 238 | 81 | ( ) | 27 |

① 54　　　　　　　　　② 81
③ 210　　　　　　　　④ 474
⑤ 500

02

| −2 | −0.4 | −2.8 | 0.4 | −3.6 | ( ) |

① −2.1　　　　　　　② −1.3
③ −0.9　　　　　　　④ 1.2
⑤ 0.4

03

| 3.03 | 5.06 | 9.11 | 15.2 | 23.35 | ( ) | 45.91 | 60.36 | 76.96 | … |

① 32.56　　　　　　　② 33.58
③ 34.6　　　　　　　④ 35.62
⑤ 36.64

04

| 2 | −2 | −4 | 12 | 60 | ( ) |

① 300 ② −300
③ 480 ④ −480
⑤ 540

05

| 11 | 19 | 8 | −14 | ( ) | 16 | −3 | 8 | 11 |

① 2 ② 8
③ 12 ④ 18
⑤ 20

06

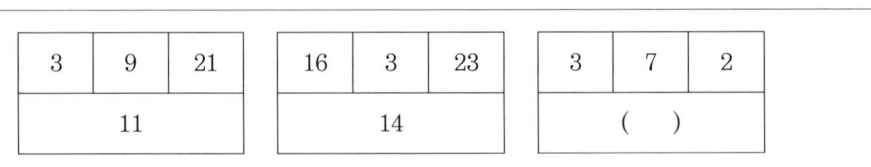

3	9	21		16	3	23		3	7	2
11				14				( )		

① 2 ② 4
③ 6 ④ 8
⑤ 10

07

5	3	3	7
4			4
6			( )
3	8	2	5

① 2   ② 4

③ 8   ④ 16

⑤ 20

08

$$100\frac{50}{99} \quad 81\frac{49}{88} \quad 64\frac{46}{77} \quad 49\frac{41}{66} \quad (\quad) \quad 25\frac{25}{44} \quad 16\frac{14}{33} \quad 9\frac{1}{22}$$

① $36\frac{34}{55}$ ② $36\frac{32}{55}$

③ $36\frac{31}{55}$ ④ $36\frac{30}{55}$

⑤ $36\frac{29}{55}$

09

100.88	121.86	144.82	169.76	196.68	( )	256.46	289.32

① 225.58   ② 225.98

③ 226.38   ④ 226.78

⑤ 227.18

3	9	21
11		

16	3	23
14		

3	7	2
( )		

① 2 ② 4

③ 6 ④ 8

⑤ 10

Hard

11 영수는 아버지와 나이 차이가 25세 난다. 3년 후엔 아버지의 나이가 영수의 2배가 된다고 하면 현재 영수의 나이는?

① 22세 ② 24세

③ 26세 ④ 28세

⑤ 30세

12 집에서 할아버지 댁까지는 총 50km라고 한다. 10km/h의 속력으로 25km를 갔더니 도착하기로 한 시간이 얼마 남지 않아서 15km/h의 속력으로 뛰어가 오후 4시에 할아버지 댁에 도착할 수 있었다. 집에서 나온 시각은 언제인가?

① 오전 11시 50분 ② 낮 12시 10분

③ 낮 12시 50분 ④ 오후 1시 10분

⑤ 오후 1시 50분

13 한 고등학교에서는 성적에 따라 최우수상, 전체 우수상, 반별 우수상을 주고 있다. 최우수상의 상금은 전체 우수상의 3배이고, 반별 우수상의 2배가 전체 우수상의 상금액이다. 최우수상은 1명, 전체 우수상은 4명, 반별 우수상은 6명을 수상하여 총상금이 20만 원일 때, 전체 우수상의 상금은?(단, 상금은 1명이 받는 금액이다)

① 2만 원

② 3만 원

③ 4만 원

④ 5만 원

⑤ 6만 원

14 50원, 100원, 500원짜리 동전으로 900원을 지불하는 방법의 수는?(단, 각 동전은 8개씩 가지고 있다)

① 6가지

② 7가지

③ 8가지

④ 9가지

⑤ 10가지

15 수영장에 오염농도가 5%인 물 20kg이 있다. 이 물에 깨끗한 물을 넣어 오염농도를 1%만큼 줄이려고 한다. 이때 물을 얼마나 넣어야 하는가?

① 3kg

② 4kg

③ 5kg

④ 6kg

⑤ 7kg

16 차량 판매원인 철수는 기본급 80만 원에 차 한 대당 3%의 성과급을 받는다. 월급을 240만 원 이상 받고자 할 때 차 한 대의 금액이 1,200만 원이라면 최소 몇 대를 팔아야 하는가?

① 3대   ② 5대

③ 6대   ④ 8대

⑤ 10대

17 조각 케이크 1조각을 정가로 팔면 3,000원의 이익을 얻는다. 만일, 장사가 되지 않아 정가보다 20%를 할인하여 5개 팔았을 때 순이익과 조각 케이크 1개당 정가에서 2,000원씩 할인하여 4개를 팔았을 때의 매출액이 같다면 이 상품의 정가는 얼마인가?

① 4,000원   ② 4,100원

③ 4,300원   ④ 4,400원

⑤ 4,600원

18 은경이는 A호스로 750mL인 물통에 물을 채우려고 한다. A호스가 1분에 2.5mL의 물이 나올 때, 은경이가 물통을 가득 채울 때까지 걸리는 시간은 몇 분인가?

① 150분   ② 200분

③ 250분   ④ 300분

⑤ 350분

19 고등학생 8명이 래프팅을 하러 여행을 떠났다. 보트는 3명, 5명 두 팀으로 나눠 타기로 했다. 이때 8명 중 반장, 부반장은 서로 다른 팀이 된다고 할 때, 가능한 경우의 수는?(단, 반장과 부반장은 각각 한 명이다)

① 15가지   ② 18가지

③ 30가지   ④ 32가지

⑤ 40가지

20 L회사의 사내 운동회에서 홍보부서와 기획부서가 결승에 진출하였다. 결승에서는 7번 경기 중에서 4번을 먼저 이기는 팀이 우승팀이 된다. 홍보부서와 기획부서의 승률이 각각 $\frac{1}{2}$ 이고 무승부는 없다고 할 때, 홍보부서가 네 번째 또는 다섯 번째 시합에서 결승에 우승할 확률은?

① $\frac{1}{8}$ ② $\frac{5}{6}$

③ $\frac{1}{4}$ ④ $\frac{3}{16}$

⑤ $\frac{7}{8}$

PART 3

인성검사

3 | 인성검사

개인이 업무를 수행하며 능률적인 성과물을 만들기 위해서는 개인의 능력과 경험 그리고 회사의 교육 및 훈련 등이 필요하지만, 개인의 성격이나 성향 역시 중요하다. 여러 직무분석 연구 결과에 따르면 직무에서의 성공과 관련된 특성들 중 최고 70% 이상이 능력보다는 성격과 관련이 있다고 한다. 따라서 최근 기업들은 인성검사의 비중을 높이고 있는 추세다.

현재 기업들은 인성검사를 KIRBS(한국행동과학연구소)나 SHR(에스에이치알) 등의 전문기관에 의뢰해서 시행하고 있다. 전문기관에 따라서 인성검사 방법에 차이가 있고, 보안을 위해서 인성검사를 의뢰한 기업을 공개하지 않을 수 있기 때문에 특정 기업의 인성검사를 정확하게 판단할 수 없지만, 지원자들이 후기에 올린 문제를 통해 인성검사 유형을 예상할 수 있다.

이에 본서는 후기를 바탕으로 LG그룹의 자체 인성검사인 LG Way Fit Test와 인성검사의 수검요령 및 검사 시 유의사항에 대해 간략하게 정리하였다. 또한 LG Way Fit Test 모의연습을 통해 실제 시험유형을 확인할 수 있도록 하였다.

01 | LG Way Fit Test란?

1. LG그룹 인성검사

LG그룹의 모든 계열사는 LG Way Fit Test라는 인성검사를 실시한다. LG Way Fit Test는 LG그룹의 인재상과 적합한 인재인지를 알아보는 한편, 조직 적응력이 어느 정도인지를 평가하는 전형이다. 지원자의 개인 성향이나 인성에 관한 질문으로 구성되어 있으며, 서류합격자에 한하여 계열사별 인성검사만 치르는 곳도 있고, 적성검사와 함께 치르는 곳도 있다.

LG Way Fit Test는 총 300문항으로 40분간 진행된다. 유형은 한 문제당 3개의 문장이 나오며, 자신의 성향과 가까운 정도에 따라 1 ~ 7점을 부여한다(① 매우 그렇지 않다, ② 거의 그렇지 않다, ③ 조금 그렇지 않다, ④ 보통이다, ⑤ 조금 그렇다, ⑥ 거의 그렇다, ⑦ 매우 그렇다). 그리고 3개의 문장에서 자신과 가장 가까운 것과 가장 먼 것에 체크를 한다.

LG Way Fit Test의 특징은 3문항 모두 좋은 내용이 나오거나 나쁜 내용이 나오기 때문에 가치관의 비교를 빠른 시간 안에 계속해야 한다는 것이다. 그렇기 때문에 막연히 좋은 문항은 높은 점수를, 나쁜 문항은 낮은 점수를 매기다 보면 가치관이 불분명해지거나 일관성이 없어 보이며, 채용 담당자에게 안 좋은 영향을 끼치게 된다.

좋은 문항의 예

문항군	응답 1							응답 2	
	전혀 아님	《	보통	》	매우 그러함			멀다	가깝다
A. 나는 일을 할 때 계획을 세워서 시작한다.	①	②	③	④	⑤	⑥	⑦	멸	㟲
B. 나는 사물의 의미를 다시 한 번 생각해 보려고 한다.	①	②	③	④	⑤	⑥	⑦	멸	㟲
C. 사람들과 어울려서 일을 하면 성과물이 더 좋을 것이라 생각한다.	①	②	③	④	⑤	⑥	⑦	멸	㟲

나쁜 문항의 예

문항군	응답 1							응답 2	
	전혀 아님	《	보통	》	매우 그러함			멀다	가깝다
A. 가끔 내가 가진 것을 다 잃어버릴 것 같은 기분이 든다.	①	②	③	④	⑤	⑥	⑦	멸	㟲
B. 나는 가끔 화가 나면 다른 사람들에게 괜히 화를 낸다.	①	②	③	④	⑤	⑥	⑦	멸	㟲
C. 나는 가끔 공허함을 느낀다.	①	②	③	④	⑤	⑥	⑦	멸	㟲

2. 인성검사 시 유의사항

LG Way Fit Test의 결과는 1, 2차 면접 시 참고 자료로 활용되기 때문에 임하기 전에 미리 자신의 성향을 정확히 파악하고 결정해 두면 실제 검사에서는 일관성 있게 대답할 수 있다.

예를 들어 대인관계와 근면 · 성실 7점, 리더십 · 창의력 · 신뢰 6점, 추진력 · 결정력 5점, 소극적 · 성급함 · 우유부단 3점, 무책임 · 비관적 · 산만함 2점, 폭력성 · 자학성 1점 등과 같이 자신의 가치관을 그룹별로 나눠 점수를 매기고 우열을 가려둔다면 어느 정도 일관성 있게 답변할 수 있을 것이다.

※ 인성검사는 정답이 따로 없는 유형의 검사이므로 결과지를 제공하지 않습니다.

다음 문항을 읽고, 자신의 성향과 가까운 정도에 따라 1 ~ 7점을 부여한다(① 매우 그렇지 않다, ② 거의 그렇지 않다, ③ 조금 그렇지 않다, ④ 보통이다, ⑤ 조금 그렇다, ⑥ 거의 그렇다, ⑦ 매우 그렇다). 그리고 3개의 문장에서 자신과 가장 가까운 것과 가장 먼 것에 체크하시오.

문항군	응답 1							응답 2	
	전혀 아님	《	보통	》		매우 그러함		멀다	가깝다
A. 나는 팀원들과 함께 일하는 것을 좋아한다.	①	❷	③	④	⑤	⑥	⑦	●	㉮
B. 나는 새로운 방법을 시도하는 것을 선호한다.	①	②	③	④	❺	⑥	⑦	멀	㉮
C. 나는 수리적인 자료들을 제시하여 결론을 도출한다.	①	②	③	④	⑤	⑥	❼	멀	●

※ 다음 문항을 읽고, 자신의 성향과 가까운 정도에 따라 1 ~ 7점을 부여한다(① 매우 그렇지 않다, ② 거의 그렇지 않다, ③ 조금 그렇지 않다, ④ 보통이다, ⑤ 조금 그렇다, ⑥ 거의 그렇다, ⑦ 매우 그렇다). 그리고 3개의 문장에서 자신과 가장 가까운 것과 가장 먼 것에 체크하시오. [1~85]

01

문항군	응답 1							응답 2	
	전혀 아님	《	보통	》		매우 그러함		멀다	가깝다
A. 사물을 신중하게 생각하는 편이라고 생각한다.	①	②	③	④	⑤	⑥	⑦	멀	㉮
B. 포기하지 않고 노력하는 것이 중요하다.	①	②	③	④	⑤	⑥	⑦	멀	㉮
C. 자신의 권리를 주장하는 편이다.	①	②	③	④	⑤	⑥	⑦	멀	㉮

02

문항군	응답 1							응답 2	
	전혀 아님	《	보통	》		매우 그러함		멀다	가깝다
A. 노력의 여하보다 결과가 중요하다.	①	②	③	④	⑤	⑥	⑦	멀	㉮
B. 자기주장이 강하다.	①	②	③	④	⑤	⑥	⑦	멀	㉮
C. 어떠한 일이 있어도 출세하고 싶다.	①	②	③	④	⑤	⑥	⑦	멀	㉮

03

문항군	응답 1							응답 2	
	전혀 아님	《	보통	》		매우 그러함		멀다	가깝다
A. 다른 사람의 일에 관심이 없다.	①	②	③	④	⑤	⑥	⑦	멀	㉮
B. 때로는 후회할 때도 있다.	①	②	③	④	⑤	⑥	⑦	멀	㉮
C. 진정으로 마음을 허락할 수 있는 사람은 없다.	①	②	③	④	⑤	⑥	⑦	멀	㉮

04

문항군	응답 1							응답 2	
	전혀 아님	《	보통	》	매우 그러함			멀다	가깝다
A. 한번 시작한 일은 반드시 끝을 맺는다.	①	②	③	④	⑤	⑥	⑦	멀	가
B. 다른 사람들이 하지 못하는 일을 하고 싶다.	①	②	③	④	⑤	⑥	⑦	멀	가
C. 좋은 생각이 떠올라도 실행하기 전에 여러모로 검토한다.	①	②	③	④	⑤	⑥	⑦	멀	가

05

문항군	응답 1							응답 2	
	전혀 아님	《	보통	》	매우 그러함			멀다	가깝다
A. 다른 사람에게 항상 움직이고 있다는 말을 듣는다.	①	②	③	④	⑤	⑥	⑦	멀	가
B. 옆에 사람이 있으면 싫다.	①	②	③	④	⑤	⑥	⑦	멀	가
C. 친구들과 남의 이야기를 하는 것을 좋아한다.	①	②	③	④	⑤	⑥	⑦	멀	가

06

문항군	응답 1							응답 2	
	전혀 아님	《	보통	》	매우 그러함			멀다	가깝다
A. 모두가 싫증을 내는 일에도 혼자서 열심히 한다.	①	②	③	④	⑤	⑥	⑦	멀	가
B. 완성된 것보다 미완성인 것에 흥미가 있다.	①	②	③	④	⑤	⑥	⑦	멀	가
C. 능력을 살릴 수 있는 일을 하고 싶다.	①	②	③	④	⑤	⑥	⑦	멀	가

07

문항군	응답 1							응답 2	
	전혀 아님	《	보통	》	매우 그러함			멀다	가깝다
A. 번화한 곳에 외출하는 것을 좋아한다.	①	②	③	④	⑤	⑥	⑦	멀	가
B. 다른 사람에게 자신이 소개되는 것을 좋아한다.	①	②	③	④	⑤	⑥	⑦	멀	가
C. 다른 사람보다 쉽게 우쭐해진다.	①	②	③	④	⑤	⑥	⑦	멀	가

08

문항군	응답 1							응답 2	
	전혀 아님	《	보통	》	매우 그러함			멀다	가깝다
A. 다른 사람의 감정에 민감하다.	①	②	③	④	⑤	⑥	⑦	멀	가
B. 다른 사람들이 나에게 남을 배려하는 마음씨가 있다는 말을 한다.	①	②	③	④	⑤	⑥	⑦	멀	가
C. 사소한 일로 우는 일이 많다.	①	②	③	④	⑤	⑥	⑦	멀	가

09

문항군	응답 1							응답 2	
	전혀 아님	《	보통	》	매우 그러함			멀다	가깝다
A. 통찰력이 있다고 생각한다.	①	②	③	④	⑤	⑥	⑦	멀	갸
B. 몸으로 부딪혀 도전하는 편이다.	①	②	③	④	⑤	⑥	⑦	멀	갸
C. 감정적으로 될 때가 많다.	①	②	③	④	⑤	⑥	⑦	멀	갸

10

문항군	응답 1							응답 2	
	전혀 아님	《	보통	》	매우 그러함			멀다	가깝다
A. 타인에게 간섭받는 것을 싫어한다.	①	②	③	④	⑤	⑥	⑦	멀	갸
B. 신경이 예민한 편이라고 생각한다.	①	②	③	④	⑤	⑥	⑦	멀	갸
C. 난관에 봉착해도 포기하지 않고 열심히 한다.	①	②	③	④	⑤	⑥	⑦	멀	갸

11

문항군	응답 1							응답 2	
	전혀 아님	《	보통	》	매우 그러함			멀다	가깝다
A. 해야 할 일은 신속하게 처리한다.	①	②	③	④	⑤	⑥	⑦	멀	갸
B. 매사에 느긋하고 차분하다.	①	②	③	④	⑤	⑥	⑦	멀	갸
C. 끙끙거리며 생각할 때가 있다.	①	②	③	④	⑤	⑥	⑦	멀	갸

12

문항군	응답 1							응답 2	
	전혀 아님	《	보통	》	매우 그러함			멀다	가깝다
A. 하나의 취미를 오래 지속하는 편이다.	①	②	③	④	⑤	⑥	⑦	멀	갸
B. 낙천가라고 생각한다.	①	②	③	④	⑤	⑥	⑦	멀	갸
C. 일주일의 예정을 만드는 것을 좋아한다.	①	②	③	④	⑤	⑥	⑦	멀	갸

13

문항군	응답 1							응답 2	
	전혀 아님	《	보통	》	매우 그러함			멀다	가깝다
A. 자신의 의견을 상대에게 잘 주장하지 못한다.	①	②	③	④	⑤	⑥	⑦	멀	갸
B. 좀처럼 결단하지 못하는 경우가 있다.	①	②	③	④	⑤	⑥	⑦	멀	갸
C. 행동으로 옮기기까지 시간이 걸린다.	①	②	③	④	⑤	⑥	⑦	멀	갸

14

문항군	응답 1							응답 2	
	전혀 아님	≪	보통	≫	매우 그러함			멀다	가깝다
A. 돌다리도 두드리며 건너는 타입이라고 생각한다.	①	②	③	④	⑤	⑥	⑦	멀	가
B. 굳이 말하자면 시원시원하다.	①	②	③	④	⑤	⑥	⑦	멀	가
C. 토론에서 이길 자신이 있다.	①	②	③	④	⑤	⑥	⑦	멀	가

15

문항군	응답 1							응답 2	
	전혀 아님	≪	보통	≫	매우 그러함			멀다	가깝다
A. 쉽게 침울해진다.	①	②	③	④	⑤	⑥	⑦	멀	가
B. 쉽게 싫증을 내는 편이다.	①	②	③	④	⑤	⑥	⑦	멀	가
C. 도덕 / 윤리를 중시한다.	①	②	③	④	⑤	⑥	⑦	멀	가

16

문항군	응답 1							응답 2	
	전혀 아님	≪	보통	≫	매우 그러함			멀다	가깝다
A. 매사에 신중한 편이라고 생각한다.	①	②	③	④	⑤	⑥	⑦	멀	가
B. 실행하기 전에 재확인할 때가 많다.	①	②	③	④	⑤	⑥	⑦	멀	가
C. 반대에 부딪혀도 자신의 의견을 바꾸는 일은 없다.	①	②	③	④	⑤	⑥	⑦	멀	가

17

문항군	응답 1							응답 2	
	전혀 아님	≪	보통	≫	매우 그러함			멀다	가깝다
A. 전망을 세우고 행동할 때가 많다.	①	②	③	④	⑤	⑥	⑦	멀	가
B. 일에는 결과가 중요하다고 생각한다.	①	②	③	④	⑤	⑥	⑦	멀	가
C. 다른 사람으로부터 지적받는 것은 싫다.	①	②	③	④	⑤	⑥	⑦	멀	가

18

문항군	응답 1							응답 2	
	전혀 아님	≪	보통	≫	매우 그러함			멀다	가깝다
A. 다른 사람에게 위해를 가할 것 같은 기분이 들 때가 있다.	①	②	③	④	⑤	⑥	⑦	멀	가
B. 인간관계가 폐쇄적이라는 말을 듣는다.	①	②	③	④	⑤	⑥	⑦	멀	가
C. 친구들로부터 줏대 없는 사람이라는 말을 듣는다.	①	②	③	④	⑤	⑥	⑦	멀	가

19

문항군	응답 1							응답 2	
	전혀 아님	≪	보통	≫	매우 그러함			멀다	가깝다
A. 누구와도 편하게 이야기할 수 있다.	①	②	③	④	⑤	⑥	⑦	멀	가
B. 다른 사람을 싫어한 적은 한 번도 없다.	①	②	③	④	⑤	⑥	⑦	멀	가
C. 리더로서 인정을 받고 싶다.	①	②	③	④	⑤	⑥	⑦	멀	가

20

문항군	응답 1							응답 2	
	전혀 아님	≪	보통	≫	매우 그러함			멀다	가깝다
A. 기다리는 것에 짜증 내는 편이다.	①	②	③	④	⑤	⑥	⑦	멀	가
B. 지루하면 마구 떠들고 싶어진다.	①	②	③	④	⑤	⑥	⑦	멀	가
C. 남과 친해지려면 용기가 필요하다.	①	②	③	④	⑤	⑥	⑦	멀	가

21

문항군	응답 1							응답 2	
	전혀 아님	≪	보통	≫	매우 그러함			멀다	가깝다
A. 사물을 과장해서 말한 적은 없다.	①	②	③	④	⑤	⑥	⑦	멀	가
B. 항상 천재지변을 당하지 않을까 걱정하고 있다.	①	②	③	④	⑤	⑥	⑦	멀	가
C. 어떤 일이 있어도 의욕을 가지고 열심히 하는 편이다.	①	②	③	④	⑤	⑥	⑦	멀	가

22

문항군	응답 1							응답 2	
	전혀 아님	≪	보통	≫	매우 그러함			멀다	가깝다
A. 그룹 내에서는 누군가의 주도하에 따라가는 경우가 많다.	①	②	③	④	⑤	⑥	⑦	멀	가
B. 내성적이라고 생각한다.	①	②	③	④	⑤	⑥	⑦	멀	가
C. 모르는 사람과 이야기하는 것은 용기가 필요하다.	①	②	③	④	⑤	⑥	⑦	멀	가

23

문항군	응답 1							응답 2	
	전혀 아님	≪	보통	≫	매우 그러함			멀다	가깝다
A. 집에서 가만히 있으면 기분이 우울해진다.	①	②	③	④	⑤	⑥	⑦	멀	가
B. 당황하면 갑자기 땀이 나서 신경 쓰일 때가 있다.	①	②	③	④	⑤	⑥	⑦	멀	가
C. 차분하다는 말을 듣는다.	①	②	③	④	⑤	⑥	⑦	멀	가

24

문항군	응답 1							응답 2	
	전혀 아님	≪	보통	≫	매우 그러함			멀다	가깝다
A. 어색해지면 입을 다무는 경우가 많다.	①	②	③	④	⑤	⑥	⑦	멀	갸
B. 융통성이 없는 편이다.	①	②	③	④	⑤	⑥	⑦	멀	갸
C. 이유도 없이 화가 치밀 때가 있다.	①	②	③	④	⑤	⑥	⑦	멀	갸

25

문항군	응답 1							응답 2	
	전혀 아님	≪	보통	≫	매우 그러함			멀다	가깝다
A. 자질구레한 걱정이 많다.	①	②	③	④	⑤	⑥	⑦	멀	갸
B. 다른 사람을 의심한 적이 한 번도 없다.	①	②	③	④	⑤	⑥	⑦	멀	갸
C. 지금까지 후회를 한 적이 없다.	①	②	③	④	⑤	⑥	⑦	멀	갸

26

문항군	응답 1							응답 2	
	전혀 아님	≪	보통	≫	매우 그러함			멀다	가깝다
A. 무슨 일이든 자신을 가지고 행동한다.	①	②	③	④	⑤	⑥	⑦	멀	갸
B. 자주 깊은 생각에 잠긴다.	①	②	③	④	⑤	⑥	⑦	멀	갸
C. 가만히 있지 못할 정도로 불안해질 때가 많다.	①	②	③	④	⑤	⑥	⑦	멀	갸

27

문항군	응답 1							응답 2	
	전혀 아님	≪	보통	≫	매우 그러함			멀다	가깝다
A. 스포츠 선수가 되고 싶다고 생각한 적이 있다.	①	②	③	④	⑤	⑥	⑦	멀	갸
B. 유명인과 서로 아는 사람이 되고 싶다.	①	②	③	④	⑤	⑥	⑦	멀	갸
C. 연예인에 대해 동경한 적이 없다.	①	②	③	④	⑤	⑥	⑦	멀	갸

28

문항군	응답 1							응답 2	
	전혀 아님	≪	보통	≫	매우 그러함			멀다	가깝다
A. 휴일은 세부적인 예정을 세우고 보낸다.	①	②	③	④	⑤	⑥	⑦	멀	갸
B. 잘하지 못하는 것이라도 자진해서 한다.	①	②	③	④	⑤	⑥	⑦	멀	갸
C. 이유도 없이 다른 사람과 부딪힐 때가 있다.	①	②	③	④	⑤	⑥	⑦	멀	갸

29

문항군	응답 1							응답 2	
	전혀 아님	≪	보통	≫	매우 그러함			멀다	가깝다
A. 타인의 일에는 별로 관여하고 싶지 않다고 생각한다.	①	②	③	④	⑤	⑥	⑦	멀	갸
B. 의견이 다른 사람과는 어울리지 않는다.	①	②	③	④	⑤	⑥	⑦	멀	갸
C. 주위의 영향을 받기 쉽다.	①	②	③	④	⑤	⑥	⑦	멀	갸

30

문항군	응답 1							응답 2	
	전혀 아님	≪	보통	≫	매우 그러함			멀다	가깝다
A. 지인을 발견해도 만나고 싶지 않을 때가 많다.	①	②	③	④	⑤	⑥	⑦	멀	갸
B. 굳이 말하자면 자의식 과잉이다.	①	②	③	④	⑤	⑥	⑦	멀	갸
C. 몸을 움직이는 것을 좋아한다.	①	②	③	④	⑤	⑥	⑦	멀	갸

31

문항군	응답 1							응답 2	
	전혀 아님	≪	보통	≫	매우 그러함			멀다	가깝다
A. 무슨 일이든 생각해 보지 않으면 만족하지 못한다.	①	②	③	④	⑤	⑥	⑦	멀	갸
B. 다수의 반대가 있더라도 자신의 생각대로 행동한다.	①	②	③	④	⑤	⑥	⑦	멀	갸
C. 지금까지 다른 사람의 마음에 상처준 일이 없다.	①	②	③	④	⑤	⑥	⑦	멀	갸

32

문항군	응답 1							응답 2	
	전혀 아님	≪	보통	≫	매우 그러함			멀다	가깝다
A. 실행하기 전에 재고하는 경우가 많다.	①	②	③	④	⑤	⑥	⑦	멀	갸
B. 완고한 편이라고 생각한다.	①	②	③	④	⑤	⑥	⑦	멀	갸
C. 작은 소리도 신경 쓰인다.	①	②	③	④	⑤	⑥	⑦	멀	갸

33

문항군	응답 1							응답 2	
	전혀 아님	≪	보통	≫	매우 그러함			멀다	가깝다
A. 다소 무리를 하더라도 피로해지지 않는다.	①	②	③	④	⑤	⑥	⑦	멀	갸
B. 다른 사람보다 고집이 세다.	①	②	③	④	⑤	⑥	⑦	멀	갸
C. 성격이 밝다는 말을 듣는다.	①	②	③	④	⑤	⑥	⑦	멀	갸

34

문항군	응답 1							응답 2	
	전혀 아님	《	보통	》	매우 그러함			멀다	가깝다
A. 다른 사람이 부럽다고 생각한 적이 한 번도 없다.	①	②	③	④	⑤	⑥	⑦	멀	갑
B. 자신의 페이스를 잃지 않는다.	①	②	③	④	⑤	⑥	⑦	멀	갑
C. 굳이 말하면 이상주의자다.	①	②	③	④	⑤	⑥	⑦	멀	갑

35

문항군	응답 1							응답 2	
	전혀 아님	《	보통	》	매우 그러함			멀다	가깝다
A. 가능성에 눈을 돌린다.	①	②	③	④	⑤	⑥	⑦	멀	갑
B. 튀는 것을 싫어한다.	①	②	③	④	⑤	⑥	⑦	멀	갑
C. 방법이 정해진 일은 안심할 수 있다.	①	②	③	④	⑤	⑥	⑦	멀	갑

36

문항군	응답 1							응답 2	
	전혀 아님	《	보통	》	매우 그러함			멀다	가깝다
A. 매사에 감정적으로 생각한다.	①	②	③	④	⑤	⑥	⑦	멀	갑
B. 스케줄을 짜고 행동하는 편이다.	①	②	③	④	⑤	⑥	⑦	멀	갑
C. 지나치게 합리적으로 결론짓는 것은 좋지 않다.	①	②	③	④	⑤	⑥	⑦	멀	갑

37

문항군	응답 1							응답 2	
	전혀 아님	《	보통	》	매우 그러함			멀다	가깝다
A. 다른 사람의 의견에 귀를 기울인다.	①	②	③	④	⑤	⑥	⑦	멀	갑
B. 사람들 앞에 잘 나서지 못한다.	①	②	③	④	⑤	⑥	⑦	멀	갑
C. 임기응변에 능하다.	①	②	③	④	⑤	⑥	⑦	멀	갑

38

문항군	응답 1							응답 2	
	전혀 아님	《	보통	》	매우 그러함			멀다	가깝다
A. 꿈을 가진 사람에게 끌린다.	①	②	③	④	⑤	⑥	⑦	멀	갑
B. 직감적으로 판단한다.	①	②	③	④	⑤	⑥	⑦	멀	갑
C. 틀에 박힌 일은 싫다.	①	②	③	④	⑤	⑥	⑦	멀	갑

39

문항군	응답 1							응답 2	
	전혀 아님	<<	보통	>>	매우 그러함			멀다	가깝다
A. 친구가 돈을 빌려달라고 하면 거절하지 못한다.	①	②	③	④	⑤	⑥	⑦	멀	가
B. 어려움에 처한 사람을 보면 원인을 생각한다.	①	②	③	④	⑤	⑥	⑦	멀	가
C. 매사에 이론적으로 생각한다.	①	②	③	④	⑤	⑥	⑦	멀	가

40

문항군	응답 1							응답 2	
	전혀 아님	<<	보통	>>	매우 그러함			멀다	가깝다
A. 혼자 꾸준히 하는 것을 좋아한다.	①	②	③	④	⑤	⑥	⑦	멀	가
B. 튀는 것을 좋아한다.	①	②	③	④	⑤	⑥	⑦	멀	가
C. 굳이 말하자면 보수적이라 생각한다.	①	②	③	④	⑤	⑥	⑦	멀	가

41

문항군	응답 1							응답 2	
	전혀 아님	<<	보통	>>	매우 그러함			멀다	가깝다
A. 다른 사람과 만났을 때 화제에 부족함이 없다.	①	②	③	④	⑤	⑥	⑦	멀	가
B. 그때그때의 기분으로 행동하는 경우가 많다.	①	②	③	④	⑤	⑥	⑦	멀	가
C. 현실적인 사람에게 끌린다.	①	②	③	④	⑤	⑥	⑦	멀	가

42

문항군	응답 1							응답 2	
	전혀 아님	<<	보통	>>	매우 그러함			멀다	가깝다
A. 병이 아닌지 걱정이 들 때가 있다.	①	②	③	④	⑤	⑥	⑦	멀	가
B. 자의식 과잉이라는 생각이 들 때가 있다.	①	②	③	④	⑤	⑥	⑦	멀	가
C. 막무가내라는 말을 들을 때가 많다.	①	②	③	④	⑤	⑥	⑦	멀	가

43

문항군	응답 1							응답 2	
	전혀 아님	<<	보통	>>	매우 그러함			멀다	가깝다
A. 푸념을 한 적이 없다.	①	②	③	④	⑤	⑥	⑦	멀	가
B. 수다를 좋아한다.	①	②	③	④	⑤	⑥	⑦	멀	가
C. 부모에게 불평을 한 적이 한 번도 없다.	①	②	③	④	⑤	⑥	⑦	멀	가

44

문항군	응답 1							응답 2	
	전혀 아님	《	보통	》	매우 그러함			멀다	가깝다
A. 친구들이 나를 진지한 사람으로 생각하고 있다.	①	②	③	④	⑤	⑥	⑦	멀	갑
B. 엉뚱한 생각을 잘한다.	①	②	③	④	⑤	⑥	⑦	멀	갑
C. 이성적인 사람이라는 말을 듣고 싶다.	①	②	③	④	⑤	⑥	⑦	멀	갑

45

문항군	응답 1							응답 2	
	전혀 아님	《	보통	》	매우 그러함			멀다	가깝다
A. 예정에 얽매이는 것을 싫어한다.	①	②	③	④	⑤	⑥	⑦	멀	갑
B. 굳이 말하자면 장거리주자에 어울린다고 생각한다.	①	②	③	④	⑤	⑥	⑦	멀	갑
C. 여행을 가기 전에는 세세한 계획을 세운다.	①	②	③	④	⑤	⑥	⑦	멀	갑

46

문항군	응답 1							응답 2	
	전혀 아님	《	보통	》	매우 그러함			멀다	가깝다
A. 굳이 말하자면 기가 센 편이다.	①	②	③	④	⑤	⑥	⑦	멀	갑
B. 신중하게 생각하는 편이다.	①	②	③	④	⑤	⑥	⑦	멀	갑
C. 계획을 생각하기보다는 빨리 실행하고 싶어 한다.	①	②	③	④	⑤	⑥	⑦	멀	갑

47

문항군	응답 1							응답 2	
	전혀 아님	《	보통	》	매우 그러함			멀다	가깝다
A. 자신을 쓸모없는 인간이라고 생각할 때가 있다.	①	②	③	④	⑤	⑥	⑦	멀	갑
B. 아는 사람을 발견해도 피해버릴 때가 있다.	①	②	③	④	⑤	⑥	⑦	멀	갑
C. 앞으로의 일을 생각하지 않으면 진정이 되지 않는다.	①	②	③	④	⑤	⑥	⑦	멀	갑

48

문항군	응답 1							응답 2	
	전혀 아님	《	보통	》	매우 그러함			멀다	가깝다
A. 격렬한 운동도 그다지 힘들어하지 않는다.	①	②	③	④	⑤	⑥	⑦	멀	갑
B. 무슨 일이든 먼저 해야 이긴다고 생각한다.	①	②	③	④	⑤	⑥	⑦	멀	갑
C. 예정이 없는 상태를 싫어한다.	①	②	③	④	⑤	⑥	⑦	멀	갑

49

문항군	응답 1							응답 2	
	전혀 아님	≪	보통	≫	매우 그러함			멀다	가깝다
A. 잘하지 못하는 게임은 하지 않으려고 한다.	①	②	③	④	⑤	⑥	⑦	멀	갑
B. 다른 사람에게 의존적이 될 때가 많다.	①	②	③	④	⑤	⑥	⑦	멀	갑
C. 대인관계가 귀찮다고 느낄 때가 있다.	①	②	③	④	⑤	⑥	⑦	멀	갑

50

문항군	응답 1							응답 2	
	전혀 아님	≪	보통	≫	매우 그러함			멀다	가깝다
A. 장래의 일을 생각하면 불안해질 때가 있다.	①	②	③	④	⑤	⑥	⑦	멀	갑
B. 가만히 있지 못할 정도로 침착하지 못할 때가 있다.	①	②	③	④	⑤	⑥	⑦	멀	갑
C. 침울해지면 아무것도 손에 잡히지 않는다.	①	②	③	④	⑤	⑥	⑦	멀	갑

51

문항군	응답 1							응답 2	
	전혀 아님	≪	보통	≫	매우 그러함			멀다	가깝다
A. 새로운 일에 처음 한 발을 좀처럼 떼지 못한다.	①	②	③	④	⑤	⑥	⑦	멀	갑
B. 다른 사람이 나를 어떻게 생각하는지 궁금할 때가 많다.	①	②	③	④	⑤	⑥	⑦	멀	갑
C. 미리 행동을 정해두는 경우가 많다.	①	②	③	④	⑤	⑥	⑦	멀	갑

52

문항군	응답 1							응답 2	
	전혀 아님	≪	보통	≫	매우 그러함			멀다	가깝다
A. 혼자 생각하는 것을 좋아한다.	①	②	③	④	⑤	⑥	⑦	멀	갑
B. 다른 사람과 대화하는 것을 좋아한다.	①	②	③	④	⑤	⑥	⑦	멀	갑
C. 하루의 행동을 반성하는 경우가 많다.	①	②	③	④	⑤	⑥	⑦	멀	갑

53

문항군	응답 1							응답 2	
	전혀 아님	≪	보통	≫	매우 그러함			멀다	가깝다
A. 어린 시절로 돌아가고 싶을 때가 있다.	①	②	③	④	⑤	⑥	⑦	멀	갑
B. 인생에서 중요한 것은 높은 목표를 갖는 것이다.	①	②	③	④	⑤	⑥	⑦	멀	갑
C. 커다란 일을 해보고 싶다.	①	②	③	④	⑤	⑥	⑦	멀	갑

54

문항군	응답 1							응답 2	
	전혀 아님	≪	보통	≫	매우 그러함			멀다	가깝다
A. 작은 일에 신경 쓰지 않는다.	①	②	③	④	⑤	⑥	⑦	멀	가
B. 동작이 기민한 편이다.	①	②	③	④	⑤	⑥	⑦	멀	가
C. 소외감을 느낄 때가 있다.	①	②	③	④	⑤	⑥	⑦	멀	가

55

문항군	응답 1							응답 2	
	전혀 아님	≪	보통	≫	매우 그러함			멀다	가깝다
A. 혼자 여행을 떠나고 싶을 때가 자주 있다.	①	②	③	④	⑤	⑥	⑦	멀	가
B. 눈을 뜨면 바로 일어난다.	①	②	③	④	⑤	⑥	⑦	멀	가
C. 항상 활력이 있다.	①	②	③	④	⑤	⑥	⑦	멀	가

56

문항군	응답 1							응답 2	
	전혀 아님	≪	보통	≫	매우 그러함			멀다	가깝다
A. 싸움을 한 적이 없다.	①	②	③	④	⑤	⑥	⑦	멀	가
B. 끈기가 강하다.	①	②	③	④	⑤	⑥	⑦	멀	가
C. 변화를 즐긴다.	①	②	③	④	⑤	⑥	⑦	멀	가

57

문항군	응답 1							응답 2	
	전혀 아님	≪	보통	≫	매우 그러함			멀다	가깝다
A. 굳이 말하자면 혁신적이라고 생각한다.	①	②	③	④	⑤	⑥	⑦	멀	가
B. 사람들 앞에 나서는 데 어려움이 없다.	①	②	③	④	⑤	⑥	⑦	멀	가
C. 스케줄을 짜지 않고 행동하는 편이다.	①	②	③	④	⑤	⑥	⑦	멀	가

58

문항군	응답 1							응답 2	
	전혀 아님	≪	보통	≫	매우 그러함			멀다	가깝다
A. 학구적이라는 인상을 주고 싶다.	①	②	③	④	⑤	⑥	⑦	멀	가
B. 조직 안에서는 우등생 타입이라고 생각한다.	①	②	③	④	⑤	⑥	⑦	멀	가
C. 이성적인 사람 밑에서 일하고 싶다.	①	②	③	④	⑤	⑥	⑦	멀	가

PART 3

59

문항군	응답 1							응답 2	
	전혀 아님	<<	보통	>>	매우 그러함			멀다	가깝다
A. 정해진 절차에 따르는 것을 싫어한다.	①	②	③	④	⑤	⑥	⑦	멀	갸
B. 경험으로 판단한다.	①	②	③	④	⑤	⑥	⑦	멀	갸
C. 틀에 박힌 일을 싫어한다.	①	②	③	④	⑤	⑥	⑦	멀	갸

60

문항군	응답 1							응답 2	
	전혀 아님	<<	보통	>>	매우 그러함			멀다	가깝다
A. 무언가에 흥미를 느끼는 데 오래 걸린다.	①	②	③	④	⑤	⑥	⑦	멀	갸
B. 시간을 정확히 지키는 편이다.	①	②	③	④	⑤	⑥	⑦	멀	갸
C. 융통성이 있다.	①	②	③	④	⑤	⑥	⑦	멀	갸

61

문항군	응답 1							응답 2	
	전혀 아님	<<	보통	>>	매우 그러함			멀다	가깝다
A. 이야기하는 것을 좋아한다.	①	②	③	④	⑤	⑥	⑦	멀	갸
B. 회합에서는 소개를 받는 편이다.	①	②	③	④	⑤	⑥	⑦	멀	갸
C. 자신의 의견을 밀어붙인다.	①	②	③	④	⑤	⑥	⑦	멀	갸

62

문항군	응답 1							응답 2	
	전혀 아님	<<	보통	>>	매우 그러함			멀다	가깝다
A. 현실적이라는 이야기를 듣는다.	①	②	③	④	⑤	⑥	⑦	멀	갸
B. 계획적인 행동을 중요하게 여긴다.	①	②	③	④	⑤	⑥	⑦	멀	갸
C. 창의적인 일을 좋아한다.	①	②	③	④	⑤	⑥	⑦	멀	갸

63

문항군	응답 1							응답 2	
	전혀 아님	<<	보통	>>	매우 그러함			멀다	가깝다
A. 회합에서는 소개를 하는 편이다.	①	②	③	④	⑤	⑥	⑦	멀	갸
B. 조직 안에서는 독자적으로 움직이는 편이다.	①	②	③	④	⑤	⑥	⑦	멀	갸
C. 정해진 절차가 바뀌는 것을 싫어한다.	①	②	③	④	⑤	⑥	⑦	멀	갸

64

문항군	응답 1							응답 2	
	전혀 아님	‹‹	보통	››	매우 그러함			멀다	가깝다
A. 일을 선택할 때에는 인간관계를 중시한다.	①	②	③	④	⑤	⑥	⑦	멀	㉮
B. 굳이 말하자면 현실주의자이다.	①	②	③	④	⑤	⑥	⑦	멀	㉮
C. 지나치게 온정을 표시하는 것은 좋지 않다고 생각한다.	①	②	③	④	⑤	⑥	⑦	멀	㉮

65

문항군	응답 1							응답 2	
	전혀 아님	‹‹	보통	››	매우 그러함			멀다	가깝다
A. 상상력이 있다는 말을 듣는다.	①	②	③	④	⑤	⑥	⑦	멀	㉮
B. 틀에 박힌 일은 너무 딱딱해서 싫다.	①	②	③	④	⑤	⑥	⑦	멀	㉮
C. 다른 사람이 나를 어떻게 생각하는지 신경 쓰인다.	①	②	③	④	⑤	⑥	⑦	멀	㉮

66

문항군	응답 1							응답 2	
	전혀 아님	‹‹	보통	››	매우 그러함			멀다	가깝다
A. 사람들 앞에서 잘 이야기하지 못한다.	①	②	③	④	⑤	⑥	⑦	멀	㉮
B. 친절한 사람이라는 말을 듣고 싶다.	①	②	③	④	⑤	⑥	⑦	멀	㉮
C. 일을 선택할 때에는 일의 보람을 중시한다.	①	②	③	④	⑤	⑥	⑦	멀	㉮

67

문항군	응답 1							응답 2	
	전혀 아님	‹‹	보통	››	매우 그러함			멀다	가깝다
A. 뉴스보다 신문을 많이 본다.	①	②	③	④	⑤	⑥	⑦	멀	㉮
B. 시간을 분 단위로 나눠 쓴다.	①	②	③	④	⑤	⑥	⑦	멀	㉮
C. 아이디어 회의 중 모든 의견은 존중되어야 한다.	①	②	③	④	⑤	⑥	⑦	멀	㉮

68

문항군	응답 1							응답 2	
	전혀 아님	‹‹	보통	››	매우 그러함			멀다	가깝다
A. 주위 사람에게 인사하는 것이 귀찮다.	①	②	③	④	⑤	⑥	⑦	멀	㉮
B. 남의 의견을 절대 참고하지 않는다.	①	②	③	④	⑤	⑥	⑦	멀	㉮
C. 남의 말을 호의적으로 받아들인다.	①	②	③	④	⑤	⑥	⑦	멀	㉮

69

문항군	응답 1							응답 2	
	전혀 아님	《	보통	》	매우 그러함			멀다	가깝다
A. 광고를 보면 그 물건을 사고 싶다.	①	②	③	④	⑤	⑥	⑦	멀	갭
B. 컨디션에 따라 기분이 잘 변한다.	①	②	③	④	⑤	⑥	⑦	멀	갭
C. 많은 사람 앞에서 말하는 것이 서툴다.	①	②	③	④	⑤	⑥	⑦	멀	갭

70

문항군	응답 1							응답 2	
	전혀 아님	《	보통	》	매우 그러함			멀다	가깝다
A. 열등감으로 자주 고민한다.	①	②	③	④	⑤	⑥	⑦	멀	갭
B. 부모님에게 불만을 느낀다.	①	②	③	④	⑤	⑥	⑦	멀	갭
C. 칭찬도 나쁘게 받아들이는 편이다.	①	②	③	④	⑤	⑥	⑦	멀	갭

71

문항군	응답 1							응답 2	
	전혀 아님	《	보통	》	매우 그러함			멀다	가깝다
A. 친구 말을 듣는 편이다.	①	②	③	④	⑤	⑥	⑦	멀	갭
B. 자신의 입장을 잊어버릴 때가 있다.	①	②	③	④	⑤	⑥	⑦	멀	갭
C. 실패해도 또다시 도전한다.	①	②	③	④	⑤	⑥	⑦	멀	갭

72

문항군	응답 1							응답 2	
	전혀 아님	《	보통	》	매우 그러함			멀다	가깝다
A. 휴식 시간에도 일하고 싶다.	①	②	③	④	⑤	⑥	⑦	멀	갭
B. 여간해서 흥분하지 않는 편이다.	①	②	③	④	⑤	⑥	⑦	멀	갭
C. 혼자 지내는 시간이 즐겁다.	①	②	③	④	⑤	⑥	⑦	멀	갭

73

문항군	응답 1							응답 2	
	전혀 아님	《	보통	》	매우 그러함			멀다	가깝다
A. 손재주는 비교적 있는 편이다.	①	②	③	④	⑤	⑥	⑦	멀	갭
B. 계산에 밝은 사람은 꺼려진다.	①	②	③	④	⑤	⑥	⑦	멀	갭
C. 공상이나 상상을 많이 하는 편이다.	①	②	③	④	⑤	⑥	⑦	멀	갭

74

문항군	응답 1							응답 2	
	전혀 아님	<<	보통	>>	매우 그러함			멀다	가깝다
A. 창조적인 일을 하고 싶다.	①	②	③	④	⑤	⑥	⑦	멀	가
B. 규칙적인 것이 싫다.	①	②	③	④	⑤	⑥	⑦	멀	가
C. 남을 지배하는 사람이 되고 싶다.	①	②	③	④	⑤	⑥	⑦	멀	가

75

문항군	응답 1							응답 2	
	전혀 아님	<<	보통	>>	매우 그러함			멀다	가깝다
A. 새로운 변화를 싫어한다.	①	②	③	④	⑤	⑥	⑦	멀	가
B. 급진적인 변화를 좋아한다.	①	②	③	④	⑤	⑥	⑦	멀	가
C. 규칙을 잘 지킨다.	①	②	③	④	⑤	⑥	⑦	멀	가

76

문항군	응답 1							응답 2	
	전혀 아님	<<	보통	>>	매우 그러함			멀다	가깝다
A. 스트레스 관리를 잘한다.	①	②	③	④	⑤	⑥	⑦	멀	가
B. 스트레스를 받아도 화를 잘 참는다.	①	②	③	④	⑤	⑥	⑦	멀	가
C. 틀리다고 생각하면 필사적으로 부정한다.	①	②	③	④	⑤	⑥	⑦	멀	가

77

문항군	응답 1							응답 2	
	전혀 아님	<<	보통	>>	매우 그러함			멀다	가깝다
A. 스트레스를 받을 때 타인에게 화를 내지 않는다.	①	②	③	④	⑤	⑥	⑦	멀	가
B. 자신을 비난하는 사람은 피하는 편이다.	①	②	③	④	⑤	⑥	⑦	멀	가
C. 잘못된 부분을 보면 그냥 지나치지 못한다.	①	②	③	④	⑤	⑥	⑦	멀	가

78

문항군	응답 1							응답 2	
	전혀 아님	<<	보통	>>	매우 그러함			멀다	가깝다
A. 귀찮은 일은 남에게 부탁하는 편이다.	①	②	③	④	⑤	⑥	⑦	멀	가
B. 어머니의 친구분을 대접하는 것이 귀찮다.	①	②	③	④	⑤	⑥	⑦	멀	가
C. 마음에 걸리는 일은 머릿속에서 떠나지 않는다.	①	②	③	④	⑤	⑥	⑦	멀	가

79

문항군	응답 1							응답 2	
	전혀 아님	≪	보통	≫	매우 그러함			멀다	가깝다
A. 휴일에는 아무것도 하고 싶지 않다.	①	②	③	④	⑤	⑥	⑦	멀	가
B. 과거로 돌아가고 싶다는 생각이 강하다.	①	②	③	④	⑤	⑥	⑦	멀	가
C. 남들과 타협하기를 싫어하는 편이었다.	①	②	③	④	⑤	⑥	⑦	멀	가

80

문항군	응답 1							응답 2	
	전혀 아님	≪	보통	≫	매우 그러함			멀다	가깝다
A. 친구와 싸우면 서먹서먹해진다.	①	②	③	④	⑤	⑥	⑦	멀	가
B. 아무것도 하지 않고 가만히 있을 수 있다.	①	②	③	④	⑤	⑥	⑦	멀	가
C. 내가 말한 것이 틀리면 정정할 수 있다.	①	②	③	④	⑤	⑥	⑦	멀	가

81

문항군	응답 1							응답 2	
	전혀 아님	≪	보통	≫	매우 그러함			멀다	가깝다
A. 남들이 나를 추켜올려 주면 기분이 좋다.	①	②	③	④	⑤	⑥	⑦	멀	가
B. 다른 사람들의 주목을 받는 게 좋다.	①	②	③	④	⑤	⑥	⑦	멀	가
C. 기분이 잘 바뀌는 편에 속한다.	①	②	③	④	⑤	⑥	⑦	멀	가

82

문항군	응답 1							응답 2	
	전혀 아님	≪	보통	≫	매우 그러함			멀다	가깝다
A. 공상 속의 친구가 있기도 하다.	①	②	③	④	⑤	⑥	⑦	멀	가
B. 주변 사람들이 칭찬해 주면 어색해 한다.	①	②	③	④	⑤	⑥	⑦	멀	가
C. 타인의 비난을 받으면 눈물을 잘 보인다.	①	②	③	④	⑤	⑥	⑦	멀	가

83

문항군	응답 1							응답 2	
	전혀 아님	≪	보통	≫	매우 그러함			멀다	가깝다
A. 한 번 시작한 일은 마무리를 꼭 한다.	①	②	③	④	⑤	⑥	⑦	멀	가
B. 아무도 찬성해 주지 않아도 내 의견을 말한다.	①	②	③	④	⑤	⑥	⑦	멀	가
C. 자신의 방법으로 혼자서 일을 하는 것을 좋아한다.	①	②	③	④	⑤	⑥	⑦	멀	가

84

문항군	응답 1							응답 2	
	전혀 아님	<<	보통	>>	매우 그러함			멀다	가깝다
A. 중요한 순간에 실패할까 봐 불안하다.	①	②	③	④	⑤	⑥	⑦	멜	㉮
B. 가능하다면 내 자신을 많이 뜯어고치고 싶다.	①	②	③	④	⑤	⑥	⑦	멜	㉮
C. 운동을 하고 있을 때는 생기가 넘친다.	①	②	③	④	⑤	⑥	⑦	멜	㉮

85

문항군	응답 1							응답 2	
	전혀 아님	<<	보통	>>	매우 그러함			멀다	가깝다
A. 오랫동안 가만히 앉아 있는 것은 싫다.	①	②	③	④	⑤	⑥	⑦	멜	㉮
B. 신문을 읽을 때 슬픈 기사에만 눈길이 간다.	①	②	③	④	⑤	⑥	⑦	멜	㉮
C. 내 생각과 다른 사람이 있으면 불안하다.	①	②	③	④	⑤	⑥	⑦	멜	㉮

PART 3

PART **4**

면접

01 | 면접 유형 및 실전 대책

01   면접 주요사항

면접의 사전적 정의는 면접관이 지원자를 직접 만나보고 인품(人品)이나 언행(言行) 따위를 시험하는 일로, 흔히 필기시험 후에 최종적으로 심사하는 방법이다. 최근 주요 기업의 인사담당자들을 대상으로 채용 시 면접이 차지하는 비중을 설문 조사했을 때, 50～80% 이상이라고 답한 사람이 전체 응답자의 80%를 넘었다. 이와 대조적으로 지원자들을 대상으로 취업 시험에서 면접을 준비하는 기간을 물었을 때, 대부분의 응답자가 2～3일 정도라고 대답했다.

지원자가 일정 수준의 스펙을 갖추기 위해 자격증 시험과 토익을 치르고 이력서와 자기소개서까지 쓰다 보면 면접까지 챙길 여유가 없는 것이 사실이다. 그리고 서류전형과 인적성검사를 통과해야만 면접을 볼 수 있기 때문에 자연스럽게 면접은 취업시험 과정에서 그 비중이 작아질 수밖에 없다. 하지만 아이러니하게도 실제 채용 과정에서 면접이 차지하는 비중은 절대적이라고 해도 과언이 아니다.

기업들은 채용 과정에서 토론 면접, 인성 면접, 프레젠테이션 면접, 역량 면접 등의 다양한 면접을 실시한다. 1차 커트라인이라고 할 수 있는 서류전형을 통과한 지원자들의 스펙이나 능력은 서로 엇비슷하다고 판단되기 때문에 서류상의 자격증이나 토익 성적보다는 지원자의 인성을 파악하기 위해 면접을 더욱 강화하는 것이다. 일부 기업은 의도적으로 압박 면접을 실시하기도 한다. 지원자가 당황할 수 있는 질문을 던져서 그것에 대한 지원자의 반응을 살펴보는 것이다.

면접은 다르게 생각한다면 '나는 누구인가?'에 대한 물음이다. 취업난 속에서 자격증을 취득하고 토익 성적을 올리기 위해 앞만 보고 달려 온 지원자들은 자신에 대해서 고민하고 탐구할 수 있는 시간을 평소 쉽게 가질 수 없었을 것이다. 자신을 잘 알고 있어야 자신에 대해서 자신감 있게 말할 수 있다. 대체로 사람들은 자신에게 관대한 편이기 때문에 자신에 대해서 어떤 기대와 환상을 가지고 있는 경우가 많다. 하지만 면접은 제3자에 의해 개인의 능력을 객관적으로 평가받는 시험이다. 어떤 지원자들은 다른 사람에게 자신을 표현하는 것을 어려워한다. 반면에 평소에 잘 사용하지 않는 용어를 내뱉으면서 거창하게 자신을 포장하는 지원자도 많다. 면접의 기본은 자기 자신을 면접관에게 알기 쉽게 표현하는 것이다. 이러한 표현을 바탕으로 자신이 앞으로 하고자 하는 것과 그에 대한 이유를 설명해야 한다. 최근에는 자신감을 향상시키거나 말하는 능력을 키울 수 있는 강의도 많기 때문에 얼마든지 자신의 단점을 극복할 수 있다.

1. 자기소개

자기소개를 시키는 이유는 면접자가 지원자의 자기소개서를 압축해서 듣고, 지원자의 첫인상을 평가할 시간을 가질 수 있기 때문이다. 면접을 위한 워밍업이라고 할 수 있으며 첫인상을 결정하는 과정이므로 매우 중요한 순간이다. 자신을 잘 소개할 수 있는 문구의 1분 자기소개를 미리 준비해서 연습해야 한다.

2. 1분 자기소개 시 주의사항

(1) 자기소개서와 자기소개가 똑같다면 감점일까?

자기소개서의 내용을 잘 정리한 자기소개는 좋은 결과를 만들 수 있다. 하지만 자기소개서와 상반된 내용을 말하는 것은 적절하지 않다. 지원자의 신뢰성을 의심받을 수 있기 때문이다.

(2) 말하는 자세를 바르게 익혀라.

면접에서 바른 자세가 중요하다는 것은 익히 알고 있다. 하지만 문제는 무의식적으로 나오는 흐트러진 자세 때문에 나쁜 인상을 줄 수 있다는 것이다. 이러한 습관을 고칠 수 있는 가장 좋은 방법은 스마트폰으로 영상을 녹화하거나 스터디를 통해 모의 면접을 해보면서 끊임없이 피드백을 받는 것이다.

3. 대화법

전문가들이 말하는 대화법의 핵심은 '상대방을 배려하면서 이야기하라.'는 것이다. 대화는 나와 다른 사람과의 소통이다. 내용에 대한 공감이나 이해가 없다면 대화는 더 이상 진전되지 않는다.

4. 첫인상

취업을 위해 성형수술을 받는 사람들에 대한 이야기는 더 이상 뉴스거리가 되지 않는다. 그만큼 많은 사람이 좁은 취업문을 뚫기 위해 이미지 향상에 신경을 쓰고 있다. 이는 면접관에게 좋은 첫인상을 주기 위한 것으로, 지원서에 올리는 증명사진을 이미지 프로그램을 통해 수정하는 이른바 '사이버 성형'이 유행하는 것과 같은 맥락이다. 실제로 외모가 채용 과정에서 영향을 끼치는가에 대한 설문조사에서도 60% 이상의 인사담당자들이 그렇다고 답변했다.

하지만 외모와 첫인상을 절대적인 관계로 이해하는 것은 잘못된 판단이다. 외모가 첫인상에서 많은 부분을 차지하지만, 외모 외에 다른 결점이 발견된다면 그로 인해 장점들이 가려질 수도 있다. 첫인상은 말 그대로 한 번밖에 기회가 주어지지 않으며 몇 초 안에 결정된다. 첫인상을 결정짓는 요소 중 시각적인 요소가 80% 이상을 차지한다. 첫눈에 들어오는 생김새나 복장, 표정 등에 의해서 결정되는 것이다. 면접을 시작할 때 자기소개를 시키는 것도 지원자별로 첫인상을 평가하기 위해서이다. 첫인상이 중요한 이유는 만약 첫인상이 부정적으로 인지될 경우, 지원자의 다른 좋은 면까지 거부당하기 때문이다. 이러한 현상을 심리학에서는 초두효과(Primacy Effect)라고 한다.

이는 먼저 제시된 정보가 추후 알게 된 정보보다 더 강력한 영향을 미치는 현상으로, 앞서 제시된 정보가 나중의 것보다 기억이 더 잘되고, 인출도 더 잘된다는 것이다. 예를 들어 첫인상이 착하게 기억되면 나중에 나쁜 행동을 하더라도 순간의 실수로 생각되는 반면, 첫인상이 나쁘다면 착한 행동을 하더라도 그 진위에 의심을 사게 되는 것이다. 이처럼 한 번 형성된 첫인상은 여간해서 바꾸기 힘들다. 따라서 평소에 첫인상을 좋게 만들기 위한 노력을 꾸준히 해야만 한다.

좋은 첫인상이 반드시 외모에만 집중되는 것은 아니다. 오히려 깔끔한 옷차림과 부드러운 표정 그리고 말과 행동 등에 의해 전반적인 이미지가 만들어진다. 누구나 이러한 것 중에 한두 가지 단점을 가지고 있다. 요즈음은 이미지 컨설팅을 통해서 자신의 단점들을 보완하는 지원자도 있다. 특히 표정이 밝지 않은 지원자는 평소 웃는 연습을 의식적으로 하여 면접을 받는 동안 계속해서 여유 있는 표정을 짓는 것이 중요하다. 성공한 사람들은 인상이 좋다는 것을 명심하자.

1. 면접의 유형

과거 천편일률적인 일대일 면접과 달리 현재는 면접에 다양한 유형이 도입되어 "면접은 이렇게 보는 것이다."라고 말할 수 있는 정해진 유형이 없어졌다. 그러나 대부분의 기업에서 현재까지는 집단 면접과 다대일 면접이 진행되고 있으므로 어느 정도 유형을 파악하여 사전에 대비가 가능하다. 면접의 기본인 단독 면접부터 다대일 면접, 집단 면접, PT 면접 유형과 그 대책에 대해 알아보자.

(1) 단독 면접

단독 면접이란 응시자와 면접관이 1 대 1로 마주하는 형식을 말한다. 면접위원 한 사람과 응시자 한 사람이 마주 앉아 자유로운 화제를 가지고 질의응답을 되풀이하는 방식이다. 이 방식은 면접의 가장 기본적인 방법으로 소요 시간은 10 ~ 20분 정도가 일반적이다.

① 단독 면접의 장점

필기시험 등으로 판단할 수 없는 성품이나 능력을 알아내는 데 가장 적합하다고 평가받아 온 면접방식으로 응시자 한 사람 한 사람에 대해 여러 면에서 비교적 폭넓게 파악할 수 있다. 응시자의 입장에서는 한 사람의 면접관만을 대하는 것이므로 상대방에게 집중할 수 있으며, 긴장감도 다른 면접방식에 비해서는 적은 편이다.

② 단독 면접의 단점

면접관의 주관이 강하게 작용해 객관성을 저해할 소지가 있으며, 면접 평가표를 활용한다 하더라도 일면적인 평가에 그칠 가능성을 배제할 수 없다. 또한 시간이 많이 소요되는 것도 단점이다.

> **단독 면접 준비 Point**
>
> 단독 면접에 대비하기 위해서는 평소 일대일로 논리 정연하게 대화를 나눌 수 있는 능력을 기르는 것이 중요하다. 그리고 면접장에서는 면접관을 선배나 선생님 혹은 아버지를 대하는 기분으로 면접에 임하는 것이 부담도 훨씬 적고 실력을 발휘할 수 있는 방법이 될 것이다.

(2) 다대일 면접

다대일 면접은 일반적으로 가장 많이 사용되는 면접방법으로 보통 2 ~ 5명의 면접관이 1명의 응시자에게 질문하는 형태의 면접 방법이다. 면접관이 여러 명이므로 다각도에서 질문을 하여 응시자에 대한 정보를 많이 알아낼 수 있다는 점 때문에 선호하는 면접방법이다.

하지만 응시자의 입장에서는 면접관에 따라 질문도 각양각색이고 동료 응시자가 없으므로 숨 돌릴 틈도 없게 느껴진다. 또한 관찰하는 눈도 많아서 조그만 실수라도 지나치는 법이 없기 때문에 정신적 압박과 긴장감이 높은 면접 방법이다. 따라서 응시자는 긴장을 풀고 한 명의 면접관이 질문하더라도 면접관 전원을 향해 대답한다는 마음으로 또박또박 대답하는 자세가 필요하다.

① 다대일 면접의 장점

면접관이 집중적인 질문과 다양한 관찰을 통해 응시자가 과연 조직에 필요한 인물인가를 완벽히 검증할 수 있다.

② 다대일 면접의 단점

면접 시간이 보통 10 ~ 30분 정도로 긴 편이고 응시자에게 지나친 긴장감을 조성하는 면접 방법이다.

> **다대일 면접 준비 Point**
>
> 질문을 들을 때 시선은 면접위원을 향하고 다른 데로 돌리지 말아야 하며, 대답할 때에도 고개를 숙이거나 입속에서 우물거리는 소극적인 태도는 피하도록 한다. 면접위원과 대등하다는 마음가짐으로 편안한 태도를 유지하면 대답도 자연스러운 상태에서 좀 더 충실히 할 수 있고, 이에 따라 면접위원이 받는 인상도 달라진다.

(3) 집단 면접

집단 면접은 다수의 면접관이 여러 명의 응시자를 한꺼번에 평가하는 방식으로 짧은 시간에 능률적으로 면접을 진행할 수 있다. 각 응시자에 대한 질문 내용, 질문 횟수, 시간 배분이 똑같지는 않으며 모두에게 같은 질문이 주어지기도 하고, 각각 다른 질문을 받기도 한다.

또 어떤 응시자가 한 대답에 대한 의견을 묻는 등 그때그때의 분위기나 면접관의 의향에 따라 변수가 많다. 집단 면접은 응시자의 입장에서는 개별 면접에 비해 긴장감은 다소 덜한 반면에 다른 응시자들과 확실하게 비교되므로 응시자는 몸가짐이나 표현력·논리성 등이 결여되지 않도록 자신의 생각이나 의견을 솔직하게 발표하여 집단 속에 묻히거나 밀려나지 않도록 주의해야 한다.

① 집단 면접의 장점

집단 면접의 장점은 면접관이 응시자 한 사람에 대한 관찰 시간이 상대적으로 길고, 비교 평가가 가능하기 때문에 결과적으로 평가의 객관성과 신뢰성을 높일 수 있다는 점이며, 응시자는 동료들과 함께 면접을 받기 때문에 긴장감이 다소 덜하다는 것을 들 수 있다. 또한 동료가 답변하는 것을 들으며 자신의 답변 방식이나 자세를 조정할 수 있다는 것도 큰 이점이다.

② 집단 면접의 단점

응답하는 순서에 따라 응시자마다 유리하고 불리한 점이 있고, 면접위원의 입장에서는 각각의 개인적인 문제를 깊게 다루기가 곤란하다는 것이 단점이다.

> **집단 면접 준비 Point**
>
> 너무 자기과시를 하지 않는 것이 좋다. 대답은 자신이 말하고 싶은 내용을 간단명료하게 말해야 한다. 내용이 없는 발언을 한다거나 대답을 질질 끄는 태도는 좋지 않다. 또 말하는 중에 내용이 주제에서 벗어나거나 자기 중심적으로만 말하는 것도 피해야 한다. 집단 면접에 대비하기 위해서는 평소에 설득력을 바탕으로 한 논리적 사고를 연습해야 하며, 다른 사람 앞에서 자신의 의견을 조리 있게 개진할 수 있는 발표력을 갖추는 데에도 많은 노력을 기울여야 한다.
>
> • 실력에는 큰 차이가 없다는 것을 기억하라.
> • 동료 응시자들과 서로 협조하라.
> • 답변하지 않을 때의 자세가 중요하다.
> • 개성 표현은 좋지만 튀는 것은 위험하다.

(4) 집단토론식 면접

집단 토론식 면접은 집단 면접과 형태는 유사하지만 질의응답이 아니라 응시자들끼리의 토론이 중심이 되는 면접 방법으로 최근 들어 급증세를 보이고 있다.

이는 공통의 주제에 대해 다양한 견해들이 개진되고 결론을 도출하는 과정, 즉 토론을 통해 응시자의 다양한 면에 대한 평가가 가능하다는 집단 토론식 면접의 장점이 널리 확산된 데 따른 것으로 보인다. 사실 집단토론식 면접을 활용하면 주제와 관련된 지식 정도와 이해력, 판단력, 설득력, 협동성은 물론 리더십, 조직 적응력, 적극성과 대인관계 능력 등을 파악하는 것이 용이하다고 한다. 토론식 면접에서는 자신의 의견을 명확히 제시하면서도 상대방의 의견을 경청하는 토론의 기본자세가 필수적이며, 지나친 경쟁심이나 자기 과시욕은 접어두는 것이 좋다.

또한 집단토론의 목적이 결론을 도출해 나가는 과정에 있다는 것을 감안하여 무리하게 자신의 주장을 관철시키기보다 오히려 토론의 질을 높이는 데 기여하는 것이 좋은 인상을 줄 수 있다는 점을 알아야 한다. 취업 희망자들은 토론식 면접이 급속도로 확산되는 추세임을 감안해 특히 철저한 준비를 해야 한다. 평소에 신문의 사설이나 매스컴 등의 토론 프로그램을 주의 깊게 보면서 논리 전개 방식을 비롯한 토론 과정을 익히도록 하고, 친구들과 함께 간단한 주제를 놓고 토론을 진행해 볼 필요가 있다. 또한 사회·시사 문제에 대해 자기 나름대로의 관점을 정립해 두는 것도 꼭 필요하다.

집단토론식 면접 준비 Point

- 토론은 정답이 없다는 것을 명심한다.
- 내 주장을 강조하지 않는다.
- 남이 말할 때 끼어들지 않는다.
- 필기구를 준비하여 메모하면서 면접에 임한다.
- 주제에 자신이 없다면 첫 번째 발언자가 되지 않는다.
- 자신의 입장을 먼저 밝힌다.
- 상대측의 사소한 발언에 집착하지 않고 전체적인 의미에 초점을 놓치지 않아야 한다.
- 남의 의견을 경청한다.
- 예상 밖의 반론에 당황스럽다 하더라도 유연함을 잃지 않아야 한다.

(5) PT 면접

PT 면접, 즉 프레젠테이션 면접은 최근 들어 집단토론 면접과 더불어 그 활용도가 점차 커지고 있다. PT 면접은 기업마다 특성이 다르고 인재상이 다른 만큼 인성 면접만으로는 알 수 없는 지원자의 문제해결 능력, 전문성, 창의성, 기본 실무능력, 논리성 등을 관찰하는데 중점을 두는 면접으로, 지원자 간의 변별력이 높아 대부분의 기업에서 적용하고 있으며, 확산하는 추세이다.

면접 시간은 기업별로 차이가 있지만 전문지식, 시사성 관련 주제를 제시한 다음 보통 20 ~ 50분 정도 준비하여 5분가량 발표할 시간을 준다. 단순히 질의응답으로 이루어지는 것이 아니라 면접관은 주제에 대해 일정 시간 동안 지원자의 발언과 발표하는 모습 등을 관찰하게 된다. 정확한 답이나 지식보다는 논리적사고와 의사표현력이 더 중시되기 때문에 자신의 생각을 어떻게 설명하느냐가 매우 중요하다. PT 면접에서 같은 주제라도 직무별로 평가 요소가 달리 나타난다. 예를 들어 영업직은 설득력과 의사소통 능력에 중점을 둘 수 있겠고, 관리직은 신뢰성과 창의성 등을 더 중요하게 평가한다.

- 면접관의 관심과 주의를 집중시키고, 발표 태도에 유의한다.
- 모의 면접이나 거울 면접으로 미리 점검한다.
- PT 내용은 세 가지 정도로 정리해서 말한다.
- PT 내용에는 자신의 생각이 담겨 있어야 한다.
- PT 중간에 자문자답 방식을 활용한다.
- 평소 지원하는 업계의 동향이나 직무에 대한 전문 지식을 쌓아둔다.
- 부적절한 용어 사용이나 무리한 주장 등은 하지 않는다.

2. 면접의 실전 대책

(1) 면접 대비사항

① 지원 회사에 대한 사전지식을 충분히 갖는다.

필기시험 또는 서류전형의 합격통지가 온 후 면접시험 날짜가 정해지는 것이 보통이다. 이때 지원자는 면접시험을 대비해 사전에 본인이 지원한 계열사 또는 부서에 대해 폭넓은 지식을 가질 필요가 있다.

지원 회사에 대해 알아두어야 할 사항

- 회사의 연혁
- 회장 또는 사장의 이름, 그의 출신학교, 그의 관심사
- 회장 또는 사장이 요구하는 신입사원의 인재상
- 회사의 사훈, 사시, 경영이념, 창업정신
- 회사의 대표적 상품, 특색
- 업종별 계열회사의 수
- 해외지사의 수와 그 위치
- 신 개발품에 대한 기획 여부
- 자신이 생각하는 회사의 장단점
- 회사의 잠재적 능력 개발에 대한 제언

② 충분한 수면을 취한다.

충분한 수면으로 안정감을 유지하고 첫 출발의 신선한 마음가짐을 갖는다.

③ 얼굴을 생기 있게 한다.

첫인상은 면접에 있어서 가장 결정적인 당락 요인이다. 면접관들은 생기있는 얼굴과 눈동자가 살아 있는 사람, 즉 기가 살아 있는 사람을 선호한다.

④ 아침에 인터넷에 의한 정보나 신문을 읽는다.

그날의 뉴스가 질문 대상에 오를 수가 있다. 특히 경제면, 정치면, 문화면 등을 유의해서 보아둘 필요가 있다.

(2) 면접 시 옷차림

면접에서 옷차림은 간결하고 단정한 느낌을 주는 것이 가장 중요하다. 색상과 디자인 면에서 지나치게 화려한 색상이나 노출이 심한 디자인은 자칫 면접관의 눈살을 찌푸리게 할 수 있다. 단정한 차림을 유지하면서 자신만의 독특한 멋을 연출하는 것, 지원하는 회사의 분위기를 파악했다는 센스를 보여주는 것 등이 면접 복장의 포인트다.

복장 점검

- 구두는 잘 닦여 있는가?
- 옷은 깨끗이 다려져 있으며 스커트 길이는 적당한가?
- 손톱은 길지 않고 깨끗한가?
- 머리는 흐트러짐 없이 단정한가?

(3) 면접요령

① 첫인상을 중요시한다.

상대에게 인상을 좋게 주지 않으면 어떠한 얘기를 해도 이쪽의 기분이 충분히 전달되지 않을 수 있다. 예를 들면 '저 친구는 표정이 없고 무엇을 생각하고 있는지 전혀 알 길이 없다.'라고 생각하게 만들면 최악의 상태다. 청결한 복장과 바른 자세로 면접장에 침착하게 들어가 건강하고 신선한 이미지를 주도록 한다.

② 좋은 표정을 짓는다.

이야기할 때의 표정은 중요한 사항 중 하나다. 거울 앞에서는 웃는 얼굴의 연습을 해본다. 웃는 얼굴은 상대를 편안하게 만들고 특히 면접 등 긴박한 분위기에서는 큰 효과를 나타낼 것이다. 그렇다고 하여 항상 웃고만 있어서는 안 된다. 본인이 할 이야기를 진정으로 전하고 싶을 때는 진지한 표정으로 상대의 눈을 바라보며 이야기한다.

③ 결론부터 이야기한다.

본인의 의사나 생각을 상대에게 정확하게 전달하기 위해서는 먼저 무엇을 말하고자 하는가를 명확히 결정해 두어야 한다. 대답을 할 경우에는 결론을 먼저 이야기하고 나서 그에 따르는 설명과 이유를 나중에 덧붙이면 논지(論旨)가 명확해지고 이야기가 깔끔하게 정리된다. 보통 한 가지 사실을 이야기하거나 설명하는 데는 3분이면 충분하다. 복잡한 이야기도 어느 정도의 길이로 요약해서 이야기하면 상대도 이해하기 쉽고 자기도 정리할 수 있다. 긴 이야기는 오히려 상대를 불쾌하게 할 수가 있다.

④ 질문의 요지를 파악한다.

면접 때의 이야기는 간결성만으로 부족하다. 상대의 질문이나 이야기에 대해 적절하고 필요한 대답을 하지 않으면 대화는 끊어지고 자기의 생각도 제대로 표현하지 못한다. 이는 면접관이 지원자의 인품이나 사고방식 등을 명확히 파악할 수 없도록 만들게 된다. 면접에서는 면접관이 무엇을 묻고 있는지, 무슨 이야기를 하고 있는지 그 요점을 정확히 알아내야 한다.

(4) 면접 시 주의사항

① 지각은 있을 수 없다.

면접 당일에 시간을 맞추지 못하여 지각하는 것은 있을 수 없는 일이다. 약속을 못 지키는 사람은 좋은 평가를 받을 수 없다. 면접 당일에는 지정시간 10 ~ 20분쯤 전에 미리 면접장에 도착해 마음을 가라앉히고 준비해야 한다.

② 손가락을 움직이지 마라.

면접 시에 손가락을 까딱거리거나 만지작거리는 행동은 유난히 눈에 띌 뿐만 아니라 면접관의 눈에 거슬리기 마련이다. 다리를 떠는 행동은 말할 것도 없다. 불안정하거나 산만하다는 느낌을 줄 수 있으므로 주의할 필요가 있다.

③ 옷매무새를 자주 고치지 마라.

여성의 경우 외모에 너무 신경 쓴 나머지 머리를 계속 쓸어 올리거나, 깃과 치마 끝을 만지작거리는 경우가 많다. 짧은 미니스커트를 입고 와서 면접시간 내내 치마 끝을 내리는 행위는 면접관으로 하여금 인상을 찌푸리게 만든다. 인사담당자의 말에 의하면 이런 사람이 의외로 많다고 한다.

④ 적당한 목소리 톤으로 말해라.

면접관과의 거리가 어느 정도 떨어져 있기 때문에 작은 소리로 웅얼거리는 것은 좋지 않다. 그러나 너무 큰 소리로 소리를 질러가며 말하는 사람은 오히려 거북스럽게 느껴진다.

⑤ 성의 있는 응답 자세를 보여라.

질문에 대해 너무 '예, 아니오'로만 답변하면 성의 없다는 인상을 심어주게 된다. 따라서 설명을 덧붙일 수 있는 질문에 대해서는 지루하지 않을 만큼의 설명을 붙인다.

⑥ 구두를 깨끗이 닦는다.

앉아있는 사람의 구두는 면접관의 위치에서 보면 눈에 잘 띈다. 그러나 의외로 구두에 대해 신경써서 미리 깨끗이 닦아둔 사람은 드물다. 면접 전날 반드시 구두를 깨끗이 닦아준다.

⑦ 지나친 화장은 피한다.

여성의 경우 지나치게 화장을 짙게 하면 거부감을 불러일으킬 수 있다. 또한 머리도 단정히 정리해서 이마가 가급적이면 드러나 보이게 하는 것이 좋다. 여기저기 흘러나온 머리는 지저분하고 답답한 느낌을 준다. 지나친 액세서리도 금물이다.

⑧ 기타 사항

㉠ 앉으라고 할 때까지 앉지 마라. 의자로 재빠르게 다가와 앉으면 무례한 사람처럼 보이기 쉽다.

㉡ 응답 시 너무 말을 꾸미지 마라.

㉢ 질문이 떨어지자마자 답변을 외운 것처럼 바쁘게 대답하지 마라.

㉣ 혹시 잘못 대답하였다고 해서 혀를 내밀거나 머리를 긁지 마라.

㉤ 머리카락에 손대지 마라. 정서불안으로 보이기 쉽다.

㉥ 면접실에 다른 지원자가 들어올 때 절대로 일어서지 마라.

㉦ 동종업계나 라이벌 회사에 대해 비난하지 마라.

ⓞ 면접관 책상에 있는 서류를 보지 마라.

ⓩ 농담을 하지 마라. 쾌활한 것은 좋지만 지나치게 경망스러운 태도는 취업에 대한 의지가 부족하
　게 보인다.

ⓩ 질문에 대해 대답할 말이 생각나지 않는다고 천장을 쳐다보거나 고개를 푹 숙이고 바닥을 내려다
　보지 마라.

ⓣ 면접관이 서류를 검토하는 동안 말하지 마라.

ⓣ 과장이나 허세로 면접관을 압도하려 하지 마라.

ⓟ 최종 결정이 이루어지기 전까지 급여에 대해 언급하지 마라.

ⓗ 은연중에 연고를 과시하지 마라.

면접 전 마지막 체크 사항

• 기업이나 단체의 소재지(본사·지사·공장 등)를 정확히 알고 있다.
• 기업이나 단체의 정식 명칭(Full Name)을 알고 있다.
• 약속된 면접시간 10분 전에 도착하도록 스케줄을 짤 수 있다.
• 면접실에 들어가서 공손히 인사한 후 또렷한 목소리로 자기 수험번호와 성명을 말할 수 있다.
• 앉으라고 할 때까지는 의자에 앉지 않는다는 것을 알고 있다.
• 자신에 대해 3분간 이야기할 수 있는 준비가 되어 있다.
• 자신의 긍정적인 면을 상대방에게 바르게 전달할 수 있다.

02 | LG그룹 실제 면접

LG그룹은 면접을 통해 지원자가 갖추고 있는 기본 역량 및 자질을 확인하고자 한다. LG Way 기반의 인성 면접과 더불어 계열사별로 토론 면접, PT 면접, 인턴십 등 다양한 방식으로 각 계열사 및 지원 분야에 맞는 인재를 찾고자 한다. 따라서 자신이 지원하고자 하는 계열사 정보 및 면접 방법을 확인한 후 미리미리 대비해야 한다.

1. LG전자

LG Way에 대한 신념과 실행력을 겸비한 사람을 인재상으로 하는 LG전자는 업무 분야에 적합한 최고의 인재를 선발하기 위하여 다양한 방법의 면접을 활용하고 있다. 면접은 AI 면접, 1차 면접, 2차 면접으로 진행되며, 직무지식 및 적합도를 검증할 수 있는 직무 면접과 LG Way형 인재를 검증할 수 있는 인성 면접으로 지원자의 직무 및 인성 역량을 평가한다.

(1) AI 면접

❶ 면접 시간 : 약 1시간

❷ 면접 형태 : 문제당 약 1분 30초의 시간제한이 있으며, 답변을 준비하는 시간과 답변을 하는 시간이 각각 차례대로 주어진다.

❸ 면접 내용 : 전공과 관련된 난도 높은 질문이 주어지거나 자기소개를 바탕으로 자신의 경험 및 인성에 관한 질문이 주어진다. 돌발적인 상황에도 당황하지 않고 제한된 시간 안에 대답하는 연습을 하는 것이 중요하며, 응답자의 표정과 답변의 길이가 관건이다.

> **[기출 질문]**
> • 산업 분야에서 쓰이는 모터 종류와 특징에 대해 설명해 보시오.
> • 차압을 이용한 체적유량을 구하는 방법에 대해 설명해 보시오.
> • CAE 모델링 과정에서 고려해야 할 사항을 아는 대로 설명해 보시오.
> • 비열과 열용량 차이에 대해 설명해 보시오.

(2) 1차 면접

❶ 면접 시간 : 약 20 ~ 30분

❷ 면접 형태 : 다대일 면접

❸ 면접 내용 : 전공 필기, PT 면접, 영어 면접, 실무 면접으로 구성되어 있으며, 전공과 영어 면접의 유무는 지원 직무에 따라 다르다.

① 전공 필기

직무에 따라 전문적인 지식이 필요한 경우 전공 필기시험을 치르는 경우가 있다. 전공 4개의 문제 중 자신 있는 2문제를 풀어야 하며, 이에 대해 질문하는 내용과 그 외의 직무에 대한 지식 및 인성에 관한 질문이 출제된다.

> **[필기 기출]**
> • 열역학 법칙
> • 물리의 기본 이론
> • 회로 이론

② PT 면접

전공과 프로젝트에 대한 기본 지식뿐만 아니라, 관련 지식을 어떻게 직무에 활용하여 적용할 것인지에 대한 지원자의 생각을 묻는다. 사전에 과제가 제시되는 경우도 있고, 현장에서 풀이해야 하는 경우도 있으므로 상황에 맞게 준비한다. 단순히 지식을 나열하는 발표가 아니기 때문에 제한 시간 동안 깔끔하고 창의적인 발표를 할 수 있도록 준비한다.

> **[기출 질문]**
> • 동역학, 열역학, 고체역학, 기계요소설계에 대해 설명해 보시오.
> • 열전달에서 전도·대류·방사가 있는데 실생활에서 쓰이는 예를 발표해 보시오.
> • TV에 팬을 달려고 하는데, 위·아래 중 어디에 설치하는 것이 좋은지 설명하고, 팬의 크기는 어느 것이 더 효율적인지 발표해 보시오.
> • 자신이 제시한 아이디어 외의 다른 아이디어를 생각해 보았는가?
> • 자신의 PT 자료에 있는 프로젝트에 관해 설명해 보시오([예] 공조냉동, 최적설계).
> • 소성변형과 탄성변형 및 항복점과의 관계에 관해 설명해 보시오.
> • TV 발열 문제의 해결법에 대해 자신의 아이디어를 제시해 보시오.
> • 혼매 판매(마트나 백화점 내 LG전자 부스)와 전매 판매(LG전자 전문 매장 베스트샵) 중 앞으로 어느 부분에 역량을 집중해야 하는지 선택하고 그 이유를 발표해 보시오.
> • LG의 베스트샵과 경쟁사의 대리점을 방문하여 해당 과제(조별로 다른 과제)에 대한 개선 점에 대해 발표해 보시오.
> • B2B 시장 공략 전략에 대해 발표해 보시오.
> • 4P의 의미와 LG전자의 마케팅 전략을 4P 측면에서 이야기해 보시오.
> • 자신이 생각하는 내장 소프트웨어란 무엇이며, 사용해본 내장 OS에 관해 이야기해 보시오.
> • 3D TV가 이슈인데 기술적인 부분에서 중요하다고 생각하는 점을 말하고, 또한 소비자의 관점에서 자기 생각을 말해 보시오.
> • 매출채권과 환율에 대해 설명하고, 환율 변동으로 인한 매출채권의 가치 변동에 대해 말해 보시오.
> • 자본적 지출과 수익적 지출의 개념에 대해 설명해 보시오.
> • 재고자산 저가법에서 NRV란 무엇인가?
> • 최근 3∼4년 이내에 바뀐 IFRS 기준에 대해 설명해 보시오.
> • 퇴직급여 충당부채 회계처리에 대해 설명해 보시오.
> • 재무제표에서 가장 중요한 항목 네 가지를 말해 보시오.
> • LG전자의 최근 재무관련 이슈에 대해 설명해 보시오.

• 당사 발전방향에 대해 발표해 보시오.
• 지원한 직무에서 수익을 극대화할 수 있는 방안을 발표해 보시오.

③ 영어 면접
　㉠ 면접 위원 : 2명
　㉡ 면접 시간 : 약 40분
　㉢ 면접 형태 : 다대일 면접
　㉣ 면접 내용 : 주로 간단한 생활 영어를 통해 평가를 받게 되며, 실제 외국인과 면접을 치른다. 짧게 대답하더라도 자신감 있게 완벽한 문장을 구사하도록 한다.

[기출 질문]
• 취미가 무엇인지 말해 보시오.
• 자신의 장점은 무엇인지 말해 보시오.
• LG전자의 역사에 대해 영어로 간단하게 설명해 보시오.
• LG의 상징 마크를 설명해 보시오.
• 한국의 여러 장소 중 외국인 친구에게 가장 소개해주고 싶은 곳은 어딘지 말해 보시오.
• 여행을 간다면 어디를 갈 것인가?
• 가장 존경하는 인물은 누구인지 말해 보시오.
• LG전자가 다른 경쟁회사를 이기기 위해서는 어떻게 해야 하는가?
• LG전자에 입사하게 된다면, 만들고 싶은 제품은 무엇인가?
• 옆에 있는 그림을 설명해 보시오(예 LG전자 프로젝터 시연 사진, 등산 사진, 오디션 프로그램 사진, 쇼 프로그램 오프닝 사진 등).
• 면접관이 신혼부부라고 생각하고, 점원으로서 상품을 추천해 보시오.
• 면접장에 어떻게 왔는지 영어로 말해 보시오.

④ 실무 면접

[기출 질문]
• 자신이 잘 알고 있는 전공지식을 설명해 보시오.
• 자신이 LG전자에서 어떠한 역할을 수행할 것 같은가?
• 근무지가 지방이어도 괜찮은가?
• 본인은 경쟁자를 이기기 위해서 어떻게 노력하였는가?
• LG전자의 제품 중 앞으로 사장될 것이라고 생각하는 제품은?
• 매장의 불친절에 대해 불만을 토로하는 고객의 클레임에 어떻게 응대할 것인가?
• 매장 직원이 고객의 휴대폰에 있는 앱을 실수로 삭제해서 고객이 화가난 상태이다. 고객의 화를 어떻게 풀어드릴 것인가?

(3) 2차 면접

❶ 면접 위원 : 3명
❷ 면접 시간 : 약 40분
❸ 면접 형태 : 다대다 면접
❹ 면접 내용 : 실무와 자기소개를 기반으로 한 질의응답이 이루어진다. 무엇보다 솔직하면서도 자신 감 있고, 여유 있는 모습으로 면접에 임해야 한다. 또한 자신의 발전 가능성과 가치관, 인생관을 솔직하게 어필할 수 있어야 한다.

[기출 질문]
• 가장 힘들었던 순간을 말해 보시오.
• 대학원 진학을 하지 않은 이유는 무엇인가?
• LG전자를 지원한 이유에 대해 말해 보시오.
• 자신이 좋아하는 것에 대해 말해 보시오.
• 스트레스의 주요 원인과 해소법은 무엇인가?
• LG전자에서 구체적으로 하고 싶은 일이 무엇인지 말해 보시오.
• 졸업 후 공백 동안 어떤 일을 했는가?
• 다룰 수 있는 설계 프로그램에 대해 말해 보시오.
• 지방 근무(창원)가 가능한가?
• 회사 입사해서 어디까지 성장해보고 싶은지 말해 보시오.
• 자신이 만들고 싶은 전자제품에 대해 말해 보시오.
• LG전자 광고 중에 기억나는 것이 있다면 무엇인가? 그 광고에 대한 자기 생각은 무엇인지 말해 보시오.
• 자신이 싫어하는 직장 상사와의 관계를 어떻게 해결할 것인지 말해 보시오.
• 서울시의 지하철역 개수는 몇 개쯤 될 것으로 생각 하는가? 그 이유는 무엇인가?
• 한국사의 위인 혹은 현 인물 중 가장 독하다고 생각되는 사람을 말해 보시오.
• 자신의 단점은 무엇이고, 그것을 개선하기 위해 어떤 노력을 했는지 말해 보시오.
• 자신이 의사라면 환자를 수술할 때 시스템적으로 어떤 점을 개선할 것인지 말해 보시오.
• 학교에서 진행했던 프로젝트나 논문의 내용을 실무에서 어떻게 적용할 수 있는가?
• 자신이 리더형인지 팔로우형인지 말해 보시오.
• 면접관에게 질문해 보시오.
• 엑셀함수에 대해서 아는 것이 있으면 말해 보시오.

2. LG디스플레이

LG디스플레이는 '열정, 전문성, 팀워크'를 가진 사람을 인재상으로 한다. 일과 사람에 대한 애정과 자신감을 바탕으로 1등 LG디스플레이 달성을 위한 공동의 목표를 지향하며, 상호존중과 신뢰할 수 있는 조화로운 인재를 추구한다. 면접은 두 차례로 진행되며, 면접을 통하여 자사 인재상과의 적합 여부, 기본역량 및 인성, 전공 지식 등을 종합적으로 평가한다.

(1) 1차 면접

❶ 면접 위원 : 3명
❷ 면접 시간 : 약 40분
❸ 면접 형태 : 다대다 면접
❹ 면접 내용 : PT 면접과 조별 면접, 실무자 면접으로 진행되며, 직무와 관련한 전공, 특히 LG디스플레이 전공 관련 지식이 필요한 직무의 경우 시험과 함께 질문이 주어지므로 LG디스플레이의 대표 기술과 같이 기본적인 관련 지식을 미리 알아가는 것도 중요하다. 요즘엔 주로 화상 면접으로 면접이 진행될 시 적절한 장소를 선정하고, 정확한 발음으로 대답하는 연습을 하는 것이 중요하다.

① PT 면접

미리 주어진 과제에 대해 5분 정도 발표를 한 후 질의 응답시간을 가진다. 이후에 똑같은 방식으로 포트폴리오에 대해 5분 정도 발표 후 질의 응답시간을 가지는 형태로 진행된다.

[기출 질문]
- 신제품의 장단점을 보여준 후, 분석해서 발표하시오.
- 3가지 제품 중 본인이 그 제품을 선택한 이유를 설명하시오.
- 준비한 자료가 회로에 관한 내용인데, 이와 관련한 수업을 들은 적이 있는가?

② 조별 면접

창의성이 필요한 2가지 과제 중 1가지를 선택하여 1시간 동안 관찰 및 자료를 만들고, 이 자료를 기반으로 한 면접이 진행된다.

③ 실무 면접

[기출 질문]
- LCD 동작 원리를 슈뢰딩거방정식과 연관 지어 설명해 보시오.
- 연구, 기획, 공장 간 회의를 진행하는데 회의 진행이 되지 않고 있다. 어떻게 회의를 진행할 것인지 설명해 보시오.
- 엔지니어가 중요한 이유에 대해 말해 보시오.
- LG디스플레이의 대표적인 기술 하나를 설명해 보시오.
- OLED 공정에 관해 설명해 보시오.
- OLED와 LCD의 차이점에 관해 설명해 보시오.
- 자신이 배운 것과 공정직무와의 연관성 및 공정에 대해 아는 것을 말해 보시오.
- 자신의 연구가 LG디스플레이에 어떻게 적용될 것 같은지 말해 보시오.
- VA와 IPS의 차이점에 관해 설명해 보시오.
- 자신의 휴대전화 기종과 휴대전화에 들어가는 디스플레이 규격에 관해 설명해 보시오.

- LG디스플레이의 기술과 삼성디스플레이의 기술을 비교해 보시오.
- OLED에 적용할 수 있는 유리소자에 대해 말해 보시오.
- LCD의 단점에 관해 설명하고, 자신의 전공지식을 이용해 해결방안을 제시해 보시오.
- OLED가 갖는 장점에 대해 말해 보시오.
- OLED는 무엇의 약자인지 설명해 보시오.
- 열역학의 제1법칙과 제2법칙에 대해 아는 대로 말해 보시오.
- 디스플레이 산업과 타 산업 간의 융합에 대한 아이디어를 제시해 보시오.
- 아이패드와 같이 시장에서 관심을 받는 제품들의 특징을 설명해 보시오.

(2) 2차 면접

❶ 면접 위원 : 3명
❷ 면접 시간 : 약 20 ~ 25분
❸ 면접 형태 : 다대일 면접
❹ 면접 내용 : 자기소개를 바탕으로 한 인성 관련 질문과 직무 관련 질문이 주어지며, LG디스플레이의 인재상에 부합하는 대답을 자신의 경험과 연결시켜 대답하는 것이 중요하다.

[기출 질문]
- LG Way가 무엇인지 설명해 보시오.
- LG그룹 홈페이지는 얼마나 자주 접속하는지 말해 보시오.
- 자신의 장단점에 대해 설명해 보시오.
- 자신과 닮은 동물에 대해 이야기해 보시오.
- 휴학한 이유는 무엇인가?
- 직무를 지원한 이유를 말해 보시오.
- 자기소개에 고집이 센 성격이라고 기술하고 있는데, 구체적으로 어떠한 성격인지 말해 보시오.
- 학점이 낮은 이유는 무엇인지 설명해 보시오.
- 지금까지 살아오면서 가장 힘들었던 경험에 대해 말해 보시오.
- 힐러리와 트럼프에 대한 자신의 생각을 말해 보시오.
- 자신의 도덕적 점수를 측정해 보시오.
- 자신만의 스트레스 풀이법은 무엇인가?
- 학부 시절 가장 잘했던 과목은 무엇인가?
- 회사에 입사하게 된다면 이루고 싶은 것에 대해 말해 보시오.
- 팀플레이에서 자신이 맡았던 역할에 대해 설명해 보시오.
- 꿈이 무엇인가?
- 오늘 면접을 준비하면서 가장 중요하게 생각한 것이 무엇인지 말해 보시오.
- 야근이 잦은 편인데 가능한가?
- 야근하면 여가 생활을 전혀 못 하게 된다. 괜찮은가?
- 해외 공장에 파견될 경우 어떻게 할 것인가?
- 자신이 아는 공정에 대해 설명하시오.
- 1차 면접에서 자신이 부족하다고 생각하는 답변을 보완해 왔는가?
- 기성세대와 MZ세대 간의 갈등원인은 무엇인가?
- 코로나 이후 당사 업종의 변화를 말해 보시오.

3. LG생활건강

치열한 무한경쟁하의 Global 경쟁에서 이기기 위한 세계적 수준의 경쟁력을 갖춘 인재를 채용하기 위해, LG생활건강은 이론에 강한 사람보다는 주어진 기회를 포착하여 결과를 창출해 나갈 인재를 추구한다. 이에 적합한 인재를 선발하기 위해 총 두 차례의 면접을 시행하고 있다.

(1) 1차 면접

❶ 면접 위원 : 3명
❷ 면접 시간 : 각 면접 위원마다 30분씩 총 1시간 30분
❸ 면접 형태 : 일대일 면접
❹ 면접 내용 : 인성 면접과 직무 면접으로 진행되며, 요즘엔 비대면 면접으로 이루어지는 경우가 많으니 이에 익숙해지는 연습을 하는 것이 중요하다.

① 직무 면접

[기출 질문]
- 방문판매 매출 증진을 위해 인터넷 채널을 활용하는 방안에 관한 문제에 대해 말해 보시오.
- 주어진 자료 속 더페이스샵의 매출을 분석한 후 향후 전략을 말해 보시오.
- 인터넷 채널에 적합한 제품과 자신이 생각하는 전략에 대해 설명해 보시오.
- 중국인 관광객의 자유 관광객 비율이 점점 늘고 있는데 이에 대한 LG생활건강의 대처 방안에 대해 이야기해 보시오.
- 고령화 사회에서 자신이 생각하는 회사 차원의 해결책에 대해 말해 보시오.
- 중국의 특정 도시([예] 상해) 진출 방안에 대해 이야기해 보시오.
- LG생활건강의 제품 중 관심 있게 보고 사용한 제품은 무엇인가?
- 앞으로의 업계 동향은 어떻게 변화할 것이라고 예상하는가?
- 본인이 설명한 내용이 변수가 생겨서 실패하게 되었을 때의 대안은?
- LG생활건강 브랜드와 타 브랜드가 콜라보를 하는 것에 대해 어떻게 생각하는가?
- LG생활건강 브랜드 중 맡아보고 싶은 브랜드와 그 이유에 대해 설명해 보시오.

② 인성 면접

[기출 질문]
- 자기소개를 해 보시오.
- LG생활건강에 지원한 이유는 무엇인가?
- 왜 영업 직무에 지원하였는가?
- 영업 관리 직무를 지원하기 위해 전공을 선택한 것인가? 아니라면 자신의 전공을 선택한 이유는 무엇인가?
- 지원 직무가 전공과 관련이 없는 것 같다. 왜 영업 관리를 지원하였는가?
- 우리 회사에 입사하기 위해 어떠한 노력을 했는지 말해 보시오.
- 자신의 성격에 관해 설명해 보시오.
- 마지막으로 하고 싶은 말을 해 보시오.
- 불가능한 일에 도전해 본 경험이 있는가?

- 어려운 상황을 극복했던 경험에 대해 말해 보시오.
- 다른 사람과 함께 협력해서 일을 했던 경험과 어떤 어려움이 있었는지에 대해 말해 보시오.
- 일을 하면서 받은 스트레스는 어떻게 푸는가?

4. LG화학

LG화학은 LG Way에 대한 신념과 실행력을 겸비한 사람을 인재상으로 '꿈과 열정을 가지고 세계 최고에 도전하는 사람', '고객을 최우선으로 생각하고 끊임없이 혁신하는 사람', '팀웍을 이루며 자율적이고 창의적으로 일하는 사람' 그리고 '꾸준히 실력을 배양하여 정정당당하게 경쟁하는 사람'을 인재상으로 추구한다. 이에 적합한 인재를 선발하기 위해 영어 면접, PT 면접, 직무역량 면접, 인성 면접 등의 다양한 방식을 활용한다.

(1) AI 면접

(2) 1차 면접

영어 면접, PT 면접, 직무역량 면접으로 총 3가지의 면접을 보게 되며, 자신이 속한 조에 따라 먼저 영어 면접을 볼 수 있고, 또는 PT 면접이나 직무역량 면접을 먼저 볼 수 있다.

① 영어 면접
- ❶ 면접 위원 : 1명
- ❷ 면접 시간 : 약 60분
- ❸ 면접 형태 : 일대다 면접
- ❹ 면접 내용 : 원어민과 진행되는 면접으로 일상회화 수준이기 때문에 난이도가 높은 편은 아니지만, 질문에 대해 짧더라도 명확하게 문장을 완성하여 답하는 것이 좋다. A, B, C, D 등급의 평가가 매겨지며, 꼬리잡기 질문, 한국어로도 생각을 하고 대답해야 하는 추상적인 질문이 주어지므로 평소 다양한 질문의 답변을 준비해야 한다.

> [기출 질문]
> - 고향을 설명해 보시오.
> - 요리를 잘하는가?
> - 학교는 어디인가?
> - 다른 사람과 갈등을 해결하는 자신만의 방법을 이야기해 보시오.
> - 시골 생활이 좋은 이유를 설명해 보시오.
> - 여행을 좋아한다고 했는데, 다시 가고 싶은 도시나 가보고 싶은 도시가 있는가?
> - 해외에서 비행기를 놓쳤으면 어떻게 할 것인가?
> - 본인을 5가지 물건에 빗대서 표현한다면?
> - 갑자기 천만 원이 생기면 무엇을 하고 싶은가?

② PT 면접
- ❶ 면접 위원 : 3명
- ❷ 면접 시간 : 준비시간 포함 약 40분
- ❸ 면접 형태 : 다대일 면접

❹ 면접 내용 : 30분 동안 주어진 자료를 해석한 후에 한 장 분량으로 요약해서 3분가량 발표를 진행한다. 주어진 3가지의 대안에 대한 최종 결과를 발표해야 하는데, 30분 동안 1장의 슬라이드에 모든 자료를 축약하는 것이 쉽지 않으므로 평소에 자료를 해석하고 요약하는 연습을 충분히 해둔다.

[기출 질문]
생산설비 교체, 신규공장 증설, 제휴를 통해 중국시장을 공략하고자 한다. 다음 3가지의 대안 중 어떤 대안이 최적인지 설명해 보시오.

③ 직무역량 면접
❶ 면접 위원 : 3명
❷ 면접 시간 : 약 40분
❸ 면접 형태 : 다대다 면접
❹ 면접 내용 : 실무와 관련된 역량을 평가하기 위한 질문이나 자기소개서와 관련된 질문이 주를 이룬다.

[기출 질문]
• 지원한 직무를 수행하면서 가장 중요한 자질은 무엇인지 말해 보시오.
• 부서에서 직무 수행에 가장 효과적인 방법이 무엇인지 말해 보시오.
• 직무수행에 있어 실제로 회사가 무슨 일을 하는지 알고 있는가? 알고 있다면 말해 보시오.
• 학점이 높은데 연구를 해보겠다거나 석·박사까지 생각해보지 않았는가?
• 각자가 두려워하는 것에 대해 말해 보시오.
• 서울과 오창에서 근무할 수 있는데 오창 근무를 지원한 이유는?
• 오창 근무를 하게 되면, 생산라인에 물품이 들어가는 것을 돕는 역할을 하는데, 이 일이 재무제표에 어떤 영향을 끼치게 될 것인지 설명하시오.
• 우리 회사의 재무제표를 읽고 왔는가? 읽었다면 자신의 직무와 관련하여 우리 회사의 전략의 장단점이 무엇이라고 생각하는가?
• 대차대조표에 관해 설명하시오.
• 업무에서 전략이 굉장히 중요한데, 본인이 전략적으로 계획해서 성과를 낸 경험을 설명하시오.
• 학교생활을 하면서 가장 중시한 것은 무엇인가?
• (구매 직무) 구매에서 현직으로 일하다보면 어떠한가?
• 구매 업무에 관심을 갖게 된 계기는 무엇인가?
• 그 관심을 실현하기 위해 무엇을 준비했는가?
• 회사의 어느 부분에서 일하고 싶은가?
• 설비 중에서 가장 중요하게 생각해야 할 것은 무엇인가?
• 현재 다니고 있는 회사가 있는데 왜 LG화학에 지원했는가?
• 현재 직무와 자신의 전공이 잘 맞지 않는데 어떻게 생각하는가?
• 본인 성격의 장단점을 설명하시오.
• 20년 후의 목표를 설명하시오.

(3) 2차 면접

❶ 면접 위원 : 3명

❷ 면접 시간 : 약 30분

❸ 면접 형태 : 다대다 면접

❹ 면접 내용 : 20분 정도 진행되는 임원 면접으로 지원자의 가치관 및 인성은 물론, 판단력, 순발력, 대응력 등을 평가하는 면접이다. 주어진 질문에 대해 꾸밈없이 솔직하게 대답을 하는 것이 좋다.

[기출 질문]
- 최종 꿈이나 목표에 대해 말해 보시오.
- 친구들에게 자주 듣는 말은 무엇인가?
- 자신의 솔직함은 어느 정도인지 말해 보시오.
- 왜 화학공학에 지원했는가?
- 자신이 생각하는 자신의 장점은 무엇인지 말해 보시오.
- (구매 직무) 구매 직무가 무엇이라고 생각하는가?
- 토요일 아침 9시에 천만 원으로 장사를 해서 오후 5시까지 1,200만 원을 만들어야 한다. 어떤 것을 하겠는가?
- (위의 질문과 관련하여) 이 질문을 한 이유가 무엇이라고 생각하는가?
- 내가 판매하는 제품이 A고객과 함께 살고 있는 가족들도 다 하나씩 갖고 있는 제품이라면 어떻게 할 것인가?

5. LG서브원

LG서브원은 열정을 갖고 자기 혁신을 통해 고객 신뢰와 고객 감동의 자부심을 가진 인재를 추구한다. 이러한 인재상에 적합한 인재를 선발하기 위해 1차, 2차 면접을 시행하고 있다.

(1) 1차 면접

❶ 면접 위원 : 3명

❷ 면접 시간 : 약 30분

❸ 면접 형태 : 다대다 면접

❹ 면접 내용 : 자신의 전공과 자기소개서에 대한 질문을 주로 한다. 경우에 따라 꼬리 질문과 약간의 압박 질문 등의 돌발질문을 하는 경우가 있으니 지원자는 자기소개서를 바탕으로 철저한 준비가 필요하다.

[기출 질문]
- 1분 자기소개해 보시오.
- 학부시절 좋아했던 과목에 대해 말해 보시오.
- 신입지원을 하기엔 나이가 많은 편이다. 공백기 동안 무엇을 했는지 말해 보시오.
- LG서브원에 입사하기 위해 자신이 준비한 것에 대해 말해 보시오.
- 군 면제 사유에 대해 말해 보시오.

- 직무, 회사와 관련 없이 자신의 인생에서의 최종 목표를 말해 보시오.
- 지원동기를 말해 보시오.
- 본인이 상사와 갈등이 생긴다면 어떻게 해결할 것인가?
- 마지막으로 하고 싶은 말이 있는가?
- (영업직무) 내가 생각하는 영업인의 자세는?
- 현재 채용 과정에 있는 다른 회사가 몇 개 있는가? 주로 어떤 직무를 지원했는가?
- 고객의 니즈를 파악하겠다고 적었는데, 실제 고객의 니즈가 무엇이라고 생각하는지?
- LG서브원의 고객사가 어디라고 생각하는가?
- 경험은 다른 분야로 더 있는 것 같은데, 왜 영업인가?
- 지방현장에 장기간 근무가 가능한가?
- 연봉에 대한 자신의 기준이 있는가?
- 자신이 생각하는 영업인의 자세란 무엇이라고 생각하는지 말해 보시오.

(2) 2차 면접

❶ 면접 위원 : 3명
❷ 면접 시간 : 약 30분
❸ 면접 형태 : 다대다 면접
❹ 면접 내용 : 인성 위주의 면접이다. 3명의 면접 위원과 지원자 3명이 한 조가 되어 진행되며 경우에 따라 회사와 관련된 질문을 하기도 한다.

[기출 질문]
- LG서브원에 관해 자신이 아는 모든 지식을 말해 보시오.
- 지방근무가 가능한가?
- LG서브원의 연혁에 대해 말해 보시오.
- 자신의 직무에서 가장 중요한 것이 무엇이라고 생각하는가?
- 품질을 올리기 위해서 가장 중요한 일이 무엇이라고 생각하는가?
- 처음 예산과 다른 비용이 필요한 경우가 있는데 어떻게 행동할 것인가?

6. LG하우시스

LG하우시스는 LG Way에 대한 신념과 실행력을 겸비한 인재를 채용하기 위해 두 차례의 면접을 시행하고 있다.

(1) 1차 면접

❶ 면접 위원 : 3명

❷ 면접 형태 : 다대일 면접

❸ 면접 내용 : PT 면접과 일반 면접으로 진행되며 질문을 주고 해당 과제에 대한 답을 작성하는 데 90분의 시간이 주어진다. 그 후에 일반 면접이 추가로 진행된다.

> [기출 질문]
> • QCD의 최적점을 찾으시오.
> • 환율 및 금리에 관한 주제
> • 사이클론에 대한 지식과 시뮬레이션에 관한 주제
> • 내년 상반기를 대비한 신제품을 기획해 보시오.
> • 스트레스를 심하게 받았던 경험은?
> • 인생에서 가장 힘들었던 경험은?
> • 하우시스와 관련한 경험이 있는가?
> • 면접 준비는 어떻게 했는가?
> • 입사 후 어떤 일을 하고 싶은가?

(2) 2차 면접

❶ 면접 위원 : 2명

❷ 면접 시간 : 약 40분

❸ 면접 형태 : 다대다 면접

❹ 면접 내용 : 자기소개서 내용 위주의 질문이 주로 나오며 지원자의 가치관 및 인성에 대해 평가한다.

> [기출 질문]
> • 생산기술에서 가장 중요한 것은 무엇이라고 생각하는지 말해 보시오.
> • 왜 국내영업에 지원했는가?
> • 지방근무를 해도 괜찮은가?
> • 영업 왜 다른 직무를 하게 된다면 어떻게 할 것인가?
> • 중요한 업무가 있는데 시간 내에 마치지 못할 것 같은 경우 어떻게 할 것인지 말해 보시오.
> • 사내 연애에 대해서 어떻게 생각하는가? 만약 헤어졌을 때 업무상 차질이 있지 않겠는가?
> • 자기소개 및 지원동기를 말해 보시오.
> • 졸업 후 공백기간이 길다. 공백기간 동안 무엇을 했는지 말해 보시오.
> • 입사를 하게 된다면 어떤 부서에 들어가고 싶은지 구체적인 이유와 함께 말해 보시오.
> • 지원한 다른 회사가 있는가?
> • 혼자 살아본 경험이 있는가?

- 구매와 소비의 차이가 무엇인가?
- AI 면접에 대해 어떻게 생각하는가?
- 밀레니얼 세대와 Z세대의 차이에 대해 말해 보시오.

7. LG CNS

LG CNS는 최고의 IT서비스 기술역량을 갖춘 정예 전문가 양성을 위해 다양한 우수 인재 확보 전략 및 IT 기술 전문가 육성 프로그램 운영 등 사업 환경 변화에 따른 인재육성을 체계적으로 실시하고 있다. 이를 위해 직무 면접 진행 후, SW Boot Camp를 진행하여 잠재력 있는 인재를 채용하고 있다.

(1) 1차 면접

❶ 면접 시간 : 약 40분
❷ 면접 내용 : 기술 면접으로 2 : 2로 진행된다. 자기소개서를 기반으로 역량이나 수행했던 프로젝트 등에 대한 질문을 한다. 전공 관련 전문 지식에 대해 물어보기도 하므로 다양한 질문에 대한 답변을 준비하는 것이 중요하다.

[기출 질문]
- 영어 성적과 중국어 성적이 좋은데 특별한 이유는 무엇인가?
- 야근이 많은 편인데 잘할 수 있는가?
- 지방 근무가 가능한가?
- 처음 입사 후 몇 달은 자신이 생각한 업무와 다른 사소한 업무를 할 것이다. 이에 대해 어떻게 생각하는지 말해 보시오.
- 창업 동아리에서 무엇을 했으며, 자신의 역할은 무엇이었는지 말해 보시오.
- 10년 후 회사에서 자신의 직위는 무엇일 것이라고 예측하는가?
- 자신이 지원한 분야를 사촌 동생에게 설명을 한다면 어떻게 할 것인지 말해 보시오.
- LG CNS가 바라는 인재상에 대해 본인의 생각을 말해 보시오.
- 남들이 평가하는 성격과 자신 스스로 평가하는 성격에 대해 말해 보시오.
- 신입사원 교육 프로그램이 없다면 어떻게 업무를 시작할 것인가?
- (IT 직무) 어떤 프로그램을 잘 사용하는가? 그 프로그램에 대한 설명을 해 보시오.
- 스마트팩토리란 무엇이라고 생각하는가?
- 외운 자기소개 말고, 다른 자기소개를 해 보시오.
- 지금 당장 개발 환경을 스스로 만들어서 적용시킬 수 있겠는가?
- 클라우드 직무를 하는 데에 있어 본인이 가장 자신 있게 배운 것에 대해 설명해 보시오.
- 멀티 클라우드로 시스템을 구축할 때 어떤 점을 주의해야 하는지 설명해 보시오.

(2) 2차 면접

❶ 면접 시간 : 약 40분

❷ 면접 내용 : 임원 면접으로 주로 지원자의 가치관 및 인성에 대해 평가한다.

[기출 질문]
• 본인의 장단점 및 극복 방법에 대해 말해 보시오.
• LG CNS를 어떻게 알게 되었고, IT서비스가 무엇이라고 생각하며, 그걸 IT서비스에 어떻게 적용할 것인가?
• LG CNS의 단점과 보완하기 위한 노력에 대해 말해 보시오.
• 가치관과 연봉 중 어떤 것이 더 중요한가?
• 본인은 컨설턴트인가 IT 전문가인가?
• 품질과 납기일 중 어떤 것이 더 중요한가?
• 어떤 분야에 관심이 있는지 말해 보시오.

앞선 정보 제공! 도서 업데이트

언제, 왜 업데이트될까?

도서의 학습 효율을 높이기 위해 자료를 추가로 제공할 때!
공기업 · 대기업 필기시험에 변동사항 발생 시 정보 공유를 위해!
공기업 · 대기업 채용 및 시험 관련 중요 이슈가 생겼을 때!

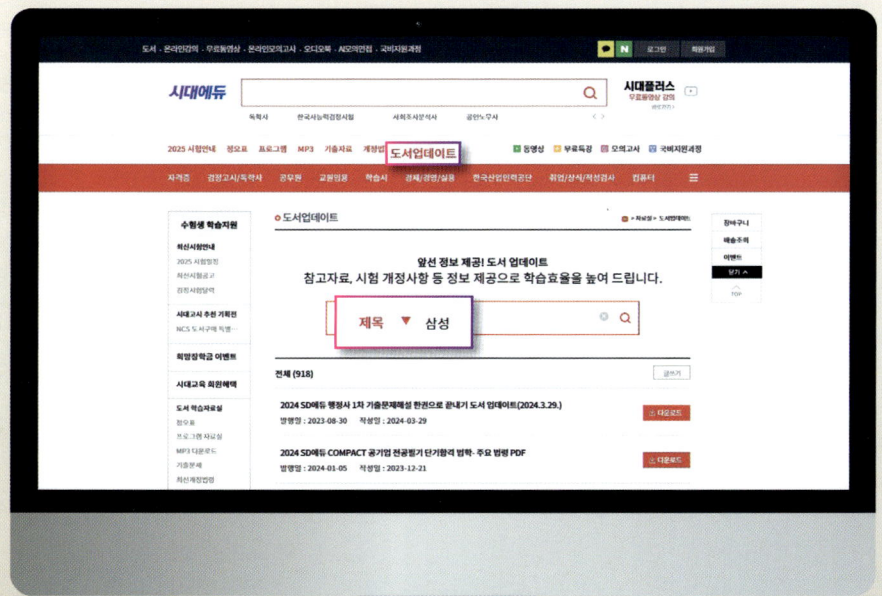

01 시대에듀 도서
www.sdedu.co.kr/book
홈페이지 접속

02 상단 카테고리
「도서업데이트」
클릭

03 해당
기업명으로
검색

참고자료, 시험 개정사항 등 정보 제공으로 학습효율을 높여 드립니다.

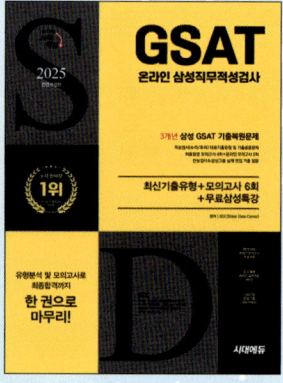

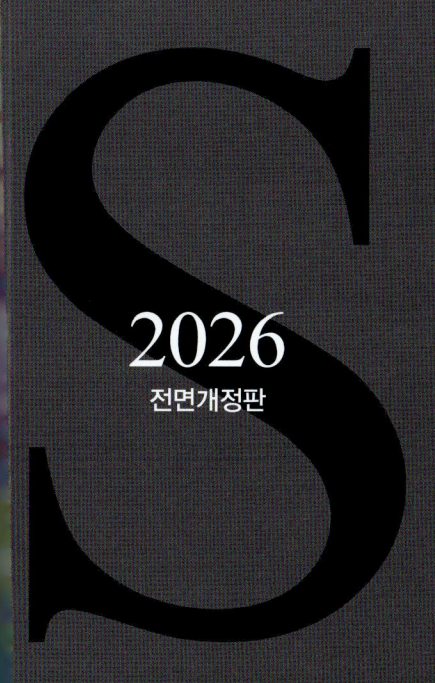

S

2026
전면개정판

LG그룹
온라인 인적성검사

통합기본서

편저 | SDC(Sidae Data Center)

정답 및 해설

누적 판매량
1위
대기업 인적성검사
시리즈

유형분석 및 모의고사로
최종합격까지

한 권으로
마무리!

SDC
SDC는 시대에듀 데이터 센터의 약자로
약 30만 개의 NCS · 적성 문제 데이터를
바탕으로 최신 출제경향을 반영하여
문제를 출제합니다.

시대에듀

PART 1

대표기출유형

끝까지 책임진다! 시대에듀!

QR코드를 통해 도서 출간 이후 발견된 오류나 개정법령, 변경된 시험 정보, 최신기출문제, 도서 업데이트 자료 등이 있는지 확인해 보세요! **시대에듀 합격 스마트 앱**을 통해서도 알려 드리고 있으니 구글 플레이나 앱 스토어에서 다운받아 사용하세요. 또한, 파본 도서인 경우에는 구입하신 곳에서 교환해 드립니다.

01 | 언어이해

대표기출유형 01 | 기출응용문제

01

정답 ①

제시문은 싱가포르가 자동차를 어떻게 규제하고 관리하는지를 설명하고 있다. 따라서 글의 주제로 가장 적절한 것은 '싱가포르의 자동차 관리 시스템'이다.

02

정답 ③

제시문은 자동차 에어컨 필터의 역할, 교체 주기, 교체 방법, 주행 환경에 따른 필터의 선택 등 자동차 에어컨 필터를 관리하는 방법에 대해 포괄적으로 설명하고 있는 글이다. 따라서 글의 제목으로 가장 적절한 것은 '자동차 에어컨 필터의 관리 방법'이다.

오답분석

① · ② 일부 문단의 중심 내용으로 글 전체를 포함하는 제목이 아니다.
④ 여름철 자동차 에어컨 사용 시 필터를 주기적으로 교체해 주어야 한다고 설명하지만, 자동차 에어컨 취급 유의사항에 대한 내용은 없다.
⑤ 호흡기 질환은 오래 방치한 자동차 에어컨 필터의 곰팡이가 유발한다.

03

정답 ②

제시문은 제4차 산업혁명으로 인한 노동 수요 감소로 인해 나타날 수 있는 문제점으로 대공황에 대한 위험을 설명하면서도, 긍정적인 시각으로 노동 수요 감소를 통해 인간적인 삶 향유가 이루어질 수 있다고 말한다. 따라서 제4차 산업혁명의 밝은 미래와 어두운 미래를 나타내는 ②가 글의 제목으로 적절하다.

대표기출유형 02 | 기출응용문제

01

정답 ④

먼저 보험료와 보험금의 산정 기준을 언급하는 (나) 문단이 오는 것이 적절하며, 다음으로 자신이 속한 위험 공동체의 위험에 상응하는 보험료를 납부해야 공정하다는 (다) 문단이 오는 것이 적절하다. 이후 '따라서' 공정한 보험은 납부하는 보험료와 보험금에 대한 기댓값이 일치해야 한다는 (라) 문단과 이러한 보험금에 대한 기댓값을 설명하는 (가) 문단이 차례로 오는 것이 적절하다.

02

정답 ③

제시문은 예술과 도덕의 관계에 대해 서로 다른 입장을 가진 극단적 도덕주의, 온건한 도덕주의, 자율성 주의를 설명하는 글이다. 따라서 (마) 사상사의 중요한 주제인 예술과 도덕의 관계 – (다) 예술과 도덕의 관계에 대한 서로 다른 입장 – (아) 예술작품을 도덕적 가치판단의 대상으로 보는 극단적 도덕주의 – (나) 극단적 도덕주의를 대표하는 톨스토이 – (가) 일부 예술작품만이 도덕적 판단의 대상으로 보는 온건한 도덕주의 – (바) 예술작품의 도덕적 가치와 미적 가치의 관계에 대한 온건한 도덕주의의 입장 – (라) 예술작품은 도덕적 가치판단의 대상이 될 수 없다는 자율성 주의 – (사) 도덕적 가치와 미적 가치의 관계에 대한 자율성 주의의 입장 순으로 나열하는 것이 적절하다.

03

정답 ③

제시된 글은 경기적 실업에 대한 고전학파의 입장을 설명하고 있으며 (나)의 '이들'은 바로 이 고전학파를 지시하고 있다. 즉, 제시된 글 바로 다음에 (나)가 와야 함을 알 수 있다. 다음으로 (가)의 '이렇게 실질임금이 상승하게 되면'을 통해 실질임금 상승에 대해 언급하는 (나) 뒤에 (가)가 이어져야 함을 알 수 있다. 마지막으로 정부의 역할에 반대하는 고전학파의 주장을 강조하는 (다)는 결론에 해당된다. 따라서 (나) – (가) – (다)의 순으로 나열하는 것이 적절하다.

대표기출유형 03 기출응용문제

01

정답 ③

용융 탄산염형 연료전지는 고온에서 고가의 촉매제가 필요하지 않고, 열병합에 용이한 덕분에 발전 사업용으로 활용할 수 있다. 또한 고체 산화물형 연료전지는 $800 \sim 1,000°\text{C}$의 고온에서 작동하여 발전 시설로서 가치가 크다. 따라서 발전용으로 적절한 연료전지는 용융 탄산염형 연료전지와 고체 산화물형 연료전지이다.

오답분석

① 알칼리형 연료전지는 연료나 촉매에서 발생하는 이산화탄소를 잘 버티지 못한다는 단점 때문에 1960년대부터 우주선에 주로 사용해 왔다.
② 인산형 연료전지는 진한 인산을 전해질로, 백금을 촉매로 사용한다.
④ 고체 산화물형 연료전지는 전해질을 투입하지 않는 것이 아니라, 전해질이 고체 세라믹이어서 전지의 부식 문제를 보완한 형태이다.
⑤ 고분자 전해질형 연료전지는 수소에 일산화탄소가 조금이라도 들어갈 경우 백금과 루테늄의 합금을 촉매로 사용한다.

02

정답 ④

마지막 문단에서 정약용은 청렴을 지키는 것의 효과로 첫째, '다른 사람에게 긍정적 효과를 미친다.', 둘째, '목민관 자신에게도 좋은 결과를 가져다준다.'고 하였으므로 ④가 글의 내용으로 가장 적절하다.

오답분석

① 두 번째 문단의 '정약용은 청렴을 당위 차원에서 주장하는 기존의 학자들과 달리 행위자 자신에게 실질적 이익이 된다는 점을 들어 설득하고자 한다.'를 통해 적절하지 않음을 알 수 있다.
② 두 번째 문단에서 정약용은 "지자(知者)는 인(仁)을 이롭게 여긴다."라는 공자의 말을 빌려 "지혜로운 자는 청렴함을 이롭게 여긴다."라고 하였으므로 공자의 뜻을 계승한 것이 아니라 공자의 말을 빌려 청렴의 중요성을 강조한 것을 알 수 있다.
③ 두 번째 문단에서 '지혜롭고 욕심이 큰 사람은 청렴을 택하지만 지혜가 짧고 욕심이 작은 사람은 탐욕을 택한다.'라고 하였으므로 청렴한 사람은 욕심이 크기 때문에 탐욕에 빠지지 않는다는 것이 적절하다.
⑤ 첫 번째 문단에서 '이황과 이이는 청렴을 사회 규율이자 개인 처세의 지침으로 강조하였다.'라고 하였으므로 이황과 이이는 청렴을 사회 규율로 보았다는 것을 알 수 있다.

03

제시문에서 레비스트로스는 신화 자체의 사유 방식이나 특성을 특정 시대의 것으로 한정하는 오류를 범하고 있다고 언급하였다. 과거 신화시대에 생겨난 신화적 사유는 신화가 재현되고 재생되는 한 여전히 시간과 공간을 뛰어 넘어 현재화되고 있다.

04

권위를 제한적으로 사용한다면 구성원들의 자발적인 복종을 가져올 수 있다. 따라서 권위를 전혀 사용하지 않는 것은 적절하지 않다.

오답분석

① 덕으로 조직을 이끄는 것은 구성원들의 행동에 긍정적인 효과를 미친다.
③ 리더가 덕을 바탕으로 행동하면 구성원들은 마음을 열고 리더의 편이 된다.
④ 조직에서 성과를 끌어내기 위한 가장 좋은 방법은 구성원들 스스로 맡은 일에 전념하게 하는 것이다. 지속적으로 권위적인 행동을 하는 것은 권위없이 움직일 수 없는 비효율적인 집단이 되게 만드므로 적절하지 않다.
⑤ 리더의 강압적인 행동이나 욕설은 구성원들의 '침묵 효과'나 무엇을 해도 소용이 없을 것이라 여겨 저항 없이 시키는 일만 하는 '학습된 무기력'의 증상을 야기할 수 있다.

대표기출유형 04 기출응용문제

01

전력 데이터는 이미 수집되고 있다. 전력 데이터 외에도 수도나 가스 등 다양한 이종 데이터가 융합될 것으로 기대되고 있다.

오답분석

① '1인 가구 안부 살핌 서비스'는 전력 빅데이터와 통신데이터를 분석하여 고독사를 예방하는 인공지능 서비스이다.
② 서비스는 오토 인코더 모델을 기반으로 설계되었으며, 평소와 다른 비정상적인 사용패턴이 모델에 입력되면 돌봄 대상의 안부에 이상이 있다고 판단하고 지자체 담당 공무원에게 경보 SMS를 발송하는 알고리즘을 가지고 있다.
④ 서비스 실증사업이 광주광역시 광산구 우산동에서 실시되었기 때문에 그 지역 사람들이 처음으로 해당 서비스를 사용해봤음을 알 수 있다.
⑤ 우산동의 관리 지역은 나이가 많고 혼자 사는 분들이 많아 고독사가 발생할 가능성이 크다고 한 내용으로 보아 서비스의 주 대상은 독거노인층이다.

02

두 번째 문단에 따르면 전문 화가들의 그림보다 문인사대부들의 그림을 더 높이 사는 풍조는 동양 특유의 문화 현상에서만 나타나는 것이므로 서양 문화에서는 아마추어격인 문인사대부들의 그림보다 전문 화가들의 그림을 더 높게 평가하였을 것이다.

오답분석

① 문방사우를 이용해 그린 문인화(文人畵)는 화공들이 아닌 문인사대부들이 주로 그렸다.
② 두 번째 문단에 따르면 두 개의 회화적 전통이 성립된 곳은 오로지 극동 문화권뿐이라고 하였으므로 적절하지 않다.
④ 두 번째 문단에 따르면 문인사대부들은 정교한 기법이나 기교에 바탕을 둔 장식적인 채색풍을 멀리하였고, 동기창(董其昌)은 정통적인 화공보다 이러한 문인사대부들의 그림을 더 높이 평가하였으므로 적절하지 않다.
⑤ 동양 문화를 대표하는 지·필·묵은 동양 문화 내에서 사유 매체로서의 기능을 담당한 것이므로 적절하지 않다.

03

화폐 통용을 위해서는 화폐가 유통될 수 있는 시장이 성장해야 하고, 농업생산력이 발전해야 한다. 그러나 서민들은 물품화폐를 더 선호하였고, 일부 계층에서만 화폐가 유통되었다. 그러므로 광범위한 동전 유통이 실패한 것이다. 따라서 화폐의 수요량에 따른 공급은 화폐가 유통된 이후의 조선 후기에 해당하는 내용이다.

대표기출유형 05   기출응용문제

01

글의 핵심 논점을 잡으면 첫째 문단의 끝에서 '제로섬(Zero-sum)적인 요소를 지니는 경제 문제'와 둘째 문단의 끝에서 '우리 자신의 수입을 보호하기 위해 경제적 변화가 일어나는 것을 막거나 혹은 사회가 우리에게 손해를 입히는 공공정책이 강제로 시행되는 것을 막기 위해 싸울 것'을 들 수 있다. 따라서 제시문은 사회경제적인 총합이 많아지는 정책, 즉 '사회의 총생산량이 많아지게 하는 정책이 좋은 정책'이라는 주장에 대한 비판이라고 할 수 있다.

02

제시문에서는 저작권 소유자 중심의 저작권 논리를 비판하며 저작권의 의의를 가지려면 저작물이 사회적으로 공유되어야 한다고 주장하고 있다. 따라서 이 주장에 대한 비판으로 ②가 가장 적절하다.

03

마지막 문단에 따르면 와이츠가 말하는 예술의 '열린 개념'은 '가족 유사성'에 의해 성립하며, 와이츠는 '열린 개념'은 무한한 창조성이 보장되어야 하는 예술에 적합한 개념이라고 주장한다. 따라서 ①에서처럼 '아무런 근거 없이 확장된다.'는 것은 적절하지 않다.

[오답분석]
② 마지막 문단에 따르면 와이츠는 예술을 본질이 아닌 가족 유사성만을 갖는 '열린 개념'으로 보았다. 즉, 예술의 근거를 하나의 공통적 특성이 아닌 구성원 일부의 유사성으로 보았으므로 예술 내에서도 두 대상이 서로 닮지 않을 수 있다.
③ 마지막 문단에 따르면 와이츠는 전통적인 관점에서의 표현이나 형식은 예술의 본질이 아니라 좋은 예술의 기준으로 이해되어야 한다고 보았다.
④ · ⑤ 마지막 문단에 따르면 와이츠가 말하는 '열린 개념'은 '주어진 대상이 이미 그 개념을 이루고 있는 구성원 일부와 닮았다면, 그 점을 근거로 하여 얼마든지 그 개념의 새로운 구성원이 될 수 있을 만큼 테두리가 열려 있는 개념'이다. 따라서 와이츠의 이론은 현대와 미래의 예술의 새로운 변화를 유용하게 설명할 수 있다.

04

보기의 밑줄 친 부분을 반박하는 주장은 '인간에게 동물의 복제 기술을 적용해서는 안 된다.'이므로, 이를 뒷받침하는 근거이되 인터뷰의 내용과 부합하지 않는 것이 문제가 요구하는 답이다. 인터뷰에서 복제 기술을 인간에게 적용했을 때 발생할 수 있는 문제점으로 지적한 것은 '기존 인간관계의 근간을 파괴하는 사회 문제'와 '바이러스 등 통제 불능한 생물체가 만들어질 가능성' 그리고 '어느 국가 또는 특정 집단이 복제 기술을 악용할 위험성' 등이다. 그러나 ③의 내용은 인간에게 복제 기술을 적용했을 때 나타날 수 있는 부작용인지를 판단할 자료가 인터뷰에 제시되지 않았다. 또한 상식적인 수준에서도 생산되는 복제 인간의 수는 통제할 수 있으므로 밑줄 친 부분을 반박할 근거로는 적절하지 않다.

02 | 언어추리

01

정답 ⑤

'커피를 많이 마시다.'를 A, '카페인을 많이 섭취한다.'를 B, '불면증이 생긴다.'를 C라고 하면 전제1은 A → B, 전제2는 ~A → ~C이다. 전제2의 대우는 C → A이므로 C → A → B가 성립한다. 따라서 C → B인 '불면증이 생기면 카페인을 많이 섭취한 것이다.'가 옳다.

02

정답 ⑤

'지구 온난화 해소'를 A, '탄소 배출을 줄인다.'를 B, '기후 위기가 발생한다.'를 C라고 하면, A → B이고, ~A → C이다. 두 번째 명제의 대우는 ~C → A이므로 ~C → A → B가 성립한다.
따라서 ~C → B인 '기후 위기가 발생하지 않으려면 탄소 배출을 줄여야 한다.'가 옳다.

03

정답 ②

'무거운 물건을 들 수 있다.'를 A, '근력이 좋다.'를 B, '근육을 키운다.'를 C라고 하면, A → B이고, 결론은 ~C → ~A이다. 결론의 대우가 A → C이므로 A → B → C가 성립하기 위해서 필요한 두 번째 명제는 B → C이다.
따라서 '근력이 좋으려면 근육을 키워야 한다.'가 옳다.

01

정답 ③

제시된 명제를 벤다이어그램으로 나타내면 다음과 같다.

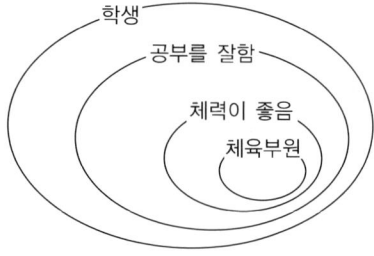

모든 체육부원은 체력이 좋고, 체력이 좋으면 공부를 잘하므로 어떤 체육부원이든 모든 체육부원은 공부를 잘한다.

① 체력이 좋은 학생 중 체육부원이 아닌 학생이 존재할 수 있다.
② 공부를 잘하는 사람 중 체력이 좋지 않은 학생이 존재할 수 있다.
④ 모든 학생이 체력이 좋지는 않다.
⑤ 어떤 학생은 공부를 잘하지만 모든 학생이 공부를 잘하는지는 알 수 없다.

02　　정답　④

마지막 명제에 따르면 적어도 한 사람은 반대를 한다고 하였으므로 한 명씩 반대한다고 가정하고 접근한다.
• A가 반대한다고 가정하는 경우
　두 번째 조건에 의해 C는 찬성하고 E는 반대한다. 다섯 번째 조건에 의해 E가 반대하면 B도 반대한다. 이것은 세 번째 조건에서 B가 반대하면 A가 찬성하는 것과 모순되므로 A는 찬성한다.
• B가 반대한다고 가정하는 경우
　세 번째 조건에 의해 A는 찬성하고 D는 반대한다. 네 번째 조건에 의해 D가 반대하면 C도 반대한다. 이것은 두 번째 조건과 모순되므로 B는 찬성한다.
두 경우에서의 결론과 다섯 번째 조건의 대우(B가 찬성하면 E도 찬성한다)를 함께 고려하면 E도 찬성함을 알 수 있다. 또한 두 번째 조건의 대우(E가 찬성하거나 C가 반대하면, A와 D는 모두 찬성한다)에 의해 D도 찬성한다. 그러므로 C를 제외한 A, B, D, E 모두 찬성한다.
따라서 'C는 반대하고 D는 찬성한다.'가 반드시 참이다.

03　　정답　④

두 번째 조건에 따라 둘째 날에는 2시간 또는 1시간 30분의 발 마사지 코스를 선택할 수 있다.
• 둘째 날에 2시간의 발 마사지 코스를 선택하는 경우
　첫째 날에는 2시간, 셋째 날에는 1시간, 넷째 날에는 1시간 30분 동안 발 마사지를 받는다.
• 둘째 날에 1시간 30분의 발 마사지 코스를 선택하는 경우
　첫째 날에는 2시간, 셋째 날에는 30분, 넷째 날에는 1시간 또는 1시간 30분 동안 발 마사지를 받는다.
따라서 '현수는 셋째 날에 가장 짧은 마사지 코스를 선택하였다.'가 항상 참이다.

04　　정답　③

제시된 명제를 정리하면 다음과 같다.
• 첫 번째 조건 : 대우(B 또는 C가 위촉되지 않으면, A도 위촉되지 않는다)에 의해 A는 위촉되지 않는다.
• 두 번째 조건 : A가 위촉되지 않으므로 D가 위촉된다.
• 세 번째·네 번째 조건 : D가 위촉되었으므로 C와 E는 동시에 위촉될 수 없다.
• 다섯 번째 조건 : D가 위촉되므로 F도 위촉된다.
따라서 위촉되는 사람은 C 또는 E 중 1명과 D·F 2명이므로 총 3명이다.

01

첫 번째 조건에서 A는 3등 이상임을 알 수 있고, 두 번째 조건을 통해 1등과 2등은 D나 E이므로 A는 3등임을 알 수 있다. 남은 4등, 5등, 6등 중 세 번째 조건에 의해 B와 F는 연달아 들어오지 않았으므로 4등과 6등은 B나 F이며, 남은 5등은 C임을 알 수 있다.

02

주어진 조건에 따르면 김씨는 남매끼리 서로 인접하여 앉을 수 없으며, 박씨와도 인접하여 앉을 수 없으므로 김씨 여성은 왼쪽에서 첫 번째 자리에만 앉을 수 있다. 또한 박씨 남성 역시 김씨와 인접하여 앉을 수 없으므로 왼쪽에서 네 번째 자리에만 앉을 수 있다. 나머지 자리는 최씨 남매가 모두 앉을 수 있으므로 6명이 앉을 수 있는 경우는 다음과 같다.

• 경우 1

김씨 여성	최씨 여성	박씨 여성	박씨 남성	최씨 남성	김씨 남성

• 경우 2

김씨 여성	최씨 남성	박씨 여성	박씨 남성	최씨 여성	김씨 남성

따라서 경우 1과 경우 2 모두 최씨 남매는 왼쪽에서 첫 번째 자리에 앉을 수 없다.

[오답분석]
② 어느 경우에도 최씨 남매는 인접하여 앉을 수 없다.
③ 박씨 남매는 항상 인접하여 앉는다.
④ 최씨 남성은 박씨 여성과 인접하여 앉을 수도 있고 인접하여 앉지 않을 수도 있다.
⑤ 김씨 여성은 최씨 여성과 인접하여 앉을 수도 있고 인접하여 앉지 않을 수도 있다.

03

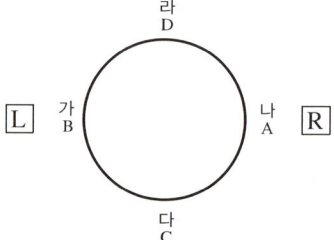

• 첫 번째 조건·다섯 번째 조건 : 다 직원의 위치는 시계 6시 방향이고, 9시 방향과 12시 방향은 각각 B인턴과 D인턴을 맡은 직원이 앉게 된다.
• 두 번째 조건 : A인턴을 맡은 직원은 3시 방향에 앉고, 세 번째 조건에 의하여 라 직원은 12시 방향에 앉아 있으므로 D인턴을 맡은 직원은 라 직원이다.
• 네 번째 조건 : 나 직원은 3시 방향에, 가 직원은 9시 방향에 앉아 있게 되므로 A인턴을 맡은 직원은 나 직원, B인턴을 맡은 직원은 가 직원이다. 즉, 남은 C인턴은 다 직원이 맡는다.

04

정답 ③

먼저 마지막 조건에 따라 D는 7호실에 배정되었으므로, B와 D의 방 사이에 3개의 방이 있다는 네 번째 조건에 따라 B의 방은 3호실임을 알 수 있다. 이때, C와 D의 방이 나란히 붙어 있다는 세 번째 조건에 따라 C는 6호실 또는 8호실에 배정될 수 있다.

• C가 6호실에 배정된 경우
두 번째 조건에 따라 B와 C의 방 사이의 거리는 D와 E의 방 사이의 거리와 같으므로 E는 4호실 또는 10호실에 배정될 수 있다. 그러나 E가 10호실에 배정된 경우 A와 B의 방 사이에는 모두 빈방만 있거나 C와 D 두 명의 방이 있게 되므로 첫 번째 조건과 모순된다. 따라서 E는 4호실에 배정되며, A ~ E가 배정받은 방은 다음과 같다.

1	2	3	4	5	6	7	8	9	10
		B	E	A	C	D			

• C가 8호실에 배정된 경우
두 번째 조건에 따라 B와 C의 방 사이의 거리는 D와 E의 방 사이의 거리와 같으므로 E는 2호실에 배정된다. 또한 첫 번째 조건에 따라 A와 B의 방 사이의 방에는 반드시 1명이 배정되어야 하므로 A는 1호실에 배정된다.

1	2	3	4	5	6	7	8	9	10
A	E	B				D	C		

따라서 항상 참인 것은 '9호실은 빈방이다.'의 ③이다.

대표기출유형 04 기출응용문제

01

정답 ②

• A의 진술이 참일 경우

구 분	대전지점	강릉지점	군산지점
A		○	○
B		○	
C		○	○

세 사람 중 누구도 대전지점에 가지 않았으므로 세 사람이 각각 다른 지점에 출장을 다녀왔다는 조건에 부합하지 않는다. 따라서 A의 진술은 거짓이다.

• B의 진술이 참일 경우

구 분	대전지점	강릉지점	군산지점
A	○		
B			○
C		○	

A는 대전지점에, B는 군산지점에, C는 강릉지점에 다녀온 것이 되므로 세 사람이 각각 다른 지점에 출장을 다녀왔다는 조건에 부합한다.

• C의 진술이 참일 경우

구 분	대전지점	강릉지점	군산지점
A	○		
B		○	
C	○		

세 사람 중 누구도 군산지점에 가지 않았고 A와 C가 모두 대전지점에 갔으므로 세 사람이 각각 다른 지점에 출장을 다녀왔다는 조건에 부합하지 않는다. 따라서 C의 진술은 거짓이다.

따라서 B의 진술이 참이 되고 이를 올바르게 나열한 것은 ②이다.

02

정답 ④

A의 진술 중 'D가 두 번째이다.'가 참이라고 가정하면 D, E의 진술 중 'E가 네 번째이다.'가 거짓이다. 따라서 A가 가장 많이 나오고, D가 두 번째이다. 그러면 B의 진술이 모두 거짓이므로 모순이다. A의 진술 중 '내가 세 번째이다.'가 참이다.

A가 세 번째이므로, C의 진술 중 'B가 제일 적게 나왔다.'가 참이고, E의 진술 중 '내가 네 번째이다.'가 참이므로 D의 진술 중 'E가 네 번째이다.'가 참이다. 또한 B의 진술 중 'C가 두 번째로 많이 나왔다.'가 참이다.

따라서 요금이 많이 나온 순으로 나열하면 D - C - A - E - B이다.

03

정답 ④

단 1명이 거짓말을 하고 있으므로 C와 D 중 1명은 반드시 거짓을 말하고 있다. 즉, C의 말이 거짓일 경우 D의 말은 참이 되며 D의 말이 참일 경우 C의 말은 거짓이 된다.

• D의 말이 거짓일 경우 : C와 B의 말이 참이므로 A와 D가 모두 1등이 되므로 모순이다.
• C의 말이 거짓일 경우 : A는 1등 당첨자가 되지 않으며, 나머지 진술에 따라 D가 1등 당첨자가 된다.

따라서 C가 거짓말을 하고 있으며, 1등 당첨자는 D이다.

04

정답 ④

홍보팀은 1 : 0으로 승리하였으므로 골을 넣은 사람은 1명임을 알 수 있다.

• A의 진술이 참인 경우 : 골을 넣은 사람이 C와 D 2명이 되므로 성립하지 않는다.
• B의 진술이 참인 경우 : B, C, D 3명의 진술이 참이 되므로 성립하지 않는다.
• C의 진술이 참인 경우 : 골을 넣은 사람은 D이다.
• D의 진술이 참인 경우 : A와 D 또는 C와 D 2명의 진술이 참이 되므로 성립하지 않는다.

따라서 C의 진술이 참이며, 골을 넣은 사람은 D이다.

05

정답 ④

• A의 말이 진실인 경우 : A와 동일하게 A가 사원이라고 말한 C도 진실이 된다. 진실을 말한 사람이 2명이 되므로, A와 C는 모두 거짓이다.
• E의 말이 진실인 경우 : B가 사원이므로 A의 'D는 사원보다 직급이 높아.'도 진실이 되어 역시 진실을 말한 사람이 2명이 되므로, E는 거짓이다. 따라서 B와 D 중 1명이 진실이다.
• B의 말이 진실인 경우 : E는 차장이고, B는 차장보다 낮은 3개 직급 중 하나이다. C가 거짓이므로 A가 과장이고, E가 거짓이기 때문에 B는 사원이 아니다. 그러므로 B는 대리가 되고, A가 거짓이므로 D는 사원이다. 이때 남은 부장 자리가 C여야 하는데 E가 거짓이므로 C는 부장이 될 수 없어 모순이 된다. 따라서 B는 거짓이고, D가 진실이 된다.
• D의 말이 진실인 경우 : E는 부장이고, C가 거짓이므로 A는 과장이며, A가 거짓이므로 D는 사원이다. 또한 B가 거짓이므로 B는 차장보다 낮은 직급이 아니기 때문에 차장이 되며, C는 대리가 된다.

따라서 진실을 말한 사람은 D이다.

06

작품상을 p, 감독상을 q, 각본상을 r, 편집상을 s라고 하면 심사위원의 진술은 다음과 같이 도식화할 수 있다.

- A : $\sim s \rightarrow \sim q$ and $\sim s \rightarrow r$
- B : $p \rightarrow q$
- C : $\sim q \rightarrow \sim s$
- D : $\sim s$ and $\sim r$

이때, D의 진술에 따라 편집상과 각본상을 모두 받지 못한다면, 편집상을 받지 못한다면 대신 각본상을 받을 것이라는 A의 진술이 성립하지 않으므로 A와 D의 진술 중 하나는 반드시 거짓임을 알 수 있다.

- D의 진술이 참인 경우 : 편집상과 각본상을 모두 받지 못하며, 최대 개수를 구하기 위해 작품상을 받는다고 가정하면 B의 진술에 따라 감독상도 받을 수 있다. 따라서 최대 2개의 상을 수상할 수 있다.
- D의 진술이 거짓인 경우 : 편집상과 각본상을 모두 받으며, 최대 개수를 구하기 위해 작품상을 받는다고 가정하면 감독상도 받을 수 있으므로 최대 4개의 상을 수상할 수 있다.

따라서 해당 작품이 수상할 수 있는 상의 최대 개수는 4개이다.

03 | 자료해석

대표기출유형 01 기출응용문제

01
정답 ③

참여율이 4번째로 높은 해는 2021년이다.

(참여율의 증가율)$=\dfrac{(해당연도\ 참여율)-(전년도\ 참여율)}{(전년도\ 참여율)}\times100$이므로 $\dfrac{6.9-5.7}{5.7}\times100\fallingdotseq21\%$이다.

02
정답 ③

연도별로 발굴 작업 비용을 계산하면 다음과 같다.
- 2021년 : $(21\times120,000)+(10\times30,000)+(13\times200,000)=5,420,000$원
- 2022년 : $(23\times120,000)+(4\times30,000)+(18\times200,000)=6,480,000$원
- 2023년 : $(19\times120,000)+(12\times30,000)+(7\times200,000)=4,040,000$원

따라서 발굴 작업 비용이 가장 많이 든 해는 2022년이며, 비용은 648만 원이다.

03
정답 ①

- (ㄱ) : 2020년 대비 2021년 의료 폐기물의 증감률로 $\dfrac{48,934-49,159}{49,159}\times100\fallingdotseq-0.5\%$이다.

- (ㄴ) : 2018년 대비 2019년 사업장 배출시설계 폐기물의 증감률로 $\dfrac{123,604-130,777}{130,777}\times100\fallingdotseq-5.5\%$이다.

01

2020년 대비 2023년 국제소포 분야의 매출액 증가율은 $\frac{21,124-17,629}{17,629}\times100 ≒ 19.8\%$이므로 옳지 않은 설명이다.

오답분석

① 주어진 자료를 통해 확인할 수 있다.

③ 2019년 대비 2023년 분야별 매출액 증가율은 다음과 같다.

• 국제통상 : $\frac{34,012-16,595}{16,595}\times100 ≒ 105.0\%$

• 국제소포 : $\frac{21,124-17,397}{17,397}\times100 ≒ 21.4\%$

• 국제특급 : $\frac{269,674-163,767}{163,767}\times100 ≒ 64.7\%$

따라서 2019년 대비 2023년에 매출액 증가율이 가장 큰 분야는 국제통상 분야이다.

④ 2022년 총매출액에서 국제통상 분야 매출액이 차지하고 있는 비율은 $\frac{26,397}{290,052}\times100 ≒ 9.1\%$이므로 10% 미만이다.

⑤ 2023년 총매출액에서 2/4분기 매출액이 차지하고 있는 비율은 $\frac{72,391}{324,810}\times100 ≒ 22.3\%$이므로 20% 이상이다.

02

ㄴ. 그래프를 통해 2월 21일의 원/달러 환율이 지난주 2월 14일보다 상승하였음을 알 수 있다.

ㄷ. 달러화의 강세란 원/달러 환율이 상승하여 원화가 평가절하되면서 달러의 가치가 높아지는 것을 의미한다. 3월 12일부터 3월 19일까지는 원/달러 환율이 계속해서 상승하는 추세이므로 옳은 설명이다.

오답분석

ㄱ. 3월 원/엔 환율의 경우 최고 환율은 3월 9일의 1,172.82원으로, 3월 한 달 동안 1,100원을 상회하는 수준에서 등락을 반복하고 있다.

ㄹ. 달러/엔 환율은 $\frac{(원/엔\ 환율)}{(원/달러\ 환율)}$로 도출할 수 있다. 그래프에 따르면 3월 27일 원/달러 환율은 3월 12일에 비해 상승하였고, 반대로 원/엔 환율은 하락하였다. 즉, 분모는 증가하고 분자는 감소하였으므로 3월 27일의 달러/엔 환율은 3월 12일보다 하락하였음을 알 수 있다.

03

5급 공무원과 7급 공무원 채용인원 모두 2017년부터 2020년까지 전년 대비 증가했고, 2021년에는 전년 대비 감소했다.

오답분석

ㄴ. 2013 ~ 2023년 동안 채용인원이 가장 적은 해는 5급과 7급 공무원 모두 2013년이며, 가장 많은 해는 2020년이다. 따라서 2020년과 2013년의 채용인원 차이는 5급 공무원이 28−18=10백 명, 7급 공무원은 49−31=18백 명으로 7급 공무원이 더 많다.

ㄷ. 2014년부터 2023년까지 전년 대비 채용인원의 증감량이 가장 많은 해는 5급 공무원의 경우 2021년일 때 전년 대비 23−28= −5백 명이 감소했고, 7급 공무원의 경우 2014년일 때 전년 대비 38−31=7백 명이 증가했다.

ㄹ. 2021년 채용인원은 5급 공무원이 23백 명, 7급 공무원이 47백 명으로 7급 공무원 채용인원이 5급 공무원 채용인원의 2배인 23×2=46백 명보다 많다.

04

정답 ③

20대의 대중교통 이용률은 2019년이 42+6+31=79%, 2023년이 29+14+27=70%로 그 차이는 79−70=9%p이고, 30대의 대중교통 이용률은 2019년이 22+10+18=50%, 2023년이 17+13+6=36%로 그 차이는 50−36=14%p이다.
따라서 20대보다 30대의 차이가 더 크다.

오답분석

① 20대의 2019년 대비 2023년 출퇴근 방법별 이용률은 도보는 7%에서 11%로, 자전거는 3%에서 5%로, 자가용은 11%에서 14%로, 택시는 6%에서 14%로 증가한 반면, 버스는 42%에서 29%로, 지하철은 31%에서 27%로 감소하였다.
② 20대와 60대 이상은 2019년과 2023년 모두 출퇴근 이용률이 가장 높은 방법은 버스로 동일하며, 30대부터 50대까지는 자가용으로 동일하다.
④ 2019년의 40대와 50대의 출퇴근 이용률의 상위 두 개 비율의 합은 각각 52+28=80%, 64+21=85%이고, 2023년에는 각각 64+22=86%, 71+11=82%이므로 모두 80% 이상이다.
⑤ 자전거의 이용 비율은 다른 출퇴근 이용 비율에 비해 항상 가장 낮다.

대표기출유형 03 기출응용문제

01

정답 ③

오답분석

① 2013 ~ 2014년 개업점 수가 자료보다 높고, 2015 ~ 2016년 개업점 수는 낮다.
② 2020년 폐업점 수는 자료보다 낮고, 2021년의 폐업점 수는 높다.
④ 2022 ~ 2023년 개업점 수와 폐업점 수가 자료보다 낮다.
⑤ 2013 ~ 2024년까지 개업점 수와 폐업점 수가 바뀌었다.

02

정답 ②

오답분석

① 자료보다 2020년 가정의 수치가 낮다.
③ 자료보다 2023년 가정의 수치가 높다.
④ 자료보다 2020년 회사의 수치가 높다.
⑤ 자료보다 2023년 공공시설의 수치가 높다.

03

정답 ③

커피전문점은 치킨집보다는 5%p 낮고, 그 비율은 30% 이상을 차지하며 기타 업종이 5% 미만(3%)을 차지한다.

오답분석

① 기타의 비중이 5% 이상이다.
② 커피전문점의 비중이 치킨집보다 3%p 낮다.
④ 커피전문점의 비중이 30% 미만이다.
⑤ 커피전문점의 비중이 1위이다.

04 | 창의수리

대표기출유형 01 | 기출응용문제

01
정답 ①

$\times 3$, $\div 9$, $\times 27$, $\div 81$, $\times 243$, $\div 729$, …의 규칙을 가지고 있다(3의 거듭제곱을 곱하고 나눈다).
따라서 빈칸에 알맞은 숫자는 $729 \div 729 = 1$이다.

02
정답 ②

제시된 수열은 정수 부분이 $+5$씩, 분수의 분자 부분이 $+1$, $+2$, $+3$, …씩, 분모 부분이 $+2$, $+3$, $+4$, …씩 증가하는 수열이다.
따라서 (   )$= (20+5)\left(\dfrac{7+4}{16+5}\right) = 25\dfrac{11}{21}$ 이다.

03
정답 ③

제시된 수열은 앞의 항에 $+1.8$, $+2.2$, $+2.6$, $+3$, …씩 증가하는 수열이다.
따라서 (   )$= 12.6 + 3.4 = 16$이다.

04
정답 ②

나열된 수를 각각 A, B, C라고 하면 다음과 같은 규칙이 성립한다.
$\underline{A\ B\ C} \rightarrow A + B - 8 = C$
따라서 (   )$= 3 + 5 - 8 = 0$이다.

05
정답 ④

첫 번째 수열은 각 항이 이전 항의 2배씩 커지는 수열이다. 이를 두 번째 수열에 적용하여 10번째 항을 구해야 하므로 일반항으로 표현하면 다음과 같다.
$a \times 2^{n-1}$(a는 첫 번째 항)
두 번째 수열의 첫 번째 항이 7이고, 10번째 항의 수를 구해야 하므로 일반항에 $a=7$, $n=10$을 대입하면 다음과 같다.
$7 \times 2^9 = 7 \times 512 = 3,584$
따라서 두 번째 수열의 10번째 항에 해당하는 수는 3,584이다.

06

전개도는 다음과 같은 규칙이 성립한다.

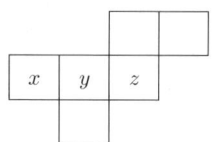

$4x+y=z$

따라서 (   )=4×3+1=13이다.

대표기출유형 02 | 기출응용문제

01

P점으로부터 멀리 있는 물체를 A, 가까이 있는 물체를 B라고 하자.

P로부터 B까지의 거리를 $x$km라 하면, A까지의 거리는 $4x$km이다.

13시간 후 P로부터 A까지의 거리는 $(4x+13)$km, B까지의 거리는 $(x+13)$km이므로 다음 식이 성립한다.

$(4x+13):(x+13)=7:5$

→ $7(x+13)=5(4x+13)$

→ $13x=26$

∴ $x=2$

따라서 현재 P로부터 두 물체까지의 거리는 각각 4×2=8km, 2km이다.

02

경주용 차 B의 속도를 $x$km/h라 하면 2시간 만에 경주용 차 A와 한 바퀴 차이가 나므로 다음과 같은 식이 성립한다.

$(x-200)×2=6$

∴ $x=203$

따라서 경주용 차 B의 속도는 203km/h이다.

03

여객열차의 길이를 xm라고 하면 다음과 같은 식이 성립한다.

$60+x=\left(\dfrac{400+x}{20}+16\right)×4$

→ $60+x=\dfrac{400+x}{5}+64$

→ $300+5x=400+x+320$

∴ $x=105$

따라서 여객열차의 길이는 105m이다.

04

집으로 다시 돌아갈 때 거리 2.5km를 시속 5km로 걸었기 때문에 이때 걸린 시간은 $\frac{2.5}{5}=0.5$시간(30분)이고, 회사로 자전거를 타고 출근하는 데 걸린 시간은 $\frac{5}{15}=\frac{20}{60}$ 시간(20분)이다.

따라서 총 50분이 소요되어 회사에 도착한 시각은 오전 7시 10분+50분=오전 8시이다.

대표기출유형 03 　 기출응용문제

01

농도가 10%, 6% 설탕물의 양을 각각 x, yg이라고 하면, 다음 식이 성립한다.
$x+y=300 \cdots \bigcirc$
$\frac{0.1x+0.06y+20}{300+20}=0.12 \cdots \bigcirc$
$\bigcirc$과 $\bigcirc$을 연립하면 $x=10$, $y=290$이다.
따라서 농도 6% 설탕물의 양은 290g이다.

02

더 넣은 소금의 양을 xg이라고 하면, 다음과 같은 식이 성립한다.
$\frac{10}{100}\times100+x=\frac{25}{100}\times(100+x)$
$\rightarrow 1,000+100x=2,500+25x \rightarrow 75x=1,500$
$\therefore x=20$
따라서 더 넣은 소금의 양은 20g이다.

03

증발한 물의 양을 xg이라고 하면, 다음과 같은 식이 성립한다.
$\frac{8}{100}\times500=\frac{10}{100}\times(500-x)$
$\rightarrow 4,000=5,000-10x$
$\therefore x=100$
따라서 증발한 물의 양은 100g이다.

04

소금물 A의 농도를 x%, 소금물 B의 농도를 y%라고 하면, 다음과 같은 두 방정식이 성립한다.
$\frac{x}{100}\times200+\frac{y}{100}\times300=\frac{9}{100}\times500 \rightarrow 2x+3y=45 \cdots \bigcirc$
$\frac{x}{100}\times300+\frac{y}{100}\times200=\frac{10}{100}\times500 \rightarrow 3x+2y=50 \cdots \bigcirc$
$\bigcirc$과 $\bigcirc$을 연립하여 계산하면 $x=12$, $y=7$이 나온다.
따라서 소금물 A의 농도는 12%이며, 소금물 B의 농도는 7%이다.

01

철수의 한 달 수입을 x원이라고 하면, 다음과 같은 식이 성립한다.

$x - 0.4x - \{(x - 0.4x) \times 0.5\} = 60,000$

$\rightarrow 0.3x = 60,000$

$\therefore x = 200,000$

따라서 철수의 한 달 수입은 200,000원이다.

02

주말 티켓 정가는 $25,000 \times 1.2 = 30,000$원이고, 주말 티켓 할인가는 $30,000 \times 0.9 = 27,000$원이다.

따라서 $30,000 - 27,000 = 3,000$원 할인된 가격에 판매될 것이다.

03

자동차를 1일 이용할 경우, 교통비는 $5,000 + 2,000 \times 2 = 9,000$원이므로, 지하철 대신 자동차를 1일 이용할 경우 6,000원의 차액이 발생한다. 이번 달과 다음 달의 차이는 프로젝트 기간 5일의 유무이다.

따라서 5일간의 교통비 차액은 이번 달과 다음 달의 교통비 차액인 $5 \times 6,000 = 30,000$원이다.

01

500개 상자를 접는 일의 양을 1이라고 하면 2,500개의 상자를 접는 일은 5배이므로 5가 된다. 갑이 하루에 할 수 있는 일의 양은 $\frac{1}{5}$, 을은 $\frac{1}{13}$이다. 2,500개 상자를 접는데 갑와 을이 같이 일한 기간을 x일이라고 가정하고 방정식을 세우면 다음과 같다.

$\left(\frac{1}{5} + \frac{1}{13}\right)x + \frac{1}{5} \times (20 - x) = 5$

$\rightarrow 18x + 13(20 - x) = 5 \times 5 \times 13$

$\rightarrow 18x + 260 - 13x = 25 \times 13 \rightarrow 5x = 65$

$\therefore x = 13$

따라서 갑과 을이 같이 일한 기간은 13일이다.

02

전체 일의 양을 1이라 하면 민수와 아버지가 1분 동안 하는 일의 양은 각각 $\frac{1}{60}$, $\frac{1}{15}$이다.

민수가 아버지와 함께 일한 시간을 x분이라 가정하면, 다음과 같은 식이 성립한다.

$\frac{1}{60} \times 30 + \left\{\frac{1}{60} + \frac{1}{15}\right\} \times x = 1$

$\therefore x = 6$

따라서 민수가 아버지와 함께 일한 시간은 6분이다.

03

정답 ④

같은 양의 물건을 k라고 하면 갑, 을, 병 한 사람이 하루에 사용하는 양은 각각 $\dfrac{k}{30}$, $\dfrac{k}{60}$, $\dfrac{k}{40}$ 이며, 세 사람이 함께 하루 동안 사용하는 양은 $\dfrac{k}{30}+\dfrac{k}{60}+\dfrac{k}{40}=\dfrac{9k}{120}=\dfrac{3k}{40}$ 이다.

세 사람에게 나누어 줄 물건의 양을 합하면 $3k$이며, $3k$의 물건을 세 사람이 하루에 사용하는 양으로 나누면 $3k \div \dfrac{3k}{40}=40$이다. 따라서 세 사람이 함께 모든 물건을 사용하는 데 걸리는 기간은 40일이다.

대표기출유형 06 · 기출응용문제

01

정답 ②

8명을 2명씩 3개의 그룹으로 나누는 경우의 수는 $_8C_2 \times _6C_2 \times _4C_2 \times \dfrac{1}{3!}=28\times15\times6\times\dfrac{1}{6}=420$가지이다.

3개의 그룹을 각각 A, B, C라 하면, 3주 동안 토요일에 근무자를 배치하는 경우의 수는 A, B, C를 일렬로 배열하는 방법의 수와 같으므로 3개의 그룹을 일렬로 나열하는 경우의 수는 $3\times2\times1=6$가지이다.
따라서 가능한 모든 경우의 수는 $420\times6=2,520$가지이다.

02

정답 ⑤

중복조합(서로 다른 n개 중 r개를 선택하되 중복을 허용하고 순서를 고려하지 않는 조합, $_nH_r=_{(n+r-1)}C_r$)을 이용하여 구한다.
빨간색 공의 경우 남자아이들에게 1개씩 나누어 주고, 나머지 3개는 5명의 아이들에게 나누어 주는 경우의 수는 $_5H_3=_{(5+3-1)}C_3$ $=_7C_3=\dfrac{7\times6\times5}{3\times2}=35$가지이다.

노란색 공의 경우 여자아이 3명에게 1개 이상 같은 개수를 나눠 주는 방법은 하나로 1개씩밖에 주지 못하기 때문에 공은 2개가 남는다. 남은 노란색 공은 남자아이에게만 나눠주므로 2명에게 2개의 공을 나눠주는 경우의 수는 $_2H_2=_{(2+2-1)}C_2=_3C_2=3$가지가 나온다.
따라서 유치원생에게 공을 나눠줄 수 있는 경우의 수는 총 $35\times3=105$가지이다.

03

정답 ③

6명을 일렬로 나열하는 경우에서 다음의 2가지는 배열 순서가 같다.

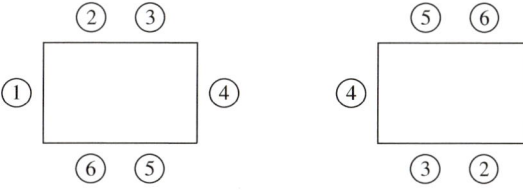

따라서 구하고자 하는 경우의 수는 $\dfrac{6!}{2}=360$가지이다.

01

제품 4개 중 2개를 불량품으로 고르는 경우의 수는 $_4C_2=6$가지이다.

불량품이 들어 있을 확률은 $\frac{1}{10}$이다.

따라서 임의로 4개의 제품을 택할 때, 2개의 제품이 불량품일 확률은

$_4C_2\times\left(\frac{1}{10}\right)^2\times\left(\frac{9}{10}\right)^2=\frac{486}{10,000}$이다.

02

중국인 중 관광을 목적으로 온 사람의 수를 x로 놓고, 문제의 설명대로 표를 만들면 다음과 같다.

(단위 : 명)

구분	중국인	중국인이 아닌 외국인	합계
인원(명)	30	70	100
관광을 목적으로 온 외국인(명)	x	14	20

관광을 목적으로 온 외국인은 20%이므로, 중국인 중 관광으로 온 사람은 6명이어야 한다.

따라서 $x=6$이며, 중국인 중 관광을 목적으로 온 사람일 확률은 $\frac{6}{30}=\frac{1}{5}$이다.

03

주어진 내용에 따라 경우의 수를 나누어 정리하면 다음과 같다.

• 주사위를 던져서 1이 나올 경우

주사위를 던져서 1이 나올 확률은 $\frac{1}{6}$이다. 그러나 오늘 버스를 타기 때문에 내일은 반드시 택시를 이용한다. 그러므로 내일 버스를 이용하지 않는다.

• 주사위를 던져서 3이나 5가 나올 경우

주사위를 던져서 3이나 5가 나올 확률은 $\frac{2}{6}=\frac{1}{3}$이다. 오늘 지하철을 타기 때문에 내일은 버스나 택시를 같은 확률로 이용한다.

그러므로 버스를 이용할 확률은 $\frac{1}{3}\times\frac{1}{2}=\frac{1}{6}$이다.

• 주사위를 던져서 짝수가 나올 경우

주사위를 던져서 짝수가 나올 확률은 $\frac{3}{6}=\frac{1}{2}$이다. 오늘 택시를 타기 때문에 내일은 버스나 지하철을 2 : 1의 확률로 이용한다.

그러므로 버스를 이용할 확률은 $\frac{1}{2}\times\frac{2}{3}=\frac{1}{3}$이다.

따라서 내일 버스를 이용할 확률을 구하면 $\frac{1}{6}+\frac{1}{3}=\frac{1+2}{6}=\frac{1}{2}$이다.

PART 2

최종점검 모의고사

01 언어이해

01	02	03	04	05	06	07	08	09	10
③	⑤	④	④	②	②	①	⑤	③	⑤
11	12	13	14	15	16	17	18	19	20
①	⑤	④	②	③	④	①	④	②	③

01 정답 ③

제시문은 또 다른 물의 재해인 '지진해일'의 피해에 대해 설명하는 글로, 두 번째 문단과 세 번째 문단은 '지진해일'의 피해에 대한 구체적인 사례를 제시하고 있다. 따라서 제목으로 가장 적절한 것은 ③ 강력한 물의 재해 '지진'이다.

02 정답 ⑤

제시문은 부모 사망 시 장애인 자녀의 안정적인 생활을 위해 가입할 수 있는 보험과 그와 관련된 세금 혜택 그리고 부모 및 그 밖의 가족들의 재산 증여 시 받을 수 있는 세금 혜택에 대해 다루고 있으므로 글의 제목으로 가장 적절하다.

오답분석
① 제시문은 부모 사망 시 장애인 자녀가 직면한 상속의 어려움에 대해 언급하고 있지만, 구체적으로 유산 상속 과정을 다루고 있지는 않다.
② 제시문은 부모 사망 시 장애인 자녀가 받을 수 있는 세금 혜택을 다루고는 있으나, 단순히 '혜택'이라고 명시하기에는 글의 제목이 포괄적이므로 적절하지 않다.
③ 제시문은 부모 사망 시 장애인 자녀가 직면한 상속의 어려움과 생활 안정 방안에 대해 다루고 있으므로 '사회적 문제'는 글의 전체적인 제목으로 보기에는 적절하지 않다.
④ 제시문은 부모 사망 시 장애인 자녀가 받는 보험 혜택과 증여세 혜택보다는, 수령하는 보험금에 있어서의 세금 혜택과 보험금을 어떻게 수령하여야 장애인 자녀의 생활 안정에 유리한지, 또 상속세 및 증여세법에 의해 받는 세금 혜택이 무엇인지에 대해 다루고 있으므로 글의 내용 전체를 담고 있지 않아 적절하지 않다.

03 정답 ④

(라) 문단에서는 부패를 개선하기 위한 정부의 제도적 노력에도 불구하고 반부패정책 대부분이 효과가 없었음을 이야기하고 있다. 따라서 부패인식지수의 개선방안이 아닌 '정부의 부패인식지수 개선에 대한 노력의 실패'가 (라) 문단의 주제로 적절하다.

04 정답 ④

제시된 글은 정부가 제공하는 공공 데이터를 활용한 앱 개발에 대한 설명으로, 먼저 다양한 앱을 개발하려는 사람들을 통해 화제를 제시한 (라) 문단이 오는 것이 적절하며, 이러한 앱 개발에 있어 부딪히는 문제들을 제시한 (가) 문단이 그 뒤에 오는 것이 자연스럽다. 다음으로 이러한 문제들을 해결하기 위한 방법으로 공공 데이터를 제시하는 (나) 문단이 오고, 공공 데이터에 대한 추가 설명으로 공공 데이터를 위한 정부의 노력인 (다) 문단이 마지막으로 오는 것이 적절하다.

05 정답 ②

시조문학이 발전한 배경 설명과 함께, 두 경향인 강호가류(江湖歌類)와 오륜가류(五倫歌類)를 소개하고 있는 (다)가 맨 처음에 와야 한다. 다음으로 강호가류에 대하여 설명하는 (라)나 오륜가류에 대하여 설명하는 (나)가 와야 하는데, (나)가 전환 기능의 접속어 '한편'으로 시작하므로 (라) – (나)가 되고, 강호가류와 오륜가류에 대한 설명을 마무리하며 사대부들의 문학관을 설명하는 (가)가 마지막으로 오는 것이 적절하다.

06 정답 ②

제시된 문단에 대한 내용을 정리하면 다음과 같다.
(가) : 실험 결과를 통해 나온 수치를 바탕으로 미국 학생이 중국 학생에 비해 '물체'에 주목하는 정도가 더 높았다는 내용이다. 실험 주체라든지 화제가 언급되지 않았으므로 처음에 올 수 없다.
(나) : '미국 국립과학아카데미(NAS) 회보의 실험 결과'라는 실험 주체와 '동양인과 서양인이 사물을 보는 방식의 차이'라는 화제를 제시하고 있으므로 도입부에 와야 한다. 그리고 실험 결과 '미국 학생은 전면에 두드러진 물체에 빨리 반응하고, 중국 학생은 배경에 오래 머물렀다.'라고 보고하고 있다.

(다) : '이런 차이가 문화적 변수에 기인하는 것으로 봤다.'는 언급에서 실험 결과에 대한 분석으로 볼 수 있다. 그리고 미국인은 개인주의적 성향이고 중국인은 관계주의적 성향이라는 문화적 차이를 제시한다.

(라) : 지각구조의 차이가 다른 문화적 배경에 기인한다는 것은 미국에서 태어나고 자란 아시아계 학생들이 사물을 볼 때 아시아에서 나고 자란 학생과 백인계 미국인의 중간 정도라는 사실로도 입증된다고 덧붙였으므로 부연의 성격을 가진 문단이다.

(마) : 고대 중국인은 관개농사를 해서 관계주의적인 성향을 가지게 되었고, 서양인은 포도와 올리브를 키우는 농민들이 많아서 개인주의적 성향을 보인다는 구체적인 문화적 차이의 예를 제시하고 있다.

따라서 실험 결과인 (나) - (가)를 묶고 그 다음에 실험 결과에 대한 분석인 (다)가 와야 하며, (다)에서 제시한 구체적 문화 차이가 나타난 (마)가 제시되고 부연 문단인 (라)가 오는 것이 적절하다.

07 　　　정답 ①

제시문은 줄임말, 초성, 표기, 이모티콘, 야민정음 등과 같이 새롭게 나타난 조어 방식들이 매체의 발달로 인한 새로운 인지 경험이 만들어 낸 현상이라고 규정하여 그 현상의 원인을 제시하고, 조어들의 인지 방식에 대해 분석하고 있다.

08 　　　정답 ⑤

제시문은 우리말과 영어의 어순 차이에 대해 설명하면서, 우리말에서 주어 다음에 목적어가 오는 것은 '나의 의사보다 상대방에 대한 관심을 먼저 보이는 우리의 문화'에서 기인한 것이라고 언급하고 있다. 그리고 '나의 의사를 밝히는 것이 먼저인 영어를 사용하는 사람들의 문화'라는 내용으로 볼 때, 상대방에 대한 관심보다 나의 생각을 우선시하는 것은 영어의 문장 표현이다.

09 　　　정답 ③

제시문에 따르면 역사의 가치는 변하는 것이며, 시대나 사회의 흐름에 따라 달라지는 상대적인 것이다.

10 　　　정답 ⑤

제시문에는 조선의 왕들의 모습을 설명하고 있다. 각기 다른 시대 배경 속에서 백성들과 함께 국가를 이끌어나갈 임무를 부여받았던 전통 사회의 왕들에게 필요한 덕목들은 오늘날에도 유효하다고 설명한다. 따라서 빈칸에 들어갈 내용으로는 ⑤가 가장 적절하다.

11 　　　정답 ①

미세 먼지 측정기는 대기 중 미세 먼지의 농도 측정 시에 농도만 측정하는 것이며, 그 성분과는 아무런 관련이 없다.

12 　　　정답 ⑤

엑셀로드는 팃포탯 전략이 두 차례 모두 우승할 수 있었던 이유가 비열한 전략에는 비열한 전략으로 대응했기 때문임을 알게 되었다고 마지막 문단에서 언급하고 있다.

오답분석

① 네 번째 문단에 의하면, 팃포탯을 만든 것은 심리학자인 아나톨 라포트 교수이다.

② 두 번째 문단에 의하면 죄수의 딜레마에서 자신의 이득이 최대로 나타나는 경우는 내가 죄를 자백하고 상대방이 죄를 자백하지 않는 것이다.

③·④ 다섯 번째 문단에서 엑셀로드는 팃포탯을 친절한 전략으로 분류했음을 확인할 수 있다.

13 　　　정답 ④

온건한 도덕주의는 일부 예술작품만 도덕적 판단의 대상이 된다고 보고, 극단적 도덕주의는 모든 예술작품이 도덕적 판단의 대상이 된다고 본다. 따라서 온건한 도덕주의에서 도덕적 판단의 대상이 되는 예술작품은 극단적 도덕주의에서도 도덕적 판단의 대상이다.

오답분석

① 두 번째 문단에서 톨스토이는 극단적 도덕주의의 입장을 대표한다고 하였다.

② 세 번째 문단에서 온건한 도덕주의에서는 예술작품 중 일부에 대해서 긍정적 또는 부정적 도덕적 가치판단이 가능하다고 하였으며, 미적 가치와 도덕적 가치의 독립적인 지위를 인정해야 한다는 언급은 없다.

③ 마지막 문단에 따르면 자율성주의는 모든 예술작품이 도덕적 가치판단의 대상이 될 수 없다고 본다.

⑤ 자율성주의는 예술작품의 미적 가치와 도덕적 가치가 서로 자율성을 유지한다고 보며, 미적 가치가 도덕적 가치보다 우월한 것으로 본다고 할 수는 없다.

14 　　　정답 ②

세 번째 문단에서 출생 전 안드로겐 호르몬 노출 정도가 남성의 성적 방향성을 결정하는 요인 중 하나라고 하였으므로 적절하다.

오답분석

① 두 번째 문단에서 뇌 영역 및 그 크기의 차이가 인간의 성적 방향성과 직접적인 인과관계를 맺고 있다는 증거는 발견되지 않았다고 하였다.

③ 첫 번째 문단에서 동성애자가 강압적인 어머니와 복종적인 아버지에 의해 양육되었다는 아무런 증거도 발견하지 못하였다고 하였다.
④ 세 번째 문단에서 안드로겐 호르몬은 태아의 정소에서 분비된다고 밝혔다.
⑤ 마지막 문단에서 일란성 쌍생아의 동성애 일치 비율은 유전이 성적 방향성을 결정짓는 요인 중 하나라는 것을 보여주는 증거라고 하였다.

15 　　　　　정답 ③

실재론은 세계가 정신과 독립적으로 존재함을, 반실재론은 세계가 감각적으로 인식될 때만 존재함을 주장하므로 두 이론 모두 세계는 존재한다는 공통적인 전제를 깔고 있다.

오답분석
① 세 번째 문단에서 어떤 사람이 버클리의 주장을 반박하기 위해 돌을 발로 차서 날아간 돌이 존재한다는 사실을 증명하려 하였으나, 반실재론을 제대로 반박한 것은 아니라고 하였다. 따라서 실재론자의 주장이 옳다는 사실을 증명하는 것은 아니다.
② 세계가 감각으로 인식될 때만 존재한다는 것은 반실재론자의 입장이다.
④ 버클리는 객관적 성질이라고 여겨지는 것들도 우리가 감각할 수 있을 때만 존재하는 주관적 속성이라고 하였다.
⑤ 새로운 형태의 반실재론이 제기되어 활발한 논의가 진행 중이라고 하였을 뿐, 반실재론이 정론으로 받아들여지고 있다는 언급은 없다.

16 　　　　　정답 ④

제시문은 유추에 의한 단어 형성에 대해서만 설명을 하고 있다. 따라서 다른 단어 형성 방식에 대해서는 알 수가 없다.

오답분석
①은 첫 번째 문단, ②는 두 번째 문단, ③은 세 번째 문단, ⑤는 마지막 문단에서 확인할 수 있다.

17 　　　　　정답 ①

제시문에서는 고전적 조건 형성, 동물 반사 행동의 유형, 조건 형성 반응이 일어나는 이유, 바람직하지 않은 조건 반사를 수정하는 방법 등을 밝히고 있지만 소거의 종류에 대해서는 다루고 있지 않다.

18 　　　　　정답 ④

첫 번째 문단에 따르면 근본주의 회화는 그림을 그리는 과정과 방식이 중요해지면서 그 자체가 회화의 주제가 되었으며, 마지막 문단에 따르면 「꽈광!」은 만화의 재현 방식 자체를 주제로 삼았다. 따라서 근본주의 회화와 「꽈광!」은 표현 방식이 주제가 된다는 점에서 공통점이 있다고 할 수 있다.

오답분석
① 대중 매체에 대한 비판을 이미지의 재배치를 통해 구현한 것은 영국의 초기 팝 아트이다.
② 대상의 이미지가 사라진 추상을 다룬 것은 근본주의 회화이다.
③ 두 번째 문단에 따르면 미국의 팝 아트는 대중문화에 대한 부정도 긍정도 아닌 애매한 태도나 낙관주의를 보여주기도 한다.
⑤ 「꽈광!」이 대중문화에 대한 성공적인 비판인 이유는 폭력적인 내용과 명랑한 묘사 방법 간의 모순 때문이다.

19 　　　　　정답 ②

『일리아스』는 오래전부터 구전되어 온 트로이 전쟁에 대해 읊은 서사시이므로 객관적 서술 태도와는 거리가 멀다고 할 수 있다.

20 　　　　　정답 ③

제시문은 사회복지의 역할을 긍정하며 사회복지 찬성론자의 입장을 설명하고 있다. 따라서 사회 발전을 위한 사회복지가 오히려 장애가 될 수 있다는 내용의 ③은 이에 대한 반박으로 가장 적절하다.

오답분석
① 사회복지는 소외 문제를 해결하고 예방하기 위하여, 사회 구성원들이 각자의 사회적 기능을 원활하게 수행하게 한다.
② 사회복지는 삶의 질을 향상시키는 데 필요한 제반 서비스를 제공하는 행위와 그 과정을 의미한다.
④ 현대 사회가 발전함에 따라 생기는 문제의 기저에는 경제 성장과 사회 분화 과정에서 나타나는 불평등과 불균형이 있다.
⑤ 찬성론자들은 병리 현상을 통해 생겨난 희생자들을 방치하게 되면 사회 통합은 물론 지속적 경제 성장에 막대한 지장을 초래할 것이라고 주장한다.

02 언어추리

01	02	03	04	05	06	07	08	09	10
②	④	④	②	③	②	⑤	④	③	③
11	12	13	14	15	16	17	18	19	20
①	⑤	⑤	③	③	③	②	⑤	⑤	③

01 정답 ②

'유행에 민감하다.'를 '유', '고양이를 좋아한다.'를 '고', '쇼핑을 좋아한다.'를 '쇼'라고 하면 다음과 같은 벤다이어그램으로 나타낼 수 있다.

전제1)

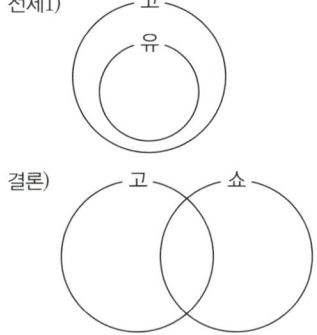

결론)

결론이 참이 되기 위해서는 '유'와 공통되는 '고'의 부분과 '쇼'가 연결되어야 한다. 즉, 다음과 같은 벤다이어그램이 성립할 때 결론이 참이 될 수 있으므로 전제2에 들어갈 명제는 어떤 유 → 쇼이거나 어떤 쇼 → 유이다. 따라서 전제2에 들어갈 명제는 '유행에 민감한 어떤 사람은 쇼핑을 좋아한다.'인 ②이다.

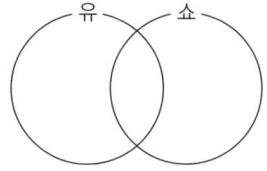

02 정답 ④

'커피를 좋아한다.'를 '커', '와인을 좋아한다.'를 '와', '생강차를 좋아한다.'를 '생'이라고 하면 다음과 같이 나타낼 수 있다.

구분	명제	대우
전제1	커× → 와×	와 → 커
결론	커× → 생	생× → 커

전제1이 결론으로 연결되려면, 전제2는 와× → 생이 되어야 한다. 따라서 전제2는 '와인을 좋아하지 않으면, 생강차를 좋아한다.'인 ④이다.

03 정답 ④

'작곡가를 꿈꾼다.'를 '작', 'TV 시청을 한다.'를 'T', '안경을 썼다.'를 '안'이라고 하면 다음과 같이 나타낼 수 있다.

구분	명제	대우
전제1	작 → T	T× → 작×
결론	안× → 작×	작 → 안

전제1의 대우가 결론으로 연결되려면, 전제2는 안× → T× 가 되어야 한다. 따라서 전제2는 '안경을 쓰지 않은 사람은 TV 시청을 하지 않는다.'인 ④이다.

04 정답 ②

삼단논법이 성립하려면 '흰색 마우스를 구매하면 키보드도 구매한 것이다.'라는 명제가 필요한데, ②는 이 명제의 대우이다.

05 정답 ③

주어진 명제를 정리하면 다음과 같다.
달리기를 잘한다. → 영어를 잘한다. → 부자이다.
따라서 달리기를 잘하는 나는 부자이다.

06 정답 ②

'하루에 두 끼를 먹는 어떤 사람도 뚱뚱하지 않다.'를 다르게 표현하면 '하루에 두 끼를 먹는 모든 사람은 뚱뚱하지 않다.' 이다. 따라서 두 번째 명제와 연결하면 '아침을 먹는 모든 사람은 하루에 두 끼를 먹고, 하루에 두 끼를 먹는 사람은 뚱뚱하지 않다.'이다. 이를 정리하면 '아침을 먹는 모든 사람은 뚱뚱하지 않다.'가 된다.

07 정답 ⑤

A나 C가 농구를 한다면 진실만 말해야 하는데, 모두 다른 사람이 농구를 한다고 말하고 있으므로 거짓을 말한 것이 되어 모순이 된다. 따라서 농구를 하는 사람은 B 또는 D이다.
• B가 농구를 하는 경우
  C는 야구, D는 배구를 하고 남은 A가 축구를 한다. A가 한 말은 모두 거짓이고, C와 D는 진실과 거짓을 하나씩 말하므로 모든 조건이 충족된다.
• D가 농구를 하는 경우
  B은 야구, A는 축구, C는 배구를 한다. 이 경우 A가 진실과 거짓을 함께 말하고, B와 C는 거짓만 말한 것이 되므로 모순이 된다. 따라서 D는 농구를 하지 않는다.
따라서 A는 축구, B는 농구, C는 야구, D는 배구를 한다.

08

'전기가 통하는 물질'을 A, '금속'을 B, '광택이 있는 물질'을 C라고 하면, 전제1에 따라 모든 금속은 전기가 통하므로 B는 A에 포함되며, 전제2에 따라 A에 포함되지 않는 C가 존재할 수 있다. 이를 벤다이어그램으로 표현하면 다음과 같다.

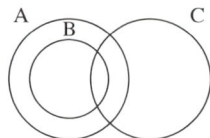

따라서 C에서 A부분을 제외한 부분이 존재하므로, 결론으로 '전기가 통하지 않으면서 광택이 있는 물질이 있다.'가 옳다.

09

정답 ③

주어진 조건을 표로 정리하면 다음과 같다.

구분	한국어	영어	독일어	프랑스어	중국어
A	O	O	×	×	×
B	×	O	O	×	×
C	O	×	×	O	×
D	×	×	×	O	O

따라서 B와 D는 서로 언어가 통하지 않는다.

[오답분석]

①은 영어, ②는 한국어, ④는 프랑스어로 서로 대화할 수 있다.

10

정답 ③

세 번째 명제에 의해 한주 – 평주순으로 먼저 수도였다. 또한 네 번째 명제에 의해 관주 – 금주순으로 먼저 수도였음을 알 수 있고, 금주가 수도인 나라는 시대순으로 네 번째에 위치하지 않음을 알 수 있다.
∴ 관주 – 금주 – 한주 – 평주
네 번째, 다섯 번째 명제에 의해 갑, 병, 정은 첫 번째 나라가 될 수 없다.
∴ 을 – 병 – 갑 – 정(∵ 마지막 명제)
따라서 평주는 정의 수도임을 알 수 있다.

11

정답 ①

제시된 조건을 표로 정리하면 다음과 같다.

구분	경우 1	경우 2	경우 3	경우 4
6층	F	F	E	D
5층	A	A	A	A
4층	D	E	F	F
3층	B	B	B	B
2층	E	D	D	E
1층	C	C	C	C

[오답분석]

③ F는 6층, 4층에 있을 수 있다.
④ D는 6층, 4층, 2층에 있을 수 있다.

12

정답 ⑤

• A의 말이 거짓인 경우

구분	A(원료 분류)	B(제품 성형)	C(제품 색칠)	D(포장)
실수	O		×	O

실수는 한 곳에서만 발생했으므로 A의 말은 진실이다.

• B의 말이 거짓인 경우

구분	A(원료 분류)	B(제품 성형)	C(제품 색칠)	D(포장)
실수	X/O		×	×

A와 D 2명의 말이 모두 진실일 때 모순이 발생하므로 B의 말은 진실이다.

• C의 말이 거짓인 경우

구분	A(원료 분류)	B(제품 성형)	C(제품 색칠)	D(포장)
실수	X/O		O	O

A와 D 2명의 말이 모두 진실일 때 모순이 발생하며 실수는 한 곳에서만 발생했으므로 C의 말은 진실이다.

• D의 말이 거짓인 경우

구분	A(원료 분류)	B(제품 성형)	C(제품 색칠)	D(포장)
실수	X		×	O

D가 거짓을 말했을 때 조건이 성립한다.
따라서 거짓을 말한 사람은 D직원이며, 실수가 발생한 단계는 포장 단계이다.

13

우선 총 50명이 3가지 제품에 대해서 우선순위를 매겼으며, 두 상품에 동일한 순위를 매길 수 없으므로 각 제품마다 1~3순위를 매겼다. 마지막 조건에서 자사 제품에 1순위를 부여한 사람이 없다고 하였으므로 순위대로 나열하면 다음과 같은 경우의 수가 도출된다(편의상 자사의 제품을 C라고 한다).
• 경우 1 : A>B>C
• 경우 2 : B>A>C
• 경우 3 : A>C>B
• 경우 4 : B>C>A

이때 다섯 번째 조건인 'C>A=8'은 경우 4이기 때문에 이 순서로 순위를 매긴 사람은 총 8명이 된다. 그렇다면 네 번째 조건인 'B>C=26'는 경우 1, 2, 4인데, 경우 4는 8명으로 확정되었으므로 경우 1, 2로 순서로 순위를 매긴 사람은 총 18명이 된다. 여기서 경우 1, 2는 자사 제품(C)을 3순위로 매긴 경우에 해당된다. 따라서 자사 제품(C)을 3순위로 매긴 사람의 수는 총 18명이다.

14

정답 ③

을과 무의 진술이 모순되므로 둘 중 1명은 참, 다른 1명은 거짓이다. 을의 진술이 참일 경우 갑의 진술도 거짓이 되어 2명이 거짓을 진술한 것이 되므로 문제의 조건에 위배된다. 그러므로 을의 진술이 거짓, 무의 진술이 참이다.
따라서 A강좌는 을이, B·C강좌는 갑과 정이, D강좌는 무가 담당하고 병은 강좌를 담당하지 않음을 추론할 수 있다.

15

정답 ③

제시된 결과에 따라 A~E의 시험 결과를 정리하면 다음과 같다.

구분	맞힌 문제의 수	틀린 문제의 수
A	19개	1개
B	10개	10개
C	20개	0개
D	9개 이하	11개 이상
E	16개 이상 19개 이하	1개 이상 4개 이하

따라서 B는 D보다 많은 문제의 답을 맞혔지만, E보다는 적게 답을 맞혔음을 추론할 수 있다.

16

정답 ③

• 월요일에 진료를 하는 경우
첫 번째 명제에 의해 수요일에 진료를 하지 않는다. 그러면 네 번째 명제에 의해 금요일에 진료를 하며 세 번째 명제의 대우에 의해 화요일에 진료를 하지 않는다. 따라서 월요일, 금요일에 진료를 한다.

• 월요일에 진료를 하지 않는 경우
두 번째 명제에 의해 화요일에 진료를 한다. 그러면 세 번째 명제에 의해 금요일에 진료를 하지 않는다. 또한 네 번째 명제의 대우에 의해 수요일에 진료를 한다. 그러므로 화요일, 수요일에 진료를 한다.

따라서 어떠한 경우에도 진료한 날은 총 2일이다.

17

정답 ②

을과 정이 서로 상반된 이야기를 하고 있으므로 2명 중 1명이 거짓말을 하고 있다. 만일 을이 참이고 정이 거짓이라면 화분을 깨뜨린 사람은 병, 정이 되는데 화분을 깨뜨린 사람은 1명이어야 하므로 모순이다.
따라서 거짓말을 한 사람은 을이다.

18

정답 ⑤

1명의 말이 거짓이므로 서로 상반된 주장을 하고 있는 박과장과 이부장의 말을 비교해 본다.
• 박과장의 말이 거짓일 경우
김대리와 이부장이 참이므로 이부장 차는 가장 왼쪽에, 김대리 차는 가장 오른쪽에 위치하게 된다. 이 경우 김대리 차가 자신의 옆에 있다는 박과장의 주장이 참이 되므로 모순이 된다.
• 이부장의 말이 거짓일 경우
김대리와 박과장이 참이므로 이부장 차는 가장 왼쪽에 위치하고, 이부장이 거짓이므로 김대리 차는 가운데, 박과장 차는 가장 오른쪽에 위치하게 된다. 이 경우 이부장의 차 옆에 주차하지 않았으며 김대리 차 옆에 주차했다는 박과장의 주장과도 일치한다.
따라서 주차된 순서는 '이부장 – 김대리 – 박과장'이다.

19

정답 ⑤

거짓말은 한 사람만 하는데 진희와 희정의 말이 서로 다르므로 둘 중 한 명이 거짓말을 하고 있음을 알 수 있다. 이때, 반드시 진실인 아름의 말에 따라 진희의 말은 진실이 되므로 희정이가 거짓말을 하고 있음을 알 수 있다.
따라서 영화관에 아름 – 진희 – 민지 – 희정 – 세영 순서로 도착하였으므로, 가장 마지막으로 도착한 사람은 세영이다.

20

정답 ③

B의 발언이 참이라면 C가 범인이고 F도 참이 된다. F는 C 또는 E가 범인이라고 했으므로 C가 범인이라면 E는 범인이 아니며 E의 발언 역시 참이 되어야 한다. 하지만 E의 발언이 참이라면 F가 범인이어야 하므로 모순이다.
따라서 B의 발언이 거짓이며, C 또는 E가 범인이라는 F 역시 범인임을 알 수 있다.

01	02	03	04	05	06	07	08	09	10
②	③	②	②	①	③	③	②	②	④
11	12	13	14	15	16	17	18	19	20
⑤	②	③	④	③	⑤	⑤	②	③	③

01   정답 ②

최초 투입한 원유의 양을 aL라고 하면 다음과 같이 나타낼 수 있다.

• LPG를 생산하고 남은 원유의 양 : $(1-0.05a)=0.95a$L
• 휘발유를 생산하고 남은 원유의 양 : $0.95a(1-0.2)=0.76a$L
• 등유를 생산하고 남은 원유의 양 : $0.76a(1-0.5)=0.38a$L
• 경유를 생산하고 남은 원유의 양 : $0.38a(1-0.1)=0.342a$L

따라서 아스팔트의 생산량은 $0.342a\times0.04=0.01368a$L이고, 아스팔트는 최초 투입한 원유량의 $0.01368\times100=1.368\%$가 생산된다.

02   정답 ③

한별이가 만약 50m^3의 물을 사용했을 경우 수도요금은 기본료를 제외하고 $(30\times300)+(20\times500)=19{,}000$원이다. 즉, 총 요금($17{,}000$원)보다 많다. 즉, 사용한 수도량은 30m^3 초과 $\sim50\text{m}^3$ 이하이다. 30m^3을 초과한 양을 $x\text{m}^3$라고 하자.

$2{,}000+(30\times300)+(x\times500)=17{,}000$
$\rightarrow 500x=17{,}000-11{,}000$
$\therefore x=\dfrac{6{,}000}{500}=12$

따라서 한별이가 한 달 동안 사용한 수도량은 $30+12=42\text{m}^3$임을 알 수 있다.

03   정답 ②

2024년 쌀 소비량이 세 번째로 높은 업종은 탁주 및 약주 제조업이다. 탁주 및 약주 제조업의 2023년 대비 2024년 쌀 소비량 증감률은 $\dfrac{51{,}592-46{,}403}{46{,}403}\times100 ≒ 11\%$이다.

04   정답 ②

2022 ~ 2023년 동안 농업 분야와 긴급구호 분야의 지원금은 다음과 같다.

• 농업 : $1{,}275+147.28=1{,}422.28$억 원
• 긴급구호 : $951+275.52=1{,}226.52$억 원

따라서 농업 분야가 더 많으므로 적절하지 않다.

오답분석

① · ⑤ 제시된 자료를 통해 알 수 있다.
③ 2022 ~ 2023년 동안 가장 많은 금액을 지원한 분야는 보건의료 분야로 동일하다.
④ 2022년의 산림분야 지원금은 100억 원이고, 2023년은 73.58억 원이다. 따라서 $100-73.58=26.42$억 원 감소했으므로 25억 원 이상 감소했다.

05   정답 ①

2022년에 가장 많은 금액을 지원한 세 가지 분야는 보건의료, 식량차관, 농업 분야이고 지원금의 합은 $2{,}134+1{,}505+1{,}275=4{,}914$억 원이다. 2023년에 가장 많은 금액을 지원한 세 가지 분야는 보건의료, 사회복지, 긴급구호 분야이고 지원금의 합은 $1{,}655.96+745.69+275.52=2{,}677.17$억 원이다. 따라서 지원금의 차는 $4{,}914-2{,}677.17 ≒ 2{,}237$억 원이다.

06   정답 ③

20 ~ 30대 청년들 중에서 자가에 사는 청년은 $\dfrac{5{,}657}{80{,}110}\times100 ≒ 7.1\%$이며, 20대 청년 중에서 자가의 비중은 $\dfrac{537+795}{13{,}874+15{,}258}\times100=\dfrac{1{,}332}{29{,}132}\times100 ≒ 4.6\%$이므로 전체 청년 인원대비 자가 비율보다 20대 청년 중에서 자가가 차지하는 비율이 더 낮다.

오답분석

① 20 ~ 24세 전체 가구 수 중 월세 비중은 $\dfrac{5{,}722}{13{,}874}\times100 ≒ 41.2\%$이고, 자가는 $\dfrac{537}{13{,}874}\times100 ≒ 3.9\%$이다.

② 20 ~ 24세를 제외한 연령대 청년 중에서 무상이 차지하는 비중은 $\dfrac{13{,}091-5{,}753}{80{,}110-13{,}874}\times100=\dfrac{7{,}338}{66{,}236}\times100 ≒ 11.1\%$로 월세 비중 $\dfrac{45{,}778-5{,}722}{80{,}110-13{,}874}\times100=\dfrac{40{,}056}{66{,}236}\times100 ≒ 60.5\%$보다 낮다.

④ 연령대가 높아질수록 자가를 가진 청년들은 늘어나지만 30 ~ 34세에서 자가 비율은 $\dfrac{1{,}836}{21{,}383}\times100 ≒ 8.6\%$로, 35 ~ 39세의 자가 비율 $\dfrac{2{,}489}{29{,}595}\times100 ≒ 8.4\%$보다 높다.

또한 월세 비중은 다음과 같으므로 연령대가 높아질수록 계속 낮아진다고 볼 수 없다.

• 20 ~ 24세 : $\dfrac{5{,}722}{13{,}874}\times100 ≒ 41.2\%$
• 25 ~ 29세 : $\dfrac{7{,}853}{15{,}258}\times100 ≒ 51.5\%$
• 30 ~ 34세 : $\dfrac{13{,}593}{21{,}383}\times100 ≒ 63.6\%$

- $35 \sim 39$세 : $\dfrac{18,610}{29,595} \times 100 \fallingdotseq 62.9\%$

⑤ $20 \sim 30$대 연령대에서 월세에 사는 $25 \sim 29$세 연령대가 차지하는 비율은 $\dfrac{7,853}{80,110} \times 100 \fallingdotseq 9.8\%$로 10% 미만이다.

07　　정답 ③

- 2021년 전년 대비 감소율 : $\dfrac{20-15}{20} \times 100 = 25\%$

- 2022년 전년 대비 감소율 : $\dfrac{15-12}{15} \times 100 = 20\%$

따라서 2021년과 2022년의 경제 분야 투자규모의 전년 대비 감소율의 차이는 5%p이다.

오답분석
① 2023년 총지출을 a억 원이라고 가정하면, $a \times 0.05 = 16$억 원 → $a = \dfrac{16}{0.05} = 320$, 총지출은 320억 원이므로 300억 원 이상이다.
② 2020년 경제 분야 투자규모의 전년 대비 증가율은 $\dfrac{20-16}{16} \times 100 = 25\%$이다.
④ $2019 \sim 2023$년 동안 경제 분야에 투자한 금액은 $16 + 20 + 15 + 12 + 16 = 79$억 원이다.
⑤ $2020 \sim 2023$년 동안 경제 분야 투자규모의 전년 대비 증감 추이는 '증가 - 감소 - 감소 - 증가'이고, 총지출 대비 경제 분야 투자규모 비중의 경우 '증가 - 증가 - 감소 - 감소'이다.

08　　정답 ②

유통업의 경우 9점을 받은 현지의 엄격한 규제 요인이 가장 강력한 진입 장벽으로 작용하므로 유통업체인 L사가 몽골 시장으로 진출할 경우, 해당 요인이 시장의 진입을 방해하는 요소로 작용할 가능성이 가장 큰 것을 알 수 있다.

오답분석
① 초기 진입 비용 요인의 경우 유통업(5점)보다 식·음료업(7점)의 점수가 더 높고, 유통업은 현지의 엄격한 규제 요인(9점)이 가장 강력한 진입 장벽으로 작용한다.
③ 몽골 기업의 시장 점유율 요인의 경우 제조업(5점)보다 유통업(7점)의 점수가 더 높으며, 제조업의 경우 현지의 엄격한 규제 요인(8점)이 가장 강력한 진입 장벽으로 작용한다.
④ 문화적 이질감이 가장 강력한 진입 장벽으로 작용하는 업종은 해당 요인에 가장 높은 점수를 부여한 서비스업(8점)이다.
⑤ 서비스업은 초기 진입 비용이 타 업종에 비해 적게 든다.

09　　정답 ②

과수 항목의 경지이용률은 나열된 순서인 '서울'부터 '제주'순으로 $+0.7$, -0.4를 반복하고 있다.
충남의 과수 경지이용률이 9.7이므로 전북의 과수 경지이용률은 $9.7 - 0.4 = 9.3$이 된다.

10　　정답 ④

항목별로 보면, 스마트폰 1일 평균 이용횟수가 '50회 이상'인 항목 중 기타의 경우에는 유치원생부터 대학생까지 4.4씩, 과의존위험군의 경우 3.3, 일반사용자군은 5.5씩 증가하고 있다.
따라서 (가)에 들어갈 수치는 $5.5 + 4.4 = 9.9$, (나)에 들어갈 수치는 $16.5 + 5.5 = 22$이다.

11　　정답 ⑤

- 2023년 7월 서울특별시의 소비심리지수 : 128.8
- 2023년 12월 서울특별시의 소비심리지수 : 102.8
- 2023년 7월 대비 2023년 12월의 소비심리지수 감소율 : $\dfrac{128.8 - 102.8}{128.8} \times 100 \fallingdotseq 20.19\%$

따라서 2023년 12월 소비심리지수 감소율은 19% 이상이다.

12　　정답 ②

2023년 11세 여학생의 제자리 멀리뛰기 기록은 143.3cm이며, 16세 남학생의 제자리 멀리뛰기 기록의 60%인 $225.0 \times 0.6 = 135$cm 이상이므로 옳은 설명이다.

오답분석
① 남학생의 경우, 2022년에는 17세 고등학생이 16세 고등학생보다 50m 달리기 기록이 0.1초 느려졌고, 15세와 16세 고등학생의 50m 달리기 기록이 동일하였다.
③ 2023년 14세 여학생의 경우에 2022년의 14세 여학생에 비해 50m 달리기와 제자리 멀리뛰기 기록은 좋아졌지만, 윗몸 일으키기 기록은 낮아졌다.
④ 2022년 중학교 남학생의 경우, 직전연령 대비 윗몸일으키기 증가율은 12세의 경우 $\dfrac{38.0 - 35.0}{35.0} \times 100 \fallingdotseq 8.6\%$, 13세의 경우 $\dfrac{41.0 - 38.0}{38.0} \times 100 \fallingdotseq 7.9\%$로 12세에 비해 13세에 직전연령 대비 증가율이 작아진다.
⑤ 남학생의 경우, 2022년과 2023년 모두 제자리 멀리뛰기 기록이 가장 좋은 연령은 17세이다. 그러나 윗몸일으키기 기록이 가장 좋은 연령은 2022년에는 16세와 17세지만, 2023년에는 15세이다.

13

주말 평균 공부시간이 3시간 이상 6시간 미만인 학생은 전체의 20%, 6시간 이상 8시간 미만인 학생은 전체의 10%, 8시간 이상인 학생은 전체의 5%이므로 주말 평균 3시간 이상 공부하는 학생은 전체의 20＋10＋5＝35%로 절반 미만이다.

오답분석

① 주말 평균 공부시간이 8시간 이상인 학생의 비율은 전체의 5%로 가장 작다.
② 주말 평균 공부시간이 1시간 미만인 학생의 비율은 전체의 10%이고, 1시간 이상 2시간 미만인 학생은 전체의 30%이므로 주말 평균 공부시간이 2시간 미만인 학생의 비율은 10＋30＝40%로 절반 미만이다.
④ 주말 평균 공부시간이 1시간 미만인 학생의 비율은 전체의 10%이고, 6시간 이상 8시간 미만인 학생의 비율 또한 전체의 10%이다.
⑤ 주말 평균 공부시간이 2시간 이상 3시간 미만인 학생의 비율은 전체의 25%로, 8시간 이상인 학생의 비율(5%)의 $\frac{25}{5}$＝5배이다.

14

정답 ④

2019년과 2023년에는 출생아 수와 사망자 수의 차이가 20만 명이 되지 않으므로 적절하지 않다.

15

정답 ③

남성 합격자 수는 1,003명, 여성 합격자 수는 237명이고, 1,003÷237≒4이므로, 남성 합격자 수는 여성 합격자 수의 4배 이상이다.

오답분석

④ 경쟁률은 $\frac{(지원자 수)}{(모집정원)}$이므로, B집단의 경쟁률은 $\frac{585}{370}＝\frac{117}{74}$이다.

16

정답 ⑤

생산이 증가한 해에는 내수와 수출 모두 증가했다.

오답분석

① 감소 수치를 나타내는 ▽가 없으므로 옳은 판단이다.
② 내수가 가장 큰 폭으로 증가한 해는 2021년으로 생산과 수출 모두 감소했다.
③ 수출이 증가한 해는 2019, 2022, 2023년으로 내수와 생산 모두 증가했다.
④ 내수는 증가했지만 생산과 수출이 모두 감소한 해는 2021년이다.

17

정답 ⑤

면세유류는 1990년부터 사용량이 계속 증가하였고, 2020년에는 가장 높은 비율을 차지하였다.

오답분석

① 일반자재는 2010년까지 증가한 이후 2020년에 감소하였다.
② 2000년에는 배합사료, 2020년에는 면세유류가 가장 높은 비율을 차지하였다.
③ 배합사료는 증가와 감소를 반복하였으나, 농기계는 1970 ～1990년까지 비율이 증가한 이후 증가와 감소를 반복하였다.
④ 제시된 자료만 보고 2020년 이후의 상황은 알 수 없다.

18

정답 ②

전년 대비 난민 인정자 증감률을 구하면 다음과 같다.
• 2020년
　－ 남자 : $\frac{35-39}{39}\times100≒-10.3\%$
　－ 여자 : $\frac{22-21}{21}\times100≒4.8\%$
• 2021년
　－ 남자 : $\frac{62-35}{35}\times100≒77.1\%$
　－ 여자 : $\frac{32-22}{22}\times100≒45.5\%$
• 2022년
　－ 남자 : $\frac{54-62}{62}\times100≒12.9\%$
　－ 여자 : $\frac{51-32}{32}\times100≒59.4\%$
따라서 2021년 남자와 2022년의 수치가 옳지 않다.

19

정답 ③

ㄱ. 한국, 독일, 영국, 미국이 전년 대비 감소했다.
ㄷ. 전년 대비 2019년 한국, 중국, 독일의 연구개발비 증가율을 각각 구하면 다음과 같다.
　• 한국 : $\frac{33,684-28,641}{28,641}\times100≒17.6\%$
　• 중국 : $\frac{48,771-37,664}{37,664}\times100≒29.5\%$
　• 독일 : $\frac{84,148-73,737}{73,737}\times100≒14.1\%$
따라서 중국, 한국, 독일 순서로 증가율이 높다.

ㄴ. 증가율을 계산해보는 방법도 있지만 연구개발비가 2배 이상 증가한 국가가 없는 데 비해 중국이 2.5배 이상 증가하였으므로 증가율이 가장 높은 것을 알 수 있다. 따라서 증가율이 가장 높은 국가는 중국이고, 영국이 $\dfrac{40,291-39,421}{39,421}\times100\fallingdotseq2.2\%$로 가장 낮다.

20
정답 ③

• 한국의 응용연구비 : $29,703\times0.2=5,940.6$백만 달러
• 미국의 개발연구비 : $401,576\times0.6=240,945.6$백만 달러
따라서 2021년 미국의 개발연구비는 한국의 응용연구비의 $240,945.6\div5,940.6\fallingdotseq40.6$배이다.

04 창의수리

01	02	03	04	05	06	07	08	09	10
①	②	①	④	②	④	③	③	④	③
11	12	13	14	15	16	17	18	19	20
①	④	④	①	④	⑤	②	②	①	⑤

01
정답 ①

홀수 항은 $+10$, 짝수 항은 $\div6$을 적용하는 수열이다.
따라서 (　)$=36\div6=6$이다.

02
정답 ②

제시된 수열은 앞의 항에 $+1$, $+0.06$, $+2$, $+0.12$, $+3$, $+0.18$, …을 반복하는 수열이다.
따라서 (　)$=1.26+0.06=1.32$이다.

03
정답 ①

제시된 수열은 앞의 항에 -11, -0.11, -22, -0.22, -33, -0.33, …을 반복하는 수열이다.
따라서 (　)$=83.67-0.33=83.34$이다.

04
정답 ④

제시된 수열은 대분수를 가분수로 바꾸었을 때, 분자는 $+10$씩 증가하고 분모는 $+4$씩 증가하는 수열이다.
따라서 (　)$=\dfrac{(15\times4+10)+10}{15+4}=\dfrac{80}{19}=4\dfrac{4}{19}$이다.

05
정답 ②

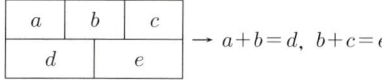

따라서 (　)$=25+21=46$이다.

06
정답 ④

각 항의 수를 순서대로 A, B, C라고 하면 다음과 같은 관계가 성립된다.
$A\ B\ C\rightarrow A+B^2=C$
따라서 $B^2=64$이므로 빈칸에 알맞은 수는 8이다.

07

정답 ③

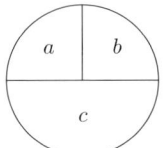

$2a \times b = c$

따라서 ( )=$2 \times 5 \times 6 = 60$이다.

08

정답 ③

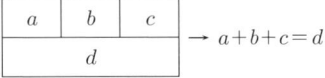
$\rightarrow a+b+c=d$

따라서 ( )=$8+11-6=13$이다.

09

정답 ④

제시된 각 열의 숫자는 피보나치 수열을 따른다.
- 1열 : 1, 4, 1+4=5, 4+5=9
- 2열 : 2, 3, 2+3=5, 3+5=8
- 3열 : 3, 3, 3+3=( ), 3+( )=9
- 4열 : 2, 2, 2+2=4, 2+4=6

따라서 ( )=$3+3=6$이다.

10

정답 ③

분자에 2씩 곱하고, 분모에 +2씩 더하는 수열이다.
$a_5 = \frac{40 \times 2}{9+2} = \frac{80}{11}$, $a_6 = \frac{80 \times 2}{11+2} = \frac{160}{13}$, $a_7 = \frac{160 \times 2}{13+2} =$
$\frac{320}{15} = \frac{64}{3}$

따라서 7번째 항의 값은 $\frac{64}{3}$이다.

11

정답 ①

첫 번째 수열은 앞의 항에 +2, +4, +6, …을 하는 수열이다. 이를 두 번째 수열에 적용하면 다음과 같다.

31	→	33	→	37	→	43	→	51	→	61
	+2	→	+4	→	+6	→	+8	→	+10	

따라서 두 번째 수열의 6번째 항에 해당하는 수는 61이다.

12

정답 ④

- 잘 익은 귤을 꺼낼 확률 : $1 - \left(\frac{10}{100} + \frac{15}{100} \right) = \frac{75}{100}$

- 썩거나 안 익은 귤을 꺼낼 확률 : $\frac{10}{100} + \frac{15}{100} = \frac{25}{100}$

따라서 한 사람은 잘 익은 귤, 다른 한 사람은 그렇지 않은 귤을 꺼낼 확률은 $2 \times \frac{75}{100} \times \frac{25}{100} = 37.5\%$이다.

13

정답 ④

욕조가 가득 채우는 데 필요한 물의 양을 1이라고 하면, A관과 B관을 동시에 틀고 배수를 할 때 욕조가 가득 채워질 때까지 걸리는 시간을 x분이라고 했을때, 다음과 같은 식이 성립한다.

A관에서 1분 동안 나오는 물의 양은 $\frac{1}{30}$, B관에서 1분 동안 나오는 물의 양은 $\frac{1}{40}$이고, 1분 동안 배수 되는 양은 $\frac{1}{20}$이다.

$\left(\frac{1}{30} + \frac{1}{40} - \frac{1}{20} \right) x = 1$

$\rightarrow \frac{1}{120} x = 1$

$\therefore x = 120$

따라서 욕조에 물이 가득 채워질 때까지 120분이 걸린다.

14

정답 ①

$\frac{2,000 \times 8 + 500 \times 6}{2,000 + 500} = \frac{19,000}{2,500} = 7.6$

따라서 A, B형 설문조사 전체 평균 만족도는 7.6점이다.

15

정답 ④

집에서 휴게소까지의 거리를 $x$km라 하면

(시간)=$\frac{(거리)}{(속력)}$이므로 다음 식이 성립한다.

$\frac{x}{40} + \frac{128-x}{60} = 3$

$\therefore x = 104$

따라서 집에서 휴게소까지의 거리는 104km이다.

16

정답 ⑤

• 20%의 소금물 300g에 들어있는 소금의 양

$: \dfrac{20}{100} \times 300 = 60g$

• 15%의 소금물 200g에 들어있는 소금의 양

$: \dfrac{15}{100} \times 200 = 30g$

추가한 물의 양을 xg이라고 하자.

$\dfrac{60+30}{300+200+x} \times 100 = 10$

$\rightarrow 600+300 = 300+200+x$

$\therefore x = 400$

따라서 농도 10%의 소금물을 만들기 위해 물 400g을 넣어야 한다.

17

정답 ②

주어진 조건에 따라 앉을 수 있는 경우는 다음과 같다.

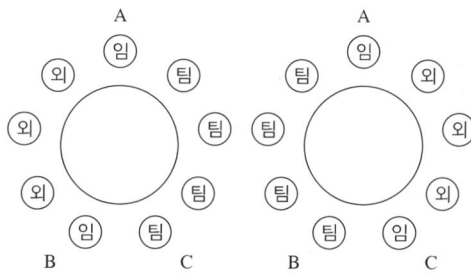

임원진 2명을 A와 B에
배치하는 경우의 수
$3! \times 4! = 144$

임원진 2명을 A와 C에
배치하는 경우의 수
$3! \times 4! = 144$

따라서 구하고자 하는 경우의 수는 $144+144=288$가지이다.

18

정답 ②

동생이 출발한 뒤 만나게 될 때까지 걸리는 시간을 x분이라 하면, 다음과 같은 식이 성립한다.

$80 \times 5 + 80x = 100x$

$\therefore x = 20$

따라서 두 사람은 동생이 출발한 뒤 20분 후에 만난다.

19

정답 ①

물건의 원가를 x원이라고 하면 도매업자의 판매가는 $1.2x$원이고, 소매업자의 판매가는 $1.2x \times 2 = 2.4x$원이다.
물건을 500개 구매했을 때의 배송비는 $3,000 \times 5 = 15,000$원이다. 500개 상품의 구매비에서 배송비를 제한 금액은 $447,000 - 15,000 = 432,000$원이다.

$500 \times 2.4x = 432,000$

$\rightarrow 2.4x = 864$

$\therefore x = 360$

따라서 물건의 원가는 360원이다.

20

정답 ⑤

40%의 소금물 100g에 들어있는 소금의 양은 $\dfrac{40}{100} \times 100 = 40g$이므로, 물 60g을 넣은 후의 농도는 $\dfrac{40}{100+60} \times 100 = 25$%이다.

01 언어이해

01	02	03	04	05	06	07	08	09	10
③	④	①	①	②	④	③	⑤	②	⑤
11	12	13	14	15	16	17	18	19	20
③	④	③	②	④	④	⑤	⑤	①	④

01　　　정답 ③

(다) 인권에 관한 화제 도입 및 인권 보호의 범위 – (나) 사생활 침해와 인권 보호 – (가) 사생활 침해와 인권 보호에 대한 예시 – (라) 결론의 순서로 연결해야 한다.

02　　　정답 ④

(나)는 '반면', (다)는 '이처럼', (라)는 '가령'으로 시작하므로 첫 번째 문장으로 적합하지 않다. 따라서 (가)가 첫 번째 문장으로 적절하다. 다음으로 전통적 인식론자의 의견을 예시로 보여준 (라)가 적절하며, 이어서 그와 반대되는 베이즈주의자의 의견이 제시되는 (나)가 적절하다. 마지막으로 (나)의 내용을 결론짓는 (다)의 순서로 배열되는 것이 가장 적절하다.

03　　　정답 ①

제시문은 사회서비스에 대한 정의와 다양한 방식을 소개하며, 이를 통해 알 수 있는 사회서비스의 의의를 알리고 있다. 따라서 (라) 사회서비스의 정의 – (가) 사회서비스의 다양한 방식 – (다) 최근 사회서비스의 경향 – (나) 이를 통해 알 수 있는 사회서비스의 의의 순으로 연결되어야 한다.

04　　　정답 ①

제시문은 L기획 연구소가 시행한 소비자의 인식에 대한 조사 결과에 따라 소비자들의 친환경 제품 구매를 촉진시킬 것이라는 내용의 글이다. 따라서 (라) L기획 연구소가 소비자의 인식과 소비행태에 대한 조사 시행 – (가) 조사 결과 소비자들은 친환경 인식은 있으나 활동 참여는 부진함 – (다) 원인은 가격과 제품에 대한 신뢰 부족 – (나) 조사 결과를 바탕으로 소비자의 참여를 유도하고, 친환경 제품 구매를 촉진시킬 것 순으로 연결되어야 한다.

05　　　정답 ②

첫 번째 문단에서는 높아지는 의료보장제도의 필요성에 대해 언급하고 있으며, 두 번째 문단과 세 번째 문단에서는 의료보장제도의 개념에 대하여 이야기하고 있다. 마지막 문단에서는 이러한 의료보장제도의 유형으로 의료보험 방식과 국가보건서비스 방식에 대해 설명하고 있다. 따라서 이 글의 주제로 가장 적절한 것은 각 문단의 중심 내용을 포괄하고 있는 ②이다.

06　　　정답 ④

마지막 문단에 '기다리지 못함을 삼가고 아무것도 안 함도 삼가야 한다. 작동 중에 있는 자연스런 성향이 발휘되도록 기다리면서도 전력을 다할 수 있도록 돕는 노력도 멈추지 말아야 한다.'를 통해 ④ '잠재력을 발휘하도록 하려면 의도적 개입과 방관적 태도 모두를 경계해야 한다.'가 이 글의 주제가 됨을 알 수 있다.

오답분석

① 인위적 노력을 가하는 것은 일을 '조장(助長)'하지 말라고 한 맹자의 말과 반대된다.
② 싹이 성장하도록 기다리는 것도 중요하지만 '전력을 다할 수 있도록 돕는 노력'도 해야 한다.
③ 명확한 목적성을 강조하는 부분은 이 글에 나와 있지 않다.
⑤ 맹자는 '싹 밑의 잡초를 뽑고, 김을 매주는 일'을 통해 '성장을 보조해야 한다.'라고 말하며 적당한 인간의 개입이 필요함을 말하고 있다.

07　　　정답 ③

제시문에서는 인류의 발전과 미래에 인류에게 닥칠 문제를 해결하기 위해 우주 개발이 필요하다는 '우주 개발의 정당성'에 대해 논의하고 있다.

08　　　정답 ⑤

마지막 문단에 따르면 사람들은 자신은 대중 매체의 전달 내용에 쉽게 영향 받지 않는다고 생각하면서 다른 사람들이 영향을 받을 것을 고려하여 자신의 의견을 포기하고 다수의 의견을 따라가는 경향이 있음을 알 수 있다.

① 첫 번째 문단에 의하면 태평양 전쟁 당시 백인 장교들에게 제3자 효과가 나타나, 일본군의 선전에 흑인 병사들이 현혹되리라고 생각하여 부대를 철수시켰다.

②·③ 제3자 효과의 원인은 자신보다 타인들이 대중매체의 영향을 크게 받는다고 믿기 때문이며, 때문에 제3자 효과가 크게 나타나는 사람일수록 대중매체에 대한 법적·제도적 조치에 찬성하는 경향이 있다.

④ 세 번째 문단에 따르면 사람들은 대중 매체가 바람직한 내용보다는 유해한 내용을 전달할 때 다른 사람들에게 미치는 영향이 크다고 생각한다.

09 정답 ②

마지막 문단의 '더 큰 문제는 이런 인식이 농민운동을 근대이행을 방해하는 역사의 반역으로 왜곡할 소지가 있다는 것이다.'라는 문장을 통해 추론 가능하다.

10 정답 ⑤

제시된 문단의 마지막 문장에서 언급한 '적잖은 논란거리'가 (바)를 통해 구체적으로 서술되고 있으며, (다)에서 (바)의 '신문이 특정 후보를 지지하는 것이 실제로 영향력이 있는지'에 대한 학계의 일반적인 의견과 함께 이와 관련한 두 이론을 언급한다. 선별 효과 이론을 설명하는 (마)는 선택적 노출과 인지, 기억의 사례인 (가)와 보강 효과 이론을 설명하는 (나)는 정치적 메시지가 기존의 태도를 보강하는 정도에 그침을 보여주는 사례인 (라)와 연결되는데, (나)의 앞에 전환 기능의 접속어 '한편'이 있으므로 (바) – (다) – (마) – (가) – (나) – (라)의 순으로 나열하는 것이 적절하다.

11 정답 ③

제시된 문단에서는 휘슬블로어를 소개하며 휘슬블로어가 집단의 부정부패를 고발하는 것이 쉽지 않다는 점을 언급하고 있으므로, 뒤이어 내부고발이 어려운 이유를 설명하는 문단이 와야 한다. 따라서 (다) 내부고발이 어려운 이유와 휘슬블로어가 겪는 여러 사례 – (나) 휘슬블로우의 실태와 법적인 보호의 필요성 제기 – (라) 휘슬블로우를 보호하기 위한 법의 실태 설명 – (가) 법 밖에서도 보호받지 못하는 휘슬블로어 순으로 나열하는 것이 적절하다.

12 정답 ④

두 번째 문단을 통해 과거에는 치매의 확진이 환자의 사망 후 부검을 통해 가능했다는 사실을 알 수 있다.

13 정답 ③

첫 번째 문단의 '동일곡이지만 템포의 기준을 어떻게 잡아서 재현해 내느냐에 따라서 그 음악의 악상은 달라진다.'라는 문장을 통해 템포의 완급에 따라 악상이 변화하는 것을 알 수 있다.

① 서양 음악과 한국 전통 음악의 차이는 심장의 고동을 중시하는 서양의 민족의식과 호흡을 중시하는 우리 민족의식에 따른 차이에서 발생한다는 글 전체의 내용을 통해 확인할 수 있다.

②·⑤ 다섯 번째 문단에서 확인할 수 있다.

④ 두 번째 문단에서 확인할 수 있다.

14 정답 ②

웨스트팔리아체제라 부르는 주권국가 중심의 현 국제 정치질서에서는 주권존중, 내정불간섭 원칙이 엄격히 지켜진다. 인권보호질서는 아직 형성과정에 있으며 주권국가중심의 현 국제정치질서와 충돌하고 있다. 따라서 인권보호질서가 내정불간섭 원칙의 엄격한 준수를 요구한다는 것은 글의 내용으로 적절하지 않다.

15 정답 ④

네 번째 문단에서 조선백자는 넉넉한 곡선과 비대칭의 아름다움, 그리고 여유 있고 균형 잡힌 형태감을 지니고 있다고 말하였다. '대칭과 완벽'은 중국 자기의 특징이고, '기교'는 일본 자기의 특징이므로 적절하지 않다.

①·②는 두 번째 문단에서, ③은 네 번째 문단에서, ⑤는 세 번째 문단에서 확인할 수 있다.

16 정답 ④

녹차와 홍차는 같은 식물의 찻잎으로 만들어지며 L–테아닌과 폴리페놀 성분을 함유하고 있다는 공통점이 있으나, 공정 과정과 함유된 폴리페놀 성분의 종류가 다르다는 차이가 있다. 제시문은 이러한 녹차와 홍차의 공통점과 차이점을 중심으로 내용을 두 대상을 비교하고 있다.

17
정답 ⑤

제시문은 좌뇌형 인간과 우뇌형 인간이라는 개념이 지닌 허점에 대하여 지적할 뿐, 브로카 영역과 베르니케 영역이 존재하는 좌반구가 손상을 받으면 언어 장애가 생긴다는 사실에 대해서는 긍정하고 있다. 실제로 베르니케 영역이 손상되면 '베르니케 실어증'이 생기며, 청각이나 시각은 정상이지만 말을 듣거나 읽었을 경우 그 내용을 이해할 수 없게 된다.

오답분석

① 말하기를 담당하는 브로카 영역과 듣기를 담당하는 베르니케 영역처럼, 사람은 특정 행동을 할 때 특정 부위의 뇌를 주로 사용하게 된다.
② 일상에서 흔히 좌뇌형 인간을 남성적, 우뇌형 인간을 여성적이라고 평가하지만, 좌뇌와 우뇌의 활용도 차이는 사후 해석에 가까운 근거 없는 개념이다.
③ 2014년 미국 펜실베이니아 연구팀의 연구결과에 따르면 여성의 경우 좌뇌와 우뇌의 상호 연결이 주로 발달하며, 남성의 경우 좌뇌와 우뇌 각각의 내부 연결이 주로 발달한다고 하였다. 따라서 여성의 경우 상대적으로 양쪽의 뇌가 골고루 활성화 될 것이며, 남성의 경우 안쪽의 뇌가 집중적으로 활성화 될 것이다.
④ 1998년 미국 듀크대학 연구팀의 실험에 따르면 남성은 공간 정보의 절대적 위치를, 여성은 공간 정보의 상대적 위치를 주로 활용하므로 남성에게 길을 물을 때 수치화된 답변이 나올 가능성이 여성에 비해 상대적으로 높을 것이다.

18
정답 ⑤

네 번째 문단에 따르면 공장식 축산의 문제를 개선하기 위한 동물 복지 운동은 1960년대 영국을 중심으로 시작되었으며, 한국에서도 2012년부터 '동물 복지 축산농장 인증제'를 시행하고 있다고 하였다. 따라서 동물 복지 축산농장 인증제는 영국이 아닌 한국에서 2012년부터 시행되고 있는 제도이다.

19
정답 ①

기술이 내적인 발전 경로를 가지고 있다는 통념을 비판하기 위해 다양한 사례 연구를 논거로 인용하고 있다. 따라서 인용하고 있는 연구 결과를 반박할 수 있는 자료가 있다면 글쓴이의 주장은 설득력을 잃게 된다.

20
정답 ④

미생물을 끓는 물에 노출하면 영양세포나 진핵포자는 죽일 수 있으나, 세균의 내생포자는 사멸시키지 못한다. 멸균은 포자, 박테리아, 바이러스 등을 완전히 파괴하거나 제거하는 것이므로 물을 끓여서 하는 열처리 방식으로는 멸균이 불가능함을 알 수 있다. 따라서 빈칸에 들어갈 내용으로는 소독은 가능하지만, 멸균은 불가능하다는 ④가 가장 적절하다.

02 언어추리

01	02	03	04	05	06	07	08	09	10
③	①	⑤	⑤	④	③	④	②	②	③
11	12	13	14	15	16	17	18	19	20
⑤	③	③	①	④	③	②	②	⑤	③

01
정답 ③

세 번째 명제는 '너무 많이 먹으면 둔해진다.'이다. 삼단논법이 성립하려면 '살이 찌면 둔해진다.'라는 명제가 필요하다.

02
정답 ①

삼단논법이 성립하기 위해서는 '종구는 노력하지 않았다.'라는 명제가 필요하다.

03
정답 ⑤

• 깔끔한 사람 → 정리정돈을 잘함 → 집중력이 좋음 → 성과 효율이 높음
• 주변이 조용함 → 집중력이 좋음 → 성과 효율이 높음

오답분석

① 3번째 명제와 1번째 명제로 추론할 수 있다.
② 2번째 명제와 4번째 명제로 추론할 수 있다.
③ 3번째 명제, 1번째 명제, 4번째 명제로 추론할 수 있다.
④ 4번째 명제의 대우와 2번째 명제의 대우로 추론할 수 있다.

04
정답 ⑤

대우 명제를 활용하여 정리하면 다음과 같다.
• 원두 소비량 감소 → 원두 수확량 감소
  [대우] 원두 수확량 감소 × → 원두 소비량 감소 ×
• 원두 수확량 감소 → 원두 가격 인상
  [대우] 원두 가격 인상 × → 원두 수확량 감소 ×
• 원두 수확량 감소 × → 커피 가격 인상 ×
  [대우] 커피 가격 인상 → 원두 수확량 감소
원두 수확량이 감소하지 않으면 원두 소비량이 감소하지 않고 커피의 가격이 인상되지 않는다. 그러나 원두 소비량과 커피 가격 인상 간의 관계는 알 수 없다.

오답분석

① 세 번째 문장의 대우 명제이다.
  원두 수확량 감소 × → 커피 가격 인상 ×
  [대우] 커피 가격 인상 → 원두 수확량 감소
② 세 번째 문장의 대우 명제와 문장을 다음과 같이 정리하면 옳은 추론이다.
  커피 가격 인상 → 원두 수확량 감소 → 원두 가격 인상

③ 첫 번째 문장의 대우 명제로 옳은 추론이다.
④ 두 번째 문장의 대우 명제로 옳은 추론이다.

05 　　정답 ④

명제들을 통해서 적극적인 사람은 활동량이 많으며 활동량이 많을수록 잘 다치고 면역력이 강화된다는 것을 알 수 있다. 활동량이 많지 않은 사람은 적극적이지 않은 사람이며, 적극적이지 않은 사람은 영양제를 챙겨먹는다는 것을 알 수 있다. 따라서 영양제를 챙겨먹으면 면역력이 강화되는지는 알 수 없다.

오답분석

① 1번째 명제, 2번째 명제 대우를 통해 추론할 수 있다.
② 1번째 명제, 3번째 명제를 통해 추론할 수 있다.
③ 2번째 명제, 1번째 명제 대우, 4번째 명제를 통해 추론할 수 있다.
⑤ 1번째 명제 대우, 2번째 명제를 통해 추론할 수 있다.

06 　　정답 ③

a는 'A가 외근을 나감', b는 'B가 외근을 나감', c는 'C가 외근을 나감', d는 'D가 외근을 나감', e는 'E가 외근을 나감'이라고 할 때, 네 번째 명제와 다섯 번째 명제의 대우인 $b \rightarrow c$, $c \rightarrow d$에 따라 $a \rightarrow b \rightarrow c \rightarrow d \rightarrow e$가 성립한다. 따라서 'A가 외근을 나가면 E도 외근을 나간다.'는 적절하다.

07 　　정답 ④

북한산보다 낮은 도봉산과 관악산보다 북악산이 더 낮으므로 북악산이 가장 낮은 산임을 알 수 있다. 그러나 제시된 사실만으로는 도봉산과 관악산의 높이를 비교할 수 없다. 따라서 '북악산이 가장 낮다.'가 적절하다.

08 　　정답 ②

주어진 명제를 통해 '세경이는 전자공학과 패션디자인을 모두 전공하며, 원영이는 사회학만 전공한다.'를 유추할 수 있다.

09 　　정답 ②

모든 1과 사원은 가장 실적이 많은 2과 사원보다 실적이 많고, 3과 사원 중 일부는 가장 실적이 많은 2과 사원보다 실적이 적다. 따라서 3과 사원 중 일부는 모든 1과 사원보다 실적이 적다.

10 　　정답 ③

성준이는 볼펜을 좋아하고, 볼펜을 좋아하는 사람은 수정테이프를 좋아한다. 따라서 '성준이는 수정테이프를 좋아한다.'가 적절하다.

11 　　정답 ⑤

제시된 대화에 따르면 수녀는 언제나 참이므로 A가 될 수 없고, 왕은 언제나 거짓이므로 C가 될 수 없다. 따라서 수녀는 B 또는 C이고, 왕은 A 또는 B가 된다.
• 왕이 B이고 수녀가 C인 경우
  A는 농민인데 거짓을 말해야 하는 왕이 A를 긍정하므로 모순된다.
• 왕이 A이고 수녀가 B인 경우
  항상 참을 말해야 하는 수녀가 자신이 농민이라고 거짓을 말하는 왕의 말이 진실이라고 하므로 모순된다.
• 왕이 A이고 수녀가 C인 경우
  B는 농민인데 이때 농민은 거짓을 말하는 것이고 수녀는 자신이 농민이 아니라고 참을 말하는 것이므로 성립하게 된다.
따라서 A는 왕, B는 농민, C는 수녀이다.

12 　　정답 ③

세 번째 조건에 따라 '윤지 - 영민 - 순영'의 순서가 되는데, 첫 번째 조건에서 윤지는 가장 먼저 출장을 가지 않는다고 하였으므로 윤지 앞에는 먼저 출장 가는 사람이 있어야 한다. 따라서 '재철 - 윤지 - 영민 - 순영'의 순이 되고, 마지막으로 출장 가는 순영의 출장지는 미국이 된다. 또한 재철은 영국이나 프랑스로 출장을 가야 하는데, 영국과 프랑스는 연달아 갈 수 없으므로 두 번째 출장지는 일본이며, 첫 번째와 세 번째 출장지는 영국 또는 프랑스로 재철과 영민이 가게 된다.
이를 표로 정리하면 다음과 같다.

구분	첫 번째	두 번째	세 번째	네 번째
출장 가는 사람	재철	윤지	영민	순영
출장 가는 나라	영국 또는 프랑스	일본	영국 또는 프랑스	미국

따라서 영민은 반드시 세 번째로 출장을 가게 된다.

오답분석

① 윤지는 일본으로 출장을 간다.
② 재철은 영국으로 출장을 갈 수도, 프랑스로 출장을 갈 수도 있다.
④ 순영은 네 번째로 출장을 간다.
⑤ 윤지와 순영의 출장 순서는 두 번째와 네 번째로, 연이어 출장을 가지 않는다.

13

가장 먼저 물건을 고를 수 있는 동성이가 세탁기를 받을 경우와 컴퓨터를 받을 경우 두 가지로 나누어 생각해 볼 수 있다.
- 동성이가 세탁기를 받을 경우 : 현규는 드라이기를 받게 되고, 영희와 영수는 핸드크림 또는 로션을 받게 되며, 미영이는 컴퓨터를 받게 된다.
- 동성이가 컴퓨터를 받을 경우 : 동성이의 다음 순서인 현규가 세탁기를 받을 경우와 드라이기를 받을 경우로 나누어 생각해 볼 수 있다.
  - 현규가 세탁기를 받을 경우 : 영희와 영수는 로션 또는 핸드크림을 각각 가지게 되고, 미영이는 드라이기를 받게 된다.
  - 현규가 드라이기를 받을 경우 : 영희와 영수는 로션 또는 핸드크림을 각각 가지게 되고, 미영이는 세탁기를 받게 된다.

따라서 미영이가 드라이기를 받는 경우도 존재한다.

14

정답 ①

| 수필 |
| 소설 |
| 동화 |
| 그림책 |
| 잡지 |
| 시집 |
| 사전 |

시집<잡지<그림책, 소설, 수필이고 사전<동화인데, 시집의 위치가 맨 아래가 아니라고 하였으므로 사전<시집<잡지<그림책, 소설, 수필이다. 또한, 잡지와 동화는 책 하나를 사이에 두고 있다고 하였는데, 만약 잡지 아래에 있는 시집을 사이에 둘 경우 사전<동화<시집<잡지가 되어 두 번째 〈조건〉에 어긋난다. 따라서 잡지<?<동화가 되어야 하는데, 수필과 소설은 서로 맞닿아 있어야 하고 소설은 맨 위가 아니므로, 잡지<그림책<동화<소설<수필이 된다. 이를 정리하면 왼쪽과 같다.

[오답분석]
② 그림책은 동화와 맞닿아 있다.
③ 정중앙에 위치한 책은 그림책이다.
④ 동화는 그림책보다 위에 있다.
⑤ 시집은 아래에서 두 번째에 있다.

15

정답 ④

주어진 조건을 표로 정리하면 다음과 같다.

제네시스	그랜저	투싼	에쿠스	소나타
흰색	검은색	흰색	파란색	흰색

따라서 주어진 조건을 통해 에쿠스는 파란색, 그랜저는 검은색임을 알 수 있다.

[오답분석]
① 흰색 차량은 제네시스, 투싼, 소나타 총 3대이다.
② 그랜저는 제네시스의 바로 오른쪽으로, 왼쪽에서 두 번째에 있다.

③ 그랜저는 검은색, 에쿠스는 파란색으로, 검은색과 파란색 차량은 각각 1대씩 있다.
⑤ 그랜저는 검은색 차량으로, 검은색 차량은 1대뿐이다.

16

정답 ③

- 악어가 C구역에 들어갈 경우
  사슴은 A, D구역 중 한 곳에 들어갈 수 있다.

구분	A구역	B구역	C구역	D구역
경우 1	사슴	독수리	악어	호랑이
경우 2	사슴	호랑이	악어	독수리
경우 3	독수리	호랑이	악어	사슴
경우 4	호랑이	독수리	악어	사슴

- 악어가 D구역에 들어갈 경우
  사슴은 A, C구역 중 한 곳에 들어갈 수 있다.

구분	A구역	B구역	C구역	D구역
경우 1	사슴	독수리	호랑이	악어
경우 2	사슴	호랑이	독수리	악어
경우 3	독수리	호랑이	사슴	악어
경우 4	호랑이	독수리	사슴	악어

악어와 호랑이가 이웃해있는 경우는 '악어가 C구역에 들어갈 경우의 1·2·3, 악어가 D구역에 들어갈 경우의 경우 1'이다. 이 중 'ⅰ) 경우 3'을 제외하고는 사슴이 D구역에 살지 않는다. 따라서 확실하지 않지만 〈보기〉가 맞을 확률이 높다.

17

정답 ②

- A의 진술이 참인 경우
  A가 1위, C가 2위이다. 그러면 B의 진술은 참이다. 따라서 B가 3위, D가 4위이다. 그러나 D가 C보다 순위가 낮음에도 C의 진술은 거짓이므로 모순된다.
- A의 진술이 거짓인 경우
  A의 진술이 거짓이라면 C는 3위 또는 4위인데, 자신보다 높은 순위의 사람에 대한 진술이 거짓이므로 C는 3위, A는 4위이다. 그러면 B의 진술은 거짓이 되므로, D가 1위, B가 2위이다.

18

정답 ②

'D가 훔쳤다.'는 진술이 참일 경우, D의 진술 중 '나는 훔치지 않았다.'와 'A가 내가 훔쳤다고 말한 것은 거짓말이다.'는 거짓이 되고, 모순이다. 그러므로 D는 지갑을 훔치지 않았다. 그러면 A의 진술에 따라 A, C는 지갑을 훔치지 않았다. 또한 B의 '나는 훔치지 않았다.'는 진술이 참일 경우, 'E가 진짜 범인을 알고 있다.'는 B의 진술과 'B가 훔쳤다.'는 E의 진술이 모순된다. 따라서 B가 지갑을 훔쳤다.

19

정답 ⑤

A가 참인 경우와 A가 거짓말을 하는 경우로 나눌 수 있는데, 만약 A가 거짓이라면 B와 C가 모두 범인인 경우와 모두 범인이 아닌 경우로 나눌 수 있고, A가 참이라면 B가 범인인 경우와 C가 범인인 경우로 나눌 수 있다.

- A가 거짓이고 B와 C가 모두 범인인 경우
  B, C, D, E의 진술이 모두 거짓이 되어 5명이 모두 거짓말을 한 것이 되므로 모순된다.
- A가 거짓이고 B와 C가 모두 범인이 아닌 경우
  B가 참이 되므로 C, D, E 중 1명만 거짓, 나머지는 참이 되어야 한다. C가 참이면 E도 반드시 참, C가 거짓이면 E도 반드시 거짓이므로 D가 거짓, C, E가 참을 말하는 것이 되어야 한다. 따라서 이 경우 D와 E가 범인이 된다.
- A가 참이고 B가 범인인 경우
  B가 거짓이 되기 때문에 C, D, E 중 1명만 거짓, 나머지는 참이 되어야 하므로 C, E가 참, D가 거짓이 된다. 따라서 이 경우 B와 E가 범인이 된다.
- A가 참이고 C가 범인인 경우
  B가 참이 되기 때문에 C, D, E 중 1명만 참, 나머지는 거짓이 되어야 하므로 C, E가 거짓, D가 참이 된다. 따라서 범인은 A와 C가 된다.

따라서 선택지 중 ⑤만 동시에 범인이 될 수 있다.

20

정답 ③

기획개발팀 팀원 1명이 15경기에서 모두 이긴 경우, 105점을 받는다.

여기에서 이긴 경기 대신 비긴 경기 혹은 진 경기가 있는 경우, 최고점인 105점에서 비긴 경기 한 경기당 $7-3=4$점씩 감소하며, 진 경기가 있는 경우 진 경기 한 경기당 $7-(-4)=11$점씩 감소한다.

따라서 가능한 점수는 $105-\{4\times(비긴 경기 수)+11\times(진 경기 수)\}$뿐이다.

이에 따라 팀원들의 경기 성적을 구체적으로 나타내면 다음과 같다.

팀원	이긴 경기	비긴 경기	진 경기
A팀장(93점)	12	3	0
B대리(90점)	13	1	1
D연구원(79점)	12	1	2

발표한 점수가 위 수식으로 도출 불가능한 점수인 사람은 C대리뿐이다.

---

03 자료해석

01	02	03	04	05	06	07	08	09	10
④	②	①	①	②	④	⑤	⑤	④	②
11	12	13	14	15	16	17	18	19	20
⑤	④	③	②	②	③	①	⑤	④	④

01

정답 ④

ㄴ. 2021년 대비 2024년 분야별 침해사고 건수 감소율은 다음과 같다.

- 홈페이지 변조 : $\dfrac{390-650}{650}\times100=-40\%$
- 스팸릴레이 : $\dfrac{40-100}{100}\times100=-60\%$
- 기타 해킹 : $\dfrac{165-300}{300}\times100=-45\%$
- 단순 침입시도 : $\dfrac{175-250}{250}\times100=-30\%$
- 피싱 경유지 : $\dfrac{130-200}{200}\times100=-35\%$

따라서 50% 이상 감소한 분야는 '스팸릴레이' 한 분야이다.

ㄹ. 기타 해킹 분야의 2024년 침해사고 건수는 2022년 대비 증가했으므로 옳지 않은 설명이다.

오답분석

ㄱ. 단순 침입시도 분야의 침해사고는 매년 스팸릴레이 분야의 침해사고 건수의 2배 이상인 것을 확인할 수 있다.

ㄷ. 2023년 홈페이지 변조 분야의 침해사고 건수가 차지하는 비중은 $\dfrac{600}{1,500}\times100=40\%$로, 35% 이상이다.

02

정답 ②

ㄴ. 전년 대비 2021년 대형 자동차 판매량의 감소율은 $\dfrac{150-200}{200}\times100=-25\%$로 판매량은 전년 대비 30% 미만으로 감소하였다.

ㄷ. 2020 ~ 2022년 동안 SUV 자동차의 총판매량은 $300+400+200=900$천 대이고, 대형 자동차의 총판매량은 $200+150+100=450$천 대이다.

따라서 2020 ~ 2022년 동안 SUV 자동차의 총판매량은 대형 자동차 총판매량의 $\dfrac{900}{450}=2$배이다.

오답분석

ㄱ. 2020 ~ 2022년 동안 판매량이 지속적으로 감소하는 차종은 '대형' 1종류이다.

ㄹ. 2021년 대비 2022년에 판매량이 증가한 차종은 '준중형'
과 '중형'이다. 두 차종의 증가율을 비교하면 준중형은
$\frac{180-150}{150}\times100=20\%$, 중형은 $\frac{250-200}{200}\times100=$
25%로 중형 자동차가 더 높은 증가율을 나타낸다.

03 　　　　　　　　　　　　　　　　정답 ①

• 1학년 전체 학생 중 빨강을 좋아하는 학생 수의 비율

: $\frac{50}{250}\times100=20\%$

• 2학년 전체 학생 중 노랑을 좋아하는 학생 수의 비율

: $\frac{75}{250}\times100=30\%$

04 　　　　　　　　　　　　　　　　정답 ①

실업률 증감은 다음과 같다.

$\frac{(11월\ 실업률)-(2월\ 실업률)}{(2월\ 실업률)}\times100$

$=\frac{3.1-4.9}{4.9}\times100 ≒ -37\%$

따라서 2024년 2월 대비 11월의 실업률은 −37% 증감했다.

05 　　　　　　　　　　　　　　　　정답 ②

초·중·고등학교 수의 총합은 2021년에 6,001+3,209+
2,353=11,563교, 2023년에 6,064+3,214+2,358=11,636
교로 2021년 대비 2023년에 증가하였다.

오답분석

ㄱ. 2023년을 보면, 고등학교 수는 전년 대비 감소하였지만
초등학교 수는 증가하였다.

ㄴ. 2019년부터 2023년까지 초등학교 수와 중학교 수의 차
이를 구하면 다음과 같다.
• 2019년 : 5,934−3,186=2,748
• 2020년 : 5,978−3,204=2,774
• 2021년 : 6,001−3,209=2,792
• 2022년 : 6,040−3,213=2,827
• 2023년 : 6,064−3,214=2,850
따라서 초등학교 수와 중학교 수의 차이가 가장 큰 해는
2023년이다.

06 　　　　　　　　　　　　　　　　정답 ④

대략적으로 보아도 2,700의 44%보다 4,800의 30%가 더 많
은 수치라는 것을 알 수 있다. 계산을 해보면 2021년 배구의
관중 수는 4,843×0.304≒1,472.3(천 명), 핸드볼의 관중
수는 2,756×0.438≒1,207.1(천 명)이므로 배구가 더 많다.

오답분석

① 2020년에는 전년 대비 농구의 관중수용률이 증가했다.
② 2023년에는 야구의 관중수용률이 높다.
③ 관중수용률이 매년 증가한 종목은 야구와 축구뿐이다.
⑤ 농구는 '증가 → 동일 → 동일 → 증가'의 양상을 보이고,
핸드볼은 '동일 → 동일 → 감소 → 증가'의 양상을 보이고
있으므로 동일하지 않다.

07 　　　　　　　　　　　　　　　　정답 ⑤

영업원 및 판매 관련직의 취업률은 (733÷3,083)×100≒
23.8(%)로 25% 이하이다.

오답분석

① 기계 관련직이 (345÷1,110)×100≒31.1(%)로 가장
높다.
② 법률·경찰·소방·교도 관련직과 미용·숙박·여행·
오락·스포츠 관련직이 해당한다.
③ 금융보험 관련직이 해당한다.
④ 제시된 자료를 통해 쉽게 확인할 수 있다.

08 　　　　　　　　　　　　　　　　정답 ⑤

(가)의 경우 대구광역시는 2018년부터 2023년까지 3.5%p씩
증가하고, (나)의 경우 경상북도는 2019년부터 전년대비 증
가량은 1.2%p, 2.3%p, 3.4%p, 4.5%p, 5.6%p이며 공차가
1.1인 등차수열로 증가함을 알 수 있다.
따라서 '가'에 들어갈 수치는 84+3.5=87.5이고, '나'는 59.5
+3.4=62.9이다.

09 　　　　　　　　　　　　　　　　정답 ④

10대의 인터넷 공유활동을 참여율이 큰 순서대로 나열하면
'커뮤니티 이용 → 퍼나르기 → 블로그 운영 → 스토리 게시
→ 댓글달기'이다. 반면 30대는 '커뮤니티 이용 → 퍼나르기
→ 블로그 운영 → 댓글달기 → 스토리 게시'이다.
따라서 활동 순위가 서로 같지 않으므로 D사원이 바르게 이
해하지 못했다.

오답분석

① 20대가 다른 연령에 비해 모든 공유활동에서 참여율이 비
교적 높은 편임을 제시된 자료에서 쉽게 확인할 수 있다.
② 남성이 여성보다 대부분의 활동에서 참여율이 높지만, 블
로그 운영에서는 여성의 참여율이 높다.
③ 남녀 간의 참여율 격차가 가장 큰 영역은 13.8%p로 댓글
달기이며, 그 반대로는 2.7%p로 커뮤니티 이용이다.
⑤ 40대는 다른 영역과 달리 댓글달기 활동에서는 다른 연령
대보다 높은 참여율을 보이고 있다.

10

정답 ②

전년 대비 국·영·수의 월 최대 수강자 수가 증가한 해는 2019년과 2023년이고, 증감률은 다음과 같다.

- 2019년 : $\dfrac{388-368}{368} \times 100 ≒ 5.4\%$

- 2023년 : $\dfrac{381-359}{359} \times 100 ≒ 6.1\%$

따라서 증감률은 2023년이 가장 높다.

오답분석

㉠ 2020년 국·영·수의 월 최대 수강자 수는 전년 대비 감소했지만, 월 평균 수강자 수는 전년에 비해 증가하였다.
㉡ 2020년은 전년에 비해 월 최대 수강자 수가 감소했지만, 월 평균 수업료는 증가하였다.
㉣ 2018 ~ 2023년까지 월 평균 수강자 수가 국·영·수 과목에서 최대, 최소인 해는 각각 2020년, 2018년이고, 탐구 과목에서 최대, 최소인 해는 각각 2021년, 2019년이다.

11

정답 ⑤

- 민국 : 인터넷을 이용하는 남성의 수는 113+145=258명, 여성의 수는 99+175=274명으로 여성의 수가 더 많다.
- 만세 : 인터넷을 이용하지 않는 30세 미만은 56명, 30세 이상은 112명이므로 30세 이상이 더 많다.

오답분석

- 대한 : 인터넷을 자주 이용하는 30세 미만은 135명, 30세 이상은 77명이지만, 구체적인 남녀의 수는 나와 있지 않으므로 알 수 없다.

12

정답 ④

- 지환 : 2020년부터 2023년까지 방송수신료 매출액은 전년 대비 '증가 – 감소 – 감소 – 증가'의 추이를, 프로그램 판매 매출액은 전년 대비 '감소 – 증가 – 증가 – 감소'의 추이를 보이고 있다. 따라서 방송수신료 매출액의 증감 추이와 반대되는 추이를 보이는 항목이 존재한다.
- 동현 : 각 항목의 매출액 순위는 '광고 – 방송수신료 – 기타 사업 – 협찬 – 기타 방송사업 – 프로그램 판매' 순서이며, 2019년부터 2023년까지 이 순위는 계속 유지된다.
- 세미 : 2019년 대비 2023년에 매출액이 상승하지 않은 항목은 방송수신료, 광고 총 2개이다.

오답분석

- 소영 : 항목별로 최대 매출액과 최소 매출액의 차를 구해보면 다음과 같다.
  - 방송수신료 : 57-53=4십억 원
  - 광고 : 232-210=22십억 원
  - 협찬 : 33-30=3십억 원
  - 프로그램 판매 : 13-10=3십억 원

  - 기타 방송사업 : 22-18=4십억 원
  - 기타 사업 : 42-40=2십억 원

  기타 사업의 매출액 변동폭은 2십억 원이므로, 모든 항목의 매출액이 3십억 원 이상의 변동폭을 보인 것은 아니다.

13

정답 ③

서울의 수박 가격은 5월 16일에 감소했다가 5월 19일부터 다시 증가하고 있으며, 수박 가격 증가의 원인이 높은 기온 때문인지는 주어진 자료만으로는 알 수 없다.

오답분석

① 5월 16일까지는 19,000원으로 가격 변동이 없었지만, 5월 17일에 18,000원으로 감소했다.
② 자료를 통해 확인할 수 있다.
④ 5월 15 ~ 19일 서울의 수박 평균 가격은 15,600원으로 부산의 수박 평균 가격인 16,600원보다 낮다.
⑤ 5월 16 ~ 19일 나흘간 광주의 수박 평균 가격은 $\dfrac{16,000+15,000+16,000+17,000}{4}=16,000$원이므로 옳다.

14

정답 ②

ㄱ. 연간소비전력량이 가장 적은 제습기는 A(790kWh)이다.
ㄷ. 제습기 E의 연간소비전력량(660kWh)은 습도가 50%일 때 제습기 B의 연간소비전력량(640kWh)보다 많다.

오답분석

ㄴ. 습도 60%일 때의 연간소비전력량이 가장 많은 제습기는 D지만 습도 70%일 때에는 E이므로 순서는 동일하지 않다.
ㄹ. E의 경우 40%일 때 연간소비전력량의 1.5배는 660× 1.5=990kWh이고, 80%일 때는 970kWh이므로 1.5배 미만이다.

15

정답 ②

㉠ 근로자가 총 90명이고 전체에게 지급된 임금의 총액이 2억 원이므로 근로자당 평균 월 급여액은 $\dfrac{2억 원}{90명} ≒ 222만$ 원이다. 따라서 평균 월 급여액은 230만 원 이하이다.
㉡ 월 210만 원 이상 급여를 받는 근로자 수는 26+12+8+4=50이다. 따라서 총 90명의 절반인 45명보다 많으므로 옳은 설명이다.

오답분석

㉢ 월 180만 원 미만의 급여를 받는 근로자 수는 6+4=10명이다. 따라서 전체에서 $\dfrac{10}{90} ≒ 11\%$의 비율을 차지하고 있으므로 옳지 않은 설명이다.

ㄹ '월 240만 원 이상 270만 원 미만'의 구간에서 월 250만 원 이상 받는 근로자의 수는 주어진 자료만으로는 확인할 수 없다. 따라서 옳지 않은 설명이다.

16
정답 ③

- (ㄱ) : 두 번째 정보에 따라 2015년부터 2023년까지 연도별 합계출산율 순위중 2015년도가 두 번째로 높은 연도이므로 가장 많은 2016년 합계출산율인 1.297명보다 낮고, 세 번째로 많은 2019년도의 1.239명보다 높아야 된다. 따라서 선택지에서 1.244명과 1.251명이 범위에 포함된다.
- (ㄴ) : 세 번째 정보로부터 2017년부터 2019년까지의 출생 성비가 동일함을 알 수 있다. 따라서 빈칸에 들어갈 수는 105.3명이다.
- (ㄷ) : 첫 번째 정보에서 2020 ~ 2023년 동안 전년 대비 출생아수는 감소하는 추세이며, 빈칸에 해당하는 2023년 전년 대비 감소한 출생아수가 가장 적다고 하였다. 연도별 전년 대비 출생아수 감소 인원은 다음과 같다.

연도	2020년	2021년	2022년
전년 대비 출생아수 감소 인원	438,420−406,243 =32,177명	406,243−357,771 =48,472명	357,771−326,822 =30,949명

2020 ~ 2022년 중 2022년도가 전년 대비 감소 인원이 가장 적으므로 이보다 적게 차이가 나는 수를 찾으면 선택지 중 302,676명이 된다.
- 2023년 전년 대비 출생아수 감소 인원 : 326,822−302,676 =24,146명<30,949명
따라서 빈칸에 들어갈 수로 바르게 나열된 선택지는 ③이다.

17
정답 ①

두 번째 조건에 따라 전문 인력 양성을 뽑은 비율이 각각 12.5%, 11.8%로 가장 높은 (A)와 (C)는 20대와 30대 중 각각 하나에 해당된다. 세 번째 조건에 따라 (D)가 60대이므로 나머지 (B)는 50대임을 알 수 있다. 또한 네 번째 조건에 따라 (A)와 (C) 중 동호회 육성 및 지원 응답비율이 낮은 (A)가 20대이고, (C)는 30대가 된다. 다섯 번째 조건에 따르면 휴가의 법적보장을 선택한 비율이 16.2%인 50대가 15.4%인 20대보다 높다. 이를 정리하면 다음과 같다.

기호	연령대
(A)	20대
(B)	50대
(C)	30대
(D)	60대

따라서 A에 해당되는 연령대는 20대이고, C는 30대이다.

18
정답 ⑤

2022년 각국의 가계 금융자산 구성비와 2022년 각국의 가계 총자산 대비 예금 구성비는 일치하지 않는다.

19
정답 ④

월 급여가 300만 원 미만인 직원은 $1,200 \times (0.18+0.35) =$ 636명, 월 급여가 350만 원 이상인 직원은 $1,200 \times (0.12+ 0.11) = 276$명으로 $\frac{636}{276} = 2.30$배이다. 따라서 2.5배 미만이다.

오답분석
① 직원 중 4년제 국내 수도권 지역 대학교 졸업자 수는 $1,200 \times 0.35 \times 0.45 = 189$명으로, 전체 직원의 $\frac{189}{1,200} \times 100 = 15.75\%$로 15% 이상이다.
② 고등학교 졸업의 학력을 가진 직원은 $1,200 \times 0.12 = 144$명, 월 급여 300만 원 미만인 직원은 $1,200 \times (0.18+ 0.35) = 636$명이다. 이 인원이 차지하는 비율은 $\frac{144}{636} \times 100 = 22.6\%$이다.
③ 4년제 대학교 졸업 이상의 학력을 가진 직원은 $1,200 \times 0.35 = 420$명, 월 급여 300만 원 이상인 직원은 $1,200 \times (0.24+0.12+0.11) = 564$명이다. 이 인원이 차지하는 비율은 $\frac{420}{564} \times 100 = 74.46\%$로 78% 이하이다.
⑤ 전체 직원이 1,000명이라면 외국 대학교 졸업의 학력을 가진 직원은 $1,000 \times 0.35 \times 0.2 = 70$명이다.

20
정답 ④

국내 소재 대학 및 대학원 졸업자는 $1,200 \times (0.17+0.36) + 1,200 \times 0.35 \times (0.25+0.45+0.1) = 972$명으로, 이들의 25%는 $972 \times 0.25 = 243$명이다.
월 급여 300만 원 이상인 직원은 $1,200 \times (0.24+0.12+ 0.11) = 564$명이므로, 이들이 차지하는 비율은 $\frac{243}{564} \times 100 = 43\%$이다.

04 창의수리

01	02	03	04	05	06	07	08	09	10
⑤	④	③	⑤	③	⑤	③	③	④	③
11	12	13	14	15	16	17	18	19	20
③	③	⑤	③	③	③	②	③	④	②

01
정답 ⑤

앞의 항에 $\times 3$과 $\div 9$가 번갈아가며 적용되는 수열이다.
따라서 ( )$=3\times 3=9$이다.

02
정답 ④

앞의 항에 -1.01, -4.04, -7.07, $\cdots$인 수열이다.
따라서 ( )$=19.65-16.16=3.49$이다.

03
정답 ③

앞의 항에 $+1.8$, $+3.6$, $+7.2$, $+14.4$, $\cdots$인 수열이다.
따라서 ( )$=7.55+7.2=14.75$이다.

04
정답 ⑤

제시된 수열은 정수 부분이 $+1$, $+2$, $+4$, $+8$, $\cdots$씩, 분수 부분의 분자는 $+1$, $+2$, $+3$, $+4$, $\cdots$씩, 분모는 $+2$, $+3$, $+4$, $+5$, $\cdots$씩 증가하는 수열이다.
따라서 ( )$=(4+2)\left(\dfrac{3+2}{9+3}\right)=6\dfrac{5}{12}$ 이다.

05
정답 ③

제시된 수열은 정수 부분이 $+3$, $+6$, $+9$, $+12$, $\cdots$씩 증가하고, 소수 부분이 $+0.02$, $+0.04$, $+0.06$, $+0.08$, $\cdots$인 수열에서 짝수 항이 음수인 수열이다. 따라서 빈칸에 들어갈 적절한 수는 $(55+18)+(0.31+0.12)=73.43$이다.

06
정답 ⑤

제시된 수열은 앞의 항의 대분수를 가분수로 바꾸었을 때, 분자는 $\times 2+3$씩, 분모는 $+3$씩 증가하는 수열이다.
따라서 ( )$=\dfrac{(4\times 10+5)\times 2+3}{10+3}=\dfrac{93}{13}=7\dfrac{2}{13}$ 이다.

07
정답 ③

(첫 번째 행)$\times$(두 번째 행)$+1=$(세 번째 행)이다.
따라서 ( )$=7\times 3+1=22$이다.

08
정답 ③

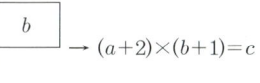

따라서 ( )$=(12+2)\times(5+1)=84$이다.

09
정답 ④

나열된 수를 각각 A, B, C라고 하면 다음과 같은 규칙이 성립한다.
$\underline{A\ B\ C} \rightarrow A+B=-2C$
따라서 빈칸에 알맞은 숫자는 $26+4=30$이다.

10
정답 ③

나열된 수를 각각 A, B, C, D라고 하면 다음과 같은 관계가 성립된다.
$\underline{A\ B\ C\ D} \rightarrow A+B+C=D$
따라서 빈칸 안의 수는 1이다.

11
정답 ③

과장은 서로 다른 지역으로 출장을 가야 하므로 과장이 서로 다른 지역으로 출장을 가는 경우의 수는 $_4P_2=12$이다.
또한 각 지역은 대리급 이상이 포함되어야 한다.
• 과장과 대리 1명이 같은 지역으로 출장을 가는 경우의 수
  대리 3명 중 1명이 과장과 같은 지역으로 출장을 가고 남은 대리 둘은 남은 두 지역으로 출장을 간다.
  $_3C_1\times _2C_1\times 2!=12$가지
• 과장과 대리가 서로 다른 지역으로 출장을 가는 경우의 수
  대리 2명, 대리 1명으로 나누어 남은 두 지역으로 출장을 간다.
  $_3C_2\times 2!=6$가지
각 경우의 남은 세 자리에 대하여 남은 사원 3명이 출장을 가는 경우의 수는 $3!$가지이다.
따라서 구하고자 하는 확률은
$\dfrac{12\times 12\times 3!}{12\times 12\times 3!+12\times 6\times 3!}=\dfrac{12}{12+6}=\dfrac{2}{3}$이다.

12

정답 ③

5명이 입장할 때 추가 1명이 무료이기 때문에 6명씩 팀으로 계산하면 $6 \times 8 = 48$명으로 총 8팀이 구성된다. 이때, 53명 중 팀을 이루지 못한 5명은 할인을 받을 수 없다.

따라서 $5,000 \times 8 = 40,000$원의 할인을 받을 수 있게 된다.

13

정답 ⑤

A지점에서 B지점까지의 거리는 두 공이 각각 이동한 거리를 더한 것과 같다.

$(5 \times 26) + (3 \times 26)$

$= (5+3) \times 26$

$= 208\text{m}$

따라서 10m/s의 속력으로 공이 이동하는 데 걸리는 시간은 $208 \div 10 = 20.8$초이다.

14

정답 ③

증발시킬 물의 양을 xg이라고 하면 다음과 같은 식이 성립한다.

$\dfrac{9}{100} \times 800 = \dfrac{16}{100} \times (800 - x)$

$\rightarrow 7,200 = 12,800 - 16x$

$\therefore \ x = 350$

따라서 농도 16%의 소금물을 만들기 위해서는 350g을 증발시켜야 한다.

15

정답 ③

50,000원을 넘지 않으면서 사과 10개들이 한 상자를 최대로 산다면 5상자($9,500 \times 5 = 47,500$원)를 살 수 있다. 나머지 금액($50,000 - 47,500 = 2,500$)으로 낱개의 사과를 2개까지 살 수 있으므로 구매할 수 있는 사과의 최대 개수는 $10 \times 5 + 2 = 52$개이다.

16

정답 ③

B회사에서 C회사까지의 거리를 $x$km라고 하면 다음과 같은 식이 성립한다.

$\dfrac{1+1+x}{3} = \dfrac{5}{3}$

$\therefore \ x = 3$

따라서 B회사에서 C회사까지의 거리는 3km이다.

17

정답 ②

더 넣은 소금의 양을 xg이라고 하면 다음과 같은 식이 성립한다.

$\dfrac{4}{100} \times 450 + x = \dfrac{10}{100}(450 + x)$

$\rightarrow 1,800 + 100x = 4,500 + 10x$

$\rightarrow 90x = 2,700$

$\therefore \ x = 30$

따라서 더 넣은 소금의 양은 30g이다.

18

정답 ③

전체 일의 양을 1로 두고, A사원이 하루 동안 하는 일의 양을 x, B사원을 y로 가정하면, 다음 두 식이 성립한다.

$(x+y) \times 2 = 1 \ \rightarrow \ 2x + 2y = 1 \cdots \bigcirc$

$x + 4y = 1 \cdots \bigcirc\!\bigcirc$

$\bigcirc$, $\bigcirc\!\bigcirc$을 연립하면, $x = \dfrac{1}{3}$, $y = \dfrac{1}{6}$ 이다.

따라서 B사원이 하루에 할 수 있는 일의 양은 $\dfrac{1}{6}$ 이므로, B사원이 혼자 일하는 데 걸리는 시간은 6일이다.

19

정답 ④

• 부장과 과장이 같은 팀으로 배정될 확률

  남은 4명 중 팀원으로 남자 대리와 같은 팀일 확률은 $\dfrac{1}{4}$ 이므로 부장, 과장, 남자 대리가 같은 팀일 확률은 $0.3 \times 0.25 = 0.075$이다.

• 부장과 과장이 서로 다른 팀으로 배정될 확률

  과장을 제외한 남은 4명 중 둘을 배정하는 경우의 수는 $_4C_2 = 6$가지이고, 그중에서 남자 대리를 배정하는 경우의 수는 $_3C_1 = 3$가지이므로 부장, 과장이 서로 다른 팀일 때 부장과 남자 대리가 같은 팀일 확률은 $0.7 \times \dfrac{3}{6} = 0.35$이다.

따라서 구하고자 하는 확률은 $0.075 + 0.35 = 0.425$이다.

20

정답 ②

1개의 주사위를 2번 던졌을 때, 처음 나온 눈의 수와 두 번째 나온 눈의 수의 합이 9가 되는 경우의 수는 (3, 6), (4, 5), (5, 4), (6, 3) 4가지이다.

01　언어이해

01	02	03	04	05	06	07	08	09	10
②	④	⑤	④	①	④	③	①	②	②
11	12	13	14	15	16	17	18	19	20
③	④	②	⑤	④	④	②	②	④	②

01　　정답　②

마지막 문단에 따르면 우리 춤은 정지 상태에서도 멈춤 그 자체로 머무는 것이 아니며, 몰입을 통해 상상의 선을 만들어 춤을 이어간다. 따라서 처음부터 끝까지 쉬지 않고 곡선을 만들어낸다는 내용은 적절하지 않다.

오답분석
① 첫 번째 문단에서 '우리 춤은 옷으로 몸을 가린 채 손만 드러내놓고 추는 경우가 많기 때문이다.'를 통해 알 수 있다.
③ 두 번째 문단에서 '예컨대 승무에서 ~ 완성해 낸다.'를 통해 알 수 있다.
④ 세 번째 문단에서 '그러나 이때의 ~ 이해해야 한다.'를 통해 알 수 있다.
⑤ 마지막 문단에서 '이런 동작의 ~ 몰입 현상이다.'를 통해 알 수 있다.

02　　정답　④

제시문에서 현재는 모두 합성 아드레날린이 사용되고 있다고 하였다.

오답분석
① 첫 번째 문단을 통해 알 수 있다.
② 세 번째 문단을 통해 알 수 있다.
③ 두 번째 문단을 통해 알 수 있다.
⑤ 첫 번째 문단을 통해 알 수 있다.

03　　정답　⑤

제시문에 따르면 작업으로서의 일과 고역으로서의 일의 구별은 단순히 지적 노고와 육체적 노고의 차이에 의해 결정되지 않는다. 구별의 근본적 기준은 인간의 존엄성과 관련되므로 작업으로서의 일은 자의적·창조적 활동이 되며, 고역으로서의 일은 타의적·기계적 활동이 된다. 따라서 작업과 고역을 지적 노동과 육체적 노동으로 각각 구분한 ⑤는 적절하지 않다.

오답분석
① 고역은 상품 생산만을 목적으로 하며, 작업은 상품 생산을 통한 작품 창작을 목적으로 한다. 즉, 작업과 고역 모두 생산 활동이라는 목적을 지닌다.
② 작업은 자의적인 활동이며, 고역은 타의에 의해 강요된 활동이다.
③ 작업은 창조적인 활동이며, 고역은 기계적인 활동이다.
④ 작업과 고역을 구별하는 근본적 기준은 그것이 인간의 존엄성을 높이는 것이냐, 아니면 타락시키는 것이냐에 있다.

04　　정답　④

제시문은 임베디드 금융에 대한 정의와 장점 및 단점 그리고 이에 대한 개선 방안을 설명하는 글이다. 따라서 (라) 임베디드 금융의 정의 – (나) 임베디드 금융의 장점 – (다) 임베디드 금융의 단점 – (가) 단점에 대한 개선 방안 순으로 나열하는 것이 적절하다.

05　　정답　①

제시문은 논리 실증주의자와 포퍼 대 콰인(총체주의적 입장)의 가설, 지식에 대한 이견을 설명하는 내용이다. 따라서 (가) 지식에 대한 논리 실증주의자와 포퍼의 의견 제시 – (다) 그들의 가설을 판단하는 과학적 방법 – (나) 논리 실증주의자와 포퍼와 달리 가설만 가지고 예측을 도출할 수 없다는 콰인의 의견 – (라) 이를 통한 콰인의 총체주의적 입장 순으로 나열하는 것이 적절하다.

06　　정답　④

제시문은 우리나라가 인구감소 시대에 돌입함에 따른 공공재원의 효율적 활용 필요성에 대해 설명하고 있다. 따라서 (나) 문제제기 : 인구감소 시대에 돌입 – (라) 문제분석 : 공공재원 확보·확충의 어려움 – (가) 문제해결 : 공공재원의 효율적 활용 방안 – (다) 향후과제 : 공공재원의 효율적 활용 등에 관한 논의 필요 순으로 나열하는 것이 적절하다.

07

정답 ③

도덕 실재론에 대한 설명인 (나)와 정서주의에 대한 설명인 (다) 중, 전환 기능의 접속어 '한편'이 (다)에 포함되어 있으므로 (나)가 더 앞에 위치한다. 다음으로 환언 기능의 접속어 '즉'으로 시작하여 도덕적 진리를 과학적 명제처럼 판단하는 도덕 실재론에 대한 부연설명인 (라)가 온다. (다)에서 앞의 도덕 실재론과 다른 정서주의의 특징을 설명하고, (다)에 대한 부연설명인 (가)가 이어진다. 따라서 (나) – (라) – (다) – (가) 순으로 나열하는 것이 적절하다.

08

정답 ①

제시문의 주제는 부모들의 고민인 '돈의 가치를 어떻게 가르쳐야 아이들이 돈에 대하여 올바른 개념을 갖게 되는가'이므로 (가) 돈의 개념을 이해하는 가정의 자녀들이 성공할 확률이 높음 – (다) 아이들에게 돈의 개념을 가르치는 지름길은 용돈임 – (나) 만 7세부터 돈의 개념을 어렴풋이나마 짐작하므로 이때부터 아이들에게 약간의 용돈을 주는 것을 통해 돈에 대한 교육을 시작하면 좋음 – (라) (나)에 대한 반론 : 하지만 돈에 대해서 부모가 절대 해서는 안 될 일들도 있으므로 부모는 아이들이 돈에 대하여 정확한 개념과 가치관을 세울 수 있도록 좋은 본보기가 되어야 할 것의 순으로 나열하는 것이 적절하다.

09

정답 ②

기사에서는 책의 해를 맞아 '심야 책방의 날' 행사 개최와 행사의 내용을 소개하고 있다. 이러한 기사의 성격에 맞는 제목인 ②가 가장 적절하다.

10

정답 ②

제시문에서는 노블레스 오블리주의 개념을 정의한 후, 이러한 지도층의 도덕적 의무감을 특히 중요시하는 이유가 지도층이 도덕적 지표가 되어 건전한 사회를 만드는 데 효과적으로 기여하기 때문이라고 설명하고 있다. 따라서 글의 주제로 ②가 가장 적절하다.

11

정답 ③

제시문의 내용은 크게 두 부분으로 나눌 수 있다. 첫 번째 문단은 맥주의 주원료에 대해서, 그 이후부터 마지막 문단까지는 맥주의 제조공정 중 발효에 대해 설명하며 이에 따른 맥주의 종류를 설명하고 있다. 따라서 글의 주제로 ③이 가장 적절하다.

12

정답 ④

제시문에서는 물이 기체, 액체, 고체로 변화하는 과정을 통해 지구 내 '물의 순환' 현상을 설명하고 있다. 따라서 글의 내용 전개 방식으로 ④가 가장 적절하다.

13

정답 ②

국가 주요 정책이나 환경에 대한 관심이 상표 출원에 많은 영향을 미치고 있음을 알 수 있다.

오답분석
① 환경과 건강에 대한 관심이 증가하면서 앞으로도 친환경 관련 상표 출원은 증가할 것으로 유추할 수 있다.
③ 친환경 상표가 가장 많이 출원된 제품이 화장품인 것은 맞지만 그 안전성에 대해서는 언급하고 있지 않기 때문에 유추하기 어렵다.
④ 2007년부터 2017년까지 영문자 ECO가 상표 출원실적이 가장 높았으며 그다음은 그린, 에코 순이다. 제시문의 내용만으로는 유추하기 어렵다.
⑤ 출원건수는 상품류를 기준으로 한다. ECO 달세제, ECO 별세제는 모두 친환경 세제라는 상품류에 속하므로 단류 출원 1건으로 계산한다.

14

정답 ⑤

'천문학적 세금이 투입되는 사업이라 누구도 선뜻 나서지 못하는 것이 현 상황이다.'라는 내용에 비추어 볼 때, 상대적으로 저소득 국가는 고소득 국가에 비해 하기 힘든 사업임을 예측할 수 있다.

오답분석
① 첫 번째 문단의 '우주쓰레기들이 서로 충돌하면서 작은 조각으로 부서지기도 한다.'라는 내용으로 개수는 이전보다 더 많아질 것임을 추측할 수 있다.
② 두 번째 문단의 '우주쓰레기가 지상에 떨어지는 경우가 있어 각국에서는 잇따른 피해가 계속 보고되고 있다.'라는 내용으로 보아 우주쓰레기는 우주에서만 떠돌 뿐 아니라 지구 내에도 떨어져 지구 내에서도 피해가 발생함을 알 수 있다.
③ 우주쓰레기 수거 로봇은 스위스에서 개발한 것으로 유럽에서 개발한 것은 맞으나, 2025년에 우주쓰레기 수거 로봇을 발사할 계획이라고 했으므로 아직 그 결과를 얻지 못했다. 따라서 성공적이라고 할 수 없다.
④ '영국에서 작살과 그물을 이용해 우주쓰레기를 수거하는 실험에 성공한 적이 있다.'라는 내용이 있으므로 적절하지 않다.

15

슈퍼문일 때는 지구와 달의 거리가 35만 7,000km 정도로 가까워지며, 이때 지구에서 보름달을 바라보는 시각도는 0.56도로 커지므로 0.49의 시각도보다 크다는 판단은 적절하다.

오답분석

① 케플러의 행성운동 제1법칙에 따라 태양계의 모든 행성은 태양을 중심으로 타원 궤도로 돈다. 따라서 지구도 태양을 타원 궤도로 돌기 때문에 지구에서 태양까지의 거리는 항상 일정하지 않을 것이다.
② 달이 지구에 가까워지면 달의 중력이 더 강하게 작용하여, 달을 향한 쪽의 해수면이 평상시보다 더 높아진다. 즉, 지구와 달의 거리에 따라 해수면의 높이가 달라지므로 서로 관계가 있다.
③ 달이 지구에 가까워지면 평소 달이 지구를 당기는 힘보다 더 강하게 지구를 당긴다. 따라서 이와 반대로 달이 지구에서 멀어지면 지구를 당기는 달의 힘은 약해질 것이다.
⑤ 달의 중력 때문에 높아진 해수면이 지구의 자전을 방해하게 되고, 이 때문에 지구의 자전 속도가 느려져 100만 년에 17초 정도씩 길어진다고 하였으므로 지구의 자전 속도는 점점 느려지고 있다.

16

제시문의 내용은 스티븐 와이즈의 '동물의 권리를 인정해야 한다.'는 주장에 대해 반박하는 글이다. 글쓴이의 주장은 인간이 권리를 갖는 이유는 법적 권리와 의무의 주체가 될 수 있는 인격체이기 때문인 것으로 보고 동물의 권리는 법적으로 인격체임을 인정받는 것이므로 그것은 자연과학이 아닌 법철학에서 다루어야 할 개념이라고 설명하고 있다. 또한 '인격체는 공동체의 일원이 될 수 있는 개체를 의미하며, 공동체의 일원이 되기 위해서는 협상, 타협, 동의의 능력이 필요하므로 동물은 인격체가 아니며 법적 권리를 가질 수 없다.'고 주장하고 있다. 이 주장을 강화하는 진술은 동물에게 해를 입어도 그 동물에게 법적 책임을 묻지 않는다는 ④로 '동물은 인격체가 아니다.'라는 글쓴이의 주장과 일맥상통하다.

17

A기술의 특징은 전송된 하나의 신호가 다중 경로를 통해 안테나에 수신될 때, 전송된 신호들의 크기가 다르더라도 그중 신호의 크기가 큰 것을 선택하여 안정적인 송수신을 이루는 것이다. 따라서 한 종류의 액체는 전송된 하나의 '신호'가 되고, 빨리 나오는 배수관은 다중 경로 중 크기가 큰 신호가 전송되는 '경로'이다.

18

제시문에서 필자는 3R 원칙을 강조하며 가장 필수적이고 최저한의 동물실험이 필요악임을 주장하고 있다. 특히 '보다 안전한 결과를 도출해내기 위한 동물실험은 필요악이며, 이러한 필수적인 의약실험조차 금지하려 한다는 것은 기술 발전 속도를 늦춰 약이 필요한 누군가의 고통을 감수하자는 이기적인 주장'이라는 내용을 통해 약이 필요한 이들을 위한 의약실험에 초점을 맞추고 있음을 확인할 수 있다. 따라서 ②의 주장처럼 생명과 큰 관련이 없는 동물실험을 비판의 근거로 삼는 것은 적절하지 않다.

19

제시문에서는 인간에게 사회성과 반사회성이 공존하고 있다고 설명하고 있으며, 이 중 반사회성이 없다면 재능을 꽃피울 수 없다고 하였으므로 사회성만으로도 자신의 재능을 키울 수 있다는 주장인 ④가 반론이 될 수 있다. 한편, 반사회성이 재능을 개발한다는 주장을 포함하는 동시에 반사회성을 포함한 다른 어떤 요소가 있어야 한다는 주장인 ②는 제시문에 대한 직접적인 반론은 될 수 없다.

20

제시문의 쾌락주의자들은 최대의 쾌락을 산출하는 행위를 올바른 것으로 간주하고, 쾌락을 기준으로 가치를 평가하였다. 또한 이들은 장기적인 쾌락을 추구하였으며, 순간적이고 감각적인 쾌락만을 추구하는 삶은 쾌락주의적 삶으로 여기지 않았다. 따라서 ②는 이러한 쾌락주의자들의 주장에 대한 반박으로 적절하지 않다.

01	02	03	04	05	06	07	08	09	10
①	②	③	④	④	②	①	②	④	③
11	12	13	14	15	16	17	18	19	20
①	⑤	④	④	③	④	③	②	④	⑤

01
정답 ①

첫 번째 명제의 대우 명제는 '팀플레이가 안 되면 패배한다.'이다. 삼단논법이 성립하려면 '팀플레이가 된다면 패스했다는 것이다.'라는 명제가 필요하므로 적절한 것은 ①이다.

02
정답 ②

세 번째 명제의 대우는 '전기를 낭비하면 많은 사람이 피해를 입는다.'이므로, 삼단논법이 성립하기 위해서는 '전기를 낭비하면 전기 수급에 문제가 생긴다.'라는 명제가 필요하다.

03
정답 ③

세 번째 명제의 대우는 '미리 대비하지 않으면 큰 고난이 찾아온다.'이므로, 삼단논법이 성립하려면 '급한 경우에 준비를 하지 못하면 큰 고난이 찾아온다.'라는 명제가 필요하다. 따라서 이 명제의 대우는 '큰 고난이 찾아오지 않으면 급한 경우에 준비를 한 것이다.'이다.

04
정답 ④

문제에서 주어진 명제를 정리하면 다음과 같다.
p : 인디 음악을 좋아하는 사람
q : 독립영화를 좋아하는 사람
r : 클래식을 좋아하는 사람
s : 재즈 밴드를 좋아하는 사람
$p \to q$, $r \to s$, $\sim q \to \sim s$ 이다. $\sim q \to \sim s$ 명제의 대우는 $s \to q$이므로, $r \to s \to q$이다. 즉, $r \to q$이다.
따라서 '클래식을 좋아하는 사람은 독립영화를 좋아한다.'를 유추할 수 있다.

05
정답 ④

p는 '도보로 걸음', q는 '자가용 이용', r은 '자전거 이용', s는 '버스 이용'이라고 하면 $p \to \sim q$, $r \to q$, $\sim r \to s$이며, 두 번째 명제의 대우인 $\sim q \to \sim r$이 성립함에 따라 $p \to \sim q \to \sim r \to s$가 성립한다. 따라서 '도보로 걷는 사람은 버스를 탄다.'가 적절하다.

06
정답 ②

'축구를 좋아한다.'를 A, '골프를 좋아한다.'를 B, '야구를 좋아한다.'를 C, '농구를 좋아한다.'를 D라고 하면 A → ~B → ~C → D가 성립함을 알 수 있다. 따라서 한영이는 축구를 좋아하므로, 농구도 좋아한다.

07
정답 ①

제시된 명제를 정리하면 '효주>지영', '효주>채원' 나이순임을 알 수 있다. 따라서 지영이와 채원이의 나이는 알 수 없지만 효주의 나이가 가장 많다는 것을 알 수 있다.

08
정답 ②

동주는 관수보다, 관수는 보람보다, 보람은 창호보다 크다. 따라서 동주 – 관수 – 보람 – 창호 순으로 크다. 그러나 인성과 다른 사람과의 관계는 알 수 없다.

09
정답 ④

• 안나의 말이 참인 경우 : 정은이가 발표자, 유미가 보고서 작성자이다. 그러면 규민이의 말이 참이 되어 안나가 발표자가 되어야 하는데, 이는 안나의 말 중 '정은이가 발표자'라는 조건과 서로 모순이 된다. 즉, 안나의 말은 거짓이므로 정은이는 발표자가 아니고, 유미는 보고서 작성자가 아니다.
• 정은이의 말이 참인 경우 : 유미가 발표자, 규민이가 보고서 작성자이다. 그러면 유미의 말도 참이므로 정은이가 발표자가 되어야 하는데, 이는 정은이의 말 중 '유미가 발표자'라는 조건과 모순이 된다. 즉, 정은이의 말은 거짓이므로 유미는 발표자가 아니고, 규민이는 보고서를 작성하지 않았다.
• 유미의 말이 참인 경우 : 정은이가 발표자, 규민이가 보고서 작성자이다. 그러면 안나의 말도 참이므로 유미가 보고서 작성자가 되어야 하는데, 이는 유미의 말 중 '규민이가 보고서 작성자'라는 조건과 모순이 된다.
즉, 유미의 말은 거짓이므로 정은이는 발표자가 아니고, 규민이는 보고서 작성자가 아니다.
• 규민이의 말이 참인 경우 : 안나가 발표자이고, 규민이는 보고서 작성자가 아니다. 따라서 안나의 말은 거짓, 정은이는 거짓, 민준이는 참, 유미는 거짓이다.
따라서 발표자는 안나, 보고서 작성자는 민준이가 된다.

10 정답 ③

네 번째 조건에 의해 D가 5번에 서 있고 두 번째, 세 번째 조건에 의해 A는 4번에, B는 1번에 서 있다는 것을 알 수 있다. 첫 번째 조건에서 A와 C는 이웃해 있다고 했으므로 C는 3번에 서 있다. 남은 자리인 2번은 E의 자리가 된다. 이를 정리하면 다음과 같다.

구분	1	2	3	4	5
A	×	×	×	○	×
B	○	×	×	×	×
C	×	×	○	×	×
D	×	×	×	×	○
E	×	○	×	×	×

11 정답 ①

- A상자 첫 번째 안내문이 참, 두 번째 안내문이 거짓인 경우 B, D상자 첫 번째 안내문, C상자 두 번째 안내문이 참이다. 따라서 ①·②가 참, ③·④·⑤가 거짓이다.
- A상자 첫 번째 안내문이 거짓, 두 번째 안내문이 참인 경우 B, C상자 첫 번째 안내문, D상자 두 번째 안내문이 참이다. 따라서 ①·③·⑤가 참, ②가 거짓, ④는 참인지 거짓인지 알 수 없다.

그러므로 항상 옳은 것은 ①이다.

12 정답 ⑤

제시된 조건에 따라 앞서 달리고 있는 순서대로 나열하면 'A−D−C−E−B'가 된다. 따라서 이 순위대로 결승점까지 달린다면 C는 3등을 할 것이다.

13 정답 ④

먼저 첫 번째·두 번째 조건에 따라 6명의 신입 사원을 부서별로 1명, 2명, 3명으로 나누어 배치한다. 이때, 세 번째 조건에 따라 기획부에 3명, 구매부에 1명이 배치되므로 인사부에는 2명의 신입 사원이 배치된다. 또한 1명이 배치되는 구매부에는 마지막 조건에 따라 여자 신입 사원이 배치될 수 없으므로 반드시 1명의 남자 신입 사원이 배치된다. 남은 5명의 신입 사원을 기획부와 인사부에 배치하는 방법은 다음과 같다.

구분	기획부(3명)	인사부(2명)	구매부(1명)
경우 1	남자 1명, 여자 2명	남자 2명	남자 1명
경우 2	남자 2명, 여자 1명	남자 1명, 여자 1명	

경우 1에서는 인사부에 남자 신입 사원만 2명 배치되므로 '인사부에는 반드시 여자 신입 사원이 배치된다.'의 ④는 항상 거짓이다.

14 정답 ④

A는 엘리베이터보다 계단이 더 가까운 곳에 살고 있으므로 1001호나 1002호에 살고 있다. C와 D는 계단보다 엘리베이터에 더 가까운 곳에 살고 있다고 하였으므로 1003호와 1004호에 살고 있다. D는 A 바로 옆에 살고 있으므로, D는 1003호에 살고 있고, A는 1002호에 살고 있음을 알 수 있다. 이를 정리하면 다음과 같다.

계단	1001호 B	1002호 A	1003호 D	1004호 C	엘리 베이터

따라서 B가 살고 있는 곳에서 엘리베이터 쪽으로는 3명이 살고 있으므로 ④는 항상 거짓이다.

15 정답 ③

B는 오전 10시에 출근하여 오후 3시에 퇴근하였으므로 처리한 업무는 4개이다. D는 B보다 업무가 1개 더 많았으므로 D의 업무는 5개이고, 오후 3시에 퇴근했으므로 출근한 시각은 오전 9시이다. K팀에서 가장 늦게 출근한 사람은 C이고, 가장 늦게 출근한 사람을 기준으로 오전 11시에 모두 출근하였으므로 C는 오전 11시에 출근하였다. K팀에서 가장 늦게 퇴근한 사람은 A이고, 가장 늦게 퇴근한 사람을 기준으로 오후 4시에 모두 퇴근하였으므로 A는 오후 4시에 퇴근했다. A는 C보다 업무가 3개 더 많았으므로 C의 업무는 2개이다. 이를 정리하면 다음과 같다.

구분	A	B	C	D
업무 개수	5개	4개	2개	5개
출근 시각	오전 10시	오전 10시	오전 11시	오전 9시
퇴근 시각	오후 4시	오후 3시	오후 2시	오후 3시

따라서 C는 오후 2시에 퇴근했다.

오답분석
① A는 5개의 업무를 하고 퇴근했다.
② B의 업무는 A의 업무보다 적었다.
④ 팀에서 가장 빨리 출근한 사람은 D이다.
⑤ C가 D의 업무 중 1개를 대신했다면 D가 C보다 빨리 퇴근했을 것이다.

PART 2

16 정답 ④

A와 C의 진술은 서로 모순되므로 동시에 거짓이거나 참일 경우 성립하지 않는다. 또한 A가 거짓인 경우 불참한 스터디원이 2명 이상이 되므로 A는 반드시 참이어야 한다. 따라서 성립 가능한 경우는 다음과 같다.

• B와 C가 거짓인 경우
  A와 C, E는 스터디에 참석했으며 B와 D가 불참하였으므로 B와 D가 벌금을 내야 한다.
• C와 D가 거짓인 경우
  A와 D, E는 스터디에 참석했으며 B와 C가 불참하였으므로 B와 C가 벌금을 내야 한다.
• C와 E가 거짓인 경우
  불참한 스터디원이 C, D, E 3명이 되므로 성립하지 않는다.
따라서 B와 D 또는 B와 C가 함께 벌금을 내야 한다.

17 정답 ③

거짓을 말하는 사람이 1명이기 때문에 B와 C 2명 중 1명이 거짓을 말하고 있다.
먼저 B가 거짓말을 한다면 A는 진실을 말하고 있다. A는 C가 범인이라고 했고, E는 A가 범인이라고 했으므로 A와 C가 범인이다. 한편, C가 거짓말을 한다면 B는 진실을 말하므로 A도 거짓말을 하고 있는 것인데, 이는 1명만 거짓을 말하고 있다는 조건에 모순된다.
따라서 A, C가 범인이다.

18 정답 ②

먼저 B의 진술이 거짓일 경우 A와 C는 모두 프로젝트에 참여하지 않으며, C의 진술이 거짓일 경우 B와 C는 모두 프로젝트에 참여한다. 따라서 B와 C의 진술은 동시에 거짓이 될 수 없으므로 2명 중 1명의 진술은 반드시 참이 된다.

• B의 진술이 참인 경우
  A는 프로젝트에 참여하지 않으며, B와 C는 모두 프로젝트에 참여한다. B와 C 모두 프로젝트에 참여하므로 D는 프로젝트에 참여하지 않는다.
• C의 진술이 참인 경우
  A의 진술은 거짓이므로 A는 프로젝트에 참여하지 않으며, B는 프로젝트에 참여한다. C는 프로젝트에 참여하지 않으나, B가 프로젝트에 참여하므로 D는 프로젝트에 참여하지 않는다.
따라서 반드시 프로젝트에 참여하는 사람은 B이다.

19 정답 ④

• A의 아이가 아들인 경우
  B, C의 아이도 아들이므로 이것은 아들이 2명밖에 없다는 조건에 모순된다. 그러므로 A의 아이는 딸이다.
• C의 아이가 아들인 경우
  D의 아이는 딸이 되므로 B의 아이는 아들이어야 한다. 그런데 이것은 B의 대답과 모순된다(아들의 아버지인 B가 거짓말을 한 것이 되므로). 그러므로 C의 아이도 딸이다.
따라서 아들의 아버지는 B와 D이다.

20 정답 ⑤

직원 A ~ E 중 직원 C는 직원 E의 성과금이 늘었다고 하였고, 직원 D는 직원 E의 성과금이 줄었다고 하였으므로 직원 C와 D 중 한 명은 거짓말을 하고 있다.

• 직원 C가 거짓말을 하고 있는 경우
  직원 B - A - D 순으로 성과금이 늘었고, 직원 E와 C는 성과금이 줄어들었다.
• 직원 D가 거짓말을 하고 있는 경우
  직원 B - A - D 순으로 성과금이 늘었고, 직원 C와 E도 성과금이 늘었지만, 순위는 알 수 없다.
따라서 어떤 경우에도 직원 E의 성과금 순위를 알 수 없다.

01	02	03	04	05	06	07	08	09	10
②	③	①	③	④	②	③	⑤	④	①
11	12	13	14	15	16	17	18	19	20
⑤	③	③	①	②	⑤	④	④	①	①

01 정답 ②

제시된 문제는 제시된 수치를 통해 나타는 규칙성을 이해할 수 있는지 평가하는 문제로, G국의 인구 수치를 살펴보면 2.2씩 증가하고 있다. 따라서 빈칸에 적합한 숫자는 30.0+2.2=32.2이다.

02 정답 ③

• 2020년 대비 2021년 사고 척수의 증가율 :
$$\frac{2,400-1,500}{1,500}\times100=60\%$$
• 2020년 대비 2021년 사고 건수의 증가율 :
$$\frac{2,100-1,400}{1,400}\times100=50\%$$

03 정답 ①

연도별 사고 건수당 인명피해의 인원수를 구하면 다음과 같다.

• 2020년 : $\frac{700}{1,400}=0.5$명/건

• 2021년 : $\frac{420}{2,100}=0.2$명/건

• 2022년 : $\frac{460}{2,300}=0.2$명/건

• 2023년 : $\frac{750}{2,500}=0.3$명/건

• 2024년 : $\frac{260}{2,600}=0.1$명/건

따라서 사고 건수당 인명피해의 인원수가 가장 많은 연도는 2020년이다.

04 정답 ③

전년 대비 2023년의 축구 동호회 인원 증가율은 $\frac{120-100}{100}$ ×100=20%이다.
따라서 2024년 축구 동호회 인원은 120×1.2=144명일 것이다.

05 정답 ④

2021년 전체 동호회의 평균 인원은 $\frac{420}{7}=60$명이다. 따라서 2021년 족구 동호회 인원이 65명이므로 전체 동호회의 평균 인원보다 많다.

오답분석

① 2021년 배구와 족구 동호회의 순위가 다른 연도들과 다르다.

② 2020 ~ 2023년 동호인 인원 전체에서 등산이 차지하는 비중은 다음과 같다.

• 2020년 : $\frac{18}{360}\times100=5\%$

• 2021년 : $\frac{42}{420}\times100=10\%$

• 2022년 : $\frac{44}{550}\times100=8\%$

• 2023년 : $\frac{77}{700}\times100=11\%$

따라서 동호인 인원 전체에서 등산이 차지하는 비중은 2021년과 2023년에는 전년 대비 증가하였으나 2022년에는 전년 대비 감소하였다.

③ 2020 ~ 2023년 동호인 인원 전체에서 배구가 차지하는 비중은 다음과 같다.

• 2020년 : $\frac{72}{360}\times100=20\%$

• 2021년 : $\frac{63}{420}\times100=15\%$

• 2022년 : $\frac{88}{550}\times100=16\%$

• 2023년 : $\frac{105}{700}\times100=15\%$

따라서 동호인 인원 전체에서 배구가 차지하는 비중은 2021년과 2023년에는 전년 대비 감소하였으나 2022년에는 전년 대비 증가하였다.

⑤ 2020 ~ 2023년 등산과 여행 동호회 인원의 합을 축구 동호회 인원과 비교하면 다음과 같다.

• 2020년 : 18+10=28<77
• 2021년 : 42+21=63<92
• 2022년 : 44+40=84<100
• 2023년 : 77+65=142>120

따라서 2023년 등산과 여행 동호회 인원의 합은 같은 해의 축구 동호회 인원보다 많으므로 옳지 않은 설명이다.

06
정답 ②

- 평균 통화시간이 6 ~ 9분인 여자의 수

  : $400 \times \dfrac{18}{100} = 72$명

- 평균 통화시간이 12분 초과인 남자의 수

  : $600 \times \dfrac{10}{100} = 60$명

$\therefore \dfrac{72}{60} = 1.2$배

07
정답 ③

- 1인 1일 사용량에서 영업용 사용량이 차지하는 비중

  : $\dfrac{80}{282} \times 100 = 28.37\%$

- 1인 1일 가정용 사용량의 하위 두 항목이 차지하는 비중

  : $\dfrac{20+13}{180} \times 100 = 18.33\%$

08
정답 ⑤

재임 기간이 1년 6개월 미만인 현감의 수는 109명이고, 무과와 음사 출신 현감을 다 더하면 87명이므로 문과 출신은 적어도 $109-87=22$명 이상이 포함되어 있다.

오답분석

① 재임 기간이 1년 미만인 현감의 수는 79명으로 전체 171명의 50%를 넘지 못한다.
② 재임 기간이 6개월 미만인 현감은 29명으로 이 모두가 문과라 해도 남은 문과 출신 현감의 수는 55명으로 6개월 이상인 모든 현감의 수에서 무과나 음사보다 많은 값을 갖는다.
③ 음사인 37명은 전체 171명의 20%를 초과한다.
④ 재임 기간이 3년 미만인 현감은 총 $171-19=152$명인데, 이 152명이 모두 문과나 무과 출신이라고 하더라도 문과와 무과 출신의 현감 총수가 134명 밖에 되지 않으므로 반드시 152명 중에는 음사 출신 현감이 포함되어 있어야 한다.

09
정답 ④

생후 1주일 내 사망자 수는 $1,162+970=2,132$명이고, 생후 셋째 날 사망자 수는 $166+114=280$명이므로, 전체의 약 13%를 차지한다.

오답분석

① 생후 첫날 신생아 사망률은 여아가 $3.8+27.4+8.6=39.8\%$이고, 남아가 $2.7+26.5+8.3=37.5\%$로 여아가 남아보다 높다.
② 신생아 사망률은 산모의 연령이 40세 이상일 때가 제일 높으나, 출생아 수는 40세 이상이 제일 적기 때문에, 신생아 사망자 수는 산모의 연령이 19세 미만인 경우를 제외하고는 40세 이상의 경우보다 나머지 연령대가 더 많다.
③ 생후 1주일 내에서 첫날 여아의 사망률은 39.8%이고, 남아의 사망률은 37.5%이므로, 첫날 신생아 사망률은 40%를 넘지 않는다.
⑤ 산모 연령 20 ~ 24세가 신생아 사망률이 가장 낮다.

10
정답 ①

메달 및 상별 점수를 표로 정리하면 다음과 같다.

구분	총개수(개)	개당 점수(점)
금메달	40	$3,200 \div 40 = 80$
은메달	31	$2,170 \div 31 = 70$
동메달	15	$900 \div 15 = 60$
최우수상	41	$1,640 \div 41 = 40$
우수상	26	$780 \div 26 = 30$
장려상	56	$1,120 \div 56 = 20$

따라서 금메달은 80점, 은메달은 70점, 동메달은 60점임을 알 수 있다.

오답분석

② 경상도가 획득한 메달 및 상의 총개수는 $4+8+12=24$개이며, 가장 많은 지역은 $13+1+22=36$개인 경기도이다.
③ 표를 참고하면 전국기능경기대회 결과표에서 동메달이 아닌 장려상이 56개로 가장 많다.
④ 울산에서 획득한 메달 및 상의 총점은 $(3 \times 80) + (7 \times 30) + (18 \times 20) = 810$점이다.
⑤ 장려상을 획득한 지역은 대구, 울산, 경기도이며 세 지역 중 금·은·동메달 총개수가 가장 적은 지역은 금메달만 2개인 대구이다.

11
정답 ⑤

ㄱ. 제시된 자료를 통해 아파트단지, 놀이터, 공원의 경우 지속적으로 감소하지 않는다는 것을 알 수 있다.
ㄷ. • 2022년 대비 2023년의 학교 안전지킴이집의 증감률

  : $\dfrac{7,270-7,700}{7,700} \times 100 = -5.58\%$

  • 2022년 대비 2023년의 유치원 안전지킴이집의 증감률

  : $\dfrac{1,373-1,381}{1,381} \times 100 = -0.58\%$

  따라서 $0.58 \times 10 = 5.8$이므로 2022년 대비 2023년의 학교 안전지킴이집의 감소율은 2022년 대비 2023년의 유치원 안전지킴이집 감소율의 10배 미만이다.
ㄹ. • 2022년 전체 어린이 안전지킴이집에서 24시 편의점이 차지하는 비중 : $\dfrac{2,528}{20,512} \times 100 = 12.32\%$

- 2023년 전체 어린이 안전지킴이집에서 24시 편의점이 차지하는 비중 : $\frac{2,542}{20,205} \times 100 \fallingdotseq 12.58\%$

따라서 편의점이 차지하는 비중이 증가하였다.

[오답분석]

ㄴ. 2019년 대비 2023년의 선정업소 형태별로 감소한 어린이 안전지킴이집의 감소량을 구하면 다음과 같다.

- 24시 편의점 : $2,542-3,013=-471$개
- 약국 : $1,546-1,898=-352$개
- 문구점 : $3,012-4,311=-1,299$개
- 상가 : $6,770-9,173=-2,403$개

따라서 2019년에 비해 2023년에 가장 많이 감소한 선정업소 형태는 상가이다.

12 <정답> ③

인구 천 명당 병상 수가 1.8로 가장 적은 2020년의 비중도 16.8로 10%를 넘는다. 따라서 옳지 않은 설명이다.

[오답분석]

① 표를 통해 쉽게 확인할 수 있다.
② 2019년 천 명당 치과 · 한방병원이 보유하고 있는 병상 수는 0.2개인데 전체는 천 명당 10.2개이므로 그 비율은 약 1.96%이고, 따라서 2019년 전체 병상 수 498,302개 중 치과 · 한방병원의 병상 수는 2%인 9,900여 개. 복잡해 보이지만 치과 · 한방병원의천 명당 병상 수 0.2개, 천 명당 전체 병상 수 10.2개의 비율이 2% 정도라는 수치만 보면 만 개가 넘지 않는다는 것을 쉽게 파악할 수 있다.
④ 병원 수가 늘어났다면 늘어난 수치보다 병상 수가 증가해야 하는데(한 병원에 1개의 병상만 있는 것이 아니므로) 병원 수가 5% 늘어났다면 병상 수는 최소 5% 이상 증가해야 하므로 옳은 판단이다.
⑤ 조사기간 동안 의원의 병상 수는 그대로라면 결국 조산원의 병상 수가 준 것이므로 옳은 판단이다.

13 <정답> ③

브랜드별 중성세제의 변경 후 판매 용량에 대한 가격에서 변경 전 가격을 빼면 다음과 같다.

- A브랜드 : $(8,200 \times 1.2)-(8,000 \times 1.3)$
$=9,840-10,400=-560$원
- B브랜드 : $(6,900 \times 1.6)-(7,000 \times 1.4)$
$=11,040-9,800=1,240$원
- C브랜드 : $(4,000 \times 2.0)-(3,960 \times 2.5)$
$=8,000-9,900=-1,900$원
- D브랜드 : $(4,500 \times 2.5)-(4,300 \times 2.4)$
$=11,250-10,320=930$원

따라서 A브랜드는 560원 감소, B브랜드는 1,240원 증가, C브랜드는 1,900원 감소, D브랜드는 930원 증가했다.

14 <정답> ①

ⅰ) 규칙 파악

- A물고기 알의 부화 수

$2 \xrightarrow{\times 3-2} 4 \xrightarrow{\times 3-2} 10 \xrightarrow{\times 3-2} 28 \xrightarrow{\times 3-2} 82$

∴ A물고기 알의 부화 수는 바로 앞 항×3-2의 규칙을 가진 수열이다.

- B물고기 알의 부화 수

$1 \xrightarrow{\times 2+1} 3 \xrightarrow{\times 2+1} 7 \xrightarrow{\times 2+1} 15 \xrightarrow{\times 2+1} 31$

∴ B물고기 알의 부화 수는 바로 앞 항×2+1의 규칙을 가진 수열이다.

ⅱ) 계산

- A물고기 알의 부화 수

5번째 주	6번째 주	7번째 주	8번째 주	9번째 주
82	244	730	2,188	6,562

$82 \xrightarrow{\times 3-2} 244 \xrightarrow{\times 3-2} 730 \xrightarrow{\times 3-2} 2,188 \xrightarrow{\times 3-2} 6,562$

- B물고기 알의 부화 수

5번째 주	6번째 주	7번째 주	8번째 주	9번째 주
31	63	127	255	511

$31 \xrightarrow{\times 2+1} 63 \xrightarrow{\times 2+1} 127 \xrightarrow{\times 2+1} 255 \xrightarrow{\times 2+1} 511$

15 <정답> ②

ㄱ. 응답자 2,000명 중 남성을 x명, 여성을 y명이라고 하면, 주유 할인을 선택한 응답자는 $2,000 \times 0.2=400$명이므로 $0.18x+0.22y=400$으로 나타낼 수 있다.

$x+y=2,000 \cdots \text{㉠}$

$0.18x+0.22y=400 \cdots \text{㉡}$

㉠과 ㉡을 연립하여 풀면 $x=1,000$, $y=1,000$으로 남성과 여성의 비율이 동일함을 알 수 있다.

ㄹ. 가장 많은 남성 응답자(24%)가 영화관 할인을 선택하였으며, 여성 역시 가장 많은 응답자(23%)가 영화관 할인을 선택하였다.

[오답분석]

ㄴ. 남성의 경우 응답자의 18%인 180명이 편의점 할인을 선택하였고, 여성의 경우 7%인 70명이 편의점 할인을 선택하였다. 따라서 편의점 할인 서비스는 여성보다 남성 응답자가 더 선호하는 것을 알 수 있다.

ㄷ. 남성 응답자 수는 1,000명이므로 온라인 쇼핑 할인을 선택한 남성은 $1,000 \times 0.1=100$명이다.

16 정답 ⑤

업그레이드 전 성능지수가 100인 기계의 수는 15대이고, 성능지수 향상폭이 35인 기계의 수도 15대이므로 동일하다.

오답분석

① 업그레이드된 기계 100대의 성능지수의 평균을 구하면

$$\frac{(60 \times 14) + (5 \times 20) + (5 \times 21) + (15 \times 35)}{100} = 15.7로$$

20 미만이다.

② 서비스 향상폭이 35인 기기는 15대인데, 성능지수는 65, 79, 85, 100 네 가지가 있고 이 중 가장 최대는 100이다. 서비스 성능이 35만큼 향상할 수 있는 경우는 성능지수가 65였을 때이다. 따라서 35만큼 향상된 기계의 수가 15대라고 했으므로 $\frac{15}{80} \times 100 = 18.75\%$가 100으로 향상되었다.

③ 향상폭이 21인 기계는 5대로 업그레이드 전 79인 기계 5대가 모두 100으로 향상되었다.

④ 향상되지 않은 기계는 향상폭이 0인 15대이며 이는 업그레이드 전 성능지수가 100인 기계 15대를 뜻하고, 그 외 기계는 모두 성능지수가 향상되었다.

17 정답 ④

2022년 첫 일자리가 현 직장인 임금 근로자 수는 전체 임금 근로자 수의 $\frac{1,523}{4,012} \times 100 = 38\%$이므로 35% 이상이다.

오답분석

① 2021년부터 2023년까지 비임금 근로자 수를 계산하면 다음과 같다.
- 2021년 : $4,032 - 3,909 = 123$명
- 2022년 : $4,101 - 4,012 = 89$명
- 2023년 : $4,140 - 4,055 = 85$명

따라서 비임금 근로자 수는 매년 감소하였다.

② 2021 ~ 2023년까지 졸업·중퇴 후 취업 유경험자 수의 평균은 $\frac{4,032 + 4,101 + 4,140}{3} = \frac{12,273}{3} = 4,091$명이다.

③ 2021년 첫 일자리를 그만둔 임금 근로자 수는 첫 일자리가 현 직장인 근로자 수의 $\frac{2,375}{1,534} = 1.5$배이다.

⑤ 2023년 첫 일자리를 그만둔 경우 평균 근속기간은 첫 일자리가 현 직장인 경우 평균 근속기간의 $\frac{14}{25} \times 100 = 56\%$이다.

18 정답 ④

온실가스 총량은 2021년에 한 번 감소했다가 다시 증가한다.

오답분석

① 이산화탄소는 2019 ~ 2023년 동안 가장 큰 비중을 차지한다.

② 2023년 가계와 산업 부문의 배출량 차이는 42,721.67ppm으로 가장 큰 값을 가진다.

③ 제시된 자료를 보면 온실가스 총량은 지속적으로 증가하고 있다.

⑤ 언제나 메탄은 아산화질소보다 가계, 산업 부문을 통틀어 더 많이 배출되고 있다.

19 정답 ①

2020년 11월과 12월에 가입 금액이 자료보다 낮다.

20 정답 ①

3월과 4월의 총 합수가 서로 바뀌었다.

(단위 : 건)

구분	합계	1월	2월	3월	1분기	4월	5월
합계	8,608	374	230	303	−	809	2,134
2016년	2,247	94	55	67	216	224	588
2017년	1,884	85	55	62	202	161	475
2018년	1,629	78	37	61	176	161	363
2019년	1,561	57	43	69	169	151	376
2020년	1,287	60	40	44	144	112	332

구분	6월	7월	8월	9월	10월	11월	12월
합계	1,519	626	388	346	596	599	684
2016년	389	142	112	82	156	148	190
2017년	353	110	80	74	131	149	149
2018년	273	123	67	69	95	137	165
2019년	287	148	63	70	135	86	76
2020년	217	103	66	51	79	79	104

04   창의수리

01	02	03	04	05	06	07	08	09	10
④	④	②	④	①	②	①	①	①	②
11	12	13	14	15	16	17	18	19	20
①	①	①	④	③	②	⑤	④	③	④

01   정답 ④

홀수 항은 $(-1) \times 2$인 수열이고, 짝수 항은 $\div 3$인 수열이다.
따라서 (　)$= (238-1) \times 2 = 474$이다.

02   정답 ④

앞의 항에 $+1.6$, -2.4, $+3.2$, -4, $+4.8$, $\cdots$인 수열이다.
따라서 (　)$= -3.6 + 4.8 = 1.2$이다.

03   정답 ②

제시된 수열은 정수 부분이 $+2$, $+4$, $+6$, $\cdots$씩 증가하고,
소수 부분이 (앞의 항 정수)$\times 0.01$을 더한 값이다.
따라서 (　)$= (23+10) + (0.35 + 0.01 \times 0.23) = 33.580$이다.

04   정답 ④

각 항에 피보나치 수열$(1, 2, 3, 5, 8, \cdots)$을 부호를 바꾸어
곱하는 수열이다$[\times(-1), \times 2, \times(-3), \times 5, \times(-8) \cdots]$.
따라서 (　)$= 60 \times (-8) = -480$이다.

05   정답 ①

나열된 수를 순서대로 A, B, C라 하면 다음과 같은 관계가
성립한다.
$\underline{A \ B \ C} \rightarrow A + C = B$
따라서 (　)$= -14 + 16 = 2$이다.

06   정답 ②

각 상자 아래의 수는 위의 세 수의 평균이다.
$\dfrac{3+9+21}{3} = \dfrac{33}{3} = 11$, $\dfrac{16+3+23}{3} = \dfrac{42}{3} = 14$
따라서 (　)$= \dfrac{3+7+2}{3} = \dfrac{12}{3} = 4$이다.

07   정답 ①

각 변에 있는 수의 합은 18로 일정하다.
따라서 (　)$= 18 - (7+4+5) = 2$이다.

08   정답 ①

제시된 수열은 정수 부분이 10^2, 9^2, 8^2, $\cdots$로 감소하고, 분수
부분의 분자는 -1, -3, -5, $\cdots$씩, 분모는 -11씩 감소하
는 수열이다.
따라서 (　)$= 6^2 \left(\dfrac{41-7}{66-11} \right) = 36 \dfrac{34}{55}$이다.

09   정답 ①

제시된 수열은 정수 부분이 10^2, 11^2, 12^2, 13^2, $\cdots$이고, 소
수 부분이 -0.02, -0.04, -0.06, -0.08, $\cdots$인 수열이다.
따라서 (　)$= 15^2 + (0.68 - 0.1) = 225.580$이다.

10   정답 ②

각 상자 아래의 수는 위의 세 수의 평균이다.
$\dfrac{3+9+21}{3} = \dfrac{33}{3} = 11$, $\dfrac{16+3+23}{3} = \dfrac{42}{3} = 14$
따라서 (　)$= \dfrac{3+7+2}{3} = \dfrac{12}{3} = 4$이다.

11   정답 ①

현재 영수의 나이를 x세라고 하면, 영수와 아버지의 나이 차
는 25세이므로 아버지의 나이는 $(x+25)$세이다.
3년 후 아버지의 나이가 영수 나이의 2배가 되므로
$2(x+3) = (x+25) + 3$
$\therefore x = 22$
따라서 현재 영수의 나이는 22세이다.

12   정답 ①

$\dfrac{25}{10} + \dfrac{25}{15} = \dfrac{25}{6} = 4\dfrac{1}{6}$
즉, 걸린 시간은 4시간 10분이므로 오후 4시에 도착했다면
오전 11시 50분에 집에서 나왔다는 것을 알 수 있다.

13

정답 ①

반별 우수상의 상금을 x원이라고 하면 전체 우수상은 $2x$원이고, 최우수상의 상금은 전체 우수상의 3배이기 때문에 최우수상은 $6x$원이 된다.

$6x + 2x \times 4 + x \times 6 = 200,000$

$\therefore \ x = 10,000$

따라서 전체 우수상 금액은 $2 \times 10,000 = 2$만 원이 된다.

14

정답 ④

50원, 100원, 500원짜리 순으로 개수 순서쌍을 만들면 다음과 같다.

$(0, 4, 1), (2, 3, 1), (4, 2, 1), (6, 1, 1), (8, 0, 1),$
$(2, 8, 0), (4, 7, 0), (6, 6, 0), (8, 5, 0)$

따라서 총 9가지 방법으로 돈을 지불할 수 있다.

15

정답 ③

넣어야 하는 물의 양을 $x$kg이라고 하면 다음과 같은 식이 성립한다.

$\frac{5}{100} \times 20 = \frac{4}{100} \times (20 + x) \rightarrow 100 = 80 + 4x$

$\therefore \ x = 5$

따라서 5kg의 물을 넣어야 오염농도를 1%만큼 줄일 수 있다.

16

정답 ②

판매 차량 대수를 x대라 하면, 차량 판매 금액은 $1,200x$원이고, 판매 성과급은 $1,200x \times \frac{3}{100} = 36x$이다.

$80 + 36x \geq 240$

$\rightarrow 36x \geq 160$

$\therefore \ x \geq 4.4444\cdots$

따라서 철수는 차를 최소 5대 이상 팔아야 한다.

17

정답 ⑤

원가를 x원이라고 할 때, 정가는 $(x + 3,000)$원이다.
정가에 20%를 할인하여 5개 팔았을 때 순이익과 조각 케이크 1개당 정가에서 2,000원씩 할인하여 4개를 팔았을 때의 매출액은 같다.

$5\{0.8 \times (x + 3,000) - x\} = 4(x + 3,000 - 2,000)$

$\rightarrow 5(-0.2x + 2,400) = 4x + 4,000$

$\rightarrow 5x = 8,000$

$\therefore \ x = 1,600$

따라서 정가는 $1,600 + 3,000 = 4,600$원이다.

18

정답 ④

1분에 2.5mL가 나오므로 750mL를 채우는 데 걸리는 시간을 x분이라 가정하면 다음 식이 성립한다.

$x \times 2.5 = 750$

$\rightarrow x = \frac{750}{2.5}$

$\therefore \ x = 300$

따라서 물통을 채우는 데 걸리는 시간은 300분이다.

19

정답 ③

반장과 부반장을 서로 다른 팀에 배치하는 경우는 2가지이다.
두 명을 제외한 인원을 2명, 4명으로 나누는 경우는 먼저 6명 중 2명을 뽑는 방법과 같으므로 $_6\mathrm{C}_2 = \frac{6 \times 5}{2} = 15$가지이다.

따라서 래프팅을 두 팀으로 나눠 타는 경우의 수는 $2 \times 15 = 30$가지이다.

20

정답 ④

- 네 번째 시합에서 홍보부서가 우승할 경우
  네 경기 모두 홍보부서가 이겨야 하므로 확률은
  $\frac{1}{2} \times \frac{1}{2} \times \frac{1}{2} \times \frac{1}{2} = \frac{1}{16}$이다.

- 다섯 번째 시합에서 홍보부서가 우승할 경우
  홍보부서는 네 번째 시합까지 3승 1패를 하고, 다섯 번째 시합에서 이겨야 한다. 홍보부서가 한 번 졌을 경우는 총 4가지이므로 확률은 $4 \times \left(\frac{1}{2} \times \frac{1}{2} \times \frac{1}{2} \times \frac{1}{2} \right) = \frac{1}{4}$이다.

  다섯 번째 시합에서 홍보부서가 우승할 확률은 $\frac{1}{4} \times \frac{1}{2} = \frac{1}{8}$이다.

따라서 네 번째 시합 또는 다섯 번째 시합에서 결승에 우승할 확률은 $\frac{1}{16} + \frac{1}{8} = \frac{1 + 2}{16} = \frac{3}{16}$임을 알 수 있다.

MEMO